Günter Bruno Fuchs
Werke in drei Bänden
Herausgegeben von Wilfried Ihrig
Band 2

Günter Bruno Fuchs

Gedichte und kleine Prosa

Carl Hanser Verlag

ISBN 3-446-15808-1
Alle Rechte vorbehalten
© 1992 Carl Hanser Verlag München Wien
Gedruckt mit Unterstützung
der Stiftung Preußische Seehandlung, Berlin
Abdruck von »Zwischen Kopf und Kragen«
mit freundlicher Genehmigung
des Verlages Klaus Wagenbach, Berlin
Gesetzt aus der Walbaum-Antiqua bei
Reinhard Amann Fotosatz, Aichstetten
Druck und Bindung bei Kösel, Kempten
Printed in Germany

Inhalt

Gedichte
7

Kleine Prosa
325

Nachwort
587

Anmerkungen
597

Alphabetisches Verzeichnis
620

Inhaltsverzeichnis
631

Gedichte

Aus
Der Morgen
1954

An die wachenden Brüder

Wenn Ihr seht,
daß ich schlafe,
schreit mir ins Ohr,
wenn Ihr seht, daß ich schlafe,
duldet es nicht.

Aufbruch!
Denn der Hirt auf dem Felde
geht durch den Sturm –
und der Hirt führt die Herde
sicher nach Haus.

Glocken!
Die Stürme sind längst nicht vorüber.

Brüder, wenn Ihr seht,
daß ich schlafe,
duldet es nicht.

Glöcknerlied

Glöckner über Meer und Land,
läute voller in die Stunden,
lass' ans Türmerseil gebunden
deine wundbedeckte Hand.

Glöckner zwischen Mensch und Gott,
läute, daß sich Brüder finden,
die des Vaters Heimstatt gründen
in der Erde Haßschafott.

Glöckner auf dem Turm der Zeiten,
läute Friede in das Streiten,
läute Liebe in das Leid.

Jedes starke Glöcknerleben
hat uns Gott als Mal gegeben,
daß Er uns vom Tod befreit.

An einen Philanthropen

Du bist das Herz, und Deine Wünsche leben
im Maß der Stille, das die Seele weitet.
Der wahre Pilger bist Du, der nicht streitet,
Und Dein Geheimnis liegt im frohen Geben.

Das Haus der Rache kennt Dich nicht als Gast.
Du schenkst die Lehre, den Erfolg zu finden,
ein Mensch zu werden, der das Überwinden
der Mißgunst übt und leichter trägt die Last

des Angriffs auf das gutgewählte Ziel.
Dein Kampf ist ohne Bündnis mit Gewalten,
die triumphieren, wenn der Gegner blutet.

Ein Tor, der Schwärmerei in Dir vermutet!
Dir gilt: Die Liebe muß die Welt gestalten.
Ich danke Dir. Denn was Du tust, ist viel.

Gebet für die Kinder

Behüte sie, denn diese Zeit ist Finsternis.
Du bist Laterne, die den Nebel teilt,
und Arzt, der zum verirrten Menschen eilt –
behüte sie, denn diese Zeit ist Kümmernis.

Behüte sie, wer könnte allen Vater sein?
Sie suchen Dich, in Totenflor gehüllt,
verzweifelt, einsam und von Angst erfüllt,
wenn sie im Traume fiebernd: Vater, Mutter schrein.

Erhöre sie, die ganze Welt ist wie von Stahl,
die Selbstsucht lädt zum größten Henkermahl,
ihr liebster Tafelgast ist die Gewalt.

Gebiete diesem Teufelsspuk ein Halt.
Denn um den Erdkreis bilden Kinder ein Spalier,
darinnen schreitet ihre Not zu Dir.

Nach einem Zoobesuch
Tübingen

Die vielen Augen –
jedes,
das mich ansah,
machte neu.

Nun sind von Schaf und Lamm
die Wünsche
mein Gebet.

Und Hirsche –
Steingebilde,

wenn sie schauen
– durchgeformt von hoher Hand –
sind alle wach.

Euch, meinen Freunden, ist geschenkt,
ein Leben lang zu schenken.

Das Brot,
das Ihr aus meinen Händen nehmt,
ich nahm es früher ohne Dank.

Auf den Tod eines Hundes

Wann warst Du hier? Die Stube ohne Dich
ist stumm. Und kam das Ticken von der Uhr
bisher als stiller Ton, jetzt klingt es nur
wie hartes Klopfen und bewältigt mich,

Dein leergewordnes Lager zu berühren.
Wann warst Du hier? Blind ist das Zimmer jetzt
und wesenlos. Die Tage sind verletzt,
die nächsten Stunden werden schon entführen

Die Rast und Freude, die Du uns gewährt.
Nun sind Gebell und alle Sprünge dort,
wo alles einkehrt, das sich hier bewährt.

Hab keine Furcht. Was gilt im neuen Hort
ein kranker Magen schon? Hier riß das Band,
dort oben wohnt ein Arzt mit bessrer Hand.

Die Blinden

werden morgen dabei sein.
Ich weiß nicht, wer an diesem Tag
schuldlos davonkommt –
aber die Blinden werden gewiß
keine Schnürsenkel
zwischen den Fingern halten,
eher werden die Finger der Blinden
dem Richter
bei der Auswahl behilflich sein.
Vielleicht versuchen
die Blinden eine Fürbitte,
weil dann der Prokurist
von Lehmann & Co
seine Worte noch weiß:

Der Kerl an der Ecke
macht mit seinem Krimskram
ein tolles Geschäft!

Auf alle Fälle
werden die blinden Krimskramverkäufer
morgen dabei sein.

Aufruf 1953

Joachim Günter Oldag gewidmet

Auf Deinen Märkten,
stehst Du, mein Bruder,
und bangst.

Ohne Baum
sind Deine Märkte,

nicht ein Grashalm
hilft Deiner Frucht,
Deine Märkte
haben nicht einen Grashalm.

Die Sonne
belebt nicht den Markt,
ihn belebt nicht
das lächelnde Auge
des Kindes –
auf Deinen Märkten
stehst du
und wartest.

Du bewegst Deine Hände,
in Deinen Händen
ist Fieber,
Du bewegst sie,
aber wofür?
Und krallst sie in Scherben,
die Scherben sind rot,
Dein Markt zerlacht
Deine Hände,
lacht: glatt wie das Eis,
lacht: kalt wie das Eis.
Und Du bäumst dich zum Himmel:

Mein Turm ist größer als Gott!

Und brennst nieder
die Häuser,
mordest das Vieh,
mordest, mordest
den Menschen,
den Grashalm,
das lächelnde Auge
des Kindes.

Aber Du weinst,
siehst Du den Christus
am Kreuz,
aber Du weinst,
oder Du willst Ihn vernichten.
Und weißt,
daß Dein Markt
den Christus verrät,
irr
schreist Du auf
in Deiner Verbannung!

Fort von den Märkten
führt Dich der Bruder,
führt Dich hin zu den Gräsern,
hin zum Lächeln des Kindes,
führt Dich zu Christus.

Du stehst, mein Bruder,
auf Deinen Märkten
und bangst.
Deine fiebernden, zitternden Hände,
mein Bruder,
könnten gesund sein.
Denn nägelwunde Hände
gaben Freiheit,
Segen schenkten
starre Finger:
Keine Rache.
Durst nach Frieden?:
Keine Rache.

Christus,
hoch am Holz der Henker,
zog um Gott und uns
den Kreis.

Beugt Euch, Krieger,
Krieger, stürzt zur Erde,
und die Hand des Bruders
sucht im Knien!
Betet Eure Buße.

Aus dem Tod des Inri:
Brot und Wein.

Abels Wunde
heilt im Licht der Buße.
Christus: Für die Heimkehr
Kain und Abels
starb Er an den Stämmen.

Diese Ufer Kain und Abel
blühen auf zur Brücke,
blühen auf im Licht der Buße,
blühen auf zum schönsten Kuß!
Schön wird dieser Kuß sein
wie der dritte Tag
nach Golgatha.

An unseren Tränken
hockt Angst,
hockt die Angst
und schüttet Gift
in unsere Tränken:
Rausch.

Uns hilft hier kein Tanz,
kein Sekt,
uns hilft nicht das Glücksrad –
unsere Tränken
sind von falscher Hoffnung
grün.

Grün ist nur das Gift,
die Hoffnung: Rausch.

An den Fensterscheiben
steht der Flüchtling –
ein Jahrhundert starrt uns an:
Helft!
Lazarus steht nackt an unsren Schwellen.
Helft!
Die den Christus peitschten,
peitschen jetzt den Bettler,
und den Bettler schlägt
die grüne Angst.

Greise Finger
klopfen an die Fensterscheiben,
klopfen ihre Angst
in unsre Stuben.
Unsre Stuben halten Dämmerstunden,
aber heute sind die Dämmerstunden
nicht mehr still!
Helft!
Draußen steht im Bettlerrock
auch Jesus Christus,
draußen steht mit schwarzgeweinten Augen:
Flucht.

Ihr, meine vielen Brüder,
Ihr, alle meine Brüder –
diese fiebernde, zitternde Menschheit
könnte gesund sein!

Aus
Fenster und Weg
1955

Für eine Mutter

Meine Amseln vielleicht, wenn sie ein Nest haben,
vielleicht sagen sie dir, wovor ich schweige.

Und erst
die zurückkommenden Amseln, die bringen
manchmal den unflüggen Herzen das stille
Verneigen der Gräser, manchmal
den Aufschrei der Wälder.

Bei den Flügen um Nahrung
gibt es große Gefahren.

Aber gestern
hörte ich sie, da sang eine
Amselmutter Sprosse um Sprosse
und köstlich aufwärts zur Leiter
das alte Lied ihrer Freude, und auch
das klagende Lied.

Das Nest, als ich vorbeikam, war leer.

Früh

Ganz gelbe Löwenzahnblüten:
schon wächst doppeltes Grün aus den Gräsern.
Auferstandener

Huflattich sagt seinen Psalm.
Landmann, die Sense wird schartig,
wenn du jetzt schneidest. Aureole
am Waldrand: Lerchen tragen
die Sonne hinauf.

Atme das ein, Freund über den Wiesen,
Dachkammerfreund –
dein Fensterkreuz löst sich
zum Fluge. Der geht dir ins Blut,
der tamburinschlagende Tag. Keusch
fühlen die Wolken sich an.

Da auf den Wiesen
unter der Ikarusgrenze –
da liegt auf dem Klee
deiner Nacht
lächelnder Tau.

Ballade vom Gehen

Nachts. Menschenleer die Straße.
Du allein gehst Schritt für Schritt
immer gradaus.
Gehst mit deinem Herzschlag
Seite an Seite, gehst mit dem Herzschlag
der andren, die schlafen, Seite an Seite
immer gradaus.

Minutenlang
stört dich die Katze, die schwarz
vom Gartenzaun springt, schwarz
deinen Weg trifft. Orakelgedanke.
Roulette spielt dein Herz. Später sagst du:
Tiere sind schuldlos.

Liegt jemand im Rinnstein. Betrunken.
Schläft nicht. Sieht dich nur an.
Sagst du: Bin ich Priester, bin ich Levit?
Wochenlohn versoffen! brüllt der andre.
Und steht auf, weil du stehnbleibst.

Torkeln und Gehn bis zur Haustür.
Wochenlohn versoffen, flüstert der andre.
Nachts. Menschenleer wieder die Straße.
Du allein gehst Schritt für Schritt
immer gradaus.

Ballade vom Warten

Einer sagte: O ja.
Und er käme zu ihr.
Die Mondschaukel neigte sich lange.
Zehn mal zehn.

Sie konnte fast die großen
Krater erkennen.
Und auch als der Lampion rund war,
kam er nicht.

Noch immer die Nase plattgedrückt
am Fenster,
sah sie vom Turmdach
den blechernen Hahn stürzen.

Und sie hörte ihn schreien im Schnee.
Zehn mal zehn.

Märchen vom Leuchtkäfer

Als er zu leuchten begann,
mußte es finster sein.

Zuerst
kam er langsam
über die Wiese, manchmal
im Kreis, einmal
gefiel ihm
die enge Spirale.

Gräser tuschelten leise.
Keines verbat sich
die Störung. Alle besprachen
die flackernde Reise.

Mitten durchs Baumherz
trug er gute Laternen
und flog dann
über die schlafenden Augen
und kalten Kanäle der Großstadt,
singend über den Kehricht der Kriege,
über die Erde
mit guter Verheißung
zwischen den Fühlern.

Kleines Notturno

1

Wie das den Fliegen wohltut: schlafen,
gar keine Furcht unter den Flügeln.
Die sind mir jetzt ausgeliefert.
Tapetenblumen jedoch
würden mich richten.

Wie das den Schuhen wohltut: nicht mehr
die Füße zu tragen den Tag lang.
Wenn ich bald träume, werden sie leise
den Dielen berichten, daß ich heute
Wiesen entlangging: siebzehn Käfer
zertrat.

Und werden mit Recht ihre Unschuld beteuern.

Ach, vier Beine hat so ein Bett: seht,
da legt sich mein Körper und schläft schon.
Nun steuert mein Boot mit vier Masten
über das Fußbodenmeer
hin zu den schlafenden Inseln
der Fliegen.
Die Fahrt ist beschwerlich. Kaum gelingt es,
Anker zu werfen.

Bei den toten Käfern
drückt mir die Bootsglocke den heftigen Klöppel
ins Herz.

2

Du solltest
im ganz kleinen Spielzeugladen
abends deine paar Pfennige
ausgeben
für einen Stehaufmann.

Wenn nachts einmal
die Freunde sehr weit sind,
dann wird dir ein Stehaufmann
wirklich ein Freund sein.

Nachts ist das gut, wenn einer,
der stets geduckt wird,
lächelnd und ohne zu zürnen
dicht neben dir
aufsteht.

3

Vom Mond willst du hören
und natürlich soll eine Nachtigall singen.

Der Mann im Mond
hat mich gebeten, endlich
das Urteil zu lösen.
Er bittet: Laßt mich zurück
auf die Erde, vielleicht
kann ich da helfen. Von hier
seht ihr so armselig aus.
Und: was meint ihr, wieviel
Sterne euren Stacheldraht
achten? Freunde, laßt mich
zurück auf die Erde. Holz hacken
werde ich sonntags nie mehr.
Da sind andre Dinge zu tun.

Vom Mond willst du hören?
Längst wissen die Kinder: alle
Mondwolken sind Schafe.

Da wartet die Herde.
Wenn du ein Herz hast, bist du
ein Hirt.

Tafel

Kehr um.
Hier braucht niemand zu suchen.
Niemandsland zwischen den Sternen.
Es gab Wasser und Fische. Ufer gab es.
Blumen wurden gepflückt, Verliebte taten
das meist. Liebende
gruben die Blumen mit Wurzeln aus der Erde.
Erde, das war auch der Acker.
Getreide wuchs.
Sonne und Regen und Wolken machten das Jahr.
Und Nächte waren wie Tage unterschiedlich.
Frühling, Sommer, Herbst, Winter, immer viel
Hoffnung, viel Ernte, viel Schlaf.
Heime der Mütter, Wöchnerinnenhäuser, das waren
die Wunderstätten, da kamen die neuen
Herzen.
Da gab es Frauengesichter, ganz junge, ältere.
Wenn die Kinder ihre ersten Schreie taten, schön
wurden die Frauen.
Mütter und Väter. Familien. Völker. Menschen.
Die Erde. Stern unter Sternen.
Stern unter Sternen im Kreis um den einzigen
Stern.
Sie war nicht groß, diese Erde. Platz hätten
alle gehabt.
Sie starben unter den Schlagbäumen. Sie starben
in den eisernen Zäunen der Häuser.
Sie starben vor Kimme und Korn ihrer Waffen.
Die letzte zerriß sie. Auch die Schönheit
der Wöchnerinnen. Auch das scheue Gespräch
der Verliebten. Auch die letzten
und alle Gedichte der Dichter.
Hier braucht niemand zu suchen.
Kehr um.

Gruß

Ich seh' einen Heuwagen über die Erde rollen.
Trottende Pferde nicken uns allen ein Ja zu.

Auf dem Kutschbock sitzt eine Mutter, und oben
über der alten, geschändeten Erde
unter den hundert weitschwingigen Wolken,
kleines Getier aus Holz in den Händen,
spielen die Kinder der Welt.

Vier Tafeln an einem Obelisk in Nagasaki

I

Das ward den Maskenschnitzern bekannt:
Nagasaki erwartet ein Schiff.
Elfenbein bringt es und ausgesuchte Hölzer
des Buchsbaums. Am Kai warten die Träger.
Den zweiten Überrock legen sie an.
Krumme Rücken und Kräne entladen das Schiff.

Gut war die Arbeit.
Da zünden die Träger Laternen zur Nacht.
Die Stunde der Schlaggeige beginnt.
Gut ist das Fest der Elfenbeinträger.

Morgen
erfreut den Maskenschnitzer die Fracht.
Da zeichnen Messer einen mildtätigen Kaiser.
Da rollen vom Drechselstuhl Kugeln zur Kette.
Da springen fingergroße Bären und Affen:
Figuren des Brettspiels.

II

Krieg belädt jedes Schiff.
Eisen verdrängt das immergrüne Holz.
Den Zahn des Elefanten zerreibt es:
Figuren des Brettspiels fördern die Rast.

Auf Kiuschiu fehlt den Laternen das Öl.
Denunziert wird das Fest der Elfenbeinträger.
Der Kasten der Schlaggeige zerspringt.
Beilhieb ins Antlitz des mildtätigen Kaisers.

Wenige neigen sich in den Tempeln.
Von Trommeltürmen dringt Klage.
Flüche verurteilen die Nachtigall.
Fäuste drohen dem Mondstrahl.

Leer bleibt die Schale des Bettlers.
Pilger sehen einen Taifun voraus.
Selten tönt der Gong des Gebets.
Poeten weinen mit den Wiesenblumen.

III

Der Tag
zerbricht die Krüge der Nacht.
Immer wandert die Sonne.
Flüsternd weisen die Pilger ins Land.

Das Fieber der Felder verlangt den Monsun.
Nur der Regen rettet den Reis.
Das Meer wirft keine Welle zum Kai.
Schwaches Gewölk peinigt die Hoffnung.

Greise beschwören die flimmernde Luft:
O der Winddrache soll steigen.

Der Drache des fruchtbaren Gottes soll steigen!
Von Trommeltürmen dringt Klage.

IV

Saurus dieser Epoche flattert metallisch.
Standorte funken Befehl gegen Gott.
Druck auf den kreisrunden Knopf.
Hebelgeräusch.

Minute entliehen von Babylon.
Kralle ins Herz der Tempel und Kralle ins Reisfeld.
Vivisektion des Winddrachenkindes Tschi.
Unten der Taifun dieser Epoche.

O gelbe Minute des Aufschreis!
O gelber Aufschrei des feuergeblendeten Gottes!
Tausendfachblinder Augenlidspalt!
Quer schlagen rumpflose Köpfe gegen den Fuji!

Legende

Wie ein Gelegenheitsdieb
hob er das strauchelnde Tier
vom steinigen Boden der Koppel.

In seinen schimmernden Händen
hält er ein krankes Lamm.
Er sucht deine Tür, du bist der Wundarzt.

Da sagst du vielleicht:
Hier wohnt nicht der Wundarzt,
mein Nachbar sammelt die Kräuter.

Er antwortet nicht.
Wie ein Gelegenheitsdieb geht er davon.
Dem toten Lamm drückt er die Augen zu.

Für Gisela

Bis zur Dämmerung sangen die Vögel.
Aus lauter Liedern ist dein Kleid geworden.

Flugsame bringt der rüttelnde Wind. Abends
bringt er den wartenden Frauen ein blaues
Geläut: da wird die Glockenblume genannt.

Ich preise für uns den Abschied der Sonne.
Ich preise den Aufstieg der Sterne.
Ich preise dein klingendes Kleid.

Dein Haar, das trägt aus Vogelträumen
eine Krone. Dein Haar ist gut zu mir.
Aus lauter Vogelherzen ist dein Herz geworden.

Wir preisen das wechselseitige Echo.
Tauch unter mit mir in der Zisterne des Mondlichts.

Zeilen im Herbst

I
Die Krähe hat geschrien.
Jetzt starb der letzte Schmetterling.
Nun ist unwiderruflich
die Grenze gesetzt.

Da antworten Kartoffelfeuer.
Most sickert ins Feld
und die Sense schlägt
hart gegen rauhes Gebälk.

Vor geschlossenen Fenstern
hockt schon ein Sperling.
Wir müssen gute Hände haben
und die Brotkrumen sammeln.

II

Der wirbelnde Überfall
reitet seine rostrote Attacke
die Horizonte entlang.

Lanzen wirft er über den Wald.
In dem gespannten Bogen
lauert der Pfeil mit Winter-Elixieren.

Von gebückten Ackerfrauen
wurden noch Kartoffeln handvollweise
abgegeben an die Wandernden.

Die wissen von ungeduldigen Portalen.
Am Horizont wächst schnurgerade ein Rauchpilz.
Stündlich kann der verlorne Sohn heimkehren.

III

Bald wird es regnen.
Ich werde dem geprüften Wald
mit kurzen und langen Schritten
für eine Weile Ade sagen.

Vielleicht sehe ich einen Hamster
seinen Wintervorrat bereiten.
Man sollte ihm gute Nacht wünschen,
bevor er schlafen geht.

Wenn ich zurückkomme,
werde ich als schönes Geschenk
rote Blätter und einen Tannenzapfen
für dich mitbringen.

IV
Um Paradiesvögel habe ich gebuhlt
mit silbernem Xylophon.
Und die Bergadler gruben
Messerkrallen in meine Träume.

Unter kreischenden Wildgänsen
habe ich ruhlose Flüsse geliebt.
Wie wurden die Tage verwundbar,
wenn Amseln südwärts sangen –

Nun dieser Narr in der Seele,
dieser wassertrinkende Gaukler.
O meine Askese der Heimkehr –
Weil ein Sperling über die Stadt flog.

V
FREUND, wir gehen weit.
Die Novemberzeit
zaubert Nebel in das Stundenglas.
Straßen werden grau
und vom späten Tau
trinkt der Wandrer, den die Welt vergaß.

Zigeunertrommel
1956

Im Jahre 1942 wurde ich mit gleichaltrigen Schülern von Berlin aus in die Slowakei evakuiert, die seinerzeit unter deutscher Besatzung stand.

Vor den Bergen der Hohen Tatra bei Tatra-Lomnica vollzog sich die unvergeßliche Begegnung mit den Lagerplätzen der Zigeuner; Frauen, Männer und Kinder kamen über die Serpentinen, verkauften Körbe und boten Tamburin-Tänze.

Zum Frühjahr 1943 begann die Verhaftung der slowakischen Zigeuner.

Die nachstehenden Texte und Holzschnitte sind den Toten und Verfolgten gewidmet, dem Volk der Klagefrauen und Geigenspieler, dessen Opfer die Grenzen aller Länder widerlegt hat.

G. B. F.

An den Zigeuner Lummja

Heute wirst du den Karren lenken –
Straßen und Wege als Welt.
Heute singst du das Lied von den Straßen.

Morgen wirst du die Pferde tränken –
Wasser vom Brunnen der Nacht.
Morgen schlägst du die Trommel der Trauer.

Heute wirst du die Elster rufen –
Fittich aus Erde und Tag.
Morgen trägt dich die Elster nach Hause.

Slowakei

Holzfäller-Oase, Exil meiner Kindheit.
Ich schlendre zum Sturzbach, da fiebert
die Tatra. Fische mit goldenen Kiemen
sprühen im Sturzbach.
Märchen fang ich mit bloßen Händen.

Männer am Holzstoß liebkosen das Feuer:
Bärte, das Tannenreis. Nasen, die Felsnadeln.
Augen, Karfunkelgestein.

Slowakische Nacht, edelweißäugige Hirtin –
schellenschwingende Nacht!
Männer, bereitet den Platz eurer Braut!
Die große Geliebte drückt euch die Schultern zurück!

Lacht euer Echogelächter, Holzfäller
von Tatra-Lomnica!
Betet, Borovitschka gurgelnd, für die dunkle Mutter.
Ihr Leib geht schwanger unter eurem Psalm.

Bergvögel wetzen ihre Schnäbel
an den Gipfeln der Ewigkeit.

Lagerplatz

Wenzel schwingt die alte Mütze.
O Mazurka oder Csárdás!
Sechzig Jahre alte Geige –
Wenzel hat die Geige lieb.

Händeklatschen, Schlag und Stampfen –
Rundgesang der Kastagnetten.

Pures Gold der Tatrasonne
fällt in Wenzels alte Mütze.

O Mazurka oder Csárdás!
Gut gespielt, nun wird er trinken.
Borovitschka oder Wermut –
Wenzel tanzt mit kleinen Tannen.

Liebeslieder für Jullka

1

Niederknien ins Gras zu den Glühwürmchen.
Mit dir niederknien.

Gemeinsam Freund werden mit spätem Getreide.
Mit dir singen zwischen gutgewachsenen Halmen.

Kornreiche Ähren singen mit uns.
Mit dir niederknien.

Zu dir und mir spricht die Erde: mit Vogelkehlen
spricht sie aus ihren starken Träumen.

2

Jullka, ich webe dir ein Tuch.
Mein Webstuhl zeichnet Wälder in das Tuch,
den großen Vogelbaum,
in dem die Sänger schlafen.

Jullka, ich webe dir ein Tuch.
Ich komme leise an dein Lager –
das Tuch mit seinen Bildern
deckt dich zu.

3

Gestern im dichten Gestrüpp
saßen wir ohne Gesänge.
Grillen, die Brüder im Gras,
sangen ein Kinderlied.

Gestern brach ich die Zweige,
jeden als kleines Geschenk.
Grillen, die Brüder im Gras,
singen vom Tod meiner Zweige.

Gesänge für die seiltanzende Jullka

1

Mein Dünkel ist ein Straß-Band,
das schnüre ich um deine Hüften.
Mein Hochmut ist ein brüchiges Diadem,
das drücke ich in dein Haar.

Mit Haselnuß-Peitschen
fordere ich deinen Auftritt.
Orgiastisch bestimme ich
deine Übungen.

Du verwandelst jeden meiner Befehle.
Du gibst mir ein sternbesätes Hüftband zurück.
Das Diadem deiner langmütigen Liebe
macht einen König aus mir.

2

Die Krähen, sagst du, immer die Krähen,
die schwarzen Trikots…
wer deutet die Schnabelfiguren,
die obdachlosen Flüge?

Die Krähen, sage ich, neunzig Jahre
werden sie alt, manchmal auch hundert.
Harlekine unter dem Himmel,
Pojazfreuden ohne Maskierung.

Im exzentrischen Takt deines Saltos
erklingt deine Zeit, der friedlose Gong.
Septembersonne und Krähenlegenden
sind deine Gage.

3

Gedulde dich über diesen Winter.
Deine Trapezstunde behüte vor unredlichen Augen.
Wer dir jetzt zusehen will, sucht deinen Fehltritt.
Unkundige Partner bieten sich an.

Morgen im Frühling
spannt der Gesang
betender Amseln
das sicherste Seil.

Aus ihrer Einfalt
wirken sie das Kleid deiner Füße:
du wirst goldene Tanzschuhe tragen.

Du wirst lächelnd über ein Seil gehen
und die Sensationen des Herzens verkünden.
Du wirst nicht fehltreten
morgen im Frühling.

Aus Baroshs Erzählungen

1

Geh nicht zum grünen Bergsee. Ganz nackt will sich der
ertränken im grünen Bergsee.   [greise Tag

Nur die Schuldlosen atmen dort oben die gläserne Luft.
Siehst du die Wolken? Es kommt eine wandernde Herde.
Die sucht deine Augen als Weide.
Die müssen das Warten erlernen.

Kehr um. Geh zurück in dein Tal.
Versöhn dich mit Trussja, den hast du geschlagen.

Ich schnitze einen hölzernen Heiland.
Doch schnitze ich nur den Körper des hölzernen Heilands.
Kommst du von Trussja, wirst du das Antlitz bestimmen.

2

Ich gehe durch einen Wald.
Immer sieht mich ein Eichkater an.

Ich ruhe im Farnkraut aus.
Immer sieht mich ein Eichkater an.
Sieht mich an.

Ich finde einen Schmetterlingsflügel.
Ein Pfauenauge sieht mich an.
Gold ist gefunden, Edelstein.
Schon wischt ein Luftzug über meine Hände.

Ich trinke Wasser aus dem Spiegelteich.
Mein durstiger Mund sieht mich an.
Ich werfe einen Stein ins Wasser.
Der Spiegel splittert lautlos.

Ich grüße einen Menschen.
Wir sehen uns an.
Er spricht von Kartenspiel.
Ich spreche von einem Schmetterlingsflügel.

3

Weshalb wartest du noch?
Vor deiner Haustür
hat dein Freund im Eselskarren
Platz für dich.

Oh, sein Haar ist weiß geworden!
Kindisch redet er von Windmühlflügeln.
Flüstert: Don Quichotte.
Flüstert: Rosinante fiel bei Stalingrad.

Da in seinem Ritterherzen
tönt die Glocke Siebenklang.
Stein der Weisen, heißt der Klöppel.
Und der Mantel heißt: Wir hoffen.

Nämlich Himmelsblau verteilt der Alte.
Weit ist noch zu fahren.
Schau, den grauen Esel
tränkt das gute Weib Scheherezade.

4

Taumeltänze ruhen aus.
Aufgebahrt am Silberteich,
Sarkophag aus Tannennadeln,
schläft der tote Schmetterling.

Murmeltiere pfeifen. Hört das Requiem!
Wichtelhände rühren schon die Walnußtrommel.

Riesen, die gefürchtet waren,
bitten einen Spielmann:
Geig das Ave, Spielmann.

Ungelenke Riesen suchen ihre Fiedel,
poltern durch das reife Mohnfeld.
Da sind trockne Kapseln –
die bewegt der Wind –
Kastagnetten ihrer Herzenstrauer.

5
Ich sah den Platz,
wo das Gefängnis steht.
Es gab da Kinder,
die mit bunten Bällen spielten.

Ich hörte sie lachen.
Sie warfen die Bälle sehr weit.
Und plötzlich sprang
ein Ball in den Gefängnishof.

6
Südwärts tändelt der Wind.
Herbstfurchen sind schmale Wege
ins Himmelreich.

Der Nebel
kommt über den Acker,
der Landstreicher-Atem.

Taubstumme Kinder
tanzen am Kartoffelfeuer
kleine Pantomimen.

7
Heute noch
komme ich über die Kleewiese –
die Herzblüten sehe ich nicht.

Ich möchte dir
einen Schneestern bringen –
mit leeren Händen werde ich vor dir stehen.

Wir wollen
das Pferdchen Esau vor den Schlitten spannen
und von der Kleewiese sprechen.

Metallne Schneefelder
schrecken die Beine des Pferdes.
Wir hängen eine Lampe in seinen Stall und schweigen.

8
Die Krähen steigen übers Tal
als Gutenachtgruß in den Mond –
Zigeunertraum und Notsignal:

Der schwarze Fittich fällt ins Gras,
mein guter Freund September
hebt das Stundenglas.

Und seine Zeichen sind mein Krug,
daß sich mein Lied verjüngt
zum Phönixflug.

Lummjas Gesänge, den Pferden gewidmet

1

Ohne anzumelden die Revolte,
lief der Schimmel im Galopp
sehr zum Schrecken vieler Leute
durch die Straßen.

Und der Mann, der sich dem Schimmel
gleich danach entgegenwarf,
schlug als lächerliche Hürde
auf den Fahrdamm.

Alle sahen bald die Hufe
hoch zum Stall des Himmels fliehen,
und das Wiehern seiner Freiheit
hörten sie noch lange.

2

Vormittags hält der Wagen am Markt.
Die Kirchturmglocke sagt zehnmal:
Kutscher, lobe den mächtigen König!
Und der Kutscher wandert zum Markt
und das Pferd wartet beim Kirchturm.

Schon mittags hält der Wagen am Gasthof.
Da ruft die lachende Kellnerin:
Kutscher, nimmst du Bier oder Schnaps?
Und der Kutscher trinkt Biere und Schnäpse
und das Pferd wartet beim Gasthof.

Nachmittags hält der Wagen am Speicher.
Schon brüllen die Männer vom Speicher:
Kutscher, zu wenig hast du geladen.
Und der Kutscher zeigt auf sein Pferd
und das Pferd neigt seine Mähne.

Nachts hält der Wagen am Wald.
Da spricht ein schwarzes Gewässer:
Kutscher, führe das Pferd an den Teich,
laß trinken, laß trinken dein Pferd,
sonst töten es morgen die Männer vom Speicher.

3

Gebt eine Decke für Losso.
Der Regen peitscht seinen Rücken.
Der Hagel peitscht seinen Rücken.
Die Nüstern sind wund –
Losso hält sie witternd
ins Geißelspiel des Regens:
Wann legt Gott
eine Decke über meinen Rücken?
Gebt eine Decke für Losso.

Singt einen Choral für Losso.
Er hat keine Augen, zu sehen.
Er hat keine Ohren, zu hören.
Die Nüstern träumen –
Losso scharrt mit seinen Hufen
eine tremolierende Straße für euch.
Losso bereitet euren Einzug vor
ins Paradies.
Singt einen Choral für Losso.

Tanzlied

Kleine Trommel macht uns glücklich.
Schönes Mädchen, schöne Jullka,
schönes Feuer wärmt die Nächte,
viele Nächte.

Jullka wirft die Pferdedecke
himmelhoch und wärmt die Sterne.
Tanzt ja niemand mit den Sternen,
außer Jullka tanzt ja niemand.

Tanzt nur Jullka, schönes Mädchen,
pflückt die Sterne uns zu Sträußen,
pflückt die Nächte der Verfolgung,
alle Nächte.

Klagelied

Blume ist so gut geraten,
Gras und Ginster eben auch –
nur die Stiefel der Piraten
treten Gras und Ginster tot.

Vogel ist so frei geworden,
klein noch gestern, heute groß –
nur die schwarzen Jägerhorden
spalten schon das flügge Herz.

Blume, die uns gut gesonnen,
reicht vom Straßenrand den Kelch –
Bau des Krieges wird begonnen:
Barrikaden allerorts.

Handschellennacht

Nachts die Bänke suchen.
Da schläft mein Bruder Samuel.

Sein Bett im Vorstadtgarten von Jasmin,
sein kostenloses Bett vergibt der Mond.

Nachts die Bänke suchen.
Zigeunerträume brennen lichterloh.

Schon morgen brennt die Himmelsschaukel!
Die Häscher binden sich Pistolen um!

Und bei den Brücken schwappen blaue Kähne.
Und Gaslaternen halten uns den Spiegel vor.

Handschellennacht. Jasmin wird abgerupft.
Mein Bruder Samuel hat nimmermehr ein Bett.

Jetzt bohrt ein Polizist die blauen Kähne an.
Mein Bruder Samuel ertränkt sich bei den Brücken.

Auf den Tod Baroshs

Graues Brüderchen, die letzte Mahlzeit!
Barosh füttert noch den Esel.

Barosh bringt ihm noch zu trinken.
Barosh kocht ihm Grützebrei.

Frißt das Eselchen die Grütze,
klagt der Barosh in den Wäldern.

Fangen ihn die schwarzen Schergen,
töten Barosh in den Wäldern.

Brüderchen hat nichts zu fressen,
sucht den Barosh in den Wäldern.

Landschaft

Krähen im Schnee.
Gefällte Bäume im Schnee.

Traum der Maulwürfe.
Traum, der den weißen Acker pflügt.

Türme einer zerschossenen Burg
spießen den Himmel auf.

Zigeunertriptychon in memoriam

Links

Glühwurm, Tannenreis und Krähe.
Kindeswunsch und Todesnähe.
Engel überm Sarkophag.
Schon bei Geigenlied und Flöte
fiel ins Blut der Abendröte
Pendelschlag.

Letzte Straßenkarren fuhren
still durchs Zifferblatt der Uhren –
Sturz der Bäche in den Strom.
Manchmal schlug im Psalm der Meise
ihrer todgeweihten Reise
Metronom.

Geige, Tamburin und Spangen
sind im Niemandsland gefangen
wie der Schmetterling im Schnee.
Für das Armband ihrer Schelle
brach den Kelch der Immortelle
Salome.

Mitte

Mutschka, alt bist du wie unser Pferdchen Esau.
Schritt und Humpelschritt. Mutschka, alte Klagefrau,

klage: Lummja, der beim Vogeltanz die Wolken fing,
Lämmerwölkchen, Regenwolken schwarz und grau –
klage: König Lummja, der für Esau betteln ging,
ist gestorben. Klage, Mutschka, alte Frau.

Mutschka, alte Klagefrau,

singe: Lummja stahl ein Kopftuch für mein weißes Haar,
warmes Kopftuch, weil der Winter böse lacht –
klage: König Lummja, der ein Kind des Karrens war,
liegt erschlagen. Jossub hat ihn totgemacht.

Mutschka, alte Klagefrau,

schreie: Jossub schürt am Feuergalgen schwarze Zeit,
Teufel Jossub, der auch mich ins Feuer zwängt!
Schreie, Mutschka: Aus den Wolken sickert Dunkelheit
und kein Lummja kommt, der jetzt die Wolken fängt!

Schweige Mutschka. Müde ist dein Schritt.
Steig auf deinen Karren, nimm die Klage mit.

Rechts

Ein Karren trug die Melodei,
das Feuer-Hirtenlied vom Tod.
Zigeunertod. Die Litanei:
Der Brandgeruch im Rosenrot.

Als goldne Zinke nannten sie
das Tamburin im Wolkenzug,
im frühen Lapislazuli
den heimatlosen Vogelflug.

Ein Maulwurf starb am Wiesenrand.
Sie schufen einen Sarg von Lehm
und eine Gruft mit bloßer Hand,
dann sangen sie das Requiem.

Die Deichsel brach. Ein Kannibal
warf ihren Karren aus der Bahn.
Sie küßten noch das Ockertal,
den Ginster und den Thymian.

Die Tänze fielen in den Staub.
Die Elsterzungen wurden stumm.
Aus Attentat und Straßenraub
ward Satans Krematorium.

Ein Karren trug die Melodei,
die neue Melodei vom Tod.
Zigeunertod, die Litanei:
Der Brandgeruch im Rosenrot.

Der Zigeuner singt

Weit in den Wäldern
warten
Barosh und Lummja,
tote Brüder der Grillen,
Esaus tote Brüder.

Vogelkarawanen senden sie aus.
Im Tausendgüldenkraut
finde ich ihre Wächter.

An allen Ufern
warten
Barosh und Lummja,
tote Brüder der Straße,
Mutschkas tote Brüder.

Im Gebell der Schlittenhunde Alaskas,
in den Wellen der Wolga,
die ein doppeltes Herz hat,
tönt die ruhlose Klage.

Weit in den Wäldern
warten
Barosh und Lummja.

In den großen Monsun,
der sie heimkehren läßt,
halte ich meine Geige.

Aus
Nach der Haussuchung
1957

Nach der Haussuchung

Gut, sie haben nicht alles zerschlagen.
Sie werden abermals kommen,
das wird vergeblich sein.

Sie lärmen schon lange vor Mitternacht.
Sie haben die Blumen entwurzelt,
sie finden es nicht.

Sie haben die Rotte nur abgelöst,
die lebenslänglich
mein Haus umstellt.

Ich höre den kreisenden Stiefelschritt:
Stein, Blasrohr, Hellebarde,
Patronengürtel, Bombenwurf.

Sie suchen immer nur die eignen Waffen.
Sie finden nimmermehr das Spiel,
das jenen Namen trägt, der unaussprechbar ist.

Nekrolog

Das war die Stunde vor der Tür:
der Mond als Kreidestrich,
das Staunen und kein Wort dafür,
das scheue Sesam-öffne-dich.

Da war die Regenbogenzeit
ein siebenfacher Baldachin –
wir hatten nie ein Märchenkleid,
wir waren Muck und Aladin.

Der Bär trug keinen Nasenring,
der Löwe spielte mit dem Lamm –
wer schlug den ersten Schmetterling,
wer warf die Fackel auf den Damm?

Die Vogelfänger sind vorbei
durch unser Augenlicht marschiert,
sie haben Babels Konterfei
in unsre Hände tätowiert.

Vom Netz bezwungen und genarrt,
Gefieder auf dem Leim,
verwelkte schon die Überfahrt
im letzten Abzählreim.

Jetzt wirbt die Pfeil-und-Bogen-Zeit
um jeden Untertan –
die Vogelfänger sind bereit
zur Folter des Sebastian.

Der hat uns illegal erzählt,
wann wir zu Hause sind,
der spricht zum König auserwählt:
Komm wieder, Menschenkind.

Legende von den Mäusen

Der Regen hat sie ans Fenster gespült.
Und nun geschieht, was niemals geschah:
sie nagen ein Loch in die Scheibe.

Der Regen hat sie vom Tode erlöst,
sie starben sonst immer den Glassplittertod,
und niemand schmückte den Friedhof der Mäuse.

Sie kommen sehr langsam und sehen mich an,
sie sind meine Gäste, sie richten sich ein –
sie fragen mich oft nach dem letzten Exil.

Dämmerung

Wer hat im Treppenhaus gerufen,
wer saß am Fensterbrett und blickte stumm?
Mein Traum, das Pony mit den sanften Hufen,
erschrak so sehr und warf den Kopf herum.

Die Zeit befiehlt, im Zimmer wach zu liegen.
Die Nacht ist wieder heimwehkrank.
Sie spricht zu mir: Die Fledermäuse fliegen
und stürzen manchmal auf das Blech der Fensterbank.

Vielleicht schon früh, im Morgengrauen,
grüßt mich das Lied vom Ararat:
ein armer Engel wird in meine Stube schauen,
der auch im Treppenhaus gerufen hat.

Spät

Muscheln aus der Truhe holen.
An das Ohr gepreßt –: Schrei
der Nebelhörner hören.
Mitternacht der Hochseebojen.

Leuchtturmwärter steigen aufwärts.
Wenn das Meer erschrickt, dröhnt
der Song des Gott-bewahr-uns!
Draußen schwappt das Schiff vorüber.

Kinder sind ins Bett gekrochen.
Harlekin fliegt fort.
Seine sieben Farben wirft er
hin zum Tanz der sieben Meere.

Der Irre ist gestorben

Im Wartesaal, wenn die Züge
Verspätung hatten,
erzählte er Märchen aus Tausend-
undeiner Nacht.

Er verstand es nie,
richtig zu grüßen. Auf Guten Tag
sagte er immer: Vielleicht.

Man weiß: er zog seinen Hut
vor den Hunden.
Seine Königskrone aus Zeitungspapier
trugen die Kinder nach Hause.

Der Fünfzeiler im Ortsteil der Zeitung
schloß mit den Worten: Es war
seine letzte Nacht,
als er im Park auf den Baum stieg.

Gerüchte gehen, er habe vergessen
sich festzuhalten,
als er den Friedensappell
an die Welt sprach.

Die Seiltänzerin
erwartet ein Kind

Noch vor der Geburt: den grünen Clown bitten,
silberne Vögel zu füttern.

Känguruhs
wissen etwas von Kindern.
Känguruhs sollte man fragen.

O wenn die Hebamme kommt: lautlos
murmelt ihr Mund, lautlos
streicheln zigeunerhaarige Hände.

O lichterloh brennen. Lichterloh
löst sich mein ganz kleines Herz.

Spielen, wenn es frei ist.
Laßt die gelbe Orgel frohlocken: Spielt
die atmenden Lieder, nur nicht
den Einmarsch der Gladiatoren.

Unterwegs

Die Brücke fiel in den Fluß.
Treibholz drückt gegen mich.
Am Steilufer im Dornengebüsch ruhe ich aus.

Die letzten Nüsse, ein Stückchen Brot
hinterlasse ich einem Wolf
oder einer Sperlingsschar.

Dämmerung überwölbt meinen Weg.

Ein Zirkuswagen. Ein roter Clown
schürt Monologe.
Ich sage: Mich friert. Ich ging
durch einen Fluß. Ich suche ein Kind.

Seine Holunderflöte bläst der rote Clown.
Er fragt: Suchst du schon lange?
Ich lege meinen Mantel
über seine tremolierenden Hände.

Sterne musizieren längst. Triangel
heftet der Nordstern ins All.
Der siebenäugige Wagen
rührt seine Zimbeln.

Meine Jacke werde ich fortgeben
an einen Hütejungen, der keine Herde mehr hat.

Ich werde stürzen über Baumwurzeln,
und meine Augen werden den Schnee
sehr nahe sehen. Vielleicht erkennen sie
die Fährte eines Wolfes.

Doch aufstehen werde ich und dich suchen.

In einer Feldscheune finde ich dich
oder zwischen den Abstellgleisen
eines großen Bahnhofs.
Dann habe ich alles fortgegeben.
Dann kehre ich um mit der Botschaft
zum roten Clown: Gib alles fort, roter Clown –
wandre mit der Holunderflöte.

Für ein Kind

Ich habe gebetet. So nimm von der Sonne und geh.
Die Bäume werden belaubt sein.
Ich habe den Blüten gesagt, sie mögen dich schmücken.

Kommst du zum Strom, da wartet ein Fährmann.
Zur Nacht läutet sein Herz übers Wasser.
Sein Boot hat goldene Planken, das trägt dich.

Die Ufer werden bewohnt sein.
Ich habe den Menschen gesagt, sie mögen dich lieben.
Es wird dir einer begegnen, der hat mich gehört.

Legitimation

Ich wohne hinter den Schritten
des Polizisten, der meinen Paß kontrolliert.
Ich wohne im Keller einer mittelgroßen
Ruine, im Altersheim
für den pensionierten Wind.

Ich wohne im pendelnden Käfig
eines Papageis, der alle Gesetzbücher
auswendig lernt.

Meine Behausung
am Platz für öffentliche Unordnung
ist der brennende Zirkus –
meine Grüße
gehen auf Händen zu dir hinüber,
meine Grüße
sind die letzten Akrobaten
unter der brennenden Kuppel.

Porträt eines Freundes

Er läutet am Korallenriff
und neigt das Steuerrad
im hölzernen Septemberschiff,
das seinen Traum geladen hat,

zum Hafen Siebenhügelland
zum Ufer Nirgendwann
und legt an keinem Strand,
an keiner Brücke an.

Zugvogellied, sein Glockenspiel
vom heimatlosen Sohn,
bekennt das ungenannte Ziel
der Kinderprozession,

die seine Fahrt begleiten wird,
wenn dieser Herbst verweht,
die vor ihm wandert als sein Hirt,
der singend übers Wasser geht.

Jagd nach letzten Landstreichern

Die Häscher verfolgen den Mond,
denn der Mond durchschaut ihre Machenschaften
als unbestechlicher Parlamentär.

Sie schleppen das Schafott zum Galgenberg,
aber der Mond hat sich heute nacht
im Hinterhof versteckt.

Im Schuppen des Juden Ibrahim,
der Papierrosen und alte Geigen sammelt,
fand der Mond sein Exil.

Wie lange wird diese Nacht ohne Mond sein,
wie lange lächelt Ibrahim,
wann wird sein Lächeln

rot verstaubt sein
wie die Rosen
aus Papier?

Aus
Brevier eines Degenschluckers
1960

Mobilmachung und Flucht

Im Pferdestall sitzt ein Irrer hoch zu Roß.
Die Gulaschkanone feuert. Das Märchen
vom Fischer und seiner Frau
sucht einen Vorsänger
in den winterlichen Gassen der Welt.

Es wird kalt, liebe Königin –
leg das Mäntelchen an!
Kurze Zeit
und wir sitzen im Pißpott.

Totenrede

Ilja Schimpanski –
Degenschlucker seit undenklichen Zeiten –
Ilja starb im Gitter der Eisenbahnsperre,

die Schranken tragen sein weißrotes Kostüm.

Wer ihn je gesehen hat,
wie er zum täglichen Frühstück
Dolche mit kurzen gedrungenen Klingen
Hieb- und Stichwaffen
Morgensterne und Hellebarden
und neuerdings sogar

Maschinengewehre
verschlang,

wird ermessen können
was seinen Nachfolgern bevorsteht.

Betrunkner Wald

Nicht genug, daß die Bäume in den Himmel wachsen! –
Jetzt lachen sogar die Eichhörnchen
und werfen Haselnüsse ins All.

Fragen wir nicht
wohin der Ulk sich wenden mag –
womöglich
geht der Wald auf allen vieren durch die Stadt:
Was tun wir nur
wenn er den Lieferplan der Särge kündigt
und uns Beraubten einen großen Vogel zeigt?

Seltsamer Funkspruch

Achtung wir senden den Lachmöwenschrei
wir rufen die Kapitäne
wir rufen die Männer im Mastkorb
wir sind die neuen Bewohner des Leuchtturms
wir senden die Nachrichten des Leuchtturms
Achtung
die Erde hat sich gründlich erkältet
der Schnupfen steckt schon die Sterne an
Achtung ein Kind sucht ein Stiefmütterchen
Achtung von Fledermäusen genarrt

blüht der scheue September Achtung
irgendeiner
dessen Name verschollen ist
irgendeiner
hat Hirtenstäbe zerbrochen
und Peitschen daraus gemacht
wir warnen die Kapitäne wir rufen
die Männer im Mastkorb
noch immer schlagen die Peitschen
über alles über alles in der Welt
wir rufen euch wieder
wir senden den Lachmöwenschrei

Steckbriefe

1

Gesucht wird ein Regen,
der das Gift aus den Augen spült.

Gesucht wird ein stelzenlaufendes Kind,
das dem Regen hohe Belohnung verspricht.

2

Der Fensterputzer
lehnt seine Leiter an den verstaubten Himmel.
Der Herbst öffnet die Synagoge –
die Stürme singen den Thoratext.

Rauchzeichen bei Tag.

Die Bäume sind alte Rabbiner,
sie zünden die Leuchter an.

Feuerzeichen bei Nacht.

Die Ketten
sind um den Schlafbaum der Krähen gelegt.
Das Gebell der Hunde sagt deine Träume voraus.
Die Windmühle des Kindes
spricht das Urteil über die Welt.

Begegnung

Was denken sich nur solche Leute
wie dieser winzige Mann im Papierschiff?
Die Windmühle am Heck
verrät seine Herkunft.

Wahrscheinlich
hat er die letzten fünfhundert Jahre
verschlafen –

sonst wagte er nicht diesen Märchenausflug,
sonst blickte er nicht
mit so stillen freundlichen Augen nach uns.

Zoo

Faultier

Märsche und Reiterkolonnen mögen sich also begatten.
Wer mich besiegen will, stolpert über mein Gähnen.

Noch immer
ein Schrecken der Kegler von gestern heute und morgen,
schieb ich die ruhigste Kugel.

Oblomow
hat meinen Pelz gestreichelt,
ich bete zu ihm.

Leeres Gehege des kleinen Kudu

Der kleine Kudu
darf nicht kleiner Kudu genannt werden.
Der kleine Kudu
darf weder im Stall noch hinter Sandmulden gesucht
werden.
Der kleine Kudu
darf nicht mit dem Zuruf gefüttert werden:
Zeig dich endlich, kleiner Kudu!
Namenlos und unauffindbar
soll der kleine Kudu niemals größer als ein kleiner Kudu
sein.

Spaziergänger

Ach bitte, Onkel oder Tante, wo ist der Eisesbär,
der Bär mit seinem Wasserboot?

    Was fragst du uns, hör auf, wir wissen nur:
    Die Wärter bekommen ihr Futter um dreizehn Uhr.

O bitte, Onkel oder Tante, wo ist das Hühnchen,
das ihr rupfen wollt?

    Hachjeh, hör auf, wir wissen nur:
    Wir essen 'ne Bockwurst um sechzehn Uhr.

Und sagt mir, Onkel oder Tante, was nimmt
die Wandermaus auf ihre Reise mit?

Halt's Maul, hör auf, wir wissen nur:
Die Wärter bekommen ihr Futter um neunzehn Uhr.

Paviane

Der erste hebt das rechte Hinterbein die linke Hand.
Der zweite sagt dem dritten Gute Nacht.
Der dritte schläft sich einen Affen aus.
Der vierte zählt uns an den Fingern ab.

Jemand beschimpft einen Pinguin

Undankbarer Kellner! Deinetwegen
ging das Gartenfest in die Brüche.

Du hast zwar, wie vereinbart,
die zwanzig Pullen
hinauf in den Sektkübel des Nordpols
getragen und kalt gestellt, so weit so gut!
Wer aber zum Teufel hat dich geritten,
plötzlich darüber herzufallen
mit sauflustigen Robben und Eskimos,

alberne Fischlieder singend, he?

Im Namen
meiner unwirschen Gäste vom Aufsichtsrat:
Du bist entlassen, zieh deine Jacke aus!

Wölfe morgens

Sie liegen kusch bei kusch und schließen Wetten ab.
  Die einen, daß der Tag beginnen wird.

Die andren, daß der Tag krepieren wird.
So liegen sie und haben ihr Gebell verpfändet.
So bangen sie, wer jetzt von ihnen schweigen muß.

Heiliger Ibis

Schritt aus Gedanken des Lotos...
... Komm doch, der pennt ja gleich ein!

Musikant mit singender Säge

Meine Herrschaften, ich versehe den
Nachtdienst am Krankenlager der Erde.
Der Himmel wirft einen Wind übers Dach –
der Himmel pfeift auf dem letzten Loch:
> *Häns'chen klein*
> *Welt hinein*
> *Mutter weinet sehr.*

Ein armer Stern baumelt in den Bäumen
lupp und lapp
wie eine alte Äolsharfe.

Meine Herrschaften, dieser Irrgarten
macht mein Gesicht ganz lang
und auf den kümmerlichen kurzen Beinen
laufe ich der Freiheit nach.

O seliges Schlußlicht der Straßenbahn!

Kurzer Aufenthalt in der Wüste

Hier ist der Himmel ein Kindermalbuchhimmel.
Hier ist der Sand ein frisches Wasser –
der Sand spült meine Hände gesund.

Ich komme aus den Städten der vermummten Reiter
sie gehen in hohen geschmeidigen Stiefeln
sie haben mich ausgewiesen.

Endlich darf ich einen Kopfstand machen
endlich darf ich ganz laut rufen: Lalala!

Sie haben ein Feuer an meinen Namen gelegt
aber der Wind sammelt sich schon in der Wüste.

Der Wind fragt mich.
Der Wind fragt.

Ich schreibe das einzige Wort
das mein Lehrer
der Wind
wieder spurlos macht.

Abendgebet eines Zauberers

Linke Hand, hier nichts da nichts.
Jackenärmel –
kein doppelter Boden.

Taschentücher
rot blau grün
Taschentücher
fliegt

Vogeltücher
trocknet
alle Tränen
dieser kleinen unbekannten Stadt.

Untergang

Der Regen arbeitet.
Die Straßenfeger sind arbeitslos.
Die arbeitslosen Straßenfeger sind heimgekehrt.

Die Bäume dursten nicht mehr.
Die Schulhofbäume dursten nicht mehr.
Die überraschten Lehrer beenden die Konferenz
und schwimmen zum Tor hinaus.

Der Regen arbeitet.
Papierne Zeitungstürme neigen sich lautlos.
Rote Schlagzeilen färben das Wasser rot.

Das Kind armer Eltern schläft in der Kohlenkiste.
Das Kind reicher Eltern schläft im Himmelbett.
Die armen und reichen Eltern
hören den Regen nicht.

Die überraschten Lehrer
hocken ratlos im Geäst der Bäume.
Die große Pause kommt unerwartet.

Lied der Kanalpenner

Der Kanal hat Dampfer und Ladekähne.
Der Kanal hat Fischkähne auf seinem Rücken.
Der Kanal hat eine Wasserleiche im Herzen.
Das Herz ist das Schauhaus.
Der Kanal hat einen Schuster geschluckt.
Der Schuster macht Schuhe für einen großen Fisch.

Abzählreim

Wer sagt
rot ganz indianerrot ist der Mann der Müllabfuhr
wer ruft
höher noch als haushoch werfen wir den Kullerball
wer macht
große Augen wenn ein Sperling stirbt
wer sagt
unsre müde Sonne geht im Keller schlafen

Hinterhof

Das Kind ruft die Mäuse herbei.
Die Mäuse haben ein ganz großes Fest.
Die Mäuse trinken und essen.
Die Mäuse werden so langsam besoffen.

Mutter
Mutter
was will denn die Katze bei uns?

Sei still, die Katze
nimmt sich aller Besoffnen an.

Huldigung

1

Dein Mund
legt den schwarzen Kaftan um die Nacht
dein Pferd
bringt mir die Stille im Haferkorb
dein Kutscher
zeigt mir den Müllkastenmond
dein Wirt
stellt die Stühle nicht auf den Tisch.

Freundliche Gigolos tanzen für dich
Rumba und Onestep –

O daß du lächelst!

2

Ich bin der kleinste Mann mit leeren Händen.
Ich bin der ärmste Mann mit kleinen Händen.
Doch mit dir
kann der kleine arme Mann
auch den größten Baum mit langen Ästen
auch das hohe Haus mit vollen Tischen
in den kleinen leeren Händen
über große Berge tragen.

Katzenmarkt
Paris 1957

Diese
kleine Katze geht auf ihren Vorderfüßen
diese
graue Katze sagt nicht nur um Mitternacht Miau

diese
schwarze Katze flirtet mit der weißen Milch
diese
stille gelbe Katze hört nur auf den Namen Echnaton
diese
schöne große Katze läßt die Vögel gute Leute sein

Prospekt

Wer die Hauptstraße meidet,
wird vom Bazar im Außenviertel beschenkt.

Die ewigen Lampen Aladins.
Der Sattel des Pferdchens Rosinante.
Die Schellenmütze des Artisten Till
und der Weinkrug des Lamme Goedzak.
Ein Pfandschein auf den Namen
Rembrandt van Rijn.
Die Harmonika des Seemanns Daddeldu
und der Samowar des Fedor Michajlowitsch D.

Wer den Bazar im Außenviertel besucht,
tritt nie mehr die Rückreise an.

Freundlicher Tag

Jetzt läuft das Ungeheuer der Sturm mit langen Schritten
davon.
Die Türen öffnen sich wieder die Stadt ist wieder befreit.

Kind und Katze spielen Einkriegezeck.

Kind und Nachbarskind
kullern die Straße herab
   mit blauen hölzernen Reifen.

Da freut sich der Schneekönig
   wie nur ein Schneekönig sich freuen kann
da wird die Wolke über grünen Wäldern grün
da bringt der Haubentaucher seine Fracht
   das Bündel Sonnenstroh ins Schilf –
da gibt es ein Allotria
   im Pavillon zu den Vier Jahreszeiten.

Film mit Dick und Doof

Hände klatschen für euch wie Taubengegirr.
Claqueure
Kikiriki
der Besen biegt sich doch die Hexe nicht.

Der Tag nimmt euch huckepack. Ihr lernt
das Einmaleins seiner Schritte. Ein halber Tag
und ein halber Tag
ist der Himmel einer Eintagsfliege.

Schreibt uns den torkelnden Mond ins Schulheft,
die Landkarte des feixenden Sindbad –
den bunten Doppelstern, der euch zu Füßen liegt.

Ansprache des Küchenmeisters

Heute nehmen Sie teil am Bankett junger Riesen
bockwürste mit jenen alten Kameraden im Schlaf
rock die sofort mit der Rehkeule zuschlagen

wenn irgendein Ochsenschwanz über Kommißbrote
lästert
ferner nehmen Sie teil am Soupé der Strammen Mäxe
am Vorbeimarsch der Napoleonschnitten
am Rezitationsabend der Schillerlocken
am Bal paré der Windbeutel und Liebesknochen
später
bittet Sie
um eine Kleinigkeit
der arme falsche Hase
der die Tische abräumt und den Vorhang schließt.

Ein Manifest

Unsere Musik
ist die leidige Copie der Froschkonzerte –
wir genießen den Ruf eines freundlichen Ungeziefers
wir sind die Emigranten und Flaschenbewohner
wir lassen uns trinken vom Tag der Schwäne
unser Leben ist eine Libellenminute –
wir werfen die Schwerter
tief in den Algentümpel.
Wau wau, sagt unser Hund, ich gehe nach Bremen
und stürme das Räuberhaus.

Einstiges Lied

Nun spricht
unser Schnecklein fröhlich am Brückengeländer
die Verse des Laotse,
nun ist jeder Sperling ein singender Mann –
diedeldei.

Auf und davon springen die Koppel der Polizisten,
die Koppel sind tanzende Aale,
sie gleiten weg ins unterirdische Wasser.

Dreispännig
fährt unser Tag am letzten Gefängnis vorbei –
nun fordern
die Zebras ihre gestreiften Kleider zurück.
Die Jäger bauen kein Hirschfängerhaus,
sie binden sich Schulranzen um,
sie lernen fleißig die schöne Litanei
Du Schaf Du Hund Du Kamel
diedeldei.

Wir suchen ein Wort
das nur aus den Spielen gemacht ist –
die Spiele sind unsere Boten.

Aus
Trinkermeditationen
1962

Für Oskar Huth

Hier hast du
einen Regentropfen,

ein bißchen Ozean
für deinen Durst.

Ei ei
da springt ein Affe
übern Fahrdamm
und wirft mit Kastanien
nach mir?
Dem Herbst scheint wohl
das Fell zu jucken!

Hört den Lumpensammler!
Gutgelaunt
rülpst er in den Morgen.
Trällernd
wirft er sie zum alten Eisen,
die neuen Königreiche
Hinz und Kunz.

Die Schaukelpferde
treten in Hungerstreik. Der
Holzwurm

hat sich schlafen gelegt. Was nun,
du Jäger aus Kurpfalz?

Tick tack
macht der traurige Standuhrenverkäufer.
Er zieht seine Nasenflügel auf, er beginnt
stündlich zu niesen.
Nicht lange und die Zeit hustet ihm was.

Sag mal,
hast du
schon wieder
Nebelschnaps gesoffen
daß du mir jetzt
den November
mit deiner Unterschrift
ins Haus schicken mußt?

Da kommt unsere kleine dicke Type!
Munter fällt sie einer Stadt zu Füßen:

Der rechte Kuckuck, der bin ich ja schon!

Mein täglicher
Spaziergang durchs Schlüsselloch
ruft eine Menge Portiers
auf den Plan. Sie haschen

mit Händen und Füßen
nach mir. Der bloße Spaß
wird ihnen verdächtig. Zur Stunde

halten sie Ausschau
nach einer berühmten Sportskanone,
die mich besiegen soll.

Wenn die Mietskasernen
zum Zapfenstreich blasen,

rolle ich hinaus

zur Laubenkolonie

und schlafe sanft
im Mantel einer Vogelscheuche.

Die Kohlenmänner
schwitzen den Winter aus. Die Lerchen
fassen sich bei den Händen. Ich aber,

ich setze mich auf einen Stuhl. It's
springtime.

Hurrah! Hurrah! Der Wind

geht ohne Fahrkarte
durch die Bahnhofssperre!

Die Krähen

haben ein Pfandhaus
eröffnet. Sie geben

den heruntergekommenen
Nächten

Kredit.

Jemand
sagte zu mir: Auf Wiedersehen, lieber
Herr! Und damit wir uns

nicht verfehlen: Sie kennen ja
meinen Hut!

Das schöne Kind aus Königswusterhausen
rollt seine Abziehbilder ein
und hüpft davon auf einem Bein
und schlägt mit seinen Flausen
Alarm im Kegelclub von Königswusterhausen.

Am Tor unserer heimatlichen
Blechstanzerei
verschenkt

ein wohlbekannter Pförtner
Trauerflor.

Der Tag, die Mütze
tief ins Gesicht gezogen,
schaut

sich selbst bei der Arbeit zu,
wie er vom Fenster her
einen Mann
begrüßt,

der sich
die Mütze vor ihm
tief ins Gesicht zieht.

Zoobesucher!
Füttert emsig
Gitter und Gehege.

Und als ihm eines Tages
der Seifensieder aufging
rief er entrüstet: Dieser Käfig
ist mir um etliche Nummern zu klein!

Nachts sind alle Frauen katz.

Im Bordell

Guten Abend,
fröhliche Katzbalgerei –
Nun gehts wieder mit rechten Dingen zu!

Er besuchte
ein anerkanntes
Beerdigungsinstitut.
Der Staat verlieh ihm
das Abschlußzeugnis
den Titel
eines außergewöhnlich
sargkundigen
Assistenten.

Zur gefl. Beachtung

Herren,
die nach Aussehen und Veranlagung
jener Mistbiene ähneln,
welche am letzten Freitag
gegen 20 Uhr
in unserem Etablissement
dem Pförtner des Damensalons
(mit einer übers Kinn geführten
Taubenfeder)
schamlose Ausrufe
entlockte
wie
»Oh oh« und »Ei ei«,
müssen gewärtig sein,
dem Rausschmeißer Trinkgeld
zu entrichten.

Zwischen
den gespreizten Säbelbeinen
des Polizisten

hängen
wohlfeile Rezepte
für Baracken und deutsche Beefsteaks.

Er kennt seine Westentasche.
Er hat sie verdammt und zugenäht.

Ich bin der stellungslose Klabautermann,
mein Hunger nach Takelage und Mastbaum
pinselt Säufergesichter auf Lokomotiven.
Das Bahnpersonal gibt neue Fahrkarten aus,
jede trägt meinen Steckbrief.

Herd, Haus und Hof
haben sich einen Feldjäger

umgeschnallt. So leben wir, so
leben wir, so

leben wir alle Tage.

Zwei Männer setzen sich
auf einen Berg.
Zwei Männer haben eine Flasche Schnaps

in ihrer Mitte.
Die Flasche ist ein kleiner Knabe
der zwischen beiden Männern
laufen lernt.

Zwei Männer werfen ihre Arme hoch,
die Flasche rollt den Berg herab.

Wie kommen
wie kommen wir bloß den Berg herab?

Rollen wir jetzt
wie die Flasche
rollen wir
hops
rollen wir
hops
rollen wir hops herunter den Berg
springt
ein Häslein runter mit uns
runter
herunter
rennen wir jetzt
klar doch wir rennen
rumreiter
rumreiter
hoppla du meine Güte jetzt brüll ich
hahahahaha
jetzt ruft mir ein rennender Bauchredner
Witze ins Ohr!
Die Bäume rennen weg die Hasenbäume
der Berg der olle Fahrstuhlberg
ab ab.

Die Wildenten überfallen eine Kelterei,
sie besaufen sich an der Finsternis
und torkeln die Erde wach.

Der große Besoffne geht um.
   Alberne Häuser lachen sich krumm.
Der große Besoffne geht um.
   Er läßt seine Fahne kreisen,
   er schenkt sie am Sonntag den Meisen,
er foppt sein Delirium.

Die Schneezwerge

Die Schneezwerge
liegen auf den Dächern
und anderswo.

Die Schneezwerge
haben keine Namen.

Die Schneezwerge
sind langnasig
und werden von den Hasen
Langnasen
genannt.

Die Schneezwerge
fragen: Wo sind wir?
Ihr seid auf der Erde,
sagen die Hasen.

An diesem Tisch
hat ein Mann gesessen
der jedem zurief, wer auch vorbeikam:
schwarzbraun ist die Haselnuß dieser verdammten
                                      Kriegsscheiße!
(Wer auch vorbeikam)

Heile heile Gäns'chen
tanzt der Jäger auf dem Eis
tanzt Gewehrlauf Halali sein Tänz'chen
Was die grüne Heide weiß

wird er
Mutter
nicht verraten

findet doch der Jägersmann
wessen Grab und Kränz'chen?
Macht der Jäger

husch-husch-husch
springt von Gestern übern Holderbusch

Sieht er

heute schon Soldaten
Blutwurst auf dem Mündungsfeuer
braten

Mutter
sollst den Jägersmann verschonen
siehst doch

hinterm Holderbusch
steht er
arm und bleich und kotzt Kanonen.

Steckbrief

Vogelfrei ist der gefährliche Clown der sich anmaßt
die Staatsflagge anzuheften ans Hinterteil
der in Tarnkappen hineinschlüpft den Märchenbuchwald
leise durchspringt im Gewand eines Zeisigs
den Rauch bewohnt den Qualm der mit den
                                  Schleppkähnen zieht
plötzlich uns anfällt als hungrige Ratte
das Schloß der wertvollsten Waffe zernagt
Gelächter verbreitet schamlosen Fluch
über uns hinschickt die wir ihn jagen

Unser Land
gipfelt in einer ungeheuren
Stempeluhr

mit Kuckucksstimme. Jedesmal,

wenn eine Kolonne
schwerbepackter Menschen vorbeikommt,
hebt die Uhr zu singen an:

Von Rosen-

umrankten Ketten
in tiefer
Handschellennacht.

Äußerung des Herrn Friedrich Sandboppel aus Berlin-Britz

Wem gilt meine Warntafel Vorsicht bissiges Huhn
und wer richtet sich nach ihrem Text?

Die Staubtücher jedenfalls nicht, sie erscheinen
über meinen Blumenkästen hoch im Vormittag
und schütteln Frau und Hausfrau
auf mein Fensterbrett.

Da hab ich sie wieder allesamt beieinander:
    die Damen vom Alabasterhirsch
    die Tanten vom Schlag mit der Hand ins Sofakissen
    die hoffnungsvollen Bräute, eene meene minkmank.

Na schön, solche Besuche gehn ja noch glimpflich aus –
in krassen Fällen wird mir ein neuer Name zuteil:
    Hannefatzke. Alter Zausel. Mummelgreis.

Widerwärtig vor allem sind jene Winternächte,
wenn der Ofen in meiner Stube Marschlieder brüllt,
wenn die Tanten, Damen, Bräute
Häkelhaken und Stricknadel erheben
zum Kling-klang-Gloria ihrer befestigten Nacht,

wenn ich umherlaufe im Zimmer,
eine Tafel beschrifte vielleicht mit dem Text:
    Unsere Lampen nähren sich von Waffenöl –

und trotzdem nicht weiß, wie sag ich's
meinem Hund ohne ihn zurückzurufen.
Eia weia weg.

Hilfe!
Tante Emma hext in meinen Schrank
alle ihre Tassen!

Heute nacht
kommt der weiße Mondmann
in dein weißes Zimmer. Er wird

an dein weißes Bett treten,
er wird dich fragen:
Weiß?

und du wirst antworten:
Weiß.

Die Obrigkeit
warf
ihr letztes Auge
auf uns. Nun

tappt sie
vollends im Dunkeln.

Madam, ich bin der Fischer
im Altersheim. Der Vorstand des Hauses
hat mich zum Kammerjäger ernannt.
Madam, die Flöhe lachen sich eins, die Flöhe
kennen den Umgang mit Tinte und Nadel,
sie haben ein sinkendes Schiff
auf meine Brust tätowiert.

Der Lumpensammler hat einen großen Hut,
und das Regenwasser macht auf der Hutkrempe
eine schwappende Rundfahrt.

Alte Öfen, Eisen, Papier
sind in dieser Stunde vergessen –
oder was war das? singt er ein neues Lied:
Eisen, Papier, alte Öfen?

Ich bin der Lumpensammler in der großen Regenstadt,
der Regen ist flaschengrün und die Stadt ertrinkt.
Alte Öfen, Eisen, Papier
sind in dieser Stunde ertrunken mit mir.

Hinterm Ofen sitzt ein Tier,
das bleibt hier.

Im Hufgeklapper betrunkener Marktpferde
greift Peter Hamm
nach Peter Hille.

Memorandum

Wir stehen nicht an, zuzugeben,
daß diese Waldschnepfe (Scolopax rusticola L.)
herausfinden möchte, ob sie
diejenige sei, von der jetzt die Rede ist –

stehen hingegen an,
ihr noch länger zu verheimlichen,

wie gut sie daran täte, sich zu besinnen,
bevor wir an dieser Stelle den Punkt setzen.

Die Häuser
sind alle aus Schatten gemacht.

O mein Chamisso! Man trägt wieder
Schlemihl.

Das Laub
– in Schiffchen verwandelt –
ruft dich zur Fahrt.

Horch, die heiteren Zöllner
prüfen die Flaschenpost!

Kinder
schmücken jeden Bug
mit Kreidesprüchen.

Nein nein,
ich mag keine Bonbons –
das Loch im Zahn läßt dich schön grüßen!

Heute ist Herr Waldmeister Waldemar II. in den
ewigen Ruhestand getreten. Wir trauern um ihn.
Die Mitglieder des Schützenvereins treffen sich
auf dem Westfriedhof zum letzten Halali.

Aus dem Nachlaß des Herrn Waldmeisters sind
preisgünstig abzugeben an jüngere Schützenbrüder:
1 Stck. Meisterschießscheibe »Springende Waldsau«.
74 Stck. Anstecknadeln m. gekreuzten Jagdhörnern und
Frakturzeile »Schießen das ist mei Freid.«
2 Stck. Jagdmäntel, grasgrüner Loden, pirschfest.
2 Stck. Lehrbücher »Der Waidmann als Mensch und
Schütze«. Verbesserte Auflage, herausgegeben v. Oberlandesjäger A. Dressierer.
34 Stck. Hirschgeweihe, kapitales Rotwild, erlegt
von Herrn Waldmeister Waldemar I., Vater des
Dahingegangenen.
gezeichnet Otto Wuchter, Abtlg. Waffen und Geräte.

Die für morgen geplante
Verleumdung

in den Papierkorb
werfen

zu den falsch ausgefüllten
Formularen.

Der Appell
in den Kasernen
treibt den Tänzer
in die Scheune,
wo die Stare
sprechen lernen:
Vogelflug
verwirft die Zäune.

Es begab sich
nach Jahr und Tag
daß der pinkelnde Mensch
dem Kastanienbaum
ein Pfefferkuchenherz
dedizierte
mit der Aufschrift
ich liebe dich.

Ich taumelnder Kindskopf
   unter dem Himmel
   unter der Luftschaukel vom Jahrmarkt!
Die Luft hat türkischen Honig im Blut.
Ich ruf dich
   winziger Häwelmann
   roll deinen Wagen über mich hin –
von dir erlern ich das Schlaflied.

Nun besten Dank –
lebwohl
und angenehme Ruh!

Er vermacht der Welt
seine Aktentasche mit Buntpapier
und geht

auf Zehenspitzen
langsam über die endlose Chaussee.

Aus
Pennergesang
1965

Der Sperling und andere Vögel

1

Der Sperling
übernimmt das Amt des Hausmeisters
im Haus der großen Dampferglocke.
Derselbe Sperling
läutet mit seinen gefiederten Schlüsseln:
Der Abend ist da, was wundert ihr euch!
Andere Vögel
suchen ihren Arbeitsplatz auf Regenrinnen,
sie schütten Wasser in die Feuersbrunst.
Wieder andere Vögel
hüpfen den Weg des Englischen Gartens entlang
und schlafen tief im gutfrisierten Kugelbaum.

2

Der Sperling
brütet gern in der Mütze eines Straßenfegers.
So erwirbt er das Lob der Stadtverwaltung –
sie setzt ihm ein Ruhegeld aus.
Andere Vögel
brüten am liebsten im Kinderball.
Ein Kind freut sich,
wie schön sein Ball hochfliegen kann.
Der Sperling
ist ein höflicher Vogel, er läßt den Pferdewagen
Freie Fahrt. Seine Augen
sind in viele Sprachen übersetzt.

3

Andere Vögel
erscheinen nicht minder höflich. Sie kommen früh
ins Theater, wenn ein Wäldchen auftreten muß.
Wieder andere Vögel
bereiten eine Fähre zwischen hellen Ufern,
den Pavillon der Spiele, ein Fest
der Blumen und Marktpferde.
Der Sperling
ist ein begabter Drucker. Seiner Kunst
verdanken wir dieses Gedicht.
Derselbe Sperling
sagt uns den Frühling an, mein Rabbi
in der grünen Synagoge.

Gehabt euch wohl

Herein!
Der Hunger klopft im Flur.
Recht gute Nacht!
Das Kind hat seine Schuhe nur.
Schlaf seligsüß!
Der Mond, der backt ein hartes Brot.
Und träum recht schön!
Der Hunger macht die Wangen tot.

Die Fenster auf!
Das Kind nimmt beide Hände ans Gesicht.
Still jetzt!
Da kommt der Mond, der ihm die Treue schwor.
Na und?
Er tritt aus Nacht mit Stein und Bein hervor.
Gehabt euch wohl!
Das Kind verzeiht ihm nicht.

Das Haus

Das Haus ist fort.
Wo ist das Haus geblieben? Wollte es nur
einen Spaziergang machen
oder ist es auf die Suche gegangen nach uns?

Vielleicht kehrt es schon morgen zurück.
Wie soll es zurückkehren,
da ihm niemand die Augen
die Fenster öffnet.

Vor den Mauern

Vor den Mauern treibt die Sonne Maskenball.
Wunde Füße alter Nebelratten
tanzen Ziegeltanz. Pfiff und Doppelpfiff, Krawall
früher Stürme in den Kasematten.

Vor den Mauern läßt ein tätowiertes Kind,
vor den Kellern, wenn die Ratten schweigen,
hoch im vielgeplagten Wind
heute seinen Drachen steigen.

Nachtfenster

Halt die geöffneten Hände zur Wand.
Der Schrei des Verfolgten
lockert den Stein.
Halt die verbotenen Schlüssel bereit –
gleich
hat der Flüchtling dein Haus erreicht.

Parade

Da steht der Soldat:
aller traurigen Wirklichkeiten letzter Versuch.
Zum Wohl, meine Ratten –
ihr dürft asthmatische Mondlieder pfeifen!

Fibel

1
Was war er denn? Er ist gewesen.

2
Was tat er denn? In einer Fibel lesen.

3
Was las er da? Ich weiß nicht mehr.

4
Besinn dich doch! Ist schon zu lange her.

5
Die Fibel wurde eingescharrt wie er.

Selbstmörder

Der tutende Dampfer
hat Wolken im Schlepptau. Was weiß ich,
bald kommt die Nacht
und spinnt Trauerflor, sag ihr
nicht unser Versteck.

Den Mantel
kannst du behalten. Die Grüne Minna
da unten,
das war doch
die ordnungsliebende Hausfrau,
die wartet
auf mich.

Sag ihr: Die Treppen des Hauses
hatten kein Treppenhaus. Sag ihr:
Es ist alles in Ordnung.

Pranger

Die Steine machen sich mausig, die wunderlichen
Sandköpfe. Was schreit ihr so laut
durcheinander und rüttelt an meinen Füßen hoch?
Ich baue kein Haus, ich hefte Rabenflügel
an die Dächer.

Verlaßt mich! Ich hab
die Fackel ans Schloß gelegt, hab mich
befreit von dieser blutigen Residenz, von
diesen Wasserkünsten Seiner Exzellenz,
die meine Raben fängt und frißt
und kalt im Wintergarten
sterben läßt.

Schöne Zeit, ich spann
meine Jacke auf, ich tanze
im Galgenwind. Ein Vogel
auf Krücken
gestützt.

Seht, so lebt einer!
Schöne Zeit, du großer grüner Baum!

Villons Herberge

Mond, weiße Krähe, gib die Hand.
Mach dich auf,
setz dein Federherz in Brand.
Klau
fürs Stundenglas
den Sand.
Küß die Lippen Schnee und Blut.
Ratten,
dieser Tag und ich,
Rattenbrüder
schlafen gut.

Die Geächteten

1
Wir sind die unbekannten Jahre
von Herrschers Gnaden vogelfrei,
Gewittermond als Totenbahre,
das Sonnenlicht als Klerisei.

2
Wir sind wie Könige und Grafen
mit Ring und Kettenwerk beschenkt,
wir gehn im Eisenanzug schlafen,
der unsre Träume henkt.

3
Wir haben Blumen vorzuweisen –
statt Kelch und Blatt der Orchidee –

das Unkraut von den Abstellgleisen,
Brennesselblüte, Hungerklee.

4
Wir saufen tagelang den Regen
als Wermut und Burgunder Rot,
wir fressen von den Schotterwegen
das Hirtentäschelbrot.

5
Und schnüren enger die Sandalen
in Grüften, wo der Stiefel gilt,
und werden für den Suff bezahlen,
der unsren Durst nicht stillt.

6
Kein Nachtasyl für diese Fahrt
und keine Hütte vor dem Sturm,
nur die Gesänge aufgebahrt
im Hungerturm.

Die Einberufung wird abgelehnt

Es bleibt dabei,
meine Seelöwen haben sich von der See getrennt
und königlich in die Steppe gelegt.
Nun gibt es hier einen Mann, der geht umher
mit geöffneten Flaschen,
er wohnt in der Straße des Trinkers, er ruft:
Lassen Sie bitte den Hund in Ruhe,
der hat Ihnen doch nichts getan!

Dieser Mann, werdet ihr sagen, ist beileibe kein Mann.

Wie soll ich einen Mann aus mir machen,
der seine Augen strammstehen läßt,
die Sonne mit einer Zielscheibe verwechselt,
den Titel eines staatlich geprüften Bauchredners führt.

Seiner Kindheit verhungertes Hündchen

tauscht er ein gegen Trauerflor und blankgewichste Stiefel,
das Lied vom Hans im Unglück ist sein Zeitvertreib:

Koppel für den Leib,
für den Leib: aus Blech den Totenschein,
für den Weg nach Haus zu seinem Weib
wird sein Augenlicht von Erde sein.

Was soll ich den Seelöwen erzählen, wo ich hingegangen
                                                                        bin?

Sie haben sich nicht von der See getrennt,
damit ich den Fahneneid murmle vor Hochgenuß.

Also empfange ich sie
mit dem torkelnden Lachen der Freunde
und bin schlecht zu sprechen
für Polterknechte und Bummsmacher,

was soviel heißen soll, daß die Einberufung abgelehnt wird.

Notabene: Ich sah einen alten Mann auf einer Schaukel
                                                                        sitzen
und die Schaukel nur bewegt vom Wind.

Fahneneid

Ich gelobe,
nicht nachzugeben. Mein Vorbild
sind die Skelette von Ensor. Ihr Streit
um den toten Hering.

Schnee und Trinker

Der Trinker trifft den Schnee.
Der Schnee sagt: Ich bin der Schnee,
die weiße Fahne gehört zu mir, ich bin
der Parlamentär, ich geh
auf Zehenspitzen
durchs Niemandsland.

Der Trinker sagt: Ich bin der Trinker,
meine Fahne gehört zu mir, der Winter
ist mir nicht fremd, ich fall
morgen ins Niemandsland.

Gut, sagt der Schnee, gehn wir gemeinsam.
Ja, sagt der Trinker, wir gehen.

Gerücht

Die Klabautermänner steigen aus der Flut.
Sie haben in dieser
wetterwendischen
Nacht
einen großen Panzerkreuzer
irregeführt.

Der Admiral
unter ihnen
hat von der Pike auf gelernt,
was christliche Seefahrt bedeutet.

Schützenkönigslied

So heftet ihm die Nadel an und hebt ihn hoch empor
den großen König Besenglück den kleinen Mann im Ohr
und bürstet ihm die Uniform und nehmt dazu den
                                                   Flederwisch
und macht es nun den Schwalben nach
im Gleichschritt um den Tisch
und baut euch hier und da ein Nest
und laßt die Feinde nicht herein
und schießt mit Piff und Paff und Puh
auf Purzelbaum und Purzelbein
und tragt den König auf den Plan
und macht die Türen sicher zu
und weil ihr jetzt so artig seid
kräht tausendmal der Hahn
und geht dann alle schön zur Ruh
und haltet treu die Wacht am Nest
und hütet euch vor dem was kommt: der Rest vom
                                                   Schützenfest.

Geschichtenerzählen

Gestern sah ich
einen hohen Offizier
auf einen Baum steigen –
da wußte ich: die Militärs
bemühen sich um gute Aussicht.

Heute früh
sah ich drei grüne Fische
teppichklopfen –
da wußte ich: wer sich über den Anblick
teppichklopfender Fische
nicht verwundert,
hält diesen Anblick entweder für möglich
oder hat ihn gar nicht zu Gesicht bekommen.

Vorhin sah ich drei Telefonzellen
über den Ozean schwimmen –
da wußte ich: eine Nachricht aus Übersee
wird dich erreichen.

Nun, wie gefällt Ihnen das?

Bitte, bitte, hören Sie auf! –
Ich glaube,
Sie erzählen mir da lauter Geschichten.

Veteranenlied

Ach, sehn'se, das war so: Ich hab vorhin den Tag getroffen,
der nahm mich untern Arm und ließ ma nich mehr los,
und weil er keenen Sechser hatte, ich zehn Groschen bloß,
da hab ich die Medallje abgelegt, die ham wa denn
           versoffen.

Oh ja, das Ding aus Silber brachte Bier und Fusel ein,
so langsam fiel der Tag aus allen Wolken in die Knie.
Und als der Abend kam, da reckte er sich hoch und schrie:
Nee, ich bleib hier! die Nacht soll uns gestohlen sein!

Sie ahnen schon, das ging natürlich schief,
denn ganz auf einmal war der Mond zu sehn.
Der warf den Tag sich übers Kreuz und ließ mich stehn,
und was vorhin noch Tag gewesen, schnarchte nur und
                                                  schlief.

Jetzt reit ich um die Nacht auf Müllers Kuh.
Ein Kerl (wie Müllers Esel) hat mich überrannt:
Wo die Medallje sei? Und hat mich einen Schuft genannt.
Das wär's! (Der Himmel raucht und wirft mir seine
                                                  Kippen zu.)

Ein Landstreicher hat Besuch

Auf meinem Stuhl sitzt der kranke
Gendarm. Sein Pfefferkuchengesicht
zerbröckelt in Jahr und Tag.

Da seh ich ihn wieder: er kommt
beritten daher, aufrecht
im Sattel, ich hör
die Handschellen
klicken

und

sein Gelächter wie jetzt –
nur jünger
und froh seiner künftigen Laufbahn.

Der Rabe

Der Rabe, der im Schatten ruht,
singt still im Schlaf und träumt Laternenschein
und fliegt zur Nacht hinauf und sammelt Schweigen ein

und lüftet den Zylinderhut
vor Lampenlicht und Totenstein
und vor sich selber, der im Schatten ruht.

Der Sturm

Der Sturm ist ein Teppichklopfer.
Der Sturm sagt Gute Nacht Müllkastenmond.

Er kocht den Kindern Kamillentee.
Er bringt mich ins Treppenhaus
und wirft eine Stubenlage.

Hans im Glück

Sieben Jahre
haben sich in einen Goldklumpen
verwandelt. Wohin
mit der wertlosen Last?

Den Stein
eines Scherenschleifers
könnt ich
im Brunnen versenken
zu Hause.

Der alte Don Quichotte an Dulcinea

Hören Sie bitte, der Wind
dreht sich, mein freundlicher Sancho
hat gelbes Korn in die Mühle
geschüttet, bald ist das Brot
für die Hochzeitsfeier
gebacken.

Kommen Sie nur, ich erzähl
Ihnen
jeden Tag
etwas Neues.

Mein Krankenbett
werd ich erschlagen, die milde Sonne
auf meinem Visier
steht Ihnen zu Diensten, Rosinante
wird unser Trauzeuge sein.

(Bitte überhören Sie das –
das klingt zu poetisch!)

Also
ein einfacher Satz: Meine Dame
vergessen Sie nicht, ein guter Mensch
erwartet Sie hier.

Kellerkind

Geboren im stürzenden Kalk der Fassadenreklame
jäh auf die Beine gestellt
von Trommeln Pfeifen und Gewehr
still an die Hand genommen
von Muh und Ma und kärglicher Sonne.

Ach nu wein mal nich
nu wird ja bald schöns Wetter sein.

Kreidegesichter auswendig gelernt und sitzengeblieben.
Räuber und Schutzmann gespielt
und Himmel und Erde.
Wie sollst du schlafen ohne Grasmusik?

Frösch sind aufgewacht?
Seerosblättchen hat sein Bett gemacht?

Die Sandmänner
kommen nicht mehr in Begleitung zierlicher Vögel
die ausgestopften Eulen
schweigen im Staub der Lehrmittelschränke
die Sandmänner führen dich fort auf den Sandplatz.

Ach nu wein mal nich
nu wird ja bald schöns Wetter sein.

Winter wirds.
Der Hafenhimmel hat schwarzen Koks geladen
und schickt seine kranken Schneemänner über den
                                                                     Laufsteg.
Träumst du jetzt vom Laternenfisch
der am Kohlenplatz vor Anker geht
von der Stulle Weißbrot hell so hell wie Montagmorgen
wenn der Schornstein sich verbeugt
und eine Trauerweide küßt?

Ach Dampferglocke singt schlimm
sagt Bimm
Hunger dunkle Puppenstimm.

Wie sollst du schlafen ohne Grasmusik?
Krähen fallen auf deine ausgebreiteten Arme herab.
Vergebliche Flucht.
Vergebliche Flucht vor Räuber und Schutzmann.
Auf immer sitzengeblieben.

Liturgie im Hinterhof

Wir suchen dich am Fensterbrett
wo der Kanarienvogel singt,
wir suchen dich im Laubenhaus
im grünen Viereck nebenan,
im goldnen Hundeblumenstrauß.

Wir suchen dich und hoffen nur
auf Nachricht, wann du kommen wirst,
und daß du dich im Treppenflur,
im Dunkeln nicht verirrst.

Wir hoffen diesen Winter noch,
du kämst vielleicht als Kohlenmann
und zündetest im Ofenloch
ein Feuer an.

Leiterwagen

Da saß ein Mann im Leiterwagen,
hat nie geschlafen, nie gewacht,
hat hundert Jahre so verbracht –

saß antwortlos und ohne Fragen.

Hat nur ein einzig Mal gelacht,
als ihm der Tod das Bett gemacht.
Das wollt ich euch nur sagen.

Unterwegs

Der Mann mit dem Hund im Regen.
Der Hund bewacht einen durstigen Mann.
Der Hund sieht sich den Regen an.
Der Mann spricht mit dem Regen.

Der Mann bleibt stehn und hört aufs Wort.
Der Hund geht durch den Regen fort.

Kolportage

Stummen Herzens
begab sich der Mond
ins Asyl für Obdachlose. Ein Paket mit zweihundert
selbstverfaßten Gedichten (auf seinen Lektor
und Gönner, Herrn Claudius weiland zu Wandsbek)
ließ er
per Luftpost frankieren.

Nach Mitternacht
(die Bürgermeister
schnarchten wie die meisten Bürger) sah man ihn
lange vertieft
in den Jahresbericht
einer freischaffenden
Laterne.

Märchenbuch

1

Als Pappa aus dem Wald
nach Hause kam, hatte er sich
einen Wolf und zwölf Rotkäppchen
gelaufen. Neuerdings reißt er
das Maul auf
und steigt allen Großmüttern nach.

2

Der Chef
aller Tannenzapfen
segelt lässig
vom Walddach herab. Das gehört
mit zu seiner Huldigung
an Wilhelm Hauff
und Ludwig Richter.

Schönwetter

Aus den
freundlich dreinblickenden
Schaf- und Lämmerwolken
Ziegenwolken
Wasch- und Eisbärwolken
senkt sich
ein Transparent

Schönwetter

Schönwetter

Wer sein Werkzeug vermißt
frage nach Zauberstäben
im Fundbüro

Nationale Räuberposse

1

Was
seh ich
denn da von altersher? Seh ich
da etwa einen Räuber im vollen deutschen Wald?
Ist der Räuber voll oder schlechthin
impertinent?

Dumme Frage! Der Räuber
singt sein Morgenlied: Preißelbeeren
eß ich gern, die Heimat
noch viel lieber!

2

Dieser Räuber
besitzt einen Personalausweis
und die deutsche Staatsbürgerschaft. Folglich
ist er nicht impertinent, sondern
vollen Herzens
verliebt in seine Räuberbraut, in keine Mühe
ohne Fleiß, die Liebe
siegt zu Wasser wie zu Lande
aus der Luft. (Dichten in Trachten!)

3

Strebsamer
Einzelräuber (mittelgroß, mittellos,
Ali-Baba-Gegner) fragt nicht allzuviel
nach Geld und Gut,
will von häuslicher Sonne genau so beschienen
und an den Tag gebracht werden, ehe
er ausgeschlossen.

4

Hei!
Es lebe der Froschkönig
mit seinem Krönelein! Her mit dem Krönelein!
Na wirds bald? Krönelein
gehört nach dort, wo meine Räuberstochter
ohne Krönlein sitzt. Das Krönlein
sitzt ihr gut. Steht ihr gut. Klein
aber fromm und fein. Pack zu, mein Räuberherz!
Mein Packerherz! So und nicht anders!
Nie anders! Tag. Uhrzeit. Zeit. Zeitschrift.
Ich halt mir eine Räuberzeitschrift. Halt
von meiner Liebsten mir die Zeitschrift fern! Hurrah,
meine Liebste ist herrlich, aber sie ist
auch herrlich, hurrah!

5

Ach, was kann meine Liebste dafür,
daß ich von der Philosophie
bereits angeknackst bin? Daß ich
nun bald als Räuber a. D.
dem Staat zur Last
fallen muß? (Staat, mein spätes
Frühstück du! Mein Mittag- und mein Abendrot,
ich habs bei dir so satt!) Und keiner weiß,
was mit den Mohrrüben geschieht,
die morgen früh
ihr Tagewerk beginnen.

Der Zauberer

Bevor der Zauberer
durch seinen Zylinderhut sprang,
hieß er

Karlheinrich Oberholz. Wenig später
fand man seinen Wandergewerbeschein
in einer Furche wieder.

Oberholz,
der struppige Hasenvater, hat kürzlich
einen zielenden Förster hypnotisiert.
Der Mann hält noch immer
die Flinte im Anschlag, ein grünes
Denkmal in der Heiden.

Berliner Haikus

Marktpferde

Ihren Feierabend
saufen die Marktpferde aus großen Wasserkübeln.
Ein jeder mag das beliebte Erfrischungsgetränk!

Pinkelbude

Gestern beehrte mich
ein Brandmeister der städtischen Feuerwehr.
Er salutierte schweigend in die Runde.

Spree

Pudelnasse Ratte
sieht mit schlafenden Augen
wie ihr der Abend ins Fell kriecht.

Sperlinge nachahmen

Wie denn,
erwachsene Kerle
hocken feixend im Gebüsch am Buddelplatz?

Kanalufer

Eines Laternenanzünders trauriger Großvater
starb hier im Rettungsring –
dem Schutze der Bürger empfohlen.

Warenhaus

Eine Treppe tiefer
wird ein Ladenhüter auf Rente gesetzt
und fällt lautlos eine Treppe tiefer.

Taubenvernichtung

Aufgemerkt, ihr Christen! Der Ölzweig
wird künftig
aus dem Knopfloch einer Senatsweste empfangen.

Testament einer baufälligen Mietskaserne

Euch allen, meine Preßlufthämmer,
euch allen vermache ich
den Morgenschlaf des ungerechten Alltags.

Motorisierter Leichenwagen

Der Tote mit dem
Spielkartengesicht
stellt an der Kreuzung die Ampel auf Rot.

Ministersgattin im Hotel

Nachts überkam mich die Furcht, ein Kommunist
läge unter meinem Bett. Plötzlich erschien er
als Engelsgestalt. Ich lasse mich scheiden.

Warnung vor Badeanstalten

Die wild gewordenen Schwämme
drücken sich aus wie sanfte Rabauken:
Sowas kann ja wohl keinem was schaden!

Kneipentraum

Langsam erhebt sich die Theke
und schwimmt mit dem großen Säufer davon.
Ach, wer da mitreisen könnte…!

Funkstreife

Danke für die Blumen. Wir Trinker
werden niemals mehr
unartig sein.

Frost

Neue Firmen sind unser Stolz. Am Wannsee
eröffnet soeben
der Schlittschuhverleih Heym & Balcke.

Hausfrauen-Nachmittag

Sie sieht mich an, sie blickt
zur weißgetünchten Wand. Sie droht
den Fliegen mit der Fliegenklatsche.

Denn
übermorgen kommt Besuch, die erste
zweite, dritte

Fliege
fällt, daß jedermann
bei uns vom Boden essen kann.

Reisezeit

Die gähnenden Ameisen
machen dem Fleiße Platz
und jedes gute Zimmer schreit nach Hermann Löns.
Steh auf, du versoffner
Wanderbursch, ich will und muß
in die Heide!
(Reisen beleidigt den Horizont)

Auf dem Dach der Welt
schmecken die Arbeitsämter
wie eh und je. Wer hat denn schon wieder
Eisbein mit Sauerkohl bestellt,
wo doch extra gesagt wurde,
daß keins da ist.

Vermeide
Jugendherbergen
auf nüchternen Magen. Geh
ins Herz der Wälder, das Herz der Wälder
heißt mit Namen
Wild.

Da kommt
ein schönes Exemplar! Tritt näher,
schönes Exemplar, wie heißt du denn?
Ich heiße Reh.

Gut, hier hast du zwanzig Mark, dein Ehrgeiz
sei der nächste Försterball, sei sparsam
und ernähre dich.

Wir aber
steigen in den Bus. Ein
Blick zurück! Wer hat dich nur
so abgeholzt – leb wohl, du schöner
Schlagbaumlieferant.

Behauptungen

1

Es gibt einen Mann,
der trägt seinen Kompaß
in der Krawattennadel. Ost und West
mögen ihn sehr. Also nimmt er
keinerlei Anstoß
an seinem Vaterland, nicht mal
ein bißchen.

2

Es gibt einen Verband,
der ruft: Mach endlich die Augen auf,
du kannst dich für unsren Verband
nicht genug ins Zeug legen!

Es gibt einen Verband,
der ruft: Kneif endlich den Arsch zu,
wir haben nicht mehr
genug Verbandszeug!

3

Es gibt
einen Sonntag, der streut Salz in die Wunden der Stadt,
einen Himmel, der färbt die Dächer leise,
eine Sonne, die ruht sich aus von ihrem Geschäft,
eine Eckkneipe
und die Zeichnung der Eckkneipe von Werner Heldt.

4

Es gibt einen Maler,
der schuf einen Lämmergeier in Öl,

spezialisierte sich und beschickte
alle Konferenzzimmer
mit ein und demselben Motiv.

Es gibt einen Maler, der ist seinem Vogel
treu geblieben, er malt
Aufsichtsräte
in Tempera.

5

Es gibt Pinguine,
die Ziehharmonika spielen.

Oh, wenn du solches siehst,
melde dich beim Gartenfest
als Eiswaffelverkäufer!

6

Es gibt Fische,
die am Himmel hinfliegen.
Oh, denk an die Konfirmationsgabe
für Tante Maria!

7

Um bei der Wahrheit zu bleiben:
Es gibt eine Ameise, die läuft
durchs Büro gähnender Menschen,
um bei der Wahrheit zu bleiben.

8

Es gibt eine Nacht,
die schreibt einen Kindermond

über die Stadt: Nur echt
mit dem kleinen
Häwelmann!

9

Es gibt einen Geldschrank,
der läßt seine Wechseljahre
an allen Einbrechern aus.

Menschenskinder, waren das Zeiten,
als er geduldig
den Schneidbrenner
ansetzen ließ!

10

Es gibt einen Omnibus,
der fährt täglich
von Hänsel nach Gretel.
Es gibt einen Schaffner,
der jede Hexe gratis mitfahren läßt.
Nach Feierabend
macht er halbe-halbe
mit den Gebrüdern Grimm.

11

Es gibt einen Herbst,
das Denkmal
für Peter Hille.

12

Es gibt einen Morgen,
der hält Totenwache am Flußbett,
eine Nacht, die steuert den Leichenwagen
hinüber ins Meer,

einen Regen, der bindet
die Erde fest an den Himmel.

13

Es gibt einen März,
die schönste Zeit für Kriminalbeamte.
Hurtig
besteigen sie die Grüne Minna
und wollen
den Frühling vernehmen.

14

Es gibt
eine ganze Weile gar nichts,
eine Glocke, die schlägt elfmal um zwölf,
eine Regierung, die weder
Kosten noch Mühe scheut,
einen Handwerker, der den Glockenstuhl repariert,
auf zweihundertsiebzig Generäle
einen einzigen
Menschen.

15

Es gibt
dieses und jenes,
einen kleinen schnuppernden Hund,
eine zwölfteilige
Schlafzimmereinrichtung –
wir latschen vorbei.

16

Es gibt Angebote auf Lebenszeit
und den dritten Sohn
des Märchens.

Feststellung Frage und Antwort

Den linken Fuß setze ich vor,
der rechte bleibt zurück.
Den rechten Fuß setze ich vor,
der linke bleibt zurück.

Also vorwärts im Sprung mit beiden Füßen auf einmal!

Bin ich ein Tier, das Sackhüpfen übt?
Bin ich ein Mensch, der Känguruh spielt?

Nur keine Ungeduld –
kommt Zeit, kommt Rat.

Herbst-Werbung

1

Hier sehen Sie den Herbst! Ein Freund
jeder Familie, die Hausfrau
schätzt seinen sparsamen
Blätterverbrauch. Ohne Nachnahme
stellt er sich ein, und wenn du
genug von ihm hast,
erstattet er dir selbstverständlich
den vollen Betrag. (Riskiere den Herbst
in bequemen Monatsraten!)

2

Warum sollte
die Polizei böse sein
oder grimmig werden
gegen den Herbst? Sie feiert ohnehin

ihre Feste, wie's ihr gefällt,
und wer ihre großen Stunden nur kennt,
weiß nicht, wie angenehm
die kleinen sind.

3

Nein nein, der Herbst,
von Meisterhand geschaffen,
hat es nicht nötig, Modell zu stehn
für altdeutsche Möbel
in Nußbaum. Bei ihm ist sowieso
jedes Stück schöner
als das andre. Er bringt siebentausend
Angebote, manche auch
farbig.

Beizeiten
sorgt er für Ordnung,
und träumende Straßenfeger
bekommen von ihm kostenlose Antwort
auf viele Fragen.

Vor den Zeugnissen

Der Lehrer sagt: Die Blätter
fallen zur Erde. Wer fällt zur Erde? Wer oder was
bedeckt wen oder was? Ah, das gefällt euch wohl nicht,
wenn ich frage: Wen oder was bedecken die Blätter? Also,
die Erde wird zugedeckt von den Blättern. Die Erde
und außerdem wer oder was? Und wann?
Und wie oft? So, nun schreibt
euren Aufsatz über
den Herbst.

Aufruf

Unbekannte Diebe
kommen von weit in die Stadt. Die ausgebreiteten
Schwingen ihrer Gehröcke
berühren den Horizont. In ihren Geigenkästen
tragen sie die Sonn- und Feiertage
heran. Sie lachen freundlich, werfen
ihre Beute über die Dächer, ziehen lautlos
zum Straßenbahnhof
und fahren hinaus vor die Stadt.

Sind wir
das Opfer einer Romanze? Zweckdienliche
Hinweise nimmt jeder Beamte entgegen.

Peter Hille in Friedrichshagen

für Johannes Bobrowski

Der Tag
hat seine Hunde zurückgepfiffen. Bleib zu Haus,
wenn du weißt, wo dein Haus ist. Der grüne Bettelwind
streicht um die Müggelberge herum. Baumblätter
mit alten Gesichtern
reisen über den Abend hin.

Seine Straße
endet im Fensterkreuz. Er hat keine Bleibe.
Er mißt meinen Schatten nach. Für einen roten Sechser
vermiete ich ihm
dieses Dach
und meine Strophen auf Zeitungspapier. *Hille, nu mal
janz ehrlich, wer soll det entziffern?*

Von draußen
höre ich ihn. Arm und rettungslos freundlich,
spielt er Harmonika. Er wird mich
verfluchen, mein Affenherz
springt aus der Quetschkommode.

Lied des Mannes im Wasserwagen

Guten Tag, Straße!
Deine Stimme ist heiser und trocken.
Deine Worte sind müdegehetzt, guten Tag!

Von beiden Seiten meines Wagens
geb ich dir frisches Wasser zu trinken
   Fontänen wie Vogelschwingen
für die kleinen Randsteine
   die haben Durst und sagen Dankeschön
für die Platten des Gehsteigs
   die haben Durst und rütteln sich wach
für die buckligen Pflastersteine
   die haben Durst
und wünschen dem Wasserwagen
viel Glück und ein langes Leben.

Rundschreiben

Wir Mitbewohner des Hauses, wir
haben beschlossen: Falls der Spuk des verstorbnen
Rentners nicht aufhört, falls er
noch einmal
Denkzettel
in unsre Briefkästen wirft (auf denen

zu lesen steht: *Ihr habt euch geirrt, mein Bart
war kein Sauerkohl!*) – falls er
auch weiterhin
nachtragend bleibt,
können wir ihm leider
kein gutes Andenken bewahren.

Schwarzes Brett

Das asoziale
Element, das seit geraumer Zeit
unsere Ordnungs-Organe
zu langwierigen Untersuchungen
verpflichtet, wird soeben
auf freien Fuß
gesetzt.

Es soll
probeweise
Schritt für Schritt
aufrecht gehen lernen.

Kinderzeichnung

Der Himmel ist ein alter Schneemann.
In seinem Gesicht
hocken Dächer und Schornsteine.

Er weint.

Seine Tränen sind ein großes Dach.
Größer als alle Dächer zusammen.
Unter seinen Tränen
kann ich spazierengehn.

Vennekampgedicht
zur Eröffnung einer Ausstellung

Vennekamp
heißt mit Vornamen Johannes
manchmal nennt er sich Johann ich nenne ihn Josy
manchmal trägt er den Bart des Tschingis Khan
manchmal den Bart des Hochseefischers Jens Peter Ypsilon

Vennekamp
ist nie und nimmer drauf und dran
der Malerei
mit dem Krummsäbel einen Goldenen Schnitt zu versetzen
wie er auch nirgendwann anspielen möchte
auf die Arbeit des Jens Peter Ypsilon

das heißt die Bärte sind ohne tiefre Bedeutung

das heißt aber nicht
die Abwandlung des Sprichworts
beim Bart des Propheten
wäre unzutreffend für ihn

sapperlot
bei Vennekamps Bart

diese Bilder haben alle drei Dimensionen
Johannes Johann und Josy

das heißt eine Maus bringt ihm den pour le mérite

das heißt aber nicht
ihn auszuzeichnen wäre allein einer Maus vorbehalten
vielleicht kommt ein Vogel geflogen
eine Katze gekrochen
oder ein dicker dünner Mann überquert seinen Weg

was sagt uns das letzte Beispiel

es sagt uns
Vennekamp geht manchmal spazieren

er setzt eine Farbe vor die andere
er dreht sie um
nach Kneipen
nach Weibern
nach Max und Moritz
nach vierundzwanzig Würfelbuden im leergefreßnen Park
nach einem einzigen toten Fisch in den Kanälen Berlins

das heißt Vennekamp hat sich hier niedergelassen

das heißt aber nicht
er hätte sich vorgenommen Polizeiautos zu malen
nein sagt er die male ich nicht
davon gibt es mehr als genug

Westhafen

Der Kran
hat sich in die nächtliche Halde
verliebt. Mit seiner einzigen
langausgestreckten
Hand
wischt er
die Sorgen
seiner Geliebten
vom Horizont.

Stiller Monolog
eines alten Mannes in der Volkshochschule

Was quatscht der von der Sonne und so weiter,
was heißt hier Schilda und das Licht im Sack?
Den ollen Dussel stört mein Kautabak –
das Ding heißt niemals Lichtjahr, sondern Himmelsleiter!

Wie der mich anglotzt, wenn er lauter Sterne
mit Kreide auf die Schiefertafel malt –
für diesen Stuß hab ich das schöne Geld bezahlt!
Der Kerl verdient Arrest in meiner Mietskaserne.

Na endlich Pause, weg mit Utensilien!
Der Affenkopp wird eines Tags belohnt:
Vor seinen Grabstein pflanz ich zwei studierte Lilien
und ärgre ihn und bin der Mann im Mond.

Kurzhymne
auf eine Zeichnung von Ali Schindehütte

Die Pfandhäuser Pastorenschränke Kathederkisten
die Institute für Trauerbekleidung
wie hielten sie eingemottet ihre besten Klamotten
Zylinder und Gehrock
süß eingesargt mit Mottenkugeln eingekugelt gegen
                                                                                  Motten
und selbstverständlich hingepfändet
an die Grablegung des letzten Juchzers
ei! –
wie haben sie da mit Zitronen gehandelt
wie haben sie da
folgerichtig und sauer

mit der Miene eines verblüfften Standesbeamten
Alis kichernde Fahrradclique betrachtet
die da aus Kisten Schränken und Truhen
die von Mottenkugeln durchlöcherte Robe
Jacke wie Hose und Hut
radelnd ins Freie entführte
die Sonne
hatte zum Picknick geladen und selber Schmiere
gestanden.

Leierkastenlied
vom Pferdchen Krause

1
Ich stahl ein Pferd vom Platz für dich
und führte es zu dir.
Dort sprach ich fromm und feierlich:
Ich schenke dir ein Tier.

2
Ein Alltagstier, sein Name klingt
wie Krause oder Schmidt.
Ich hoffe, daß es Freude bringt –
wir leben nun zu dritt.

3
Du sprachst von Heu, von Wiedersehn,
ich trüge Heu im Hirn.
Ich nahm das Pferd und mußte gehn
und senkte meine Stirn.

4
Und sang: In Nöten und Gefahr
sei Weizen ohne Spreu!
Und weil das Pferdchen hungrig war,
gab ich mein Herz für Heu.

5
Das hielt ich ihm zur Mahlzeit hin,
es kratzte mit dem Fuß –
verzeih jetzt, daß ich herzlos bin
und nimm den letzten Gruß.

6
Denn kommst du mal bei Lampenschein
zum Markt und siehst mich nicht,
wird dort ein Pferdchen Krause sein,
dem schau dann ins Gesicht.

Der Bernhardiner RWS

Der Bernhardiner Robert Wolfgang Schnell
geht durch die Nacht im Kneipenschritt,
ein Mond der aus den Wolken tritt
blickt ihm mit kugelrunden Augen ins Gebell.

(Wie auf dem Bild des Malers Robert Wolfgang Schnell)

Tageslauf eines dicken Mannes

Morgens
verdingt er sich bei den Kindern am Buddelplatz.
Er beginnt seine Arbeit und sagt: Liebe Kinder,
dieser Bauch ist kein Bauch, sondern der große Berg
                                                    Bimbula.
Da lachen die Kinder, schlagen Purzelbäume und sagen:
Bitte, großer Berg, morgen mußt du wiederkommen.

Mittags
macht er seine Urwaldfreunde nach.
Er trommelt dann auf seinen Bauch
und manchmal springt er schweren Herzens
auf den Rücken eines Generals und sagt:
Wenn du meinen Bauch mit einer Trommel verwechselst,
so ist das deine eigne klägliche Sache! Dieser Bauch
ist nämlich der große Berg Bimbula,
dessen Schönheit du nie erkennen wirst.

Abends
wird er immer sehr traurig.
Er setzt sich unter die Sterne
und trinkt zehn Liter Himmelsbier.
Manche Leute haben ihn singen gehört –
er singt dann ganz einfältig,
so einfältig, wie's ihm niemand zugetraut hätte:
Mutter, ach Mutter, mich hungert!

Delirium

Aus meinen Gläsern säuft die Uhr sich voll.
Der Stundenzeiger weiß nicht, ob er torkeln soll.
Die Plüschgardine hat sich umgebracht.
Ich bin der Staub, der neben ihrer Leiche wacht.
Ich bin das Tier im Vertiko,
der Schatten dort und seine Kralle.
Hyänenfüße lichterloh
gehn ihren Doppelgängern in die Falle.
Und meine Angst im Federbett
bekleidet dürftig ein Skelett.
Das hebt den Kopf und will bewundert sein
und nennt mich Tapfres Schneiderlein.
Aus meinem Sofa quillt hervor
das Pferdehaar mitsamt Spiralen,
und Reiter poltern durch den Korridor,
die arme Teufel an die Wände malen.

Freitagabend halbneun

Aus Brennholz für Kartoffelschalen
baute er eine Regenmühle
in den Hinterhof. Kaum sprach sie
ihr Novembergedicht,
fiel im dritten Stock
die Tür ins Schloß. Sang da jemand
das Lied der Obdachlosen

Die Fassade
Die Laterne
Und die Bäume
Und der Schatten
Und der Schlaf?

Spätmeldung

In dieser Nacht
geschah es, daß der leicht betrunkne
Polizeipräsident
mit Hilfe seiner Vorderfüße
vierbeinig vor und zurück und wohlgesonnen
der dritten erweiterten Auflage von Brehms Tierleben
plötzlich
über die über und über
mit Milch beplemperte Einbahnstraße des Himmels herab
den Großen Funkwagen
per Affenzahn und Doppelstern
auf sich zukommen sah,
was den Angeheiterten Widerstand leisten ließ
gegen die Himmelsgewalt, die ihn seines Erachtens
überfallen hätte aus purer Rauflust,
als wäre er der diensthabende Teufel persönlich.

Stadtrundfahrt, letzte Station

Hier ist die Bude des Hafendichters!
Der Mann zieht morgens
seine Jacke an
und geht
ins Kontor des Seelenverkäufers, gemeint ist
die Arbeitsvermittlung
für Tagelöhner.

Sein bestes Gedicht
schrieb er
über den Biertrinker
Rudi Klafutzke,
der entlassen wurde

als Maurer, und nun
beachten Sie mal diese Zeilen:

Du verrückter Rudi Klafutzke!
Weshalb hast du
den Junikäfer
nicht eingemauert,
der zwischen den Steinen
in der Fuge herumkroch? Weshalb
mußtest du umständlich
angeln
mit zurechtgeschnittnen Holzstäbchen,
bis die Rettung gelungen war?
Der Chef
hat dich gefeuert, solche Pausen
fehlten uns noch! Jetzt bist du
nicht nur als Biertrinker verschrien,
du bist auch mein Freund,
du verrückter Rudi Klafutzke!

Und damit
wünsche ich den Herrschaften
ein angenehmes
Wochenende.

Kneipenandacht

Die Kneipe
betet zur ewigen Kneipe. Sie will
ihre Sünden bekennen: Vergib mir
den Gastwirt, ich bin verkuppelt
mit ihm. Er hat meine liebsten Kinder
geraubt. Jetzt
sind die Besoffnen allein
und fürchten sich sehr.

Er hat mich
um ihren ruhlosen
Schlaf gebracht. Sag bitte
nicht Ja und Amen dazu.

Polizist im Frühling

Morgens
trat mir die Sonne
entgegen. Ich bin schon
mit ganz andern Leuten
fertig geworden. Mein Gummiknüppel
wuchs mir aus der Hand,
ich hatte
zu tun, hatte
Arbeit
nach langer Zeit –
leider nicht viel, aber der Mensch
freut sich.

Geburtstag

Vielleicht freust du dich
über diesen Korb mit Vogelliedern,
vielleicht freust du dich
über diesen Gesang

*Lima lima
lima ruh –
lima ohlo
majadu*

der bescheiden genug ist,
auf ein einziges Zeichen von dir
sofort zu verstummen.

Schönes Automatengedicht

Große Freude herrscht auf der Achterbahn.
Herrscht große Freude auf der Achterbahn,
genügt
großer Freude Herrschaft
minus
Deutschlandlied.

Beichte

Seit du fortgegangen bist,
bestelle ich jedesmal zwei Schnäpse statt einen.
Es könnte ja sein, du kämst unverhofft
in die Kneipe, weshalb erst
den Wirt aufmerksam machen: Hallo, mein Freund
ist wiedergekommen, schnell einen Schnaps!

So geschieht es, daß ich immer
vorzeitig besoffen bin. So geschieht es,
daß mir eine neue Ausrede
einfallen muß,
wenn du
zurückkommst.

Aus Oskar Huths Kindheit

Glück
saß aufrecht
im Matrosenkragen. Viel Staub,
sagt die Mutter, ist des Knaben
schlechte Not.

Der nächste Bahnhof
heißt Warschauer Brücke.

Von nebenan
grüßt der Vater
mit Schokolade. Er fängt
dem Wetterfrosch
Fliegen ins Glas. Der Sohn
hört die Werkstatt, Klaviere
werden gestapelt.

Müde
wird eine Straßenbahn
Ecke Boxhagener Straße. Die 76

erwartet ihn, die Schule
kotzt über ihn her, sowas macht
durstig auf
Lebenszeit, er schlendert, Mozart
hinter den Ohren
auf Lebenszeit.

Die Betrunknen früh

Noch
seh ich sie unter Laternen
sitzen. Das Licht
über ihnen
geht aus, sobald sie
die Augen
öffnen.

Der große Mann

Der große Mann
mit knallender Zigarre,
der große Mann
dreht seinen Geschäften
den alten
müden Rücken zu.

Er hat sich
in seine schönste
Zigarrenkiste
gelegt
und wartet sehnsüchtig
auf den großen
Raucher.

Dem Hausbesitzer vorzusprechen
bei der Bewerbung
um Wohnraum

1
Auf meinem Namen sitzt die Laus.
Die Laus ist arm und zahlt mich aus.
Ich hab das aufgesparte Geld
gleich mitgebracht in Ihre Läusewelt.

2
Damit Sie wissen, was ich biete:
Ein Viertelpfund der Jahresmiete
versauf ich hin und kneipenwärts
im vorgewärmten Monat März.

3
Und jede Nacht steigt jeder Mann
in Ihrem Haus auf einen Mann.
Und für des dritten Mannes Jammer
bewährt sich nachts die Besenkammer.

4
Aus lauter Krach und Tanz und Suff
blüht Ihre Wohnung auf zum Puff.
Und meine Klingel steht nicht still,
nicht mal bei Tag, der alles besser wissen will.

5
Sie lehnen ab? Ach so, die letzten Worte
sind jener Reim auf die Konsorte
für baldigen Verbrauch bestimmt,
die Scheiße sagt und sich das Leben nimmt.

Nachtkneipe am Görlitzer Bahnhof

Wir bleiben.
In der Wohnküche empfängt uns
der sechzigjährige Mond. Er ist alt geworden
mit uns, das sollten Sie wissen. Wir
reden unsren Vätern nicht nach: Ihr habt uns
Schnaps holen lassen. Wir sind im Treppenhaus
umgekehrt und niemals wiedergekommen. Sagen Sie
           ruhig
Mischpoke zu uns, das wird Ihnen
keiner verübeln.

Hallesches Tor

Auf dem
Trödelwagen
geht der Hund
hin
und her
von Ost nach West. Hab den Wagen
vollgeladen, voll
mit Flaschen.

Meine
Fledermaus
ist tot. Hab
kohlrabenschwarze Not
tief in beiden Manteltaschen.

Alter Mann bittet um eine milde Gabe

Jeder
Arbeitnehmer
ist kraft Gesetzes
versichert.

Da schlägt's
Neune. Ich bin schon wieder
mittendrin. Sehr nachdenklich
kommt der Morgen
durchs Treppenhaus. Wir kennen uns gut,
er sagt: Schön, daß mir Füße gewachsen sind,
ich begleite dich gern.

Und so,
in seiner Begleitung,
ruf ich
den Leuten übermütig
ins Kuckloch: Macht auf, ihr Salznasen! Es lebe
das Fischlein,
das seine Taschenuhr verschenkt!

Betteln und Hausieren verboten

Im Auftrage
meiner Eulen und Meerkatzen, im Namen
der Elster, im Geläut ihrer Schnabelfiguren,
im glücklichen Simsalabim
meiner rausgestreckten
Zunge, im Namen
meiner Lauscher an der Wand, meiner Geige
hoch im Oktoberwind –
ich fordre euch auf: Werft
meinen Frack
in den Hof! Der alte Fummel
liegt
eingemacht
im Küchenschrank.

Blinder
Rabe findet einen Groschen,
schönen Dank.

(Auf welche List
muß unsereins verfallen. Auf welchen
Frohsinn, erquickend und labend!)

Pennergesang

für Manfred Bieler

1

Kneipe,
mein dicker Lumpensammler, schöner Morgen,
der uns umhüllt mit schnapsgetränkten Klamotten,
du weißt, elendes Loch, wir sind
ein Planschbecken für Krebse und hungrige Möwen,
eine Schlafstelle für den Gesang des Hafenarbeiters:
Freu dich, Fritzchen, morgen gibt's Selleriesalat! –
eine Handvoll Baumblätter,
wir treiben
am Denkmal des großen Straßenkehrers vorbei,
ein Wurf salutierender Katzen,
wenn zwischen Ober- und Untergebiß
der Alkohol seine stinkende Fahne entrollt.

2

Her mit dem Handwerkszeug!
Die Pulle macht einen Sonntag froh! Kneipe, rostiger
Spiegel, zeig uns die Fratzen deiner Kumpanen!
Wer dir am besten gefällt, wirft heute den Fußboden an:
Paß auf, die Luftschaukel nimmt ihre höflichsten
Diebe an Bord: Jetzt wird der Himmel erleichtert,
sachte von innen nach außen gekehrt.
Alarm, Ritter der Funkwagenstreife, Alarm!
Pralldicke Taschen voll geklauter Stunden, juckt uns
der weltbewegende Fang: Das Weib hinter der Theke
kann höchstens zwanzig Jahre alt sein! Wir sitzen
auf quietschenden Stühlen, wir dampfen schon ab
mit 'ner Ladung Bettgeschichten frei Haus.

3
In den morgendlichen Kneipen
fällt der Tag über uns her, der wacklige Stehaufmann.
Wenn er zu sprechen beginnt,
schöne alberne Sätze mit Worten aus Hü und Hott,
stellt er draußen die Pferdewagen bereit:
Taxis für Nullkommanichts, Brautkutschen
von Ost nach West, von Bier nach Schnaps –
Klärchens alte Kaschemme auf Rädern.
Wir fahren durch den Tunnel, der uns fressen will.
Kommt näher, Grenzpolizisten, packt euch beim Kragen,
kommt näher im Gänsemarsch! Die Pißbudenväter
schenken euch allen ein Autogramm.
Bitte nicht drängeln!

4
Hier sind wir, blakendes Licht! Unsre werte
Faulenzerei legt sich nieder aufs Stempelkissen –
nach getaner Arbeit, Rücken an Rücken mit uns,
hört sie im Schlaf das Kommando der Aktenzeichen,
unsre Namen werden gebündelt, der vaterländische
Tintenkuli erläßt einen Tagesbefehl!
Kneipe, hier sind wir, lungernde Nacht –
ein verstaubter Satz heiliger Affen –
unser Gelübde, das Maul zu halten, Auge und Ohr
nicht sehen und hören zu lassen:
wir haben alles an deinen Nagel gehängt.
Gib uns ein Stückchen Brot, wir werden essen,
gib uns ein Paar Rabenflügel, wir sagen Adieu! –
gib uns den großen doppelstöckigen Furz,
damit wir antworten können, wie sich's gehört.

Singen Sie mal die Nationalhymne
1966

Singen Sie mal die
Nationalhymne! Bitte
singen Sie aber aus
vollem Herzen nichts
anderes als die
Nationalhymne Ihres
Herzens. Bitte, lassen
Sie sich nicht allzu lange
bitten, denn die
Nationalhymne Ihres
Herzens ist ja die volle
Herzenssache der ganzen
Nation. Und deshalb
beginnen Sie bitte, uns
die Nationalhymne zu
singen, denn wo man
Nationalhymnen singt,
da laß dich freudig nieder,
böse Menschen singen
andre Lieder.

Nationalhymne der deutschen Kirchenmaus

Ich bin Rhein.
Mein Herz
kann Latein.
Soll kein Kätzchen
drin wohnen
als der
Herr Bischof
allein.
Fiep.

Nationalhymne des eingeschneiten deutschen Kleinstädters

I weiß,
so sauber
wie der saubre
Schnee
vor meiner Tir gefegt,
so sauber kann
der Schnee
in einem
annern
Land
nit fegen
und nit saubrer
syn.

Nationalhymne des deutschen Bauern westlicher Aufführung

Im Osten der Bauer
die Rösslein
einspannt.

Wir aber lähm
wir aber
lähm

auf unserm
Acker
ohne
Pferdefuß.

Grüß-Gott!

Nationalhymne der deutschen Toilettenfrau

Des bin ich
eingedenk
und darfis
tägloch
fühlen:
Im deutschen
Manne
wohnt ein
Kind,
das möchte immer
spülen.

Nationalhymne des deutschen Maikäfers

Mein Mai
ist verkommen,
die alten
Eichenbäume
schlagen aus

nach Pommerland –

ei,
da pommre,
wer Lust hat,
mit Sorgen
ans Haus.

(Beischläfer, flieg!)

Nationalhymne der deutschen Autobahn

Und wenn ich heil!
mal müde bin
und soll für immer
ruhn,
dann fährt
mein Heil, mein
Führer
auf und ab
und sucht

den ersten
Spatenstich von
einst
und schaufelt euch
per Autobahn geheilt
ins süße
Grab.

Nationalhymne der deutschen Hausfrau

Sofort
den Zuber her,
ich bin kein
Zubehör! Ich bin mit
Herz und Fuß und Hand
der schönste
Spiegel
im Vaterland.
Und reiche gern

zur Bundeswehr
die Söhne her.

Und wenn sie hops gehn,
mach ich mehr.

Nationalhymne des deutschen Bundeskanzlers im Urlaub

(Über welchen
Gipfeln ist eigentlich
Ruh? Doch nicht etwa
über allen?
Nein.)

Deutsche Ruhe
über alles, über alles
nachgedacht, möge mich
ein Traum
im Walde, möge mich
ein Vöglein doch, könnte
ich in seinem
Wipfel
aus der hohen
Höh und Höhe noch
über alles
balde
schweben, höher
mich in Gipfel
heben –

(Sauerei, wie diese
Vögel leben!)

Nationalhymne des deutschen Fallobstes

Wieviel lieber
als in
jene Marmeladengläser
die bei Hinz und Kunz
auf Frühstückstische
wandern,
purzelt Pflaume Ich
beim Herbstmanöver
auf die
liegenden
Soldaten
wie
einst
Lilli Marleen.

Nationalhymne des deutschen Försters

Löns
mir die Lieder
singen: Löns
mir die grünen
Lieder singen. Löns
mir am Denkmal
dort
die Heimat
stecken
ans Gewehr. Löns
mir ein
1914
gutgezielt
auf diesen
Hirsch

anlegen, den ich
jetzt
Franzose
nenn –

dieweil ich eben löns.

Nationalhymne des deutschen Fußballers in Ruhe

Meine
Welt ist
rund. Ich bin
kein armer
Hund. Ich
ritt
als
blauer
Dragoner
mit
klingendem Spiel
durch das
Tor.
Hosiannah!

Nationalhymne des gesamtdeutschen Weihnachtsmannes

O Tannenbaum, o
Tannenbaum, beschissen
ist das Wetter! Links
Hoffnung, rechts
Beständigkeit

sind deine
grünen
Blätter. Die Masken
auf! Die Säcke um!
So kommt man
durch das liebe Land: den
tapfren
Hintern
in der Hand.

Der möchte überwintern.

Blätter eines Hof-Poeten
1967

Kalendergedichte
für Stadt und Land und jedes Jahr

Widmung an Johannes Bobrowski
*den letzten Präsidenten des Neuen Friedrichshagener
Dichterkreises*

1

Der Präsident wurde einstimmig gewählt. Wir
versuchen uns zu erheben. Der Präsident
wird vereidigt auf einen Satz von Peter Hille:
*Nur innerhalb der Wahrheit kann ich
vergnügt und ruhig sein.* Es kommt zu einer
Schweigeminute. Der Präsident begibt sich
ans Clavichord. Beim Spielen läßt er die
Blicke seiner schönen Nilpferdaugen
um die Kirchtürme von Buxtehude wandern.

2

An der letzten Zusammenkunft unter Vorsitz
von Johannes Bobrowski beteiligten sich
der Spielwarenhändler M. Bieler, der Mondmaler
R. W. Schnell und deren gemeinsamer
Protokollschreiber F. Gegen Morgen des dritten
Tages wurde ein Spielzeug erfunden, das
gewisse Ähnlichkeiten zeigt mit einem Lehrstuhl
für Neue Poetik. (Vergleiche hierzu den
bekannten Ausruf: Hat der Mensch dafür Worte!)

3

Eine abendliche Reise.
spät mit dir um die Welt. Im Gelächter vorbei
am Deutschen Reimlexikon. An Geschichtsbüchern
vorbei, an Königskneipen gleich hinter
Potsdam. Auf den Knien ein Buch
voller Eselsohren, Bildergeschichten von

Vater und Sohn (gemeint ist die Kinderbibel
 des Zeichners e. o. plauen
aus Plauen im Vogtland). Vorbei
 an Sandstraßen, Havelufern, bevölkert von
fleißigen Ratten (im ersten Schuljahr
 pfeifen sie auswendig die frühen Gedichte
des Georg Heym): die märkische
 Lokomotive
war alt, verschnaufte ein wenig. Da hört sie
 dein Lachen, nimmt es
schnell unter den Arm, läuft
 mit kleinen anhänglichen Wagen
fröhlich vorbei am nächsten
 Bahnwärterhäus'chen. Ein
Fenster stand offen, eine Wunderkerze
 flog hinaus in die Nacht. So
jedenfalls sind wir spät um die Welt gefahren
 ins Freie.

4

Nun schreibt der Präsident einen Brief an
 Johann Pachelbel. Die Zeilen sind
leicht geneigt nach rechts, waagrecht gesetzt
 untereinander mit lichten Zwischenräumen. In
derselben Schrift entstanden viele seiner
 Gedichte. Seine Briefe in Schönschrift sind
die Reinzeichnungen seiner Gedichte,
 eine Mischung aus Sütterlin und Latein, in
deutscher Handschrift, wie es heißt, die
 der Jüngere, wird behauptet, heutzutage
nicht mehr lesen kann.

Bemerkungen eines Schornsteinfegers

Zur Berufswahl

Ich hatte
als Kind mit beiden
Händen an den
Ofen gefaßt. Danke,
hatte der Ofen
gesagt, jetzt wird
meinem Schornstein
warm ums Herz.

Zum Allgemeinbefinden

Haben Sie
mit dem Herzen
zu tun?

Ja, mit Sirenen
auf Dächern.

Zum Zeitgeschehen

Konfetti
wäre schwarz wie
Kohlenruß. Schwarzes
Konfetti
streuen, wenn
der Kanzler
unten
vorbeifährt?

Zu Berufserfahrungen

Sie wissen ja, wie klein
die Vögel
aussehen von hier
oben! Mit der Hand
nicht zu greifen. (Mit
dem Federhalter.)

Zu Lohnfragen

Ich liebe
meine Häuser, denn
als Schornsteinfeger
kenne ich
ihr Inneres
besser als jeder
andere.

Zur Altersversorgung

Bewaffnete
Flugzeuge werden
von solchen Personen
gesteuert,
wie sie überall
zu finden sind
als Opfer
fahrlässiger
Berufsberatung.

Brief des Vaters
an den klugen Briefkasten

Eigentlich sollte mein Sohn
   Kälte-Ingenieur werden, aber da kamen dann
die Spaziergänge mit den Papierblumen
   dazwischen. (Er war als Zwanzigjähriger
in ein Kinderfest geraten.)

Jeden Abend versuche ich nun, seinen Firlefanz
   madig zu machen. Ich lache ihn aus, biete ihm
Maulschellen an, hol ihn ans Fenster, sage zu ihm: Steh
   nicht so da! Gefällt dir unsere Autobahn
oder gefällt sie dir nicht?

Vergangene Woche sprang er aufs Fensterbrett, flog
   siebzehn Runden hin und her über Wilmersdorf
und verschwand in der Nacht.

Morgens (beim Frühstück) wieder unbegreifliches
   Zeug: er habe Herrn von Lilienthal interviewt,
dem ja die Vögel das Fliegen verdanken
   und die letzten fünfzig Jahre
so manchen Gruß aus der Luft.

(Was meint er damit? Und woher
   die Fähigkeit zu fliegen? Bitte
antworten Sie mir. Ich bin es gewohnt, mich abzufinden
   mit Tatsachen.)

Bewegliche Feste

1
Ich möchte Sie
ermahnen, die Mißbilligung
ehrenwerter Bräuche
zu unterlassen. Die
Gesellschaft
fackelt nicht lange!

2
Es geht Sie
nichts an, daß 1274
Musketiere und
916 Pferde
auf dem Katzenburger
Schlachtfeld
zurückbleiben mußten!

3
Dieser Aufruhr
im Blick! Was Ihnen fehlt, ist
Beständigkeit. Ein Heim, eine Frau.

Alte Stätten

1
Wenn Sie
demnächst wieder
in unsere Stadt kommen –
gleich linkerhand: weit und breit
der schönste
Behördenbau!

2
Guten Tag, Windmühlen! Mein Vater
Sancho Pansa
hat mir viel
von euch erzählt.

3
Wir stellen
ungelernte Männer ein! Stellen
sie ein, legen sie ein, salzen sie
ein. So nachzulesen
in einer Soldatenanwerbung
aus rauher Zeit.

Rechtsfragen des Alltags

für Lissa Bauer

1
Der Straßenreiniger besitzt keinen Ausweis, hat aber
den Besen angemeldet.

2
Dem Mann fehlt der linke Gruß. Einfach auch.

3
Das Schlüsselloch ist erkältet. Das da.

4
Mutti, ruft das Kind des Feuerwehrmanns, darf Pappa
jetzt seine Nachspeise essen, Flammri?

5
Der Mann trug Handschuhe, und war doch keine Dame sichtbar.

6
Die Kleider sind in der falschen Anstalt geordnet.

für Otto Schily

1 a
Der zweite Straßenreiniger hat seinen behelfsmäßigen Personalausweis soeben leihweise erhalten?

2 a
Dem zweiten Mann fehlt die Bildung. Sein Recht, ja?

3 a
Der Schlüssel hat gehustet. Hat das Loch angesteckt. Hat ihm Honig vorenthalten.

4 a
Mutti, ruft das (in Berlin aufgewachsene und mittlerweile in seine Heimat zurückgekehrte) chinesische Kind, darf ich eine Buddhastulle haben?

5 a
Der Mann trug keinen praktischen Wink?

6 a
Die Ordnung ist falsch gekleidet. Alles in Orden.

Rätselecke

1

Wie
glücklich
war Lao-tse, als er
drei Kinder
tanzen sah.

(Nützen
diese fünf
Zeilen
bei der Rückkehr ins
Haus, wenn alle
gleich sagen: Der da mit
seiner Stocklaterne, der
kommt ja vom
Kinderfest?)

2

Staatsangehörigkeit? Nanu,
niemand zu sprechen
im Haus der Gebrüder Grimm?

Dieser Herbst bringt manches Neue

Von allen Seiten
  hörte ich: Eine Vogelscheuche
  sei möglichst bescheiden und arbeitsam.
Das heißt, wenn ich recht verstehe: sie hat sich
  ihrer Aufgabe
  als Vogelscheuche
  nicht so zu entledigen
wie ichs zum schlechten Beispiel versuche: ich
  gehe umher
  in Vogelgestalt.
(Mein Verhalten ist falsch. Denn Vögel
  sind nur
  in die Flucht
  zu schlagen
  mit einer Vogelscheuche in Menschengestalt
  und niemals mit einer
  in Vogelgestalt.
Folglich muß sich da etwas ändern.)

Monologe des Reinicke Fuchs
im September

1

  An solch einem Abend
  hatte ich
  schon mal Geburtstag. Oder was
  Ähnliches, was Feierliches.

2

Jemand
sagte zu mir: Bitte

übernachten Sie
auf gepackten
Koffern. (Es
knallt gleich?)

3
Herbst. Höchste
Zeit, den Gänsen
zu entfliehn! Nachts
fallen Jäger
von den Bäumen.

Anzeige

Vögel, die heimlich
Sprachunterricht nehmen
und das Schweigen
erlernen
im Pausengeläut der
Baumschule,
verdanken ihre
Fähigkeit

einem Kursus
bei Doktor
Schatzhauser vom
Grünen Tannenwald, genannt

Glasmännlein. (Post für
Neuanmeldungen unter Chiffre
W. Hauff, Das kalte Herz.)

Müllerballade

für Hauke Brodersen

1
Mein Vater besaß einen Esel, mich nämlich, der
   war doch recht faul und war allzu faul, um Säcke
und andere Lasten zu tragen. Deshalb sprach mein
   Vater zu mir: Wer unsere Mühle nicht liebt, den
kann ich auch nicht mehr lieben, verschwinde!

2
Zehn volle Jahre und fünfunddreißig siebentägige
   Wochen verbrachte ich nun auf dieser Erde
unter einer dunklen Sonne. Ich gestehe, nicht ein
   einziges Mal hatte ich Lust, das Lied vom
wandernden Müller zu singen, ich sang
   das Lied vom wandernden Esel
sehr oft.

3
Denn besonders auf die Nerven ging mir zunächst
   jene Verszeile: *Die Steine selbst so schwer
sie sind, sie wandern!* Nach und nach aber fand ich
   Gefallen daran, Steine auszustatten mit
Schuhwerk und Wanderbibel. So entstand mein Essay
   über den Spaß von den Anfängen bis zur Gegenwart,
die von solchen Geschichten nichts wissen will.

4
Meine Vorlesung im germanistischen Seminar
   wäre besser beurteilt worden, hätte ich anläßlich

eines kleinen Banketts
   nicht zu sehr
aus der Mühle geplaudert.

5

Heute, in dieser Stunde, bin ich zurückgekommen. Die
   Mühle ist leer, mein Vater nirgends zu sehn. Ich
frage euch alle: Wo seid ihr bloß alle? Die Mühle
   ist arbeitslos, ich warte auf euch. Oder
eßt ihr kein richtiges Brot mehr?

Rat des Sozialamtes

Wenn Sie
keine Arbeit finden,
dann sollten Sie
schlafen
und überwintern. Sie
haben dadurch
die seltene Möglichkeit,
einigen Tieren
näherzukommen.

Aus der Geschichte

Wir schreiben
das Jahr 1914: dieser Mann, der uns
anschaut, der uns keineswegs mustert, der
uns sehr lange anschaut, dieser
Mann ist ganz deutlich
Biertrinker, sein Bauch
hat Fässer verschlungen, dieser Mann

heißt Paul Scheerbart, Dichter aus
Deutschland, bei
der Lesung eigner Werke
überfiel ihn eignes Gelächter, Tränen
mußte er lachen, wir
schreiben
das Jahr 1914: dieser
Mann beginnt
einen Hungerstreik
gegen den Weltkrieg, ein Jahr
später lebt er
nicht mehr, dieser Mann, der uns
anschaut, keineswegs mustert, dieses Wort
mochte er nicht.

Ein neues Gesetz
räume den Generalen das Recht ein, lebenslänglich ihre Toten zu behalten und zu betreuen

1
Der General nimmt den Abschied, das neue Gesetz
   macht ihm zu schaffen: er wohnt
bei den Toten, jeden begräbt er, jeden
   Hügel formt er mit Schaufel und Spaten, jede
   Blume pflanzt er, in jeden Grabstein schlägt er den
   Namen –
gebückt jeden Tag
   früh, mittags, spät
   arbeitet er zwischen den Gräbern, gebückt
arbeitet er, niemand bringt
   Wasser heran, niemand
   harkt diese Wege, er geht sie allein, schmal, das Unkraut
   führt ihn die Wege entlang, er sagt: Das Unkraut
   schießt auf mich zu, es wird von den Toten gesät. Das neue
Gesetz macht ihm zu schaffen.

2
Der General wohnt bei den Toten, er hat Anspruch auf sie.
  Nicht einer, den er nicht kennt, der
  ihn nicht weckt
  jeden Tag
früh, wenn er schläft, Gesicht zur Erde, flach
  zwischen den Gräbern, Befehle
  träumt, Erdreich
  unter der Zunge, nicht einer, der
  ihn nicht hört, keiner verläßt ihn, also
bis in den Tod bleiben sie treu, das macht ihm zu schaffen.

3
Der General hat für seine Toten zu sorgen, er hat sie
  geführt, er hat gehalten,
  was er versprach, es blieb
für jeden erfolgreich. Ein jeder gönnt ihm
  das neue Gesetz: Die Toten
gehören ihm ganz, seht, er schleppt
  Wasser heran, er gießt ihre Hügel, gebückt
arbeitet er zwischen den Gräbern, er hat Anspruch darauf.

4
Der General ist ein Wohltäter hier. Aufrichtig, in besten
  Jahren ein Mann, ruft er
  nach künftigen Gräbern, wo man das Unkraut
  beseitigt. Ein Vorbild, hilft er
den Frauen und Müttern, er sieht,
  ihre Macht
früh, mittags, spät, jeden Tag –
  ihre Macht
  vergaßen sie längst, ihre Söhne, Gesicht
  zur Erde, Erdreich

unter der Zunge, das hält sie nicht wach, der Staub
  an den Fenstern macht ihnen zu schaffen: Ohne Teppich
kein Zuhause, das versteht jede Hausfrau.

5

Der General nimmt den Abschied, das neue Gesetz
  bringt ihn zurück in die Gräben, er hört
Verdun
im sanften Touristen-Sommer von Warschau, im
  Wolfsblut der russischen Steppe, er spürt
diesen Tod, der antritt, ihn lebenslänglich
  zu töten, also verwirft er
das neue Gesetz, in keinen Grabstein schlägt er den Namen.

6

Der General, in dieser Stunde ein Mann, verbindlich, treu
  seiner Arbeit, Söhne
zu liefern ans Erdreich
früh, mittags, spät, jede Nacht –
  jetzt
in diesem Jahrhundert
  klinkt er sein Lächeln aus: *Für den Einsatz*
auf kleinere Städte
bewährt sich der mittlere Bombentyp. Das sagt er, clever,
ein guter Geschäftsmann. Und diese Bezeichnung gilt
                      noch ein Weilchen.

Zu Unrecht vergessen

Der Herausgeber
einer Anthologie zeitgenössischer Lyrik
vergaß die Gedichte
jener Dichter aufzunehmen, die
ihrem Jahrhundert
Dankbarkeit zollen für
die Überlassung gewisser
Bombardements, in denen sie
verbrannten
mit ihrem Gesamtwerk,
das sie wenig später
begonnen hätten, anschließend
an ihre Kindheit.

Anfrage des Gryphius

Hier braucht niemand zu suchen? Nicht Erde
   gabs, Wasser nicht, Fische? Gabs Ufer nicht, Kinder
die Blumen? Nicht Sonne, Regen und Wolken
   machten das Jahr? Und Nächte wie Tage? Nicht Mütter
schöne Gesichter beim frühen Schrei ihrer
   Kinder? Und Frühling, Sommer, Herbst, Winter, viel
Hoffnung, Ernte, viel Schlaf, die schönen Gesichter?
                                                     Kriege,
   der letzte zerschlug sie? Kinder die Blumen? Schönen
Gesichter? Leises Gespräch? Alle Gedichte?

Blätter eines Hof-Poeten

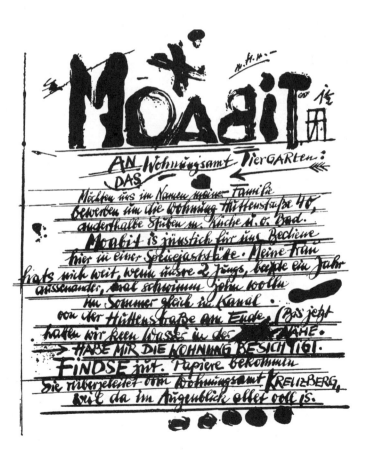

Mann auf der Parkbank

Ham Sie vielleicht
etwas Vogelfutter? Is ja
nich meinetwejen.

Brotkanten? Is ja
ejal.

Wird sachte
saukalt. November,
nichwahr? Is ja nich
meinetwejen. Ham Sie vielleicht
etwas Vogelfutter
oder was
ham Sie?

Traum

Hat mir also
die Polizei aufs Auto
jefeuert
wien Stücke Mist. Hat mir
rausjefahrn

janz jemein
weit

rausjefahrn
nach
da hin,
wo keen anständijer Mensch
eijentlich
was zu tun hat.

Beschwerde

Was
hat der
mir zu sagen denn? Weil der
seine Arbeit
für so wichtich
nimmt? Andauernd mit sein
Spazierstock
Papier
uffpieken, Leute
anmeckern, Parkwächter
rauskehrn, wie wenn
alle Bäume
bei ihm jelernt hätten,
inne Höhe
zu wachsen.

Soll bloß mal
uffpassen, wer da
morjen nacht
hintern Baum steht
und Schön juten Abend
zu ihm sagt.

Vor dem abgerissenen Nachtfalter Potsdamer Straße

Jeh mal
nach Hause. Siehst ja
keens mehr von die Weiber. Stall
warn Scheißstall. War aba
schön drin
bei Schnee.

Det pissrige Bier
hättste nich saufen könn
ohne die Tanten.

Jeh mal nach Hause. Feierabend. Son Abend
is ne öde Hose. Kann
meene Beene loofen lassen. Oder verpachten
an die Zeitungsausträger.

Aussage

Zuerst
habick die Türklinke
anjefaßt, die war
verrostet. Denn
habick mitn Fuß jejen-
jetreten, war die
Türe
offen.

Da
stand also
een Bettjestell, jetz
wirste müde,

leg dir hin, hat mir
ne Stimme
jesagt, allmählich
warse nich
mehr zu hörn. Meene
Hände warn
ooch ziemlich
müde, fragick Sie: Warn

das nötich
gleich
mit Handschelln, hm?

Knurrendes Weib am Spielplatz

Der Bengel da mit seine
Ohrn! Wie ihm so die Ohrn
außem Kopp kucken. Dem könntick
wat flüstern. Der hättse weg
jeden Tach: seine paar
Katzenköppe.

Zum Geburtstach
eins vorn
Hals.

Verschwinde bloß! Mir noch
fragen, wie spät.

Ausflug per Omnibus

Mein
bißchen Erinnrung
an die Sperlingsjasse. Schönes
Erlebnis. Hab mir
gleich
ein Billjet jekauft für
Zweimarkfuffzig.

Der Reiseleiter
zeigt aufn Schloß,

wies unter
Buchen steht. Bäume
sind janichso
übel.

Mein
Nachbar
pfeift mirn
leisen Hohenfriedberjer
ins Ohr. Komme trotzdem

auf meine Kosten, hatte plötzlich
jewaltigen Hunger
auf Zerpenschleuser Landbrot

vorhin, nachmittachs, hier
draußen. Hier.

Einwurf während der Verhandlung

    Mal langsam, wollte
dem elfjährijen Jungen
überhaupt
januscht tun. Wolltn
nur mal
mitnehm
in die Pinkelbude, wolltn
aufmerksam
machen, wat so für Kerle
rumloofen überall. Detse
die Jungs
in sein Alter
ankwatschen

und mitnehm wolln
in die Pinkelbude,
als wenn
dabei überhaupt
januscht sein soll.

Morgens

Ziemlich voll
die Augen mit Jelächter. Bin also
jutjelaunt. Der Kartenspieler auf der Treppe
sagt zu irgendeim: Ich liebe dich. Nu ja, die Sonne
läßt sich Zeit
für einen Hinterhof. Die Zeit
wird mal nich älter
gleich.

Gestern

Jestern
kam eena klingeln
von Tür zu
Tür. Hat nuscht
jesagt. Kein

Ton. Hat so schräg
sein Kopf
jehalten, war
still. Hat nuscht
jesagt,

als wenn der
von jestern
war

und nur mal
rinnkieken wollte,
wies sich so
lebt.

Spät

Jetzt zwee-
mal noch
kommt die Unterjrundbahn
ausse Erde raus. Also
noch zweemal
kann die
Olle
drinsitzen
inne Unterjrundbahn.

Kommtse nich
beit letzte Mal
wirdse schon sehn, kannse
ja nachher
die Jasrechnung
blechen
uff eenmal.

Abrißkutscher zu seinem Pferd

Nu sei
mal stille! Sind ja
bloß noch
zehntausend
alte Häuser
wegzufahrn, denn is

Ruhe. Denn
kannste
dein Leben lang
lauter
schöne Straßen
fressen

erstmal.

Parterrefenster

Eena
läuft jeden
Abend
ums Viereck. Um
vier Häuser
im Viereck
läuft der abends
rum.

Dreht uns
jedesmal sein
Rücken zu, is nich
zu sehn, kommt wieder vor
mit seine Augen, sucht
nach
irgendwas. Was

wissen
wir nich.

An das Wohnungsamt Tiergarten

für Michael Meves

Möchten uns
im Namen meiner Familie
bewerben um die
Wohnung Huttenstraße 40,
anderthalbe Stuben
mit Küche und
ohne Bad.

Moabit
is jünstig für uns. Bediene
hier in einer Speisejaststätte. Meine Frau
hats nich weit, wenn unsre
zwee Jungs, beede ein Jahr
aussenander, mal schwimm jehn wolln
im Sommer gleich im Kanal
von der Huttenstraße
am Ende.

(Bis jetzt
hatten wir keen Wasser in der Nähe.)

Habe mir
die Wohnung besichtigt. Findse
jut. Papiere bekommen Sie rüberjeleitet
vom Wohnungsamt
Kreuzberg, weil da im Augenblick
allet voll is.

Letzte Instanz
(Kneipe unter Denkmalsschutz Nähe Alexanderplatz)

Von diese Tische weg
jeht sowieso keena. Die da. Die jlotzen
ins Bier. Dreißich Jahre später
wirste jraue Haare
verstehn.

Bimmel nich so
mit die Türbimmel, wennde
abhaun willst. Warum
hauste nich ab.

Fenster zum Gefängnis

Als kleene
Kinder
hamse schon
so uff die
Sonne
jestanden, detse

die Sonne

damals
mit Kreide
hinjemalt ham
überall, wie man solche

Jeschichten
einfach
verjessen kann.

Denkmalspflege

Der Mensch sagt
Kikiriki. Der Mensch
sagt Juten Tach. Der
Mensch sagt: Menschenskind, die
Ruine is doch
keene
Bedürfnisanstalt!

So hats
der Mensch
jesagt
im Vorbeijehn
hats der Mensch so
jesagt. Und

recht hat
der Mensch: eine
Bedürfnisanstalt
is die Ruine
nich.

Drachensteigen

Jenau
übern Kohlenplatz, wo
mein Kollege
mit die
Eierkohln
unanständije Witze
macht, jenau
über sein

jrinsendet Jesicht
stehick
oben inne Luft

als Drachen

und träum noch,
mein Sohn
hält unten die Schnur.

Schularbeiten

Der Fortschritt
hat keene Lust, sich
zu kümmern um
mir. Und wat mir anjeht, habick
keene Lust, mir
um den Fortschritt

zu kümmern. Denn
unsereins
war ja
als Mensch
wohl zuerst da.

So, mein Kind, das
schreibste
in dein Schulheft
rein.

Zur Person

Maus
hat mein richtijer Vater
jeheißen. Maus hört sich
heimatlich
an.

Wohin
latschen Sie, Maus? hat der
Feldwebel jesagt.

(Da war
mir schon klar, wie
die Bande bestellt is! Erst
Latschen sagen
und denn
gleich hinterher
Maus.)

Da drüben

Immer isset da drüben
so stille. Der da von drüben, der traut sich
janich ant Fenster. Sitzt immer
aufm Stuhl und kluckt janz alleene
mit sein alten Wellensittich. Die werden
wohl beede da
sitzenbleiben.

Jetzt im Frühjahr

Ein alter König
schaut ins Familienalbum

Dieses Foto
  zeigt meine Eule und mich. Es stammt
aus der Vergangenheit. Trotzdem erkenne ich uns wieder
  und natürlich sehe ich auch, wie uns
damals zumute war.

Es zeigt
  einen König, die Krone
sitzt auf dem Kopf, meine Augen sind lustig, ich sehe mich
  lächeln. Der Mund ist der Mund eines Menschen, der
daran hat, König zu sein. Mein Mantel   [Spaß
  ist rot, die Jacke, das Wams, beide sind blau, die
Hände übereinandergelegt, sie hatten
  wenig zu tun, das bißchen Zeptergehalte, hier
und da mal ein Wink, ich hatte Bedeutendes
  nicht zu regieren. Als das Foto geknipst wurde, stand
mein Volk unterm Balkon, aber lassen wir das.

Gleich neben mir, rechts:
  meine Eule. Auch sie
hat Glück in den Augen. Sie lebt
  nicht mehr. Die Krone hängt am Garderobenständer,
das hätte ihr Freude gemacht.

Alles in allem: Ein komisches Bild. (Wir sollten uns
  kein Bein ausreißen darüber, daß wir
abgesetzt wurden.)

Kündigungsbrief des Dirigenten

Sie werden
mir zugeben müssen: Was Jean Paul
nicht verwehrt wurde, nämlich des besseren Biers wegen
umzuziehen mit Sack und Pack
nach Bayreuth,
sollte einem Generalmusikdirektor
gestattet sein im Sinne der Kunst, nämlich
des besseren Publikums wegen
umzuziehen
mit seinem Orchester
zum linken Deichselstern
des Großen Wagens.

Bei Ankunft des Gerichtsvollziehers

Willkommen, mein Herr, da sind Sie also! Sie, der mich
 auszieht, das Fürchten zu lernen. Haha, das ist
nur ein Witz! Bitte walten Sie Ihres Handwerks, ich
 bereite Kaffee. Die Schreibmaschine wollen Sie
möglichst verschonen, sie wird bergauf wandern mit mir.

Fein, daß Sie nicken! Mein letztes Stück Brot, – es gehört
 auf Ihren Teller, in Ihre Hand. Den Zipfel Wurst
teilen wir uns.

Vom Würfelzucker
 nehmen Sie bitte drei Stück, die andern heb ich auf
für ein Pferd, Pferde sind dankbar. Was wäre aus
 den Hunnen geworden, hätten sie ihre Pferde mit
Würfelzucker verwöhnt, diese kleinen stämmigen Biester!
 Wer weiß, ob man heute noch

Gerichtsvollzieher
  fruchtlos
pfänden könnte.

Nicht traurig sein. Greifen Sie zu. Trinken Sie
  kräftig. Vollstrecken Sie Ihren Zwang. Alles, was Sie
vor sich sehen, gehört Ihnen ganz.

Prenzlauer Allee

Der Mond
als Pförtner eines
Kindergartens? Wer sprach
davon? Die Großmutter
nicht.

Oder doch
die Großmutter, abends, wenn sie
vorbeilief mit mir
am roten Backsteingebäude
in der Prenzlauer Allee?

Sie
blickte gradaus, ging
schnell mit dem
Mond, ihr Gesicht
stand hoch über den Dächern.

Sprach sie
vom Mond? Vom Pförtner
des Kindergartens? (Besteht denn
diese ganze Familie
aus Poeten?)

Briefstelle über Oskar

für Michael Krüger

Während
der letzten Wochen
hat Oskar den Kreuzberg
nicht mehr verlassen. Er steht

in hundert Meter Höhe

direkt über dem
Hauptgebäude von Schultheiß
und versichert
seinen Zuschauern (die
den Verkehr zum Stocken
bringen), er habe nichts
einzuwenden
gegen die Erfindung des
Taugenichts
und schon gar nichts gegen
seinen Erfinder,

den Freiherrn von Eichendorff.

(Die Polizei kann
seiner populären Erscheinung nicht
Einhalt gebieten.) Fortsetzung
folgt.

Polizisten-Steckbriefe

1

Gesucht wird
ein schießender
Polizist
in lebensnaher
Dauerstellung. Geboten wird:

Fünftagewoche, Dienst-
und Freizeitrevolver, Munition
nach Tarif, gratis
Zielscheiben
für Fortgeschrittene,

sowie
jährlich einmal
unser
beliebter
Prämienauswurf.

2

Gesucht wird
ein schlagender
Polizist
zur Mithilfe bei der
Realisierung
unserer weitgesteckten
Ziele.

Die Ausbildung
beginnt an leichten
Objekten (zehn Beamte auf
einen Störenfried) –
steigert sich
nach dreijähriger

Einarbeitung (sechs
Beamte auf
einen Störenfried) mit
abschließender
Einsatzbereitschaft (drei
Beamte auf
einen Störenfried), wobei

freie
Heilfürsorge
gleich zu Beginn
zugesichert wird.

3
Gesucht wird
ein Sittenpolizist
mit gehobener
Allgemeinbildung. Das

Aufgabengebiet
umfaßt
Überwachung
der Standesämter, Streifendienst
und Abhörgänge
im Bereich sozialer
Wohnungsbauten, verbunden mit

Stichproben
je nach Gutdünken
und Erfahrung.

4
Gesucht wird
ein freundlicher

Polizist, der die Namen
aller Weihnachtsmänner
übernimmt,

so daß
den Kindern
gesagt werden kann: Freut euch,
morgen kommt der
Weihnachtspolizist!

Er packt
seine Geschenke aus, er setzt
die Gefangenen
unter den Tannenbaum, er
lächelt
ganz diebisch,
wie still
ihre Sünden
sich wegstehlen
nach
draußen
und müde werden
im Schnee.

Ein Bild von Robert Wolfgang Schnell

1
Sieben Romantiker und zwei Kinder
   sind angekommen bei einem Schloß am Meer. Das
                                        Schloß
wirkt auf jene sieben Romantiker ziemlich anregend,
   denn jeder sucht den einsamen Platz für seine
Schloß – beziehungsweise Meeresbetrachtung.

2
Keiner der sieben Herrschaften findet
  etwas komisch daran, daß der erstaunte Himmel
vergessen hat, welche seiner Wolken er losschicken
  soll, um die sieben Romantiker zu befragen, woher
diese beiden Kinder stammen, die sich einen Ball
  zuwerfen, und ob wir
ein Suchbild vor uns haben.

3
Vielleicht drehen wir das Bild
  einfach um: womöglich
fallen aus dem Schloß noch andere Romantiker
  raus, und das Bild bekäme den Titel: Die
Romantiker verlassen das sinkende Schloß. Nein,
  warten wir ab. Vielleicht
entdecken wir auch etwas Neues. Betrachten
  wir noch ein wenig
das Ballspiel der Kinder.

Über die Verwandtschaft zwischen Schnee- und Feldhasen

Der Schneehase

Er
bewohnt
ganz Europa
bis zum Kaukasus. In Sibirien

besteigt er die Eisenbahn
und zieht

die Notbremse, sobald ihm
japanische Baumrinde
winkt. Sie behagt
ihm besser
als jede Fußspur
im Schnee, da muß er
sich ducken, in höchster Eile

holt er
den Winterpaß
aus seiner
weißen Weste, äugt
nach Asien, liest
den Brehm
in Pinselschrift: Schnee-
und Feldhasen
ähneln einander, genauer
gesagt: Diese
Tatsache
hat sogar
den Maler Hokusai
erregt.

Der Feldhase

Die Jungen
kommen mit offenen
Augen zur Welt. Sie nehmen
deshalb
augenblicklich
Reißaus

und versichern
in frühen Memoiren, daß sie
des Menschen

flintenschwarze
Mündung
nur vergessen konnten

bei der Lektüre
eines bestimmten Buches von
Francis Jammes.

Erlernter Beruf eines Vogels

1

Gut geschlafen hat der Vogel im Vogelhaus. Er öffnet
   die Augen, er freut sich auf etwas sehr Schönes, er sagt:
Sehr schön sind Wasser und Körner, er frühstückt Wasser
   und Körner. Das macht ihn fröhlich, er tanzt, er holt
seinen Hut, hebt die Flügel und fliegt.

2

Im Fliegen sagt er: Ich flieg über ein sehr schönes Land,
   da unten frühstückt ein Mensch, ich werde ihm sagen:
Sehr schön ist ein Mensch, der ohne Pickelhaube frühstücken
   kann, nicht minder ein Land, das den Menschen in jede
Vogelrichtung sprechen, schauen, frühstücken läßt.

3

So, sagt der Vogel, das war recht einfach gesagt, aber es
   mußte gesagt sein, denn solche Klarstellung gehört ins
Kapitel der Freiheit, will sagen, zum erlernten Beruf
   eines Vogels.

Aus freundlichen Büchern

für Carl Hanser

Als in den Parkanlagen
vor dem Leipziger Hauptbahnhof
am siebten Januar 1930
abends
zwischen 21 und 22 Uhr
im Schein
zahlreicher Laternen
die erste Amsel
klangrein, erfindungsreich
und sehr begabt
einen Menschen ergötzte, der
sein Leben lang
Bücher gebunden, einen thüringischen
Handwerker, pensioniert (er wollte
eine Fahrkarte lösen zu seinen Enkeln
nach Jena), sah er
sich um, sah
den ersten
Tag seiner Lehrzeit, den Singvogel
sah er, die Amsel
steigen
aus freundlichen
Büchern.

Einige Fragen

Sie kommen aus einer Gegend, wo man das Ohr
an die Bäume legt? Wer übt diese Tätigkeit aus?
Gelernte Kräfte oder einfache Arbeiter nur?
Und was verdient man damit? (Ich möchte Sie
bitten, die Wahrheit zu sagen.) Und sagen Sie auch,

ob das Belauschen der Bäume eine Grundlage
bildet für die Anschaffung moderner Küchengeräte.
  Sind Sie Geigenbauer vielleicht? Wenn ja, welche
Lebensdauer hat eine Geige? Verstehen
  Sie mich? Spreche ich
deutlich?

Ein Maler aus Berlin

In jeder
ausgefragten
Straße dieser Stadt, an jeder
Hausecke, wo zwei
Fassaden
vorsichtig miteinander
sprechen (keine
will es zugeben) –

lauscht

der Sonntag
das ganze Jahr hindurch
auf diesen einzigen
Glockenschlag
Punkt
Drei,

wenn die
Nachmittage
sich ablösen
aus den Bildern
des Malers Werner Heldt
und umhergehen in der Stadt,
ehemalige Wohnungen
zu suchen.

Eulenspiegels Neujahrsrede vom Sockel des Möllner Brunnens herab

Auch zu wiederholen
meine einstige Reise, den zweibeinigen
Flug durch Tatsachen bei jedem
Wetter, durch unvergessene
Melodien, Sicherheiten, gute Laune bei
schlechtem Wetter, Chancen
für ein schönes Erlebnis: Hufschlag, ein Neues
Jahr wird auf Trommeln gespannt! – durch
Vorhängeschlösser
reichlich befugter Personen
ging meine Reise, auch Kopfsprünge
angeboten sehr wohlfeil durch
Zwangsjackenärmel, und dankbare Größen
und Übergrößen stets am Lager
für Jedermann –

auch zu beantworten
die einstigen Fragen, den Nachweis
zu bringen über Person und
Nationalität der Person, Name
Vorname, Rufmord –
Name dick unterstreichen, geboren am
kalten Morgen einer schönen
Winternacht im
Regierungsbezirk unvergessener
Melodien, eine Wohnung
nicht nachzuweisen im Auftrage
der Hausbesitzer, einer Ordnungsbehörde
mit unveränderlichen
Kennzeichen, also immer noch
wohnhaft im verbliebenen Winkel guter
Laune bei schlechtem Wetter, im Schattenriß
des hungrigen Jahrmarktzeichners, im

Lichtbild, das Lichtbild
stellt den Kopf des Meldepflichtigen
dar, im Fingerabdruck, in der Kartei
aus Platzkarten für ein schönes
Erlebnis –

und auch zu versichern,
daß vorstehende Angaben alle an Eidesstatt
richtig gemacht wurden
im Auftrage des neuen Übels, im Ungehorsam
gegen die Gesänge vom braven
unbekannten Waffenhändler, vom Verweilen
im Lande, vom redlichen Brotbeschaffen, erinnert
ihr euch? –

bereite ich mir
ein Neujahrsgeschenk: noch einmal
am kalten Morgen dieser Winternacht
geh ich zu meinem Vaterland
in Untermiete
bei täglicher Kündigungsfrist.

Jetzt im Frühjahr

Der Trapezkünstler Heinrich B., reisender
    Akrobat und Schausteller, zog im letzten September
mit seiner Frau, seinem Bruder und zwei
    schulpflichtigen Kindern in die
Vorstadt von S. Fünfzig Plakate, keins größer
    als eine Zeitung, kündigten an: Heinrich B. –
den Menschen des Himmels.

Die erste Vorstellung
    war angezeigt auf einen Sonntag. Der Ort: ein

Ruinengrundstück. Die Arbeit am Seil, im Höhepunkt
    der Handstand auf gestapelten
Stühlen, wurde begutachtet von vier
    Personen: von der Frau, vom
Bruder und zwei schulpflichtigen Kindern
    des Trapezkünstlers Heinrich B. Andere Besucher
waren nicht gekommen.

Jetzt im Frühjahr
    entdecke ich eins der Plakate
am Eingang zur Kohlenhalde. Nicht größer
    als eine Zeitung, hat es den Winter überstanden
mit der Vorschau auf den Menschen des Himmels.

Aus
Handbuch für Einwohner
1969

Ansprache des autowaschenden Vaters an sein Kind das Drachensteigen möchte

Ja, ich

sehe: Das Wetter ist windig. Die Bäume zeigen es ja, sie machen hin und her

mit dem Kopf. Also, du willst Drachensteigen, vergiß nicht, heute ist Sonntag, das

heißt: Dein Vater
macht selbstverständlich dir eine Freude. Halt mal den Mund. Halt
ihn mal bitte. Das Auto

geht vor, nein, das Auto geht vor, das meine ich nicht. Halt den Öllappen

nicht an dein Kleid. Und neues Wasser, der Eimer ist leer!

Einweihung

Diese Grundschule

soll den Namen Grundschule tragen. Der Grund, auf dem sie errichtet wurde, ist gleichsam ein Meilenstein in der Geschichte dieses Bezirks. Nämlich:

ein galizischer Arbeiter im Jahre 1889 stach hier zum ersten Mal seinen Spaten in den schwarzen Graben, in ein übelriechendes Brackwasser, das unter Mühe trockengelegt wurde von Arbeitern aus der Slowakei und aus Polen

über geraume Zeit. So

entstand billiger Boden. Hier schossen bald in die Höhe jene Ein-bis-Zwei-Familienhäuser in selbstbewußtem Stil. Das war die erste Gemeinde, und die Anzahl der Kinder wuchs rasch. Es kam endlich heran

das gute Jahr 1903. Das alte Gemeindeschulhaus wurde errichtet, es diente fortan (mit notwendigen Pausen in ernster Zeit) allen Kindern dieses Bezirks als eine frühe Stätte, die ihnen zu Grund und Boden verhalf. Manche

bekamen ein Plätzchen bei Langemarck, andre bei Scapa Flow, manche tief im Argonnerwald. Es war noch

kein Meister vom Himmel gefallen.

Grundlose Störungen

Durch unser Haus

(wo wir jeden Tag Kommunalpolitik treiben) rollt ein selbständiger Müllkutscher grundlos eine Tonne vor sich her und stört unsre Arbeit. Was

will dieser Mann? Man
fragt sich: Gehört was zusammen? Und: Sind das Selbständigkeiten? Und: Trägt denn

einer von uns (die wir
Kommunalpolitik treiben) selbständig einen Aktenberg
durch das Haus des Müllkutschers und stört dessen Arbeit

grundlos?

Gedankenaustausch

Ihren Hut

vom Kleiderhaken nahm die alltägliche Sorge, lief
bescheiden, still und unauffällig über den Rathausflur
hinaus auf den großen Platz,

wo noch immer versammelt waren jene abertausend alltäglichen Sorgen, in deren Namen die eine alltägliche Sorge
vorgesprochen hatte

im Rathaus

und ihren Hut gehängt hatte an den Kleiderhaken, bevor
sie
bescheiden das zuständige Zimmer betrat
und verließ –

(Gut, eine Geschichte
vom Auf-und-Absetzen einer Kopfbedeckung. Vom Türöffnen und Türschließen.) Wie aber

sag ichs meinen Kindern da unten vor der Rathaustreppe!

Gelöbnisse des neuen Bürgermeisters

1

Ich werde
bei künftigen Demonstrationen den Befehl ausgeben an
Alle: Mund schließen, Maul
halten! (Das trifft noch am meisten. Besonders die unteren
Stände!)

2

Ich werde
mit meinen Freiwilligen und gründlichen
Kammerjägern
gegen den tyrannischen Anspruch
einer kleinen Gruppe junger Kunstzigeuner gemeinsam
ins Feld ziehen, Gewehr
bei Schnee.

3

Ich werde
(im Zuge der Frühjahrs-Bereinigung) jene Fundgrube
ausheben lassen, aus der
seit geraumer Zeit ein aufsässiger Gesang zum Himmel
dringt.

4

Ich werde
(in geheimer Razzia) sehr bald die rote Ziegelwand vom
Regen überprüfen lassen, ob da wohl
morsche Stellen sind (und eines
neuen Putzes wegen).

5

Ich werde
eine Gedenkstätte errichten
zu Ehren aller wachsamen Polizeihelfer (reitend auf dem
Rücken eines gewaltigen Maikäfers, darstellend
die Landplage und ihre
Bezwinger).

6

Ich werde
Schilder und Tafeln anbringen lassen, auf denen markiert
ist, welche interessanten Wanderwege in unseren Kurort
hineinführen
und wo sichs gut sein läßt
an vielgerühmten
Plätzen.

7

Ich werde
zwischen Berg und Tal
mit jungen Männern spät an Kartoffelfeuern sitzen
und sie das herbe Lied
der Hünengräber
lehren.

8

Ich werde
mit zwei (gut erhaltnen) Koch-Geschirren frührer Tage
anstoßen auf das Abendrot.

9

Ich werde
jeden Schneeball, der winters

einen Polizisten trifft, in Untersuchungshaft hinschmelzen lassen
bis zum Fest.

Aus dem Konzertleben

Im Musikpavillon (September
machte ein sonderbares Gesicht), lag, seinem natürlichen Bedürfnis entsprechend, ziemlich reglos und sehr begraben

der unbekannte Mensch,

dem eine Reihe mitreißender, zukunftsfroher Märsche nichts hatte anhaben wollen, zumal

beherzte Musik
keinerlei Lust empfindet am Unglück des andern.

Ordensverleihung

Mein

Gott! rief der Soldat, als ihm plötzlich verliehen wurde ein Kreuz aus Eisen. (Selbstverständlich,

so erklärt der Kompanieführer später, selbstverständlich hat unser Soldat während der raschen Ordensverleihung nicht einfach gerufen, sondern er hat selbstverständlich geschrien, oder in der Sprache des

gemeinen Mannes: viehisch gebrüllt).

Eine Auskunft

Der Mann im Dreirad, der

beinlose Mann
hebt die Hand, er schaut nicht nach oben
(Wolken sind da, helle aufgeglühte Ränder) –

Plumps plumps
plumps,

sagt der beinlose Mann, von da oben
sind die Bomben runtergefalln,

lange her.

So lebt die Sonne

Feierabend

macht die Sonne. Und wir verbeugen uns nicht oder verbeugen uns etwas zu linkisch,
um noch beachtet zu werden
von ihr. Sollte

man sagen: Gute Nacht, Sonne, du bist

ein Marktweib, das alles wegschenkt an rumfeilschende
Käufer? (Hier

steht ein Fragezeichen.) Und so
lebt die Sonne dahin
im Traum einer schlecht träumenden Menschheit. Auf unter und auf
geht sie

im Traum des Mondsoldaten, der auf der Suche ist nach einem
Stern,

den er eintauschen kann gegen den Stern auf seinem Schulterstück.

Kasperletheater

O grüner König, Euer

Staatsplan ist die Summe aller Güte. Unterwegs im Reich sind Eure Boten, eilfertig rücken sie heran, achten, daß Kindesraub nicht in falsche Hände gerät, achten, daß Habseligkeiten Eurer Landeskinder nicht getürmt werden am falschen Ort, preisen
den Staatsplan,

Drachen anspannen zu lassen vor Euer Reich, Ungeheuer mit krustigen Kehlen verkünden zu lassen,

Hunger

zöge vondannen gegen ein Lösegeld,
aufdaß nachgeprüft werden kann, wer da zu raten versteht und wer das Rätsel Eurer Güte durchdringt und zur Belohnung heimführen mag

die Hungersnot auf immer.

Raus mit der Sprache

Seltsames Jahr, das

letzte. Woher wissen Sie? Seltsames
Jahr, das letzte. Woher
wissen Sie? Seltsames Jahr, das letzte. Demonstrieren
Sie nicht! Verbitte mir das. Seltsames
Jahr, das

letzte. Schon

gut, woher
wissen Sie? Ich sagte soeben: Seltsames
Jahr, das letzte. Das ist
Ihre Antwort? Bitte
spucken Sie nicht. Wasserwerfen Sie nicht. Oh, polizeihn
Sie bitte! – Bitte. Alle
auf einen. Still, hat da nicht einer –? Nein.
Nein? Woher
wissen Sie? Seltsames

Jahr, das letzte. Hat da nicht einer –? Doch. Einer
auf einen. Einer auf
einen. Krieg
mal den. Alle auf einen. Krieg mal den. Einer auf einen.
Und einer
auf einen. Was heißt das? Raus

mit der Sprache! Hierher
mit der Sprache? Still, hat da nicht
einer –? Nein. Nein? Woher wissen Sie? Seltsames Jahr,
das letzte. Demonstrieren

Sie nicht! Still, das war

weit weg. Hat einer
geschrien? Geschossen? Weitweg? Ich sagte:
Geschrien. Ich
sagte: Geschossen. Was
stimmt nun? Raus mit der Sprache! Seltsames Jahr, das
letzte. Verbitte mir

das letzte

Jahr. Still, hat da
schon wieder –? keiner
geschossen! Keiner? Woher wissen Sie? Einer.
Viele.
Viele. Viele. So viele Finger
zum Aufzählen habe ich nicht. Dann sagen Sie mal

was Schönes

auf. Gut
ist ein gutes Jahr. Weiter! Besser ist
ein bessres Jahr. Moment, hat da
schon wieder – Nein, nicht

einer! Verstehe

nichts. Raus mit der
Sprache! Ein andrer auf einen. Ein andrer
auf einen. Ein
andrer auf

einen. Schluß! Verbieten

Sie das! Sofort! Ich
verbiete das. Sie verbieten das. Was
verbieten Sie denn? Raus
mit der Sprache! Das. – Aufsagen, los! Einer auf einen.

Zwei auf zwei. Alle auf einen. Drei auf drei. Zehn auf zehn.
Jeder auf diesen. Elf auf elf. Vierzig auf vierzig. Gut ist

ein gutes Jahr. Gut ist ein
gutes Jahr. Still! Hat da schon wieder –? Nein. Nein? Woher
wissen Sie? Seltsames Jahr, das
letzte. Schönschön, woher

wissen Sie? Gehört? Was gehört? Demonstrieren Sie nicht!
Raus
mit der Sprache! Nur
gehört. Und wohin
mit der Sprache? Still! Hat da schon wieder –? Ja, einer

auf einen. So viele

Finger zum Aufzählen habe ich nicht. Verbieten
Sie das! Sprechen Sie nach: Ich verbiete hiermit, daß einer
auf einen – Ich
verbiete hiermit, daß einer
auf einen – Still! Hat da schon wieder –? keiner geschossen! Ich wollte
sagen: Geschrien. Ich sagte
soeben: Geschossen. Zum Teufel, was
stimmt nun? Seltsames

Jahr, das letzte. Woher wissen Sie? Gehört. Verbieten Sie
das! Ich verbiete das letzte Jahr. Nein! Sie verbieten gefälligst, daß im letzten Jahr einer auf einen – Daß im letzten
Jahr zwei auf zwei – Daß im letzten Jahr – Raus
mit der Sprache! Gut

ist ein gutes Jahr. Woher wissen Sie? Gehört. Wo gehört?
Wann? Wie oft? Nur gehört. Bei Tag? Bei Nacht? Bitte
spucken Sie nicht. Wasserwerfen Sie nicht. Seltsames Jahr,
das letzte. Ich höre

nichts mehr. Krieg

nichts mehr mit. Ich sagte soeben: Seltsames Jahr, das letzte. Hören Sie das? Verbieten Sie das! Was verbieten? Was? Zu weit weg. Weitweg. Verbieten Sie das! Was verbieten? Hören Sie das? Ich sage: Was verbieten? Besser ist ein bessres Jahr. Woher wissen Sie? Hören Sie mich? Ich sage: Woher

wissen Sie?

Lagebericht

Auf beiden Seiten

wehrte man sich mit gleicher Tapferkeit gegen (den Gesang einer Feldlerche, die bei Sturm und bei Regen zu singen vermag und heute sogar bis zu dreihundertvierzig Kilometer pro Stunde hätte zurücklegen können,

statt von dieser Stelle aus

aufwärts zu trillern in ihren Lebensraum, wo doch für beide Seiten größere Dinge auf dem Spiel standen als ausgerechnet einer Feldlerche alles hinzuopfern, alles an

Abscheu und schlechter Laune).

Erholungszentren

Hoch oben

vom allmählich anwachsenden Teufelsberg bei Berlin (dessen Volumen sich täglich vergrößert durch Aufschütten von Trümmerschutt, der nicht vermengt sein darf mit Müll, Papier oder Abfällen jeder Art, sondern absolut frei davon ausschließlich herstammen soll z. B. von teilweise zerschossnen, teilweise zerbombten, teilweise niedergebrannten Häusern)

kann
der Spaziergänger bei klarer Sicht durchs Fernglas erkennen
jenseits

den Dom, den Lustgarten, das alte Stadthaus, das Kraftwerk Klingenberg, das rote Rathaus, die Müggelberge

und den windigen
Park in Berlin-Karlshorst, wo der Schreiber dieses Gedichts volltrunken eingeschlafen war auf einer Parkbank lange vor Errichtung der Mauer,

(die begrüßt wurde
von glücklichen Frauen, deren Männer drüben nicht mehr unterwegs sein durften
zu schönen, unverfälschten Brunnen).

Lebenslauf des Malers
Robert Wolfgang Schnell (1966)

Geboren 1916

in Barmen, zu jener Stunde genau, als ein sehr junges Gedicht der Else Lasker-Schüler sich eine Fahrkarte löste für zwei Teilstrecken der Schwebebahn

und so über der Wupper zwischen Himmel und Erde

die ganze Welt erblickte,
ahnungslos, daß fünfzig Jahre später seiner gedacht werden sollte anläßlich einer Ausstellungseröffnung in Anwesenheit des Malers Robert Wolfgang Schnell.

Monolog und Aufschrei des Kindes
das hinaufsteigt ins vierte Stockwerk

Ja doch, ich war

in der Pfandleihe. Ich schmeiß die alte Uhr aus Fenster raus. Ich muß Rechenaufgaben
machen. Pappa bringt mir garnichts mit. Ich hab Hunga. Pappa bringt mir
keinen Omnibus

mit. Scheiße. Die Pfandleihfrau
hat Tick-tack gesagt. Hier ist die Tick-tack, hat die Pfandleihfrau gesagt. Mutter, hör mal, ich

klopfe! Mach auf. Wenn du
nicht aufmachst, fliegt die alte Uhr aus Fenster raus. Oder die Treppen runter. Mach auf! Hab sone Angst! Mach auf!

Was stinktn durch die Türritze da? Mach auf? Ich hab die
Uhr aus Fenster raus
geschmissen. Mach auf, mach doch

auf, die Milch brennt an!

Alte Dienstvorschrift

Polizisten,

deren Gesichter mit Kreide an den Rinnstein gemalt werden von Kindeshand, dürfen sich nie in kleine Katzen verwandeln und Wasser trinken aus den Straßenpumpen,

sondern

haben (wie immer) sofort ihre Zinngeschütze aufzustellen gegen jede Herausforderung. (In diesem Falle muß das Geschütz – mit Erbsen geladen! – zwei Warnschüsse abgeben zur frühen Belehrung, mehr

nicht.)

Zorn des Maklers

Meine Firma

hat alles hergegeben, was herzugeben war an sachlicher Beratung des Kunden, an solider Vermittlung, an Diskretion in ungezählten Fällen, an rechtzeitigem Hinweis auf jedes Angebot, das gewissermaßen unseres Segens bedurfte, will sagen: auch meine Firma

erlaubt sich mal einen Scherz, springt über den Schatten mancher Fassade (!), gibt dem Kunden die Hand, reicht sie ihm so, daß er sieht: Diese Hand ist geöffnet, und nicht jedesmal greift diese Hand durch den Kunden hindurch ins nächste Gebäude, ich weiß,

meine Firma

bedient sich hier einer Sprache, die meiner Firma nicht ansteht! Der Grund für diesen abwegigen Stil ist in einer Plastik des Bildhauers Günter Anlauf zu suchen, dort wird man ihn finden: den gerechten Zorn des Vereinigten Maklers, denn ich ahne mit Recht, auch

meine Firma

soll durch diese Plastik festgelegt werden auf den Makel (oder die Makel?) des Maklerberufs, also auf einen Beruf, der uns Allen bei Bedarf zu einer Wohnstatt verhilft! Das Gebilde, das mich leider heftig in Zorn bringt und meiner Tagesarbeit jetzt fernhält, die

meine Firma

auch von ihrem Inhaber verlangt, dieses Gebilde nennt sich grob: *Immobilienkäfer* und zeigt einen hochbeinigen Lurch (oder eine weggeworfene, rund um den Leib – Verzeihung! – gerillte Zigarre auf vier unappetitlichen Beinen), vorn, was der Bildhauer wohl Kopf nennt, glotzen zwei Augen frech und stumm (oder stumm und frech), jedenfalls mit penetranter Gelassenheit vor sich hin, während auf dem Rücken des Viehs (wobei ich nicht sagen kann, obs wirklich ein Tier ist) umgekehrt, mit dem First des Hauses nach unten, quasi im Kopfstand, ein zweifenstriges Haus auf dem Rücken des unbestimmten Wesens regelrecht kopfsteht – genauso gelassen, frech und stumm vor sich hinglotzend, daß ich diesen Anblick nicht vergessen kann, zumal ich spüre, daß sprungbereites Lauern beider Wesen (das Haus muß auch ein Wesen sein) es abgesehen hat auf mich

und meine Firma.

Johann Gutenberg

Nicht mit Hilfe

des Rohrs, der Feder, des Griffels, mit Hilfe gegossener Lettern in Ebenmaß, mit schönen Typen, sauber geschnitten, gut ins Verhältnis gebracht, aneinandergefügt zum gleichwertig druckenden Druckstock

Punkt für Buchstabe Punkt für Buchstabe für Punkt

erschien die neue Art des Schreibens auf der Handpresse gedruckt unter dem Preßbalken nach Vorbild der Kelter und bewegt von Menschenhand durch Auflegen und Abheben der Papierbogen, Psalter, Ablaßbriefe, zehn Druck in der Stunde,

Schön- und Widerdruck

einer sechsunddreißigzeiligen Bibel nie mehr erreicht seit der Erfindung, endlos treibt die Papierbahn über Rotationstrommeln hinweg zu fünfzigtausend Andruck pro Stunde im Zeitungsdruck, unaufhörlich beschleunigte

Ablaßbriefe, Goethe aus Weimar

sprach von Erbrechen beim Anblick der Zeitung, also kotzen wir jetzt zu Ehren des Menschen aus Mainz, dessen Grab in Vergessenheit fiel und weiterhin fällt mit Hilfe der nächsten Morgenausgabe

im Abonnement oder einzeln.

Neue Richtlinien

1

Wer ein Kind

in Pflege nimmt, ist verpflichtet für gute Luft in der Stube undfür untadliges Verhalten des Staates zu sorgen. Eine Heranziehung des Kindes zu öffentlichen Arbeiten ist unzulässig. Die Pflegeeltern machen sich strafbar, wenn sie das kleine oder größere Kind

einer Kasernenlandschaft nicht fernhalten.

2

Das Jugendamt

ist bereit, Hilfe zu leisten, so daß alle Pflegeeltern ihrer Aufsichtspflicht nachkommen können. Geschultes Personal entlarvt Zeitungsannoncen die sich
liebkind machen wollen mit dem Pflegekind, ihm

die Soldatenlaufbahn

empfehlen und stillschweigend hinweggehen über vielfache Krankheit, die einem Soldaten anhaften kann (die Geschlechtskrankheit zählt zu den lebensgefährlichsten nicht).

3
Das Pflegekind

ist regelmäßig einem Arzt vorzuführen. Wer die körperliche, geistige und sittliche Entwicklung des Kindes nicht schädigen will, meidet den Musterungsarzt. (Pflegeeltern sind für jeden Schaden haftbar, der dem Kinde entsteht durch leichtsinniges Vorführen in einem Wehrkreiskommando.)

4
Diese Richtlinien

sind einzuhalten nach bestem Vermögen. Das Recht auf Kündigung des Pflegeverhältnisses besteht jederzeit unter Nachweis aller Versuche, die unternommen wurden von den Pflegeeltern zugunsten

des Kindes. Störrische, asoziale,
rückfällige, süchtige, die Allgemeinheit
gemeingefährlich bedrohende
Staatsformen

gelten als Kündigungsgrund. (Die weitere Beaufsichtigung des Kindes wird dem Jugendamt überlassen, das seinerseits alle schuldtragenden Körperschaften fachgerecht und fristlos entmündigt.)

Märchen zu je drei Zeilen

»Ich weiß, was mir fehlt:
Ein Mann, der mir keineeeh Märchen erzählt!«
(Deutscher Schlager um 1958)

1

Berittne Bürgermeister
sind Ohr. Lauschen der Wunderdinge, die
ein Gummiknüppel zu berichten weiß.

2

In das alte Kanonenrohr
blicken nachts Gesichter. Was
soll das?

3

A und A gründen die A-Partei. Jeder A
ist willkommen. Kein A
sei sich selbst der nächste.

4

In tiefstem
Frieden lag das Land. Tiefer noch
als später nachzuweisen war.

5

Ein Handwerker hat ausgelernt. Die Welt
steht ihm offen. Reparaturen
zu jeder Zeit.

6
Unsere Firma schult rechtschaffene
Bergleute um. Sie können über Tage ebenso
eingereiht werden wie unter Tage.

7
Gern im Schatten der Geschütze
schliefen Matrosen eines Kriegsschiffes
zu Lebzeiten.

8
Von all meinen Söhnen, so spricht
der seltsame Greis, hat der siebte noch
am wenigsten damit gerechnet.

9
Verbranntes Spielzeug
hat man euch geschenkt. Ja, da
sind Kinder ratlos.

10
Der Bürger genießt jeden
denkbaren Rechtsschutz. So genießt er
Verschiedenes.

11
Blättern Sie zurück in den
Büchern der Weltgeschichte: Arbeitslose
Feuerwehrmänner als Buchbinder!

12

Wer sind Sie? Ich bin
Lokomotivführer bloß, ich fahre bloß ab
und staune bloß.

13

Der Gerichtsdiener
trat ins Gesindehaus. Das hätte er
vorher bedenken sollen.

14

Hinter der Verteidigungspflicht
ist das alte Ideal von einem *Volk in Waffen*
zurückgetreten. Dort steht es.

15

Der junge Polizist hat das Leben
vor sich. Er kommt weiter und
weiter und weiter.

16

Nur in kleinen Dörfern kann
der Einwohner noch mitbestimmen, ob das
Schulhaus frisch gestrichen werden soll.

17

Der stete Verkauf schwerer
Ketten und Kugeln hat dem Generalvertreter
einen Namen gemacht.

18
Mit Gefängnis bis zu einem Jahr
werden Diebsleute bestraft, die nichts
dazulernen wollen.

19
Klein ist unser Kind. Groß
soll es werden. Gemütlich summt
das Vaterland.

20
Er übernahm den Platz
an der Spitze. Er hatte nie geglaubt,
diesen Ausschuß anführen zu können.

21
Die deutschen Banknoten
zeigen Bildnisse aus der Dürerzeit: Damen
und Herren. Keine Landsknechte.

22
Nach allen Dienstjahren
wurde der Näherin eine goldene Nadel zuteil
für Pünktlichkeit und unzählbare Stiche.

23
Der Schutzmann, der
an der Ecke steht, wird bald
woanders grasen.

24
Keine Angst, die Freie Welt umfaßt
viele Menschen. Gewiß, Farbige
sind manchmal bockig wie kleine Kinder.

25
Lotte und ihr Geliebter
erreichten den Wald. Das geschah in der
alten, verfickten Zeit.

26
Zwei betagte Affen trugen ein Transparent
mit der Aufschrift: Das da, das war ja
vorauszusehn, das haben wir immer gesagt!

27
Das erste Wort hat der Kanzler. Nicht viele
will er machen. Einige nur
aus einem Grund.

28
Vor geraumer Zeit wurde den Frauen
das Stimmrecht eingeräumt. Noch
brauchen sie etwas Zeit zum Aufräumen.

29
Vom Einbaum bis zur schwimmenden
Festung: Alles nur, weil
die Menschheit das Wasser liebt!

30
Eine Große Freiheit
ist auch in der Stadt Hamburg vorhanden. Neben
Schießbuden nachts auch allerlei Leben.

31
Der Städter kennt keinen
Sonnenaufgang, keinen Sonnenuntergang. Er
murrt also rechtens.

32
Bitte verzeihn Sie die Störung! Wir
suchen den morgigen Tag. Bitte
verzeihn Sie!

33
Das Bett steht in der
Wohnküche. Im Bett liegt das
Kind. Vater und Mutter schauen gradaus.

34
Sie biegen ja immer
in linke Querstraßen ein. Sowas fällt auf,
seien Sie vorsichtig!

Aus
Reiseplan für Westberliner
1973

Bemerkung des sowjetischen Clowns
und Verdienten Volkskünstlers I. S. Radunski

Über ein Seil

lief der sibirische Bär und sah uns zu bei der Arbeit. Das war sein tägliches Brot, hin- und herzulaufen von einem Seilende zum andern, er hat es geliebt. Das war auch

sein tägliches Wort, er hat

gebrummt, wenn einer plötzlich vergaß: Wir wollten die Arbeit nicht mehr auf Ohrfeigen stützen, kein Geschoß

abknattern lassen auf der Perücke des Partners, ich glaube, wir wollten auch nicht, daß Todesfahrer an Steilwänden endlich abstürzen müssen, ein *Mensch ohne Nerven* sich rausschießen läßt aus der Kanone und endlich landet *neben* dem Netz, ich glaube, wir wollten

die Revolution, den schönen
kindlichen Ulk, mit roten Pappnasen
zurück zeigten wir auf die zurückliegende Zeit, hatten lange Pappzeigefinger und zeigten nach vorn auf die kommende Zeit, daß oben der Bär

freundlich zu brummen begann,

weil wir uns gegenseitig keine Trichter mehr in die Hose

steckten, kein Wasser nachgossen bis zum Ersaufen, ich glaube, das

wollten wir nicht.

Ein Wiedersehen

Wie geht es, wie

steht es? Danke, es geht, es steht. Na, ein Glück für Sie! Keine Frage, Sie haben sich rausgemacht. Ja, ich habe mich rausgemacht, das stimmt. Und wie, darf man

fragen, wie

haben Sie das gemacht, sich so rauszumachen? Ganz einfach! Ich habe zu mir gesagt: Nun mach doch! Oder: Nun mach schon! Oder im Jargon: Nu los, nu mach doch! Das ist alles. So muß man sich anfeuern, um sich rauszumachen. Alles ist einfach. Ein Buch für starke Nerven habe ich bestellt. Wild

bin ich

geworden. Jetzt bin ich Techniker, der aufrecht und mitten im Strudel steht. Der Strudel, das ist kein Kuchen, das ist der Zustand. Hie
und da gehe ich manchmal
am Naturereignis vorüber. Das Glück ist ein Naturereignis, es liegt auf der Straße. Ich habe rechtzeitig erlernt, was jeder erlernen kann: Das Bücken nach dem Glück. Früh. Spät. Ja, das sieht man, Sie sind der beste Beweis, Sie haben

sich rausgemacht, das liegt

auf der Hand. Na, ein Glück für Sie! Ja, eins für mich. Eins hat jeder. Hat seins. Auf der Straße liegt es herum und sonstwo nicht minder. Bücken, bücken. Ein ausländischer Schriftsteller

hat gesagt: Bücken

ist schön. Dieser einzige Satz hat es in sich hinter den Ohren. Den notieren Sie mal! Jeder hat ein Recht auf ihn. Glück braucht jeder, mithin

das Bücken. Es ist

schön. Es bleibt nicht hinter dem Berg. Es tritt hinter dem Berg hervor, es sagt: Mach, mach, mach! Frühes Bücken zu spät getan muß leiden. Ja, das
überzeugt mich. Unsere Schriftsteller sollten den Satz ihres ausländischen Kollegen sinngemäß übersetzen. Wir wollen eigene Techniker heranbilden. Ja, Sie haben

sich rausgemacht! Sie sind

im Strudel. Ein gemachter Glückspilz! Ach, Menschenskinder! Nein, die mach ich nicht. Die nicht. Ich will eben. Na, das freut mich für Sie! Sie sind, das sieht man deutlich, kein Kuchen. Schön, daß ich Sie
wiedersehen konnte! Mann, Sie

haben sich rausgemacht. Das will ich auch. Will

den Satz des ausländischen Schriftstellers vertonen. Eine Auftragsarbeit muß daraus werden für die Gesellschaft. Ich muß Ihnen sehr dankbar sein für das Wiedersehen. Mir gehts schon viel besser! Jetzt renne ich nach Haus und setz mich ran

an die Notenblätter. Der ausländische Schriftsteller wird bald von mir hören.

Reiseplan für Westberliner anläßlich einer Reise nach Moskau und zurück

Dem Andenken an Andreas Wolff

Wir treffen uns um 9 Uhr vor dem Reisebüro in Westberlin.
Wir fahren mit dem Bus zum ostberliner Flughafen Berlin-Schönefeld.
Wir stehen herum, dann stehen wir rum, dann steigen wir ohne zu drängeln ins Flugzeug.
Wir fliegen um 11 Uhr 15 über Ostberlin dahin und begeben uns auf den Kurs Richtung Sowjet-Union.
Wir sitzen im Flugzeug und stehen nur auf bei Gelegenheit und kommen gleich wieder zurück.
Wir essen einen Happen im Flugzeug.
Wir rauchen unsere Zigaretten.
Wir trinken Kaffee, Tee, Mineralwasser, Obstsäfte.
Wir haben den Alkohol nicht mitgebracht.
Wir haben einen Mann, der um 9 Uhr vor dem Reisebüro in Westberlin betrunken ankam und *Kalinka* sang, nicht mitgenommen in den Bus, der uns zum Flughafen Berlin-Schönefeld gebracht hat und durch die Kontrolle.
Wir erzählen uns was, während der Pilot aufpaßt.
Wir lesen eine Zeitung oder ein Buch.
Wir schauen zum Fenster hinaus und lassen auch den Nebenmann rauskucken, wenn er nicht drängelt oder mit den Ellbogen nach uns boxt.
Wir sind eine Reisegesellschaft, keine Raudis.
Wir fliegen in mehr als zweitausend Meter Höhe über das Land dahin. Mit Feldstechern kann niemand von hier oben nach unten schauen. Das sagen wir einem Mann, der einen Feldstecher bei sich hat und Anstalten macht, den Feldstecher sinnlos ans Auge zu führen.
Wir hören um 15 Uhr 25 aus dem kleinen Flugzeuglaut-

sprecher eine Stimme in gebrochenem Deutsch sagen: Gleich sind wir in Moskau.
Wir hören unsere Herzen bibbern.
Wir möchten unsere Aufregung nicht verstecken, deshalb zeigen wir uns gegenseitig wie aufgeregt wir sind.
Wir vergessen vor Aufregung, daß die leergetrunkenen Mineralwasserflaschen nicht angewachsen sind an den hochklappbaren Sitztischen.
Wir fuchteln vor Aufregung so sehr mit den Armen und schmeißen ungewollt eine Menge Flaschen und andere kleine Dinge auf den Flugzeugboden, auf dem die leeren Flaschen anfangen nach vorn zu rollen, während der Pilot den Steuerknüppel zum Landen betätigt und das Flugzeug sich leicht mit der Nase hinunterneigt zur Hauptstadt der Sowjet-Union.
Wir sind angeschnallt.
Wir landen.
Wir erheben uns aus den Sitzen ohne zu drängeln und gehen langsam im Gänsemarsch über die herangerollte Treppe aus dem Flugzeug hinaus und betreten anschließend ein Stückchen Erde, das die alten Zausel früher *Mütterchen Rußland* nannten.
Wir gehen freundlich zur Sperre und nehmen auch unser Gepäck von der Rampe.
Wir besteigen einen Bus und fahren mit ihm in einen Moskauer Vorort, in unser Hotel, das wir nicht beschnüffeln, sondern bewohnen werden für die fünf Tage, die wir in Moskau zubringen wollen.
Wir können es unterlassen, namentlich unsere weiblichen Reisegäste, die Vorhänge und Gardinen in den Hotelzimmern auf Stoffqualität zu untersuchen.
Wir reißen nicht mit Gewalt die Schubfächer der Nachttische auf, als wollten wir einen Aufpasser beim Schlawittchen packen.
Wir haben den Inhalt unserer Koffer verstaut in den Schränken.

Wir machen keinen albernen Radau mit einer Mottenkugel, die einer unserer Reisegefährten auf dem Fußboden des Hotelschranks gefunden hat und zum Spaß, wie er sagt, im Waschbecken rumkullern läßt, daß es sich unangenehm anhört.
Wir bemerken, dieser Mann hat einen sitzen.
Wir sind ihm nicht böse, doch darf sich dieses Beispiel nicht wiederholen.
Wir sind den ersten Abend in Moskau.
Wir essen im Speiseraum des Hotels ein warmes Abendessen.
Wir essen gedünsteten Schellfisch und verlangen nicht ahnungslos nach Kartoffelsalat.
Wir trinken einen Wein aus Aserbeidschan.
Wir trinken einen Wein aus Kasachstan.
Wir trinken einen weißen kalten Wodka aus Archangelsk.
Wir trinken einen weißen saukalten Wodka aus Saratow, wobei wir den Ausdruck *saukalt* bestenfalls auf deutsch fallen lassen.
Wir trinken uns durch die Sowjet-Union, aber das hat höchstens die Bedeutung eines Scherzes aufgrund von Anheiterung, denn unsere Absichten liegen in der fünftägigen Reise auf einem anderen Gebiet.
Wir geben dem Ober einen aus.
Wir vermeiden das Wort Trinkgeld.
Wir versuchen die Stunde aufzufinden, die uns den ersten Abend zugunsten der nächsten Morgenstunde beizeiten beenden läßt.
Wir trampeln nicht mit den Füßen auf dem Fußboden des Hotelspeiseraums herum, weil der Krakowiak oder wie er heißt kein Pappenstiel ist.
Wir steigen rauf in die Zimmer.
Wir lachen im Schlaf.
Wir suchen nachts die Hotel-Toilette auf und pinkeln nicht in die Handwaschbecken.
Wir reden uns nicht heraus, wir befänden uns in einem

fremden Land: Handwaschbecken ist Handwaschbecken.

Wir stehen früh genug auf, waschen und rasieren uns, pfeifen unaufdringlich, kleiden uns an, bespritzen nicht das Bettzeug mit Ode Kolonje, um das Hotelpersonal zu verblüffen, denn damit kann niemand Aufsehen erregen, höchstens Verwunderung.

Wir gehen hinunter in den Hotelspeiseraum.

Wir behalten unsere Träume für uns.

Wir betrachten streng eine Reisegefährtin, die uns beim Frühstück davon berichtet, was ihrer Meinung nach infolge eines gehabten Traums in Kürze in Erfüllung gehen müßte.

Wir steigen in einen Bus und machen eine Stadtrundfahrt.

Wir hören auf die Worte des Dolmetschers und sprechen nicht durcheinander. Wolga Wolga, wo ist Wolga? gehört sich nicht zu fragen.

Wir sehen uns um bei der Stadtrundfahrt und fahren zurück ins Hotel zum Mittagessen.

Wir essen kaukasisches Hirtenfleisch in Dillsoße und nehmen von den Röstkartoffeln, die in ovalen Schalen aus Altsilber vor uns auf dem Tisch stehen.

Wir essen eine Nachspeise, die einen schwer zu behaltenden Namen hat. Sie trägt in der Mitte eine rote Kirsche.

Wir trinken ein paar Schluck Heidelbeersaft und Soda und gießen nicht schon wieder den weißen Wodka aus Sonstwo heimlich in das Sodawasser.

Wir trinken einen Kaffee, essen ein Stück Konfekt.

Wir steigen in einen Bus und besuchen die Tretjakow-Galerie.

Wir stochern nicht in den Zähnen herum beim Betrachten der riesigen Sammlung.

Wir fahren mit dem Bus zurück ins Hotel zum Abendessen.

Wir essen Apfeltaschen aus Grusinien und fangen nicht

mit gierigen Händen nach einer Fliege, die sich einer Apfeltasche nähert.

Wir trinken nach dem Käseteller einen Wein aus Thüringen.

Wir feiern die Verlobung eines Mannes mit einer Frau, die im Flugzeug nebeneinander Platz genommen hatten in Berlin-Schönefeld.

Wir entdecken, daß der Bräutigam einen halben Koffer voll Wein aus Thüringen bei sich hat, obschon auch dieser Mitreisende aus Westberlin stammt.

Wir lassen es dabei und sagen bestenfalls: Es gibt Dinge zwischen Himmel und Erde, die kann keiner erklären!

Wir gehen schlafen.

Wir besuchen am zweiten Tag nacheinander den Kreml und die Rüstkammern, die Moskauer Metro und den Kosmonauten-Pavillon auf dem Gelände der Allunionsausstellung.

Wir schicken ein paar Postkarten nach Hause.

Wir bemäkeln nicht den Klebstoff, der hinten auf den Briefmarken angebracht ist.

Wir besuchen am dritten und vierten und fünften Tag nacheinander das Puschkin-Museum, den Roten Platz und das Mausoleum, die Moskauer Metro und die Rüstkammern, das Rundpanoramakino auf dem Gelände der Allunionsausstellung, ein Kabarett, eine Konditorei, eine Versuchsstätte für Schmalfilmforschung und optische Instrumente, die Moskauer Metro und ein Kaufhaus, wo wir Geschenke erwerben für die Angehörigen oder Verwandten in Westberlin.

Wir kaufen kleine Abzeichen in Form eines Sowjetsterns, um mit diesen Abzeichen in Westberlin herumzulaufen und uns anglotzen zu lassen.

Wir klauen nicht, weder im Kaufhaus noch in Museen.

Wir machen uns am letzten Tag einen lustigen Abend.

Wir gehen schlafen, es wird ein bißchen später als sonst.

Wir stehen früh genug auf, wir waschen, rasieren und frisieren uns.
Wir schenken dem Hotelpersonal nicht den Kugelschreiber von Woolworth, wir denken uns etwas aus.
Wir besteigen einen Bus und fahren zum Moskauer Flughafen.
Wir haben ein merkwürdiges Kitzeln in uns.
Wir wollen vielleicht noch ein bißchen bleiben.
Wir sagen nicht: Welcher Idiot hat uns diese Fünftagereise angedreht! Wenn wir zu erkennen geben wollen, daß uns der Abschied von Moskau nicht leicht wird, so sagen wir: Schade, wir haben ja gar nichts gesehn! Wir können auch sagen: Am liebsten möchte ich jetzt in die Taiga, aber aber...!
Wir betreten die fahrbare Treppe, die dicht an den Flugzeugrumpf rangerollt wird.
Wir steigen von Stufe zu Stufe aufwärts und erreichen den Einstieg.
Wir drehen uns um ohne zu drängeln und lassen jedem Einzelnen genügend Zeit für einen Blick zurück.
Wir können allerdings nicht ganze Viertelstunden zubringen mit dem Zurückblicken, der Pilot kommt schon angelaufen.
Wir setzen uns auf die Plätze und sind still.
Wir haben beim Abheben vom Flugplatzerdboden die Stimme eines alten Zausels im Ohr, der irgendwas von *Mütterchen Rußland* sagt.
Wir sind aber keine sentimentalen Affen und freuen uns auf Westberlin.
Wir fangen an zu fressen, das Bordpersonal wundert sich.
Wir trinken einen Wein aus Odessa, einen Sherry aus Sewastopol, einen Wodka aus dem Moskauer Kiosk, der neben dem Kreml an manchen Tagen geöffnet hat, an solchen Besuchstagen zum Beispiel wie einer der fünf, die wir zugebracht haben in der Sowjet-Union.
Wir bekommen allmählich unsere Fassung zurück.

Wir mokieren uns ein wenig über die frisch Verlobten, die sich andauernd betatschen und selten aus dem Fenster schauen.
Wir haben Verständnis dafür, daß einer von uns plötzlich in die bekannte Tüte kotzt, wir bedenken diesen Unfall aber nicht mit diesem Ausdruck.
Wir wissen, das Bordpersonal kann deutsch.
Wir landen um genau 13 Uhr auf dem Flugplatz in Berlin-Schönefeld.
Wir stehen herum, dann stehen wir rum.
Wir passieren die Passiergänge und besteigen einen Bus nach Westberlin.
Wir sehen vom Bus aus die Siegessäule.
Wir sehen, der goldene Engel wird von einer Regenwolke berührt.
Wir sagen: Es regnet.
Wir sind angekommen vor dem Reisebüro und sehen ein paar Angehörige und Verwandte mit Regenschirmen in der Hand auf uns warten.
Wir haben sofort nasse Füße.
Wir stellen uns für ein Weilchen vor das Schaufenster des westberliner Reisebüros.
Wir warten auf eine Taxe.
Wir kucken uns die Bilder an, die im Schaufenster des Reisebüros zu sehen sind.
Wir haben mitten im Regenwasser auf dem Bürgersteig irgendwas zu betrachten.
Wir schimpfen laut auf das Wetter und sagen: Es schifft.
Wir wissen, unsere Angehörigen und Verwandten verstehen das.
Wir hören sie lachen.
Wir steigen in eine Taxe ohne zu drängeln.

Erinnerung an Naumburg
1978

Laubsäcke

1
Für ein schöneres
Berlin. Für
eine saubere
Umwelt. Um wieviel
schöner, um
wieviel
sauberer? Durch
uns, begreife das doch, mit
Hilfe der
Laubsäcke.

2
Wir, die
Laubsäcke, wurden
nicht einfach
beiläufig
erfunden. Wir
Laubsäcke wurden
geplant und
wurden erfunden. Soll ich
mal wiederholen? Geplant und
erfunden. Wir, die
Laubsäcke,
sind das Ergebnis
unsrer
Erfinder.

3
Das Laub
geht
aufrecht
die Straßen entlang. Das
Laub
könnte
was wollen.

4
Mindestens
siebzig Jahre
vor Erfindung des
Laubsacks
traten
schwäbische Bürger, auch
welche aus
Kaiserslautern,
sonnabends
hinaus auf den
Bürgersteig
und fegten ihn
frei.

5
Frei
soll nichts
bedeuten. Frei bedeutet: Der
Bürgersteig
wird gefegt, frei-
gefegt.

6
Das Laub
der Bäume, eingesackt
in Laubsäcke, wartet an
Baumstämmen
auf Abtransport. Das Laub
spricht. Es spricht
miteinander. Das
habe ich
gehört.

7
Anderes
Laub
geht aufrecht
die Straßen entlang.

Abgeordnet

Ich gehe zur Litfaßsäule. Ich öffne
die Tür, setze mich
drinnen auf den Stuhl. Jetzt
füttere ich junge Sperlinge. Das Nest
hat irgendeiner versteckt. Ein
Abgeordneter. Er klebt
das Plakat an die
Litfaßsäule: Hohe Belohnung! Wieder mal
hohe Belohnung.

Veranlagung

Die städtische

Müllabfuhr schreibt einen Benutzungszwang vor, wonach jeder Einwohner mit wenigstens einem Mülleimer bis zu fünfzig Litern an der öffentlichen Müllabfuhr teilzunehmen hat. Wir

gehen davon aus, daß Sie bereits

einen Mülleimer haben oder ihn aufgrund des Benutzungszwanges beschaffen werden. Diese Rechtslage nehmen wir zum Anlaß, Ihren Haushalt zur monatlichen Teilnahmegebühr in Höhe von DM 3,–

zu veranlagen. Eine entsprechende

Müllkontrollmarke liegt bei den Stadtwerken in der Schalterhalle zur Abholung für Sie bereit. Bei Abholung der Marke ist dieses Schreiben vorzuweisen. Sollten Sie zu dieser Veranlagung besondere Fragen haben, so können diese geklärt werden: Im

Auftrage gezeichnet hochachtungsvoll.

Auskunft des Fachhändlers

In den Fachgeschäften für zoologische Artikel sind die Schaufenster dekoriert mit Käfigen verschiedener Preislage und Größe. Es gibt Tiere, die mitverkauft werden: Vögel, Hamster, Papageien, kleine Affen. Wird der Inhaber des Geschäftes befragt, wie das in einer

zivilisierten Wohnung

mit den Affen sei, ob sie viel anrichten, Gardinen zerreißen, an Lampen herumschaukeln, plötzlich, laut kreischend, den neuen Besitzer anspringen könnten, so antwortet der Fachhändler, dies sei allemal abhängig von den

Lebensgewohnheiten

des Affenbesitzers. Nun schweigt der Frager. Er macht einen kurzen Schritt hin zur Tür und raus auf die Straße. Er läuft. Hastig läuft er hin und her. Er macht eine Pause. Er greift in die Tasche. Unruhig prüft er

die Wohnungsschlüssel.

Nebelhorn

1

Zeige, mein
Bergfreund, zeige dich
kundig, daß du ein
wissender Bergführer bist. Ein
Beispiel: Versetz dich
in die Lage eines
Schülers aus
Hannover. Nichtwahr, du
öffnest die
passende Karte, kurzerhand: Du öffnest
den Atlas.

2

Bereits
zum Wochenende
willst du

Schi laufen mit vielen
Personen in der
Nähe des
Nebelhorns.

3

Bei Matrosen
gibt es auch Hörner. Die heißen
auch Nebelhörner und
tuten. Im Gebirge aber ist es
Gebirge. Zeige, mein
Bergfreund, zeige
dich froh
deiner Zukunft: Heute schon
reisen abertausend
Wintersportler in die verschneite
Bergwelt. Morgen nicht mehr
zu zählen.

4

Schnee. Schneebrille.
Schilift. Alpine
Kombination. Komm, lieber
Mai.

Weltraumkugelschreiber

Eine
Million Dollar
Entwicklungskosten. Ein Stück
Weltraumtechnik in
Ihrer Hand. Im
Weltall

bewährt, auf unserem
Planeten
willkommen. Schreibt
in jeder
Lage. Schreibt
unter Wasser. In Ihrer
Hand auf Erden
und
darunter.

Verbürgt

Also, das
sollen wir Ihnen
glauben? Ja, ich sage
die Wahrheit. Die goldene
Uhr, ich habe sie
eingetauscht
gegen eine S-Bahn-Fahrkarte
von Halensee
bis Westend. Dann ist ja
der Fahrkartenverkäufer ein glatter
Betrüger! Nein, das kann ich
nicht sagen, ich sage
die Wahrheit.

Brief

Eine Wolke
bringt den Regen
runter. Was ich so alles
getan? Ich liebe

dich. Ich war Vertreter
für Sonnenschutzöl. Wöchentlich
wurde der Name
gewechselt: Beduinenzelt. Prinz
Mahagoni. Glanz des
aufgetauchten
Tauchers. Zigarre der
Sonne. Ich war
Kühlhausarbeiter. Habe Cimbal
gespielt und Eilpäckchen
verteilt. Ich war eine
Buchflöte in der
Volksbücherei. Gardinenkaspar
im Direktionszimmer eines
Frauengefängnisses. Am
ersten Vormittag
wurde ich
entlassen. Könntest du
bitte meinen
Brief in einer Pause
lesen, wenn dein
Staubsauger
versagt? Oder ihn, diesen
Brief, verwenden als
Lesezeichen? Du
liest doch.

Mieterversammlung

Nahezu
alle Mieter
unseres Wohnviertels
sind einmütig
und einverstanden mit der
neuen Mieterhöhung. Diese

Einmütigkeit ist doch
beeindruckend.
Ja! Wie denn, Sie sagen Ja, mein
Herr? Weshalb sind
nicht auch Sie
von dieser
Einmütigkeit beeindruckt? Ich bin
durchaus von dieser Einmütigkeit
beeindruckt. Aber Sie
sind doch einer
der wenigen Mieter unseres
Wohnviertels, die nicht
einverstanden sind mit der neuen
Mieterhöhung. Wie kommt
das, mein Herr? Ist Ihnen das
grün?

Wahlrede

Ein Bürger
ist ein
Angehöriger und
vollberechtigter
Einwohner
einer Stadt und eines
Staates. Ein Bürger
ist wahlberechtigt, er ist
im Besitz der bürgerlichen
Ehrenrechte. Er ist
im Besitz der bürgerlichen
Eherechte. Er ist
verlobungsberechtigt. Er wählt
denjenigen, den er
wählen will, der ihm
lieb ist.

Hochhaus

Schlafe gut. Morgen
früh beginnt
unser Richtfest. Vielleicht
sprichst du
ein Wort. Vielleicht den
freiberuflichen
Satz: Liebe
Versammlung, von
ganzem Herzen
pünktlich
ward unser aller
Dachfürst
vollendet.

Einrichtung

1

Sekretär auf lautlosen
Rollen. Rindleder für die
Sitzfläche des
Sessels. Kredenz dreitürig. Stuhl
und Hocker mit
Binsen.

2

Geschirrschrank
hochwertig
für Geschirr oder
achtzehn Kacheln. Teewagen auf vier
lautlosen
Rollen.

3

Bar
und Überbau als
Bord für
Lampen und Obst. Vitrine
fünfstöckig. Dazu
Butzen.

4

Wenn
Wohnungswechsel gewünscht: Ausziehtisch
Ihrer Wahl. Schirmständer
im Treppenhaus. Der
Innenarchitekt
hat Verständnis. Er ist
bereit. Er kommt Ihnen
entgegen.

Friedrich

Friedrich ist ein hilfsbereiter Schüler. Friedrich zeigt ein stark logisches Denken. Seine Mitarbeit im Unterricht muß hervorgehoben werden. Friedrich

erscheint

unpünktlich zum Unterricht. Friedrichs Entschuldigungen wirken unglaubhaft. Einmal sagt Friedrich, er habe verschlafen. Einmal sagt Friedrich, er habe Halsschmerzen gehabt: nun seien die Halsschmerzen wie weggeblasen und futsch. Friedrichs

Ausdrucksweise

neigt zu solchen Ausdrücken. Ermahnungen zeigen keinen Erfolg. Friedrich behauptet, der ungarische Weinort Tokay sei nicht weltbekannt. Friedrich behauptet, ein Flegel sei kein Rüpel. Das Haustier der Lappländer kein Ren. Friedrich niest häufig

laut

ins Klassenzimmer, daß alle erschrecken. Friedrich benutzt kein Taschentuch. Er behauptet, Feuchtigkeit sei keine Nässe. Friedrich verläßt manchmal das Klassenzimmer und geht bedächtig zur

Aula. Die Tür der

Aula ist abgeschlossen. Friedrich hat einen Nachschlüssel. Friedrich begibt sich ans Rednerpult. Dort eröffnet Friedrich eine Elternversammlung, obschon die Aula völlig leer ist. Während seiner Rede vor den unsichtbaren Eltern neigt Friedrichs Ausdrucksweise

zu starken Ausdrücken.

Urlaub

Ein Boot
mieten. Es ist ein
Segelboot. Weiße
Kleidung. In vier Wochen bekommt
der Schüler den Segelschein. Dann
drauflos fotografieren. Immerzu
bis zurück. Wo ihr
des Tages Jammer
verschlafen
und vergessen sollt.

Gesellschaftskunde

Ich fasse
zusammen: Wir haben behandelt den
Dienstleistungsbeschäftigten, den selten gewordnen
Wanderhackbauern, den Sammler, den
Jäger, den Fischer, den selten gewordnen
Hirtennomaden, den
Pflugbauern, den
Industriebeschäftigten, den
Handwerker und seinen
Gesellen, den selten gewordnen
Lehrling, so kann jeder
Rektor verheiratet sein mit einer
Putzmacherin, jede
Rektorin verheiratet sein mit einem
Landwirt, wir sagen nicht
Bauer, so können fürs Leben sich
miteinander verbinden ein
Mörtelmischer mit einer
medizinisch-technischen Assistentin, ein begabter
Zimmermann mit einer
Ballerina, ein verdienter
Bezirksbürgermeister mit einer
Straßenbahnschaffnerin, die Straßenbahn
kennt ihr
nicht mehr, ich hatte
es gern, wenn sie
abends
mich ansah mit ihren
zwei Augen.

Große Mauer

Goldfische
wurden zuerst
von den
Chinesen gezüchtet. Von
den alten
Chinesen. Seltsam, warum
nur von alten
Chinesen? Nein, nicht
von alten
Chinesen. Von
den alten
Chinesen.

Einladung

Meine Katze
hat ein Versteck. Trotzdem
baue ich ihr eine Wohnung. Mit
Speisekammer und
Küche. In der Küche habe ich
eine Kochmütze auf. Da können alle
herkommen. Da
können alle, ich weiß nicht
wie lange, sich
hinsetzen, trinken
und essen.

Etwa um 550

Früh erhebt sich der Spartiate Alkandros von seinem harten Baumwurzelbett. Er gähnt nicht. Er trinkt einen Schluck Wasser aus dem bereitstehenden Eimer. Alkandros streckt die Glieder. Früh beginnt im Lager die

sportlich-militärische

Übung. Ohne etwas zu essen, wird der Tag begonnen mit Exerzieren und Waffengang. Von weitem können die Spartiaten zukucken, wie ihre Äcker bestellt werden von den

Heloten. Die Heloten

gehören dem Staat. Nach dem morgendlichen Waffengang besucht Alkandros sein Gut. Er schaut nach dem Rechten. Auf den Äckern angekommen, bemerkt Alkandros: Die Heloten haben zu wenig getan. Alkandros

ist wütend. Aus der Hand seiner Frau

empfängt Alkandros ein paar getrocknete Feigen. Es sind drei Stück. Alkandros malmt sie einzeln hinunter. Zu seiner Frau sagt er: Mahlzeit! Anschließend kehrt er zurück

ins Lager zum Waffengang. Unterwegs

trifft er einen Heloten. Der Helote betrachtet ihn still. Alkandros bleibt stehen, sagt nichts, geht weiter und sagt sich: Dieser Kerl da

ist ja so still.

Grenzfragen

Wie hieß doch
der Mann mit dem
Pferd? Er ist ein
Weilchen von hier
unterwegs. Das war so ein
Ritter, behaupten die
Zeitungsleute. Falsch, das war der
Postreiter des Königs. Jeden
Tag wird
der König telefonisch
befragt. Daß Sie mich
erreichen, antwortet der
König, grenzt ja
an Wunder.

Erinnerung an Naumburg

Im Jahre 1947

liefen viele Menschen um den Naumburger Dom herum. Im Jahre 1948 liefen viele Menschen um den Naumburger Dom herum, und einer sagte: Nachher gehn wir in eine

Konditorei,

falls der Kuchen zu essen ist. Im Jahre 1949 setzte sich ein sowjetischer Offizier in das Mittelschiff des Naumburger Doms, ziemlich weit vorn, ungefähr dort, von wo aus

die Stiftergruppe

gut zu sehen ist. Der Offizier hatte einen Beutel Erdnüsse mitgebracht, die aß er, ziemlich weit vorn sitzend, innerhalb dreier Tage und zweier Nächte ratzekahl auf. Sein Blick galt der berühmten

Uta von Naumburg,

die mittlerweile zu sprechen begann. Sie sagte: Hier ist kein Zoo, hier ist ein Dom! – Ich habe dich, sagte der Offizier, sehr lieb und möchte dich

heiraten. Geht

das? – Nein, sprach die Uta zu ihm, das geht nicht, ich bin von oben bis unten aus Stein! – Der Offizier suchte nach einer Leiter, lehnte sie an den Sockel der Uta, stieg hinauf, küßte die Uta und rief: Aus

Stein? Wer hat das

erfunden? – Er reichte ihr die Hand, war fröhlich von Herzen. Gleich oder bald danach bestiegen die Uta und er einen Kahn, fuhren vorbei an der Saale hellem Strande weit bis Wladiwostok, wo die Hochzeit länger als eine Woche lang gefeiert wurde mit vielen Freunden. Wer jetzt, in

unserer Zeit,

den Naumburger Dom besichtigt, gestatte den Hinweis: Der Anblick der Uta ist bare Täuschung.

Ein Besuch ungefähr 1957

für Christa Reinig

Die Milastraße
ist eine Querstraße der Schönhauser Allee. Die Schönhauser Allee befindet sich im Berliner Bezirk Prenzlauer Berg. Eines

Tags so gegen abends

gehen Johannes Bobrowski und sein nicht minder dickes Brüderchen in eine Kneipe, machen sich dort verständlich, zwei bis drei Flaschen Wodka zu erwerben. Na, da gabs

keinen Einwand. Hinauf nun

in den Hinterhof Milastraße 7: geklingelt, geklopft bei Christa. Erst kommt eine Katze viermal größer als vier ausgewachsene Katzen zusammen, dann sagt Christa: Herein! und

schon sitzen wir drinnen. Über was wir gelacht haben, weiß ich nicht mehr. Einmal vielleicht ziemlich motivlos über das Wort *Jannowitzbrücke*, vielleicht war das ein Gruß an Herrn Brehm, der vom Nashorn berichtet, es reiße manchmal motivlos fünf Meter Erdbodens auf. Christa

trank uns Kerle unter den Teppich. Vom Märkischen Museum hat sie erzählt, bis wir gehen

schweben

mußten zum S-Bahnhof Schönhauser Allee. Wo woll'se denn hin? fragt der Mann an der Sperre. Wir sagten: Wir möchten weit weg! Gemeint war der S-Bahnhof Berlin-Friedrichshagen, von dort aus flog Johannes nach Hause,

ich sitze, liege, sitze im Abteil, küsse das Märkische Museum, plötzlich rüttelt ein Uniformierter in Griebnitzsee

an meinen Schultern herum, sagt: Wo komm'se denn her? Sind ja quer durch Berlin jejondelt! Ham'se nich bemerkt, dasse schwer besäuselt sind? Also, wo komm'se her? Ich komme, sage ich ihm,

lieber Grenzpolizist, ich komme

von Christa. Das ist eine Frau, die Gedichte schreibt und Geschichten. Verstehe, sagt der Griebnitzseepolizist, die Gute

hat wohl nichts andres zu tun!

Spreewald

Unmittelbar
dicht und direkt
vor den ehemaligen
Toren
Berlins, weniger
entfernt als
manche Autostunde
entfernt,
liegt, natürlich nicht
im Sinne von
Daliegen, liegt
der schöne
Spreewald. Sein Name
hat immer

Beifall errungen. Man erlebe
mal eine Kahnfahrt, vor allem
die Gurken. Sie öffnen
das Herz. Und die Anzahl der
Reisetermine
und der ungetrübte
Genuß der
Ruhe
zu Lübbenau.

Charlottenburg

Gestern
stand ich
vor dem Schloßportal. Ich wollte
ein berühmtes Bild
stehlen. Der Museumswärter
sagte zu mir: Welches
möchten Sie
mitgehen lassen? Eins
von Watteau. Na gut, weil Sie
ehrlich sind, will ich
ein Auge zudrücken. Bloß
nicht zur Gewohnheit
machen, sonst kommt die Sache
ans Licht.

Frühkonzert

Früh
am Neujahrstag
kam mir
in der Querstraße, die
links von der
Hauptstraße links
abzweigt, früh eine
unzählbare
Anzahl singender
Schornsteinfeger
entgegen. Wieviel Dächern,
dachte ich mir, werden
sie wohl in
diesem Jahr sang- und klanglos
den Rücken
kehren.

Ein Anfang

Sommer
wars geworden. Menschen
standen am Rand
des Geländes, auf dem, vor drei
Wochen erbaut, ein
Gefängnis
abgerissen wurde soeben bei
Sommeranfang.

Ballade vom ehrlichen Wort

1

Als ich die Korridor-Lampe anknipste, bewegte sich
 der Vorhang in meinem Korridor oder in meinem Arbeits-
zimmer. Das ist kaum zu fassen, rief ich, weshalb bewegt
 sich
 im Korridor oder in meinem Arbeitszimmer auf einmal
der Vorhang? Ich wollte vom Korridor aus sofort in mein
 Zimmer. In mein Arbeitszimmer! Doch plötzlich
hatte das Zimmer keine Tür.

2

Behende und still
 schlüpfte ich auf Zehenspitzen durch die verschwundene
 Tür
hinein in mein Arbeitszimmer und begab mich zum
 Vorhang. Das
 Arbeitszimmer ist mir sehr lieb und gleichermaßen wert
wie meine Liebste. Wie die Fotografie meiner Liebsten,
 als sie sich knipsen ließ
vor Jahren auf Helgoland.

3

Irgendjemand, das konnte anders nicht sein, nieste
 hinter dem Vorhang auffällig leise. Da ging die
 Stehlampe,
ohne ein Abschiedswort zu äußern, durch das
 geöffnete Fenster, das ich geöffnet hatte, hinaus
in die Nacht.

4

Wie wär's mit einem ehrlichen Wort? fragte ich
  denjenigen, der geniest hatte. – Ach! rief der Entdeckte,
bitte geben Sie mir ein Taschentuch! – Hier, sagte ich
  schüchtern, und Sie geben mir gefälligst
meine Zimmertür zurück!

Nebel

an Unamuno

Er hatte
die ganze Familie
versammelt.

Draußen
begann die Laterne
zu singen.

Möglich, sie hat ihn
geliebt.

Er hatte
die ganze Familie
versammelt.

Möglich, er hat sie
geliebt.

Sattelzeug

1

Die Haarfarbe
und vielen Abzeichen
eines Pferdes
bestimmen zwar nicht
seinen Wert, doch
sollte man genügend
wissen
darüber.

2

Ein jeder, ob
ein Kind oder ein
größerer Mensch, müßte sich
äußern können
selbständig, was hinten links
ein ganz weiß
gestiefelter Goldfuchs
ist. So einer
mit Flocke.

3

Das ist
nicht geheimnisvoll, das sind
feststehende
Ausdrücke. Marsch, die ganze
Abteilung!

4

Zuerst
die Braunen. Braunes

Deckhaar. Die Mähne ist
schwarz. Der Schweif
dagegen ist
wechselnd. Nicht
immer.

5

Ein völlig
schwarzes Rennpferd
heißt man
gewöhnlich einen
Rennrappenhengst. Er ist
kleiner als der
in Fachkreisen
bekannte
Falbe.

6

Die Mähne
des Falben ist
gekämmt. Oft kommt
ein schwarzer Storch
geflogen
auf den Rücken des
Falben.

7

Das mausgraue
Pferd
hat stets einen
weißen Fleck
auf der Stirn. Ist das mausgraue
Pferd um den linken

Fuß herum
vom Fuß herauf
bis hin zur Hälfte des
Beins hinauf
gänzlich weiß, dann
trägt es trotzdem
den weißen
Fleck auf der
Stirn. Koseform: Eine
Blume.

Ballade vom Reisen

1
Während ich im Abteil der Eisenbahn
saß, habe ich von der Eisenbahn aus
schöne Wälder zu Gesicht
bekommen. Viele
Wälder und deren Bäume
habe ich dank des Abteilfensters
und dank
der Eisenbahn
betrachten können.

2
Hier darf ich zwei Wildkaninchen
und eine Elster
nicht vergessen. Die Wildkaninchen, als der
Zug für ein paar Minuten
stillstand, hatten neben dem Bahngleis
einen Streit auszutragen. Sie
verhielten sich so
widersprüchlich, daß eine Elster im
Auftrag der Sonne zeternd über sie wegflog.

3

Den beiden Männern in meinem
   Abteil war das Naturbild, in dem
drei Tiere ihre Rolle gespielt
   hatten, vollständig entgangen. Beide Männer
sprachen über Vor- und
   Nachteile, eine silberne Armbanduhr
zu besitzen.

4

Ein wenig später jedoch
   riß einer der beiden Männer
schreiend das Abteilfenster herunter, zeigte
   entsetzt auf sein Armgelenk, an
dem eine silberne Armbanduhr
   sich befunden hatte, wedelte mit
beiden Armen, flog drohend gegen das
   Mittagslicht der Elster hinterher,
woran die Elster nichts ändern könnte.

Verstreute Gedichte.

Landschaft

Fett lacht der kugelige Mond,
der noch immer am
bluttriefenden Himmelsdach thront,
so fett, daß er glänzt.

Leer ist der teuflische Wald,
in dem ja garnichts, aber
auch rein garnichts erschallt,
so leer, daß er stirbt.

Weit ist das leichige Feld,
und das stinkt auch so
friedlich, tückisch und
ganz nach der Welt,
so sehr, wie der Tod.

Rot war der Mund,
bestimmt küßt kein Mädchen
dem toten Soldaten den Schlund, –
so lieb ist wohl keine.

An die Kasernenbauarbeiter!

Nehmt Kellen und Hämmer von diesen Mauern,
stürzt den Mörtel vom hohen Gerüst –
weil sonst bald Euer eignes Erschauern
und aller verzweifelnden Mütter Trauern
ein schreckliches Richtfest für alle ist.

In diesen Gebäuden will man Euch lehren,
wie der Bruder den Bruder erschießt,
wie dann mit grausigen Teufelsgewehren
schnell sich vollendet das neue Verheeren,
wie man sein Blut für Satan vergießt.

Ihr liebt doch die Herzen, die um Euch noch sind,
so hütet sie vor dem Zerfetzen –
zu spät, wenn das Leben des Vaters zerrinnt,
zu spät, wenn Bomben zerreißen sein Kind,
da bleibt ihm nur irres Entsetzen.

Drum nehmt jedes Werkzeug von diesen Mauern,
steigt dann herab vom Todesgerüst –
weil sonst bald schon Euer eignes Erschauern
und unsrer verzweifelnden Mütter Trauern
ein schreckliches Richtfest für alle ist.

Ode an meine deutschen Brüder zum Neuen Jahr

So, meine deutschen Brüder,
wie die Erde
mit alter Beständigkeit
wieder den Kreis
des neuen Jahres
beginnt,
wie sie in immerwährender
Weise treu bleibt
der herrlichen Sonne, –
die Tag für Tag
mit Kraft unermüdlich
den Acker beschickt,
daß das Brot uns gedeihe –

die gemeinsam mit
stürmenden Wettern
und den eigenen Schatten
die Lüfte besitzt,
daß der Mund den Atem
des Lebens nicht misse –
so, meine deutschen Brüder,
wie das ganze All,
Stern für Stern,
jeder der blinkenden Körper,
am nächtlichen Himmel
nur deshalb besteht,
weil das eine Gesetz sie alle vereint:
DIE BRÜDERLICHKEIT –
so auch erfüllt, meine
Brüder, endlich den
Wunsch Eurer Seelen,
so auch begeht endlich
die Wege, die guten und
wahren, die zueinander
Euch führen –
daß das Vaterland werde,
daß auf Straßen und
Brücken, in Häusern und
Stuben sich Brüder begegnen –
Brüder in Freiheit,
Brüder –
Brüder im einigen
Deutschland.

Die letzte Sinfonie
Ein Gedicht zum Beethovenjahr

I

Windstille im Umkreis?
Nach frischen Blättern
riecht es,
Windstille muß sein,
denn das Getuschel des
Laubes bleibt aus.

Im Park lacht kein Kind,
alle spielen so leise.
Selbst der grobe Sand,
der beim Schreiten
sonst knirschte,
schweigt.

Hat die Amsel nimmermehr
ein Lied?

Ach, nur Bilder huschen
vorüber,
stehen plötzlich totenstill.
Menschen reden ohne Stimme
auf sich ein.

Gar kein ... Ton .... mehr?

Sind die Ohren zugeschlossen,
fest verstopft von jahrelangen
Sorgen, von der Qual und Sehnsucht,
von der Trauer?

Tränen. Tränen höhlen nicht
die stumme Wand,

daß ein Ton doch nur –
ein Ton des Baches
oder Sturmes
oder auch des Menschenwortes,
ach, daß .... überhaupt ......
ein Ton .... vielleicht .....
ins Innre dringen könnte.

Nichts.
Die Amsel wird nun nimmermehr
ihr Liedchen pfeifen,
sie trägt ein schwarzes Kleid
und weiß zum ersten Mal
vielleicht sogar
warum:
weil er sie nicht mehr
hören kann,
den alle Leute jetzt
den tauben Ludwig
nennen.

II
Neue Kerzen in den Leuchter!

Wenn die Bilder tonlos kommen,
sind doch tausend Töne in der Seele!
Wenn kein Bach, kein Sturm,
kein Donner mehr das Ohr erschüttert,
kann die Brust noch alles
Ungestüme fühlen.
Freude!

Alles, alles, was da draußen
schrie und lachte,
alles, alles, was als Glück und Liebe,

Not und Ungeist,
Furcht und Hoffnung
um mich war,
alles, alles, alles
ist ja noch nicht tot
im Herzen –
noch ist Zeit zur Arbeit,
noch ist Grund zu singen.
Freude!

Freude ...... löst sich zitternd
aus weltweitem Munde das Thema?
Still nur, wie naht es ....
herrlich ... als ... jugendliche Gestalt,
umkränzt von Sonnen,
von grellen,
lebenbringenden
Gestirnen.

Da braust es heran,
steigt im tausendstimmigen
Chore zu den
Menschen herab,
klopft an die kleinste
Hüttentür,
öffnet die Häuser,
achtet nicht der
goldenen Paläste
der Fürsten –
braust und jubelt,
scherzt und winkt,
ruft alle Menschen
jetzt zusammen,
keiner bleibt zurück,
sie kommen alle,
singen einen großen
Sturm gemeinsam,

sind nun
Brüder und Geschwister!
Freude!
Freude!
Freude!

Neue Kerzen in den Leuchter,
dieses Lied muß bald vollendet sein!

III
So hat der Genius
seine
Leiden,
seinen Schmerz
titanenhaft
bezwungen
und uns
die Erde
neu geschenkt:

Ist ewig doch die Sonne unser Tag
und Dunkelheit verdecktes Licht.
Wer gestern dem Tyrannen unterlag,
des Herze brach der Kerker nicht.
Denn heute trifft Gewittersturm den Baum,
der viel Geäst vom Wipfel schlägt –
sprießt trotzdem morgen an der Wunde Saum
ein Zweig hervor, der Knospen trägt.

Prüft die Natur sich so auf wilde Art,
hält sie ihr Werden gleich bereit.

Der Menschheit bleibe länger nicht verwahrt,
zu sein, in ihrer großen Bruderfahrt,
wie jener Baum im Frühlingskleid.

Am Zwinger

Ruht hier der Morgen aus?
Es steigt sein Widerschein
herab vom Bürgerhaus
zum stummen Pflasterstein.

Dem Turm jetzt zugewandt,
verschenkt er volles Maß –
und füllt mit leiser Hand
sein Licht ins Stundenglas.

Der Nächste

Er schlich vorbei als ein Nachtgetier,
bleich und die Augen wie Blut,
er sagte was von Hunger zu dir,
was Warmes täte ihm gut.

Du warst aber satt und hast gedacht:
die Bettler geben nicht Ruh,
da ist der Mensch erfroren zur Nacht,
sein Totengräber bist du.

In memoriam Wolfgang Borchert

Schlaf in den Dächern,
draußen sickert der Nebel,
schluckt jeden Laut
quellender Lust.

Hinter Gardinen
schläft es sich besser –

aber mein Dichter
schritt durch das Draußen:

Draußen warten die Toten der Kriege,
warten, warten,
starren, starren uns leichengesichtig
ins Herz:
Steht, von Bajonetten zerstochen,
draußen auch Gott.

Sterntaler

Als ein armes Kind
sein Kleidchen fortgab
und das andre arme Kind beschenkte,
war es beinah nackt.

Nur ein Hemdchen noch
bedeckte seine Schultern,
und im Wald verneigten sich die Bäume,
auch die hohe Tanne neigte sich.

Tiere kamen stumm.
Große Augen machten Reh und Hase.
Einmal schrie ein Kauz,
doch die Eule rügte ihn.

Und der Mond bewohnt die Lichtung,
und da senkte sich ein Reigen.
Siebzig Taler und den Himmel
fing ein Kinderhemdchen auf.

Frühjahr 1953

Denn alle Hirten müssen einsam gehn:
verstoßne Tiere ohne Dach,
und wenn sie in den dunklen Wäldern stehn,
dann beten sie die Erde wach.

Der Baum wird neu, das Gras belebt den Stein,
die Hirten knieen vor dem Licht.
Und dieses Knieen wird die Welt befrein.
Die blinde Menschheit sieht es nicht.

Die Kinder

Der Reigen wacht. Vom ernsten Spiel getrieben
sind die Gebärden weit und ohne Hast.
Schon suchen erste Schritte jene Rast,
die heilsam ist und lange ausgeblieben.

Sie wissen nicht, daß frühlingslosen Dieben
der feige Weg gefällt, die heilge Last
der Einfalt abzuringen und dem Gast,
der in der Seele wohnt, das Licht zu trüben.

Sie schauen nur – und doch sind ihre Fragen
wie aufgehäufte Früchte vor den Tagen,
in die ein Knochenarm die Sense schlägt.

Sie haben den, der ihre Herzen trägt,
erst ungenau gespürt und brauchen Hirten,
die sie am Tisch der Zeit mit Licht bewirten.

Sonett an Gustav Werner

Dein Werk am eitlen Pranger der Philister,
umlärmt vom schnöden Lästertanz,
war frohe Botschaft und Monstranz
für Deine armen Brüder und Geschwister.

Es helfen Groschen in zerlumpten Mützen
dem todgeweihten Bettler nicht.
Und wenn sein kranker Leib zerbricht,
wird keine dieser Gesten ihn beschützen.

Den Abgetrennten eine Heimat geben,
der Mensch des Rinnsteins braucht ein Dach,
für jeden Arbeit, der in Not gesunken!

Du hast den Schierlingsbecher ausgetrunken,
und Christus hielt Dich trotzdem wach:
Du schufst das große Werk mit Deinem Leben.

Hirten zur Weihnacht

In den Händen
die Andacht von Bethlehem.
Zweitausend Jahre lang
sind die Augen nicht müde geworden,
dem Stern zu vertrauen.
Sandale, Stiefel und Kreppschuh:
Scheinbar endlos ist diese Straße,
aber sie gehen.

Sie gehen: Spuren in Buffalo
und tief im Stadtkern Manhattans,
Spuren von dort bis Calais.

Große Stafette trägt eine Nachricht,
trägt durch Europa und Asien:
Wir loben.

Rakete und Düsenantrieb –
die Augen sind nicht müde geworden,
dem Stern zu vertrauen.

Wer an den Ufern der Meere
die Flaschenpost abfängt,
liest es: Wir loben!

Zwischen Herbst und Winter

Wölfe sammeln sich und bellen
schon den Winter in die Welt.
Stürme, die sich zugesellen,

jagen nun den sommerhellen
Zug der Lämmer übers Feld.

Menschen sammeln, ohne Ohren
ohne Augen für die Zeit,
Lanzen, die das Herz durchbohren.

Und der Bettler vor den Toren
lästert ihre Sicherheit.

Elstern sammeln noch die Farben,
die nun vor dem Herbstbefehl
heimlich in Verstecken darben.

Alle Krüge, die jetzt starben,
sammelt der Immanuel.

Plötzlich sind die Zimbelklänge
   als Tokkata in den Straßen.
Von der Weide trotten Kühe,
   an den Hälsen Pendelglocken.

Plötzlich ist die Stadt verwandelt,
   ist das Menschenkind verwandelt –
vorgebeugt verharrt es schweigend,
   horch, die Tiere kommen näher.

Von der Weide trotten Kühe,
   die Tokkata in den Straßen
hat die stolze Stadt erobert –
   plötzlich lächeln auch die Gossen.

Bei der Rückkehr von der Schlacht
   hat kein Feldherr Ovationen
wie das Glockenlied der Kühe
   je empfangen.

An den Hälsen Pendelglocken,
   finden sie den Weg nach Hause.
Plötzlich gehst du mit den Kühen
   einen längst verschollnen Weg.

In der Schale ihrer Hörner
   tragen sie den Traum der Weide
und die Monde ihrer Augen
   kreisen um dein Herz.

Wenn es bald Tag würde –
am Fenster möchte ich stehen
und diesen Tag mit beiden Händen auffangen.

Er wird in meinen Händen liegen
wie ein Insekt, das die Flügel regt,
und mich fragen: Was tust du mit mir?

Palm-Esel

Immer der Tagstern. Oben sind volle Köcher bereit.
Sehne und Bolzen sind oben bereit.
Rotes Skalpell, das immer den Wasserschlauch öffnet.
Lautloser Hufschlag.
Immer der Spießrutensteg bis zur Stadt.
Immer der Tagstern, der sintert den Sand.

Einmal leuchtet hier Gras.
Wächst auch der Steinweg.
Wuchern Zyklopen Nebukadnezars.
Weiß oder gelb wartet das Tor.
Dreißig Jahre gewandert.
Endlich die Ankunft.

Rauchzeichen. Jauchzendes Tamtam.
Blätter von Bäumen genommen.
Blätter wägen die Ankunft.

Du Adonoi, du führe immer den Hufschlag.
Du lenke den Jordan. Du Adonoi, du nähre den Baum.
Tausend Jahre dauert der Weg.
Länger dauert der Weg.

Spießrutensteg um die Welt.
Immer die wogenden Blätter am Tor.
Jauchzendes Tamtam.

Dreißig Jahre –
Und drei: ätzendes Tamtam der Spieße.

Märchen

Am Horizont verklang
die Trommel der Galeere.

Ich fand ein kleines Boot
am Kai bei Tausendgülden.

Das Waisenkind der Zeit
war übers Meer getrieben.

Und in mein Uferhaus
trug ich den Fundevogel.

Minute für Wolfgang Borchert

Wenn selbst die Reeperbahn so leise wird –
wer speit jetzt vor den Mädchen aus,
in deren Reigentanz er wie ein Knabe stand,
der seines Teddybären Augen küßt?

Der Zaubertrunk: Im trägen Licht als Glanz
die roten Münder lieb zu haben!
Du, Cagliostros letzter Enkel –:
Wir töten keinen Menschen mehr!

O Reeperbahn, elektrisch ist die Luft.
Blinde Gäule eines Hippodroms
trotten durch die Nebelstraßen.
Fahrensleute brummen da am Kai der Elbe

keinen Fluch. Klabautermänner schweigen,
stehlen keinen Mastbaum.
Dunst umspinnt die Brücken. Seine Wächter
wachen. Dampferglocken grüßen...

Meine Stafette

Die Bahnhofs-Glocke
  schlägt ihre Zeichen.
    Die D-Züge der Welt
      sind meine Stafette.

Die Fahne des Schrankengitters
  senkt sich herab.
    Ein Legionär
      wird im Dschungel begraben.

Ich werfe ein Grasbüschel
  auf den fahrenden Zug.
    Es soll im Dschungel
      die Gewehre durchwuchern.

Ich werfe einen Ölbaum-Setzling
  über die Schranke.
    Auf den Hügeln Israels
      soll er gedeihen.

In den Packraum des Zuges
  fällt ein Beutel Gerstensaat.
    In den Äckern Hiroshimas
      soll sie keimen.

Mit den Schlußlicht-Laternen
  habe ich Freundschaft geschlossen.
    Die D-Züge der Welt
      sind meine Stafette.

Liturgie

Auf unsren Lippen trocknen die Choräle
Föhn aus den Feueröfen sintert die Strophen

Halleluja singen die Lerchen für uns
Kyrieleison rufen die Möwen für uns

Wir bitten die Gräser um neue Choräle
Wir bitten die Furchen um schweigende Andacht

Ein Schiff das die Kinder aus Reisig erbauen
nimmt uns über die Flut

Arioso

Gasse im Irrlichtgarten
zur Krippe, zum Menschensohn:
allüberall Standarten
der Zahn-um-Zahn-Aktion.

Deute die Rose, den Klee,
die Zeichen am Bethlehemstall –
deute den Mitternachtsschnee,
das radioaktive Kristall.

Über die Psalterklänge
kommen Fanfaren der Macht,
Cäsars Fahnengesänge
zur Schlacht.

Du findest die brennende Erde,
Herodes am Panzergewehr,
die Fährte der stürzenden Herde –
du findest die Hirten nicht mehr.

Reiseantritt

Über das Gatter der Eisenbahnsperre
hüpft mein Bruder Samuel.
Schon kommen rotbemützte Männer.
Großes Rufen: Mordio!
Den Makel seines Sprunges melden die Megaphone.
Lautsprecher signalisieren.
Zu spät.
Mein Bruder Samuel erreicht den Güterzug.
Viehtransport.
Dreißig Schafe streichelt Samuel.

Besuch

Öffne endlich das Fenster.
Der kleine Muck
schwebt auf silbernen Pantoffeln
zu dir ins Zimmer.

Laß den Hörer des Telefons
in der Gabel ruhn.
Wirf einen Scheit ins Feuer,
der kleine Muck bittet um Licht.

Laß dein Scheckbuch
in der Jacke ruhn.
Die Erzählungen des kleinen Muck
belächeln dein Konto.

Du hörst deinen Gast:
Moscheegesänge hält er bereit,
klingender Tanz der Suleika
beginnt im Kamin.

Laß den Hörer des Telefons
in der Gabel ruhn.
Weshalb die Polizei rufen,
wenn die Oase dich tränkt?

Auf silbernen Pantoffeln
schwebt der kleine Muck an dein Ohr.
Es singt das Sesam
vor dem Fels deines Herzens.

Notturno

I

Abends kommen die Krähen zu mir.
Gestern waren sie unten am Bach,
aber der Baum vor deinem Fenster
kennt ihren Schrei schon seit Wochen.
Sag mir, siehst du gern zum Fenster hinaus?
Ich habe alle gezählt, eine fehlt noch.
Jetzt haben die Nächte eisdünne Lanzen,
bis zu den Sternen wachsen die Nebel.
Erschrick nicht: Ich bin es, der unter dem Baum steht.
Hilfst du beim Suchen?

II

Du sagst es: Alle Laternen lieben die Nacht,
in den Nebel gestellte Münder und Augen –
sie zählen Herzschlag um Herzschlag
und die starre Gebärde des Menschen, der heimkehrt.
Du hörst mich: Vor allen Türen bin ich zu Haus,
und in allen Riegeln verirrt sich mein Aufschrei.
Aber wie gut ich die Fenster verstehe.
Ich sehe dich knien: mein Heimweg wird Obdach.
Alle, die beten, kennen die Nacht.

III

Es sind Liliputaner,
pudernasige Zirkusreiter:
leiser Aufschwung beim Trompetentanz.
Bucklige sind es:
Hinterhöfe meiner Großstadt –
gute Innenflächen zweier Hände können heilen.
Nur die Kralle ist so häufig.
Lieder sing ich den Zwergen,
sing ich den wartenden Zwergen,
sing ich dem dröhnenden Klumpfuß,
sing ich dem Hausflur.
Allen Stufen sing ich, Stufen, die lange
in Trübsal und ohne Erquickung
den Dachfirst ersehnen.
Schatten beweisen das Licht.
Bucklige, pudernasige Priester:
Lieder sing ich den Zwergen.

IV

Auf jeder Brücke werden wir stehn
und nahe beim Schwerpunkt,
der die Ufer vereint.
Auf jeder Brücke –
die Augen gesenkt in den ewigen Fluß:
Du und Dein Freund.
Gefügt aus den Räumen
und allen Zäunen der Zeit:
Jede Straße führt morgen ans Ziel.

Requiem für Bertolt Brecht

Der Nachen, die letzte Reise –
der Herbst steht im Zenit:
die Ruder erzählen leise
das Lebenslied...

Aus dunklen Wäldern gekommen
zum Jahrmarkt als singender Sohn,
die Fiedel ans Herz genommen,
das gute Orchestrion.

Der hat die fiebernden Schläfen
in bittre Nebel gesenkt,
ins Wasser verurteilter Häfen
Signale und Bojen gelenkt.

Wer wird die Ufer bestellen?
Courage, die das Töten sah,
Knecht Matti und seine Gesellen,
die Liebe der Marie A.

Der hat den Haifisch gerochen,
die Zähne in seinem Gesicht,
Romanzen, Balladen gesprochen,
Pamphlete am Hochgericht.

Die Virginia ist ausgegangen.
Die Hände sind aufgetan.
Das Licht von Stirn und Wangen
gilt Pegasus und Schwan.

Der Nachen, die letzte Reise –
der Herbst steht im Zenit:
die Ruder erzählen leise
das Lebenslied...

Kinderliturgie

Ein Schuß ging los.
   Die Schaukelpferde sind sehr müde.
   Mein Hirt aus Holz ist abgebrannt.
   Mein Schaf aus Holz sagt nicht mehr: Mäh.
Was ist geschehen, du böse Welt?
   Die sieben Zwerge schließen ihre Berge zu.
   Die Frösche liegen überall im Gras
   mit aufgetriebnen Bäuchen.
Ein Schuß ging los.
   Der Stehaufmann steht nicht mehr auf.
   Mein Blumentopf zerfällt zu Staub.
   Die Vögel sind im Schlafbaum tot.
Was ist geschehen, du böse Welt?
   Das Waldhaus wird nicht mehr erlöst
   und auch Schön-Hähnchen nicht, Schön-Hühnchen
   und nicht die bunte Kuh.   [nicht
Ein Schuß ging los.
   Die Spielzeugkiste war ein gutes Boot.
   Die Spielzeugkiste sagt nicht mehr: Steig ein.
   Das Boot hat soviel Löcher wie ein Sieb.
Was ist geschehen, du böse Welt?

Liturgie für Franz Marc

1
Staub unterwegs

Wir
können nimmermehr zurück
Das Reh das schwarze Reh
Das Reh von Theben ruft nach uns

2

Ein Fest das deinen Namen trägt
Der Tag ein grüner Tag

Das Kinderschiff
Ein Boot zur alten Königsstadt
Ein Boot aus Zweigen teilt die Flut

3

Staub unterwegs

Der Kelch der späte Kelch
Die Herbstzeitlose fängt das Manna auf

4

Der Schrei
Ga-
zellenschrei

Das Reh von Theben hinterrücks durchbohrt

5

Die Asche nur
Die Urne zwischen Reh und Rind

Das Zimbelspiel ist in die Gruft gestürzt

Das bittre Laub
Der Efeu zwischen Pferd und Gnu

6

Staub unterwegs

Ga-
zellenschrei
Wir
können nimmermehr zurück

Der Kelch der späte Kelch
Die Herbstzeitlose fängt das Manna auf

An einen Landstreicher

Ich habe dich gefunden.
Du bist ein Element,
ein namenloses, asoziales,
ein Aspirant des Henkermahles
und Kind der Vagabunden,
das hier im Garten pennt.

Der Morgenstern ruft müde
Nachteulen in die Stadt –
der Morpheus-Wein schmeckt köstlich,
doch zittert schon die Sonne östlich –
steh auf, du bist ein Rüde,
der keinen Stammbaum hat.

Steh auf, ich bin das Leben –
wir werden betteln gehn –
du bist der Leierkastenmann
und drehst der Welt die Lieder an:
Das Heidegrab, das Weben
von Tod und Wiedersehn.

Wach endlich auf, ein Biederweib
holt schon die Polizei!
Gib Fersengeld und springe

noch einmal aus der Schlinge,
für deinen ausgedörrten Leib
dampft irgendwo Kartoffelbrei.

Zu spät. Du rührst dich nicht vom Fleck.
Die Häscher sind behend.
Du schläfst so tief. Sie rütteln dich
und stehen da und wundern sich –
und schleifen durch den Straßendreck
ein totes Element.

Abschied

Der Rotbemützte steuert das Mikrophon.
Der Wind geht ohne Fahrkarte durch die Bahnhofssperre.

Wir wollten am Euphrat
das hungernde Kind
und die heiligen Kühe bewirten.

Die Lokomotive hat ein Trinkergesicht.
Am Glas der beleuchteten Uhr
sterben die Motten.
Ich wollte dir ein Marktpferd zeichnen.

Die Räder drücken den Nebel ins Abstellgleis.
Die Räder besiegen dein letztes Bild.
Du hattest geschwiegen,
jetzt sprichst du.

Berlin

Drei Strophen Sonntagssouvenir:
Der Himmel färbt die Dächer leise.
Die Stadt, ein Würfelbrett und Jagdrevier,
summt ihre viergeteilte Weise.
Der Bär ist noch das Wappentier.

Der Hund des Kohlenhändlers bellt.
Nachmittagsstunde. Straßenstille.
Im Rinnstein singt der Zeichner Werner Heldt
den Nekrolog von Peter Hille
auf eine unerlöste Welt.

Vom höchsten Charité-Kamin
fällt eine Zeile Rauch herab
auf die Fassade: Webers Trauermagazin –
(Tritt im Zylinder an des Liebsten Grab!)
Die Spree geht bettelnd durch Berlin.

Partisanenbericht

Als der Überfall quer ins Sonnenlicht schlug
als den Kindern die Puppe zerbrach,

wurde der letzte Schlaf dieser Stadt
früh auf den Namen des Windes getauft
und heimlich vom Stapel gelassen.

Nun bittet das Schiff
die großen Gefährten um Hilfe.
Nun ruft es

den Wind aus der Steppe,
den Schlaf aus den Wäldern –

nun ruft es die Freunde
mit leisester Flagge.

Hafen

Die Kähne kommen zurück, Wolken im Schlepptau.
Seht den springenden Hund, wie ihm der Abend
ins Fell kriecht!

Tragt die Laufbretter hinunter zum Steg,
prüft eure Karren und gebt den Pferden
zu fressen –

die Kähne kommen zurück, eilt euch! –
die Marktweiber schlafen nur noch
bis Mitternacht.

Kneipe

Der Regen bindet die Erde fest an den Himmel.
Die dunkle Feier der Raben beginnt.
Geh nach Haus, wenn du weißt, wo dein Haus ist.
Bleib hier, wenn die Kneipenstube
dir besser gefällt.
Setz dich ans Fenster –
Baumblätter mit alten Gesichtern
treiben am Fuß eines Straßenfegers vorbei.

Kinderfest

Zuerst
hat sie der alte bärtige Mann
in den Garten gerufen –
zuerst hat er die silbernen Nüsse
und sicher auch das Kasperlespiel
in ihre Träume geschickt,

so daß sie
wunderbar silberne Nüsse
untereinander verteilten,
so daß sie beim Kasperlespiel
Nüsse essend
verweilten –

später jedoch,
als sie heimkehrten
vom Schiffschaukelplatz,
sahen sie noch einen alten bärtigen Mann
schweigend in der Schaukel sitzen
und die Schaukel nur bewegt
vom Wind.

Tod in der City

Die Wiege, die Sense, das Wappen der Menschheit.
Da fällt einer um und kommt nicht nach Hause.
Da wird der Staub ein Totengräber und wandert.
Da läutet elektrisch die Glocke am Rinnstein.
Da rollt ein Auto verhängt die Straße hinab.
Die Wiege, die Sense, das Wappen der Menschheit.

Guten Abend, Herr Gefängniswärter

Weil uns der Mond die Nase zeigt,
hörn'se mich an auf'n Wort:
Wenn jemand über die Mauer steigt,
bitte, denn schießen'se nich sofort.

Und sind'se nur selten allein,
bewacht Sie 'ne ranghöhre Kluft,
so halten'se einfach vorbei und hinein
in die oft durchlöcherte Luft.

Die brauchen'se nich zu verfehlen
mit Ihrem Schießgerät,
die wird von den Vogelkehlen
kostenlos zugenäht.

Versuchen'se mal zu singen,
wenn die Nacht vor den Gittern steht:
Sie möchten hinauf zu den Sternen springen,
bis Ihnen det Springen vergeht.

Und prüfen'se mal, wie det war,
bis sich Ihr Spiegelbild zeigt:
Vielleicht sind Sie 't heute sogar,
der über die Mauer steigt.

Letzte Parade

Kommandos
fackeln nicht lange. Bajonette
sind aufmarschiert.
Sie werden höchstens sich selber verschonen.
Der Tag wird verhaftet, die Sonne exekutiert.
Regierungsräte kotzen Kanonen.

Trommler loben das Standgericht.
Skelette von Ensor, eine Fuhre Soldaten,
sieht man im fahlen Scheinwerferlicht
Blutwürste über Geschützfeuer braten.

Sie fallen nieder,
sie essen und sterben zum Schluß,
den Fahneneid murmelnd vor Hochgenuß.

Sechszeilengedicht
oder Nachwort des Herausgebers
der Nonsens-Anthologie Die Meisengeige

Dies ist die erste Zeile.
Mit der zweiten beginnt mein Gedicht zu wachsen.
Wenn ich so weitermache, komme ich bald an den Schluß.
Die vierte Zeile hilft mir dabei. (Schönen Dank, vierte Zeile!)
Der Gerichtsvollzieher, sage ich noch, trägt seine Eier ins Kuckucksnest.
So, ich habe meine Arbeit getan und lege mich schlafen.

Berlin
Sonntagslied aus dem letzten Stock

1

Meen Mann sitzt unten inne Kneipe,
ick sitze oben.
Meen Mann säuft unten wien Auaochse,
ick sitze oben, ick
saufe nuscht.

2

Meen Olla kotzt unten inne Kneipe,
ick sitze oben.

Meen Olla pennt unten wien Pferd,
ick sitze oben, ick
penne nich.

3
Meen Liebsta haut unten inne Kneipe,
mir hauta nich.
Meen Liebsta brüllt unten wien Affe,
ick warte oben, ick
weeß ja schon.

4
Meen Säufa wohnt unten inne Kneipe,
ick wohne oben.
Meen Mann singt unten wien Vöjelchen,
ick singe nich, ick
hör ihm zu.

Originalgedicht auf Fünf Rixdorfer

Die Fünf Rixdorfer wollen nach zwei Richtungen hin wirken. Einmal wünschen sie den Anschluß an die alte Buchdruckerstadt Leipzig, zum andern lieben sie ihren Großbetrieb in der versoffnen Oranienstraße, der unseren jungen Nachwuchskräften ein ehrlicher Helfer sein will.
Die Fünf Rixdorfer arbeiten in ihrer Werkstatt und essen wenig. Denn essen macht müde und ist kein guter Koch für redliches Drucken.
Das Leben der Fünf Rixdorfer ist also gesichert, nur dürfen sie niemals mit Wasser in Berührung kommen, weil sonst Gefahr besteht, daß die Verbindungen sich lösen.
Für den Druck stehen den Fünf Rixdorfern zwei Maschinen nicht zur Verfügung: die Rotationsmaschine und die Papierschneidemaschine. Die Papierschneidemaschine ist sehr alt und bezieht ihren Hafer ohne Gegenleistung. Manchmal spricht sie im Schlaf von farbigem Büttenpapier.
Die Rotationsmaschine, die den Fünf Rixdorfern zu hastig in die Trinkgefäße fiel, wurde nachts entwendet und ins Graphische Zentrum

gebracht, wo sie dem Springer bei der Fleißarbeit behilflich ist und der schlimmen Zeitung Farbe kennt.

Die Fünf Rixdorfer blicken also verliebt auf jeden Zentimeter ihrer Schnellpresse, die ihren Namen ändern ließ, seit sie der fünffachen Rixdorfer Ehe teilhaftig wurde. In der Hauptsache dient sie zur Herstellung von Visitenkarten, mit denen die Fünf Rixdorfer sich vorstellen, wenn sie übersiedeln ins Weichbild der Stadt.

Hier trifft man sie untergehakt mit fünf Wochentagen von abends bis morgens schön an der Arbeit, am ABC und Zweimalzwei, am Tisch, am Glas, am Tisch. Auf dem Tisch aber steht die genaue Porträtbüste des Mannes aus Nürnberg, der die holzgeschnittenen Lettertafeln per Lehrling fallen ließ und so (mit Hilfe der zerbrochenen Tafeln die Einzelletter in der Hand) hernach dem Meister von Eisenach beim Wurf mit dem Tintenfaß indirekt behilflich war. Ein jeder der Fünf Rixdorfer arbeitet schon seit langer Freizeit an seinem Initial für Gutenberg, das hat dem Teufel zu seinem Wissen verholfen.

Die Fünf Rixdorfer sind allesamt Väter von Beruf, bis auf einen, dem sie väterliches Verständnis zollen. Allesamt sind sie das fünfte Rad am künftigen Lastkraftwagen, der die Oranienstraße abtragen wird, damit die lustigen, lebensfrohen Selbstbedienungsgeschäfte auch dort Hochzeit feiern können, wo sich Peter Hille und Georg Heym einfürallemal Gute Nacht sagen werden. Amen.

Volkslied

Wer
singt da? Wer singt
da: Lustig ist das
Zigeunerleben? Sofort
aufhören!
Wer
singt da: Brauchen
dem Kaiser kein
Zins zu geben? Sofort
aufhören! Kaiser, das war
gestern.
Wer
singt

da: Lustig ist es
im grünen
Wald, wo
Zigeuners
Aufenthalt? Sofort
aufhören! Grüner
Wald ist was
Schönes! Soll auch
so bleiben! Zigeuner, das war
gestern.
Sind genau das,
was wir mit
Recht.

Olympiade

Gewiß
möchte niemand von
euch einen
Fußball
besitzen. Peter hat
als Geburtstagsgeschenk
einen Fußball
bekommen. Weil Peter
einen Fußball
schon lange nicht
besitzen
wollte, ging er zum
Gemüsehändler
und gab ihm
den Fußball. Der
Gemüsehändler ließ sich
den Fußball nicht
zweimal geben. Er gab Peter als

Geburtstagsgeschenk
einen erntefrischen
Kohlkopf.

Ballade vom Mondfahrer Müller
und seiner Frau abends

1
Mondfahrer Müller hockt auf dem Stuhl am Tisch. Der
                                                         Tisch steht
im Eßzimmer. Das Eßzimmer befindet sich in der
Wohnung des Ehepaars Müller. Das Essen wird
                                         aufgetragen. Bei
seiner Frau beklagt sich Mondfahrer Müller
über die rundliche Form
des Tisches, der Teller
und der Kartoffelklöße.

2
So spricht Mondfahrer Müller zu seiner Frau: Voriges Jahr
habe ich keine Reise gemacht. Nicht ins Gebirge. Nicht an
die See. Nicht ans Meer. In die Heide auch nicht. In
irgendeinen Wald auch nicht. Gesehen habe ich
keins unserer freiheimischen Tiere. Ich bin als Mondfahrer
abgestrichen. Nun sitze ich hier
bei dir.

3
Weißt du noch, sagt Mondfahrer Müller zu seiner Frau,
                                                         bevor
ich Mondfahrer wurde, hab ich viele Ausflüge gemacht.
                                                           Nach

Leningrad, nach Nowosibirsk! Mehrmals nach Toronto, wo
 dicht neben der Stadt die kanadischen
Bären allabendlich in der Raketenstation tanzten
 für eine Honigrunde! Nun sitze ich hier. Aber du wolltest
was sagen.

4

Ja, sagt Frau Mondfahrer Müller, ich wollte
 sagen: Warum bist du nicht so
wie wir alle?

5

Ich bin, antwortet Mondfahrer Müller, weit
 herumgekommen. Völlig unklug handelt zum Beispiel
 ein
Reisender in Toronto, wenn er dort innerhalb eines riesigen
 Bauwerks auf den Fahrstuhl
verzichtet und den Aufstieg per Treppe
 bevorzugt. Solche Reisefehler werden oft
von Reisenden gemacht, die gern im Gebirge herumsteigen
 und ein achtundvierzigstöckiges Treppenhaus
nach Art der Gemsen flink in Augenschein nehmen, kurz
 aufjodeln und sich stufenweis aufwärts begeben. Schon
beim dritten, vierten Treppenabsatz vergeht ihnen
 die Puste. Selbstverständlich vergeht ihnen der Jodler. In
Leningrad wird das Jodeln sowieso nicht verstanden. Der
 jodelnde Mensch ruft in Leningrad
Unverständnis hervor. Die sonderbar glucksend-gillernde
 Tonlage des Jodelns wird in Nowosibirsk für
unsinniges Kichern gehalten oder
 für einen Schluckauf
aus einer fernen Welt. Nun sitze ich hier. Aber
 du wolltest
was sagen!

6

Ja, sagt Frau Mondfahrer Müller, nun sitzt du hier
  bei mir
am runden Tisch. Was kann ich dafür, daß der
  Tisch rund ist? Daß die Teller rund sind? Daß die
Kartoffelklöße rund sind? Daß du im vorigen Jahr keine
  Reise gemacht hast? Daß du hier sitzt, – was kann
ich dafür? Warum
  bist du
nicht so wie wir alle?

7

Gut, sagt Mondfahrer Müller zu seiner Frau, reden wir
  nicht weiter darüber. Spiel bitte
auf dem elektrischen Harmonium eine Melodie von
  Christoph Willibald Gluck. Ach, den kennst du ja
nicht! Spiel trotzdem! Anschließend, bitte nimm's mir nicht
  übel, möchte ich
mit dir
  in einem Globus
übernachten.

Traumbuch

Einen
Flintenträger sehen, der
gierig in die
eigne Flinte
beißt, bedeutet: Du
wirst einer
bestimmten Person
begegnen, der solche
Völlerei zum
Verhängnis
wird.

Klassenkinder

Die Lehrerin

möchte ihren Schülerinnen und Schülern eine Aufgabe aufgeben. Die Schule ist eine Grundschule in einer Großstadt. Die zehnjährigen Schülerinnen und Schüler bewerfen sich gegenseitig mit zusammengeknüllten Löschblättern. Wohin das führt, das weiß

die Lehrerin

seit einem guten Jahrzehnt im voraus. Es führt zu einem Klassenraum, dessen Fußboden, wie

die Lehrerin

sagt, *übersät* ist mit zusammengeknüllten Löschblättern. Es führt, da einige Schülerinnen und Schüler die zusammengeknüllten Löschblätter bespucken, zur Anwendung eines zähen Waschbodenaufmittels. Es führt zu Schulheften ohne Löschblätter. Zu einem umstürzlerischen Betragen auf jedem Gebiet. Jetzt die Löschblätter, bald der gesamte Lehrkörper! Manche Kinder bewerfen sogar

die Lehrerin

mit zusammengeknüllten Löschblättern. Diese Kinder rufen: Hallo, – es schneit! – Sie ziehen Grimassen und brüllen vor Gelächter, wenn

die Lehrerin

mit Kreide an die Tafel schreibt: Ruhe oder es setzt was! – Daß es nichts setzen kann, das wissen die Schülerinnen und Schüler ebenso wie

die Lehrerin,

die ihren Schülerinnen und Schülern eine Aufgabe aufgeben möchte und zu einem Hilfsmittel greift. Das Hilfsmittel lautet: Setzt euch auf eure vier Umfangsbuchstaben! – Das führt, wie

die Lehrerin

folgert, zu üblen Folgen. Die Schülerinnen und Schüler bilden einen verdächtigen Chor. Sie singen: Es hüpfte froh der Wiedehopf beim Tanz umher mit seinem Schopf! – Woraufhin

die Lehrerin

mit Kreide an die Tafel schreibt: Die erste deutsche Dampflokomotive hieß *Adler*. Sie war bildhübsch anzusehen. – Woraufhin die Schülerinnen und Schüler auf die Bänke steigen und weitersingen: Die Bachstelze ist meine Braut, sie wird jetzt gleich mit mir getraut! – Hört sofort mit dieser Vogelhochzeit auf, schreit

die Lehrerin

auf, sonst erzähle ich alles dem Rektor! – Woraufhin der Schülerchor schmettert: Der Uhu hörte gar nicht zu, er aß und wollte seine Ruh! – Woraufhin

die Lehrerin

mit Kreide an die Tafel schreibt: Die erste deutsche Dampflokomotive hatte einen hohen Schornstein. Der Lokomotivführer war festlich gekleidet. – Nun verwandelt sich der Schülerchor in eine Rotte, die gegen

die Lehrerin

ansingt: Zum Schluß betrat ganz leise die Kirche noch die Meise! – Meint ihr etwa, sagt

die Lehrerin

schrill, mich damit? Ich frage jeden von euch: Meint ihr eure Lehrerin damit? Bin ich in euren Augen eine Meise? – Nein, sagt ein Schüler, Sie sind die Kirche! – Ja, sagt eine Schülerin, die Artikel für Meise und Kirche sind weiblich. – Na klar, singt ein anderer Schüler, mer san die luastigen Holzhackabuam! – Ihr werdet jetzt, sagt

die Lehrerin

unüberhörbar, jeden Satz, den ich an die Tafel geschrieben habe und noch schreiben werde, zunächst abschreiben ins Klassenheft. Als Strafarbeit dann übertragen zehnmal zuhause ins Hausheft zusätzlich zu den Schularbeiten, die ich gleich aufgeben werde. Und

die Lehrerin

schreibt mit Kreide an die Tafel: Der Lokomotivführer trug bei der Einweihung einen Frack. Auf dem Kopf trug er einen eleganten Zylinderhut. *Wilson*, hieß der Lokomotivführer! Er stammte, wie sein Name verrät, aus England. Hinter Wilson stand der erste deutsche Eisenbahner. Er hieß *Johann Georg Hieronymus* und war Heizer. – Hefte raus, sagt

die Lehrerin

laut, alles abschreiben! Zuhause zehnmal übertragen ins Hausheft! Wo sind die Klassenhefte? Ich frage: Wo sind eure Klassenhefte? Wird's bald? – Nein, sagt ein Schüler, es wird nicht. Ich werde nicht, du wirst nicht, er sie es werden nicht. Wir werden nicht, ihr werdet nicht, sie werden nicht! – Meinst du damit, fragt

die Lehrerin

betroffen, etwa mich damit? Willst du sagen: Ich, eure Lehrerin, *werde* nicht? – Nein, sagt der Schüler, ich habe gesagt: er *sie* es werden nicht. Dieses *sie* ist ein persönliches Fürwort, wird klein geschrieben und ist keine Anrede an Sie! – Aha, ruft die Lehrerin gekränkt, wer ist hier

die Lehrerin

und wer ist der Schüler? – Der Schüler nähert sich sanft der Lehrerin und spricht zärtlich: Süße kleine Frau, du weißt ja ganz genau, wenn mein Mund dich küßt und du bei mir bist! – So etwas, ruft die Lehrerin

ist mir noch nicht passiert! Das fehlte mir noch! Das ist ein Schlager ins Gesicht! Mehr noch: Bedenke den Altersunterschied! Du bist zehn, ich an die vierzig! Nun zu eurer Hausaufgabe! Bald haben wir Winter. Deshalb erwarte ich einen Aufsatz von euch unter dem Titel: *Im Winter werden alle Tiere satt!* Denkt an die kleinen Hamster, die sich in Winterszeiten ein Bäuchlein angefressen haben. Denkt an die Mieten, die von Rehen, Wildschweinen und anderen Tieren, die keinen Winterschlaf halten, mit viel Spürsinn ausgeplündert werden. Denkt an die Baumrinden, an die Lieblingsspeise der Nagetiere. Denkt an die Mieten! Denn sie, die Mieten, sind Tummelplätze für alle Tiere, die im Winter zu Einbrechern werden. Alle Mieten werden im Winter von hungrigen Tieren aufgebrochen und leergefressen! Es klingelt! Diese Stunde, sagt

die Lehrerin

wird euch hoffentlich zuhause nachdenklich machen! Ich wiederhole: Zuerst zehnmal ins Hausheft übertragen die Einweihung der ersten deutschen Lokomotive! Anschließend folgt euer Aufsatz über das Sattwerden aller Tiere im Winter! – Darf ich mal, sagt ein Schüler, zur Toilette gehn? – Wenn du mußt, sagt

die Lehrerin,

dann beeile dich bitte! Ich habe in der nächst höheren Klasse noch Geschichte zu geben! – Fort ist der Schüler und kommt lächelnd zurück: Ich mußte nicht zur Toilette! Mein Vater steht hinten im Flur. Er wollte mich abholen, er hat mir'ne Tüte Negerküsse mitgebracht! Er hat gesagt, was die Mieten betrifft, ob damit die Wohnungsmieten gemeint sind? Er hat gesagt, – aber das sage ich nicht! Kann ich jetzt gehn? Halt, ruft die Lehrerin

ich bin die Lehrerin! Dein Vater will vermutlich die ganze Schule durcheinanderbringen wie ihr mit euren zusammengeknüllten Löschblättern! Ich höre den Rektor kommen! Setzt euch ein einziges Mal *so* auf die Bänke, daß euer Rektor nicht unbändig wird. Daß ihr alle aufspringt, wenn der Rektor das Klassenzimmer betritt! Er betritt es! – Darf ich Sie, Herr Rektor, sagt

die Lehrerin

kleinlaut, mit dieser Klasse bekanntmachen –: eine vorbildliche Klassengemeinschaft! – Gratuliere, sagt der Rektor, so eine Klasse habe ich mir immer gewünscht! Was wissen Ihre Schülerinnen und Schüler zum Beispiel über Erdkunde? Nun, liebe Kollegin, sagt der Rektor lachend, ganz abgesehen von der Hausaufgabe: Im Winter werden alle Tiere satt, nun? Der Vater eines Schülers hat mich soeben verständigt! – Ich, stammelt

die Lehrerin,

habe die Aufgabe aufgegeben, weil sich das Jahr gegen Winter neigt! – Liebe Kollegin, sagt der Rektor, lassen Sie das Jahr sich neigen, wohin es will. Lassen Sie mich ein paar Worte zu den Schülern sagen! Natürlich, liebe Schüler, möchte ich erst

die Lehrerin

fragen, ob sie damit einverstanden ist. Gut, liebe Kollegin, ich sehe am Nicken Ihres Kopfes, daß Sie einverstanden sind! – Und jetzt zu euch, ihr Kinder! Im Winter – haha! – werden natürlich nicht alle Tiere satt. Eure Lehrerin, deren Geburtsort im waldreichen Sauerland liegt, hat einmal danebengegriffen. Sowas kommt vor! Früher hatte ich einen Erdkunde-Lehrer, der sehr wenig sprach. Während des zaghaften Sprechens hielt er die Hand vor den Mund. Irgendwann sprach er einen volltönigen Satz. Er sagte: Auf dem Bodensee finden Dampferdauerfahrten statt! – An diesen Mann denke ich oft! Im übrigen: Meinetwegen könnt ihr machen, was ihr wollt. Ihr müßt es ausbaden! Was ihr auch anstellt, nichts wird sich ändern! Später auch nicht! Wenn ihr nicht selber Vorgesetzte werdet, so wird euch ein Vorgesetzter jeden Trotz ausbaden lassen. In dieser Schule ist nichts auszubaden! Kein Mensch tut euch was! Weder ich noch

die Lehrerin.

Gedichte aus dem Nachlaß

Für einen Freund, der auf Reisen geht

Noch vor den Segenswünschen
möchte ich dir übersetzen, wovon
die Weisheit der Eulen erfüllt ist:

Sie haben das gute Du in der
nächtlichen Stimme.

Da sind wir nicht einsam, wenn
sie uns rufen.
Wenn beim späten Besuch der Wälder
plötzlich das Eulenduwort
ganz neue Wege benennt: da sind wir
nicht einsam.

Wirklich aus Gründen der Freude
bin ich neulich ihr Bruder geworden.

Ich weiß, du liebst
den wetterwendischen Herbst.
Triffst du verzweifelte Winzer,
raste bei jedem. Hilf und ernte den Wein.
Falte die Hände zur Schale. Schlürf
das ausgekelterte Jahr.
Heiße die Winzer noch hoffen.

Requieme gibt es genug.
Schreie vor Schmerz: schon die ersten
Räder des Zuges
zermalmen zur Nacht

den hoppelnden Hasen. Dem war
das Licht der Lokomotive
so groß.

Fehlt dir manchmal das Brot: bitte dort nur
um Brot, wo manchmal das Brot fehlt.

Vor allem findest du wieder
walpurgische Städte
und grußlose Gärten.

Schließlich findest du wieder
das menschliche Herz
steril gegen das menschliche Herz.

Schone dich nicht.
Atme, bis es befreit ist.
Singe sogar.

Fürchte dich nicht vor Verleumdung.
Gleich in der folgenden Nacht,
wirklich aus Gründen der Hoffnung,
sprich als gläubiger Faun
mit den Eulen.

Baum der überhöhten Bilder

Die rote Eisentreppe ist einsam in der zerstörten Stadt.
Hier sind auch die Frühjahrsstürme zerschossen.
Ihnen wird aufgelauert vom Geruch der Verwesung.
Sie erbrechen sich hinter Mauern von Beton.

Tuberkelfalle. Reviere für Ratten.
Verliebte suchen hier den Mond vergeblich.

Ich suchte neue Fenster in der Stadt.
In einer Nebenstraße hörte ich die Amsel sprechen.
Ich nahm mit beiden Händen das Gespräch.
Denn eine Freundin wohnte in der Nähe.

Und eine Sommerwolke ist gekommen.
Das grelle Schiff hat seine Masten aufgestellt.
Der Steuermann ist älter als ein alter Baum.
Er nimmt die Takelage wie ein Saitenspiel.

Dann aber sind es Zimbeln, die den blauen Strom
besingen.

Ich sah den Platz, wo das Gefängnis steht.
Kinder warfen sich bunte Bälle zu.
Kinder warfen die Bälle sehr weit.
Und plötzlich sprang ein Ball in den Gefängnishof.

Ach liebten wir eine Spielzeugkiste.
Tappte der brummende Bär ohne Nasenring.
Liefe daneben das Lamm mit geschultertem Kreuz.
Fänden Kinder nie mehr ertränkte Katzen.
Tanzte glücklich ein ungepuderter Clown.
Käme einmal für viele der klingende Wagen.

Flögen mit ihm und voran
Kohlweißlinge,
in früheren Schulen von früheren Lehrern
Ungeziefer geheißen,
weiß flatternd wie Tauben.

Kämen wir wieder, wir Menschenkinder.

Seltsame Ortschaft

Wenn du den Eingang Tor nennen willst,
gut, dann sage also: Hier am Tor
steht ein Wächter.

Wenn du genau hinsiehst, vielleicht
erkennst du ihn dann: er hat keine
Null-Acht in der Tasche. Sein Haar
ist länger als du das Haar zu tragen
gewohnt bist.

Wenn du kommst und eine Panzerarmee
mitbringst, wenn du ultimativ
die lächelnde Stadt forderst, sich
zu ergeben, oder nach vollem Beschuß
das Standrecht verhängst: nicht einen Stein
der lächelnden Stadt
wirst du berühren, nicht ein Lied
ihrer Dichter wirst du verbieten, nicht ein
Konzentrationslager
wird dir in ihrer Nähe gelingen.

Wenn du den Wächter zum
zweihunderttausendstenmal
an die Wand stellst – sage, was nützt das?
Sage, was windest du Dornen?
Sage, was soll deine Waffe?

Da er doch aufsteht, da er doch,
zweihunderttausendnarbig, die seltsame
Ortschaft nicht freigibt –:
dir den Eingang augenblicklich
noch auftut,
wenn du als Mensch kommst.

Nach Hause gehen

Die Werkzeuge zurücklassen
oder mitnehmen. Dem gealterten Tag
die Hand reichen. Den rechten Arm
oder den linken
um die geduckte Schulter
des Abends legen: an dessen Jugend
denken, als die Sonne unterging.

Und einem staubigen Nachtfalter
nachsehen.

Und die Augen sich sattschauen
lassen, wenn der Abendstern da ist.

Auch für junge Schwalben, die
erstmalig unterwegs waren zwischen
Rosen und über den Heufeldern,
ein bißchen das Herz bemühen.

In den Büros
die Bleistifte fortlegen.
Die für morgen erdachte Verleumdung
in den Papierkorb werfen zu den
falsch ausgefüllten Formularen.

Bei den Bahnhöfen
dem Mann an der Sperre
mit der Fahrkarte zugleich
einen Sekundengruß
in die hölzerne Wanne reichen.

Vorsichtig sein. Überall stehen
Amputierte und Zweidrittelkörper
der Kriege. Das tut den Krüppeln
weh, wenn sie umgerannt werden
und da liegen.

In den schaukelnden Zügen
die abgetragenen Wünsche
der Männer und Frauen gegenüber
und nebenan mit Gold durchwirken.
Denken, wie schön die verkniffenen Münder
würden, fänden sie Zeit, Zeit einmal
für einen Kuß ohne Weckergerassel.

In den Dörfern
vor der lautlosen Nacht –
in den Städten am Babylon-Barhocker
vor den aufgestülpten Lippen
der Cocktail-Dame, die von denen
umschwärmt wird, die morgen Hure zu ihr sagen,

auf den Bahnhöfen
bei Abfahrt und Ankunft

öfter, viel öfter
dem eignen tappenden Herz begegnen.
Und so im leisen und im brüllenden Spiegelsaal
heimisch werden.

Diesmal würden wir's finden: wir tragen
im Sommer gesammeltes Holz – jetzt
seziert Sturzhagel die ganz kleinen Dächer.
Der Zattergreis friert unter den Schindeln.
Er vergeudet kein Wort an den Winter.

Kraftlose Riegel? Das Fensterglas
spannt sich: da werden
die Trommler beginnen.

Das Augenlid
wartet am Türspalt, Lippen
versuchen das noch: kosten vom Fenster
die Eisblumenblüte.
Der Atem flüstert ein Loch in die Pracht.

Tragen: gesammeltes Holz
macht den Zattergreis tänzeln.

Da hebt er sein Bein. Hörst du, da gröhlt er.
Siehst du, da holt er hervor
den elenden Tabak.
Die dampfende Pfeife
schwingt er
den Holzträgern entgegen.

Schäfer kommen noch selten.
Plötzlich bringt sie dein Wunsch.
Frage dann wenig, heimwärts
gehen sie immer. Hundert Lämmer
grasen vorbei, springt auch der Hund
seinen Kreis. Höhlt der Schäfer den Zweig,
frag nicht: Schnitzt du die Flöte
zur Predigt, wieviel Lieder
verstehst du? Frage dann nichts.

Morgen siehst du sie wieder: kläfft
um den Erdball der trollende Hund.
Spielt der Schäfer die Straße ins Blau.
Heimwärts gehen sie immer.

Bericht an die Bekümmerten

Zwei Meter Feldweg nur: schon Klee.
Orakeltext im Schachtelhalm.
Die Dolde: Blütenschnee.
Der Margueriten-Psalm.

Der Minarettgesang
vom hochgewölbten Laub.
Der Vaterunser-Klang
im Blütenstaub.

Zum Bußgebet des Siebenschläfers
berief der Löwenzahn
die Andacht eines Goldlackkäfers
ins Tempelreich des Thymian.

Zisternenwelt: die aufgehobne Saat,
das grüne Zimbelspiel.
Hier bot ein Morgenstaat
mir sein Exil.

Sommermorgen in Auvers-sur-Oise

Sensenmänner
dengeln das Licht.
Notre cœur: stürzende Frucht –
Segen und Hochgericht.

Mägde lichterloh
rufen nach Wein,
schnüren den Rosenkranz
rot in die Garben ein.

Tänze und Erntegesang
öffnen das Sonnentor.
Glühender Kelch: die Krähe van Gogh
rudert hervor.

Vor Mitternacht

Im Haus der Gladiatoren
zählt der Tod seinen Zins.
In der Tasche des Zeitungsverkäufers
welken die Sensationen.

Wir haben wieder faule Witze gemacht –
die Sonne
ist sehr rot untergegangen.

Der Abend wird in ein Bierglas gefüllt –
du mußt ihn trinken, du bist auserwählt.

Männer in der Nachtkneipe

Die ham sich janz bestimmt für drei Ewigkeiten hinjesetzt
die kriste nich hoch
die saren dir höchstens zujutaletzt
Wat soll'n wa denn uffstehn, setz dir doch ooch.

Und dann sitze ick da wie'n stumma Aal
dicht bei die Männa und sare nuscht
wenn von draußen durch det miese Lokal
die Nacht uff Pantoffeln vorüber huscht.

Unterwegs

Betrachten Sie
schon sehr lange
diese
Schaufensterauslage, mein
Herr? Falls ja, so
sind Sie bereits
der Dieb
dieser Auslage. Haben Sie
Verständnis, Sie sind
verhaftet!

Nachspiel

Ein Polizist
hockt still
im
Dienstgebäude. Folglich
ist da draußen
alles wieder in
Ordnung.

Arbeit

Ein Dichter
saß an seinem
Dichtertisch. Er wollte
ein Gedicht
schreiben. Doch für wen
er das
Gedicht schreiben

wollte, oder worüber oder
weshalb, das kann ich
erst sagen, wenn der
Dichter seine
Arbeit
beendet hat.

Hinweis

Bei Einbruch
der Dunkelheit
wird das Schloß
geschlossen. Vorhin
brach die
Dunkelheit
nicht ein, aber das
Schloß war
geschlossen. Geduld also
und abwarten
lernen!

Anerkennung

Wer
vom Gipfel des
Matterhorns
eine frisch gebackene
Torte
hinunter ins Tal
wirft, ist ein begabter
Bergsteiger.

Leistung

Und wieder
springt
ein
Hochsprungweltmeister hoch
vor Wut
über seinen
Spazierstock
aus rein sportlichen
Gründen.

Unterricht im Freien

Begreifen
Sie doch, sagt der
Förster zum
Forstgehilfen, ein Wald
ist ein
Wald und keine
Zweigniederlassung!

Amtlich

Ich
muß Sie
um Ihre Personalien
ersuchen! Nein, nein, erst
ein Gesuch
vorlegen, dann
sehen wir
weiter.

Angezogen

Wenn ich
meine Krawatte
umbinde, geht es mir
gut. Binde ich meine
Krawatte
nicht um, geht es
mir nicht
gut. Laufe ich ohne Krawatte
die Straße
entlang, ruft jemand
hinter mir her: Wie läuft
der eigentlich
rum? Ich verstehe
das nicht. Hat das mit meiner
Krawatte
zu tun, die mir dann
fehlt? Wer bin
ich? Welchen Beruf
habe ich? Was richte ich
damit an, wenn ich
keine Krawatte
mehr umbinde? Was
geschieht, wenn ich
täglich
eine andere Krawatte
umbinde? Ruft dann
jemand hinter mir
her: Der bindet sich
jeden Tag
eine neue Krawatte
um? Bitte, werde
ich sagen, ich
schenke Ihnen

meine dreißig Krawatten. Nun
sagen Sie mir, welchen
Beruf ich
bis soeben noch hatte.

Regen

Im Regen
spricht
ein Stern. Jedesmal

steigt er
in den Zweigen
des Baumes

vorüber
an meinem
Fenster. Jedesmal
mehr als

ein Freund. Bald
verstehen
wir uns.

Zeichensetzung

Aus einer
sumpfigen Wiese
hüpfte
ein Frosch
mir entgegen. Aber

war es
ein Frosch? Immerhin,
es war einer! Und zwar
ein guter
Bekannter! Und zwar
ein Kerl mit
guten Manieren!

(Also,
nach einem Fragezeichen
folgen drei
Ausrufezeichen. Was
ist das?)

Kleine Prosa

Aus
Der Morgen
1954

Der Türklopfer

Er ist dir vorhin erst begegnet oder gestern.

Ich meine den Mann, dessen Augenlider an faltige Reptilhaut erinnern, daran die Wimpern wie angesengte Schweineborsten aussehen. In den Pupillen blinken schmale, grüne Stäbchen, die Iris hat den Glanz eines braunen Stecknadelkopfes. Und die dünnen Furchen links und rechts der Augen können das Gesicht des Mannes ernst machen und lachend.

Die Nase ist ein ungeformtes Tonstück, das irgendein Bildhauer aus purer Laune womöglich in dieses Gesicht gedrückt hat. Unter der spröden Haut lebt augenscheinlich kein Tropfen Blut. Über allem steht das rote, häßliche Haar, vom Regen gewaschen, von der Sonne getrocknet, starr als Schopf einer Kasperpuppe.

Irgendwann öffnete sich sein Mund.

Die Augenlider heben sich aus ihrem Reptilschlaf. Aber diese Augen sehen dich nicht an, sie blicken nach unten, dorthin, wo das Stück Teppich zum Füßereinigen liegt.

So steht er also wieder vor dir, und seine rechte Hand hält noch den Finger gekrümmt, mit dem soeben an die Tür geklopft wurde.

Ich habe Hunger, sagt der Rothaarige.

Er sagt das ganz leise, und es hört sich an, als hätte in ihm ein anderer gesprochen, gar nicht er selbst.

Betrachte ihn. So ohne die gewohnte Art, mit der man dich sonst anspricht, kommt er zu dir, so ohne zu bitten oder zu klagen, ganz einfach: nur als ein völlig fremder, häßlicher, rothaariger Bettler, der drei Worte sagt:

Ich habe Hunger.

Hunger wonach? Hunger nach Brot? Du stehst ihm gegenüber. Du bist – das weißt du von dir – der Edelste hier im Hause. Die anderen Mieter knallen dem Rothaarigen die Tür vor der Nase zu – du tust es nicht.

Eine Sekunde lang bereitet es dir Genugtuung, daß die anderen dich so ganz ungewollt zum Samariter machten. Deshalb ist dein sekundenlanges Verharren im Türrahmen ein kleines Fest für dich. Du weißt: von mir hängt es ab, ob er zur nächsten Tür gehen muß oder zur übernächsten.

So, nun ist diese Sekunde schon vorbei. Du öffnest ebenfalls den Mund und sagst: Moment mal.

Denn du bist ein korrekter Charakter, und es hat alles seine Ordnung in deinem Haushalt. Du läßt die Tür halbgeöffnet, gehst in die Küche. Dort steht im Schrank im obersten Fach – oder war es das unterste? – die dicke Tasse, deren Henkel so klobig ist, daß kaum ein Finger ihn umspannen kann. Diese Tasse hast du vor Jahren in der Porzellanabteilung eines Kaufhauses erstanden, mit kleinen Fehlern, für zwei Groschen. Natürlich muß man eine solche Tasse besitzen. Du weißt: sie verrichtet schließlich einen Dienst.

Also diese Tasse nimmst du nun aus dem Küchenschrank und füllst sie mit Tee.

Aber eine eigentümliche Haltung deiner Finger fällt mir auf. Hast du in der Tasse früher einmal ein giftiges Mittel aufbewahrt? Und auch an deiner Nase bilden sich zwei seltsame Falten beim Eingießen des Getränkes, als käme aus der Tasse plötzlich ein übler Geruch, daß du die Nase, angewidert, rümpfen mußt.

Schnell schneidest du eine Scheibe Brot und beschmierst sie. In der linken Hand trägst du das Brot, in der rechten die Tasse. So gehst du zur Tür und reichst beides dem Rothaarigen. Der nimmt es entgegen, sagt genau so leise wie vorhin:

O, danke.

Alles andere, was nun kommt, ist wieder in deiner Ordnung, außerdem hast du ja auch keine Zeit. Du sagst also: Wenn Sie fertig sind, stellen Sie die Tasse vor die Tür.

Du schmunzelst den Rothaarigen einmal an, merkwürdig eilig ist dieses Schmunzeln.

Und jetzt hast du die Tür zugemacht und gehst an deine Arbeit. Welche Arbeit es nun auch sei, du spürst, daß du doch ein ordentlicher Mensch bist, der noch immer eine Tasse Tee und eine Schnitte Brot bereit hat. Insgeheim grübelst du über die anderen nach, wie man so herzlos sein könnte, die Tür vor dem Bettler zu verschließen. Der Gang durch deine Wohnung wird unbeschwert, du trällerst ein Liedchen, alles ist schön. Dabei fällt dir der Spruch ein: Einen fröhlichen Geber hat Gott lieb.

In deinem Zimmer hängt ein gerahmter Druck, das Abendmahl Leonardo da Vincis darstellend. Und jetzt schaut dich der Christus an, und du sagst dir: Er nickt mir ein Bravo zu.

Draußen wird das Geräusch laut, wie wenn jemand die Treppe hinuntergeht. Einen Augenblick lang wartest du, dann holst du die Tasse. Der Platz vor der Tür ist leer.

Der Rothaarige ist fort. Er ist irgendwohin gegangen mit seinen müden Reptilaugen und dem Haarschopf, der an eine Kasperpuppe erinnert.

Und nun muß die Tasse wieder an ihren Ort. Und hast du vorhin eine Miene gemacht, die darauf schließen ließ, in der Tasse sei Gift gewesen, so sind deine Finger jetzt so spitz, daß deine Hand in dieser Haltung ein Loch in die Wand bohren könnte.

Unter der Wasserleitung spülst du die Tasse ab und schiebst sie in das Regal. Da steht sie an der alten Stelle, dickhenklig, zwei Groschen teuer.

Am Spülbecken hängt die Seifenschale, du wäschst dir die Hände. Dann setzt du endlich deine Arbeit fort.

Morgen kommt vielleicht ein Krüppel, der trinkt aus der gleichen Tasse, übermorgen ein Blinder. Immer wiederholt sich das Ganze. Und wenn der Tee, den du an die Türklopfer abgabst, zusammenlaufen sollte, so müßten viele Wannen herbei. Und für die Schnitten Brot, die du deinen Lebtag lang gabst, müßte ein Morgen Getreide gemäht werden. Aber du darfst mir nicht böse sein, wenn ich dir sage, daß du vorhin nicht genau hingesehen hast, als du auf das Abendmahlsbild blicktest. Denn da hat niemand Bravo gesagt.

Aber du möchtest es doch gern hören und fühlen, dieses Bravo? Also, dann zerwirf deine Tasse und gib die Scherben in den Mülleimer.

Paß auf, da klopft es schon wieder. Wahrhaftig, abermals ein Bettler.

Aber du hast nun keine Bettlertasse mehr.

Mach die Tür trotzdem auf. Sprich mit dem Menschen. Lade ihn zum Mittagessen ein, er soll an deinem Tisch Platz nehmen. Wenn du Angst hast, so lade einen kräftigen Bekannten dazu ein. Dann setze dem Bettler den Teller mit dem Goldrand vor, der für besondere Anlässe in der Vitrine schläft. Begreife – das ist ein Anlaß, sogar ein ganz besonderer.

Sprich mit dem Bettler, und aus dem Rothaarigen, aus dem Krüppel oder Blinden kommt ein Mensch zum Vorschein. Du mußt nur deine Ordnung, deinen korrekten Charakter, den alle an dir so loben, mal etwas ablegen und auch zum Bettler werden. Du mußt empfinden: Ich habe Hunger. Hunger, zu hören, wer der hungrige Türklopfer ist.

Zumutung?

Du möchtest doch so gern der Edelste im Hause sein. Dieser Schritt ist es, mein Freund, dieser Schritt, selbst zum Türklopfer zu werden, selbst zu betteln.

Es ist einfach und schwer.

Aber wenn es dir gelungen ist, geh in dein Wohnzimmer. Betrachte dann Leonardos Abendmahlschristus: er wird lächeln.

Auf den Schlaf eines Kindes

Marion Victor und ihren Eltern

Wer weiß noch, daß Dein Schlaf das Urbild des Paradieses ist, das direkte Du auf Du mit Gott?

Wann knien wir neben Deinem Bett und legen die hastigen Hände zusammen?

O, ich danke Dir – obwohl der Blume nicht der Dank gehört, daß sie den Staubweg erleuchtet: aber ein Mensch bin ich nur, ausgestoßen aus dem Garten Eden Deines wunderbaren Gegenübers zum Vater, ein Mensch, hineingestellt in ein polterndes Getriebe, der jetzt von Dir belehrt wird: zu glauben.

Morgen wirst Du wieder den Mund öffnen und Deinen Eltern manchen Streich spielen, jetzt, lächelndes Kind, hältst Du einem Erwachsenen, einem Menschen schlimm feilschender Zeit, eine gehörige Lektion.

Sieh, sagt Dein Gesicht, so schön ist der liebe Gott, so sehr dicht bin ich bei dem, den ihr Großen nicht mehr wißt. Ja, Du hast recht, das einfachste Stück Straße ist uns zu kindlich und deshalb verschlossen. Deshalb unsere Plage, dieses Keuchen ein Leben lang: aber kaum, daß der Gipfel damit erreicht wird.

Und so läufst Du, ein Hans im Glück, mit dem Heiligenschein Deines Beschützers, gradaus durch das Land unseres Goldtragens, unseres Handelns und Tauschens – und kommst immer glücklich und unbeschwert zurück in sein Haus in seliger Armut. Ich muß Deine Stirn berühren, verzeih diesen groben Fingern, sie verletzen Dich nicht. Sie zeigen, daß noch nicht alles verloren ist.

Und während Gott Dir eine Geschichte erzählt, verlasse ich Deine Stube. Wenn die Tür geschlossen ist, will ich ein Gebet versuchen, das soll sagen: Ich möchte Dein Schüler bleiben, und Du darfst mich tadeln, wenn ich vor Deinem Bett stehe, jede Nacht.

Aus
Brevier eines Degenschluckers
1960

Sonntagnachmittag: im Vorbeimarsch der Kleider das Schaustellen der Familienburg, die brennendes Öl und Pech auf den Clown schüttet. Versammelte Zugvögel im Park, die schon die Flügel südwärts recken für ihren Flug ohne Kompaß.

Ich sah die Vögel erschreckt aufflattern, als das Platzkonzert begann: Hali, im Wald da sind die Räuber! – Die Vögel waren sofort auf der Flucht.

Ein Händler lenkte meinen Blick auf den Pavillon: Hornbläser, Tubabläser, Schellenbaumschläger. Der Mann bot blaue Billetts, Erlaubnisscheine, das Potpourri sitzend anhören zu dürfen. Schallender Frohsinn, sagte er und fächerte die Billetts in seiner Rechten. Er verstellte mir den Weg mit Lobsprüchen, die dem Orchester galten. Er leitete ein Verhör ein und fragte: Sie tadeln das Platzkonzert?

Ich sagte: Guten Tag, ich werde nach den Räubern suchen. Ich ging in den Wald: Farnkraut, Baldachin im Unterholz, hob sich über meine Schritte. Der Marsch vom Pavillon ließ die Bäume schaudern. Ich bog die Sträucher herum und schreckte die Feldmaus. Ich sah die Heupferdchen springen – ich mußte den Wald um Verzeihung bitten: Räuber waren da nicht.

Der Händler fragte winkend: Wie lautet das Ergebnis? Ich sagte: Die Räuber sind umgezogen.

*

Obwohl ich nur selten in das direkte Geschehen meiner Träume einbezogen werde, war ich diesmal verzweifelt bemüht, den befohlenen Kahlschlag des Märchenwaldes zu verhindern. Ich fiel dem Exekutionskommando in den Weg und bannte die brüllende Schar mit der Lampe Glühwürmchenlicht. Doch plötzlich stand der Riese im klirrenden Helm hinter mir, plötzlich verbrannte die Hütte der sieben Zwerge. Ich lief zum Weiher und trug Wasser über die glimmende Erde. Unvergeßlich der Schrei eines Waldbewohners: Jetzt hat von meinem Tellerchen gegessen der Unhold mit den Silbertressen!

Der Riese haschte nach mir, als ich rief: Du hast gerodet, du bekommst einen Goldstern dafür! In deinen Händen starb die Libelle, dein Urteil traf den grünen Frosch, dein böses Blasrohr hat ihn aufgetrieben!

Er zog den Mörser und zerschlug mich.

*

Mein Herr, sagte eine Laterne zu mir, Sie dürfen mir glauben, ich wollte eine gute Laterne sein! Man hat vergessen daß ich ein Galgen war. Das Blut ist nicht abgewaschen, der trockne Strick vergiftet den Wind. Bedenken Sie bitte: Jede Nacht das wiederkehrende Bild, ein Soldat unter dem Gaslicht, die Füße gestreckt, den Schild auf der Brust.

Ich konnte den Selbstmord dieser Laterne nicht mehr verhindern. Sie zerrte sich selbst ihr einziges Bein aus der Erde, sie hüpfte in lächerlich kurzen Sprüngen zur Brücke: der Schlag ans Geländer! Der Aufschrei der Fische! Sie fiel kopfüber in den Kanal.

*

Vorhin, zur seltsam stummen Nacht, fand der Amputierte einen Schrei. Er hob ihn auf und begegnete einem eiligen Herrn.

Vermissen Sie einen Schrei? fragte er den Eiligen, der sofort den Hut zog und kopfschüttelnd davonlief.

Wohnt irgendwo in dieser Stadt ein Mensch, der diesen Schrei vermißt? rief der Amputierte später. Da niemand Antwort gab, sprach er zu dem Fundevogel: Ich glaube, dich will keiner haben. Nehmen wir also an, ich hätte dich verloren.

*

Nun habe ich das Lied beendet, das dem kranken Kind aus Berlin-Moabit gewidmet ist: Heute nacht, es war einmal ein goldner Hund, heute nacht springt ein goldner Hund über die Sektorengrenze. Er schnüffelt um den eingezäunten Baum und morgen blüht für dich schon eine Hundeblume. Heute nacht, es war einmal ein goldner Stern, heute nacht rollt dein roter Gummiball, der gestern unters Auto kam, lautlos um den Mond. Heute nacht, es war einmal ein goldner Schornsteinfeger, heute nacht steigt der Mond als Schornsteinfeger übers Dach.

*

Der Baum ist gefällt. Das Holz im Kamin war ein Baum. Das Holz im Kamin war ein Zweig. Der Baum nahm die Sonne. Der Zweig nahm die Vögel. Der Baum ist gefällt. Vergrab die stolze Hellebarde.

*

Wenn ich nur treffen würde, flehte ein junger Schießbudenmann, ich zahle ja gern, aber ich will ich will ich will, daß der x-mal durchlöcherte Hase unter meinen Treffern Purzelbäume schlägt.

*

Ordnung muß sein, sprach der Anarchist und warf die Bombe ins Rathaus.

*

In den Satzungen der künftigen Trinkergilde steht folgendes Gebot: Du sollst nicht wie Max und Moritz den Schnaps verteilen an harmlose Hühner, du sollst den täglichen Schnaps schenken, in alle Kehlen schenken, die herüberrufen von Ufer zu Ufer.

*

Eine Karaffe Wacholder für meinen Freund Stanislaus! Stanislaus ist ein großer Zauberer. Stanislaus verwandelt jeden Uniformierten lächelnd in einen Vorgartenzwerg. Stanislaus tut einen Hund dazu, der artig sein Bein hebt. Eine gutgefüllte Karaffe für Stanislaus!

*

Der Frack hat den toten Geiger verlassen, der Frack wandert eine unbekannte Straße entlang. Der einzige, der jetzt noch Geige spielt, ist der Wind. Und der Frack erhängt sich im Wind.

*

Meines Freundes Tätigkeit als Korkenzieher in einer Großdestille hat ihn in den Besitz einer Sammlung besten Korkenmaterials gebracht, mit dessen Hilfe er nun per Schwimmweste an etlichen Ufern die untergegangenen Leuchtbojen ersetzt.

*

Mit seiner Reuse fängt der Angler ein großes singendes Wassertier. Vor Schreck, daß ihn das große singende Wassertier einen üblen Rabauken nennt, läßt er es kopfschüttelnd in die große singende Wohnung der Wassertiere zurück und trägt seine Reuse ins Museum für Vorgeschichte.

*

Wer frißt kleine Kuchen um Mitternacht? Der große Mitternachtskuchenfresser.

*

Auf silbernen Pantoffeln schwebt der kleine Muck an dein Ohr. Moscheegesänge hält er bereit. Tanz der Suleika beginnt im Kamin. Weshalb die Polizei rufen, wenn die Oase dich tränkt?

*

Bisher wurden die Gedichte des überaus begabten Igels Mul von allen Redakteuren abgelehnt. Es ist also an der Zeit, ein Forum für Unterholzdichtung zu gründen.

*

Alle Lerchen machen morgens ein Fest für Marylou, aber Marylou steigt verschlafen in das Auto eines Frackvertreters.

*

Bei Schneefall tanzen die Hunde zweibeinig ohne Dressur. Sie sprechen: Schnee, Schnee, bleib noch lange hier! – dort oben ist die Hundehütte ohne Maulkorb, von dort kommen Sterne und schmecken nach Brot.

Ihre lachenden Mäuler scharren einen Weg durch den Schneeberg Erde, ihre Sprünge sind stummes Gebell, ihr Leben ist mit dem Schnee auf die Erde gekommen.

*

Der Pensionär streckt die Hände über die Reling des Flußdampfers: jetzt taucht endlich die Nixe auf, eine halb-Mensch-halb-Fisch, eine mit dünnen kupfernen Zimbeln über der Stirn, grüne Augen, Edelsteinkästen, und die Worte ihres quellenden Mundes werfen ein unsichtbares Seil vom Wasser zum Flußdampfer.

Der Pensionär fängt es auf, bindet es an die Reling, läßt seinen Gehstock zurück, verneigt sich in Richtung der Sonnengebräunten, setzt den schwarzen Hut auf, steigt über die Reling (freilich ein wenig ungelenk trotz der übergroßen Freude!) und zum panischen Glockengeläut des Steuermanns betritt er das wolkenhafte Seil seines Lebens, und die Sonnengebräunten verstehen das nicht, weshalb er den Hut zieht, bevor er im Wasser versinkt.

O sie sollen ihn suchen mit Booten und Kunstschwimmern, sie sollen morgen verwundert den Schalter umstehen, wenn die monatliche Pension in die Kassen zurückrollt, ja, sie mögen später den schwarzgerahmten Nachruf reihum gehen lassen – der Pensionär hat das Rätsel von Fisch und Mensch gelöst, sein Mund küßt den Scheitel des Mädchens.

*

An Markttagen war es ein leichtes, die umständliche Ansprache des alten Ausrufers zu hören, der Schuhcreme und Schnürsenkel feilbot.

Ohne Zweifel, sagte er einmal, gerät jeder erwachsene Mensch unverhofft in Verlegenheit, wenn er, eingeschlafen auf einer Waldbank, beim Erwachen oder Aufstehen feststellen muß, daß seine Schnürsenkel in kurze und kleine Stücke zerfallen sind – was auf den Spaß einer Waldmaus zurückgeführt werden kann, die, auf den Schuhen des Schlafenden sitzend, sowohl mit der Lust eines Übermütigen als auch mit kleinen scharfen Zähnen ans Werk ging und die Schnürsenkel zerkleinerte. Der Überfallene, noch betäubt von den Träumen, die ihn jetzt nicht beschäftigen dürfen, sucht nun im Wald vergeblich nach einem Laden für Gebrauchsartikel! Wäre also nicht anzuraten, sich durch einen Vorrat an Senkeln gegen solche Attacken abzusichern? Selbstverständlich, wenn wir das Bild beibehalten, dürfte die Waldmaus gut und gern ihre Kletterversuche beginnen – ich sage: sie dürfte! – denn schon der erste Versuch und alle nachfolgenden werden mißlingen, wenn die Schuhe des Schlafenden – poliert mit erprobter Wichse – den Klettereien der Maus Widerstand bieten. Folglich erkennt ein jeder, wie wichtig es ist, beide Artikel bei mir zu erwerben, um vor Überraschungen geschilderter Art in Wäldern und anderswo geschützt zu sein.

Da niemand stehengeblieben war, begann der Ausrufer über ein anderes Bild nachzusinnen, das vielleicht besser und schneller überzeugen könnte.

*

Mein Nachbar wollte verreisen und eine Hütte in der Wüste bauen. Er hoffte, jenseits der Zivilisation ein neues Leben beginnen zu können. Am Vorabend seiner Abreise kaufte er drei Flaschen Wein, setzte sich auf den Fußboden seiner Wohnung und trank. Als die leeren Flaschen über den Fußboden rollten, schnappte er sich eine, hielt sie an den Mund und brachte dumpfe Pfeiftöne hervor. Die Töne hatten einige Verwandtschaft mit den Signalen des Nebelhorns, aber er gab sich alle Mühe, nicht an ein Nebelhorn erinnert zu werden, weil er dann an das Meer denken mußte, und der Gedanke an das Meer erlaubte auch die Vorstellung schaukelnder Boote, und beides: schaukelnde Boote und das Meer waren ihm selbst in bloßer Vorstellung zuwider, sein Magen setzte ihm zu, ihm war übel. Schwerfällig taumelte er zur Wasserleitung. Als ihm das Wasser in den Kragen lief, sagte er: Ich bin ein Wüstenwanderer, ich habe eine Zisterne gefunden, warum sollte ich jetzt noch verreisen?

*

Nach Abfahrt des Zuges hob der Reisende, der den Morgenstern hatte betrachten wollen, sein Gesicht zur Wagendecke, so daß – zu seiner eignen Bestürzung – sein Blick die Wagendecke verletzte: ein Loch war da oben entstanden, in dessen Mitte der Morgenstern als Begleiter des eiligen Zuges sichtbar wurde.

Wie wunderbar die Sache auch war, sie brachte verständlicherweise jene Fahrgäste in Harnisch, die, überrascht von der Zufuhr kalter Morgenluft, das Loch in der Wagendecke bemerkten.

Der Eisenbahner im blauen Kostüm, herbeigerufen und

sofort zur Stelle, versprach eine Reparatur, doch als der Reisende den Kopf endlich senkte, wodurch der Schaden behoben, das Loch verschlossen und der Morgenstern nicht mehr zu sehen war, zog der Eisenbahner die Notbremse und drängte den Taschenspieler übelster Sorte – die Bezeichnung wurde spontan erfunden – durch die seitlich geklappte Tür hinaus auf den Bahndamm.

Auf solche Weise belehrt, schwor sich der Reisende, unbevölkerte Plätze zu wählen, wenn es ihn künftig bewege, einen Stern zu betrachten.

*

Als die Erde sich im Schlaf von der einen auf die andre Seite warf, sah ich die Kriege tief geduckt springen von Land zu Land, Bomben und Zündschnüre im Mantel wie die Räuber einer Operettenbühne, angetan mit puderweißen Masken.

Wie schrecklich die Täuschung war, wie falsch das Bild, sah ich erst, als die Erde, zu Tode getroffen im Schlaf, sich zurück auf die andere Seite warf.

*

Die Geier verschmähen die Bäume. Sie landen auf den Stühlen des Tribunals: an den Schranken haftet die Farbe der Schierlingsbecher.

Du hörst den Stiefelschritt der Knechte, sie binden dein Jahrhundert an den Pfahl.

Sing diesen Tag, den zweiten und dritten! Aber verteile auf Flugblättern den Spruch: Die Geier richten ihren Schrei ins Herz der ahnungslosen Sänger. Bleib nicht allein – geh mit den Vogelzügen, die gemeinsam wandern.

*

Damit du verstehst, weshalb ich hier sitze und mich nicht bewegen kann: als du gegangen warst, wurde der Tisch aufständisch, ließ der Stuhl sich auf Rottenbildung mit dem

Tisch ein: beide standen plötzlich auf hohen Holzstäben, haushoch ist gar kein Maß für dieses achtstäbige Gerüst, auf dem ich sitze.

Ich kann meinen Kaffee trinken und die Bäckerbrötchen essen, nichts hindert mich am Rauchen – nur hinuntersehen darf ich nicht, nur nicht hinuntersehen. Einmal übertrat ich das Gesetz der Eremitage: das Gerüst begann zu rebellieren, das war biegsamer Bambus, das war Schilf, und oben, in der schwankenden Wohnung des Flugsamens fand ich mich wieder.

Man wirft mir die Dinge, die ich benötige, auf den Tisch. Es kommt alles mit Bleigewichten auf mich zu, es schlägt auf die Tischplatte, ich fürchte, sie wird noch zerbrechen. Das Schlafen ist umständlich. Ich habe Obacht zu geben, daß mich die Wolken nicht aufsaugen oder das Regenwetter herabspült, das seit deiner Abwesenheit zugenommen hat. Bestenfalls kann ich meinem Kopf das Lager der Tischplatte anbieten – Schlafen kann das nicht genannt werden.

Ich habe die Augen geöffnet, so sehr übrigens, daß gestern ein Stern zwischen Augenlid und Pupille geraten ist. Es war mühsam, ihn loszuwerden, es ging nur durch forcierte Tränen: auf etwas anderes ließ er sich gar nicht erst ein. Was ich tagsüber tue, ist von meinem Zustand, an ein labiles Gerüst gefesselt zu sein, abhängig. Eigentlich sind es Spielereien, die ich betreibe, manchmal gelingen auch Spiele. Ich will damit den Raum unter mir verringern, das Purgatorium, über dem ich nach heraufgewehten Baumblättern schnappe. Ich werde hier noch allerlei Versuche anstellen, um frei zu werden – wahrscheinlich beginne ich bald einen Streit mit vorübersegelnden Schwalben, weil keine sich opfert und mir ihre Flügel überlassen will.

So ist es, seit du gegangen bist, und ich halte Ausschau nach dir, daß du mich erlöst.

Fischlegende

Alle waren sich einig. Der Hai stahl dem Rochen nichts weg, die Sägefische trugen dem unendlichen Zug ihre scharfen Mäuler voran: es war ein Schweigemarsch, der mit Transparenten beginnt.

Fliegende Fische gaben Nachricht über die Entfernung der Küste. Jede Schwimmblase war vollgepumpt, alle des Zuges trugen auf ihren Rückenflossen getötete Fischkörper, deren Kiemen kraftlos waren und bewegt wurden vom Wasser, als würden kleine Tücher geschwenkt. Sie hatten sich geeinigt, zwei Tage danach: als das Untier ins Meer gestürzt war und das Wasser gelb kochte und dann rot nur rot vom Seegras bis zu den tiefsten Korallen erschrak, als im brodelnden Schaum das Untier verwandelt aufschoß zum Himmel, Wolken verhöhnte, Sonnenlicht mißhandelte. Alle Fischerboote der Welt aufeinandergesetzt – so hoch stand eine Schaumqualle über dem Wasser, schrie weiße Gewalt über den Ozean, zuckte, zog sich zusammen, fiel und war berstendes Feuer.

Diesem Rachen konnten selbst die jagenden Haie nicht mehr entgehn. Zu denen, die weiter entfernt waren, kam strudelndes Blut. Später wurde die Oberfläche des Meeres silbern: Fischlungen waren zerplatzt, millionenfach stöhnendes Geräusch war durch das Meer gekommen wie eine Straße der Aale. Das hatte die lebenden Fische herbeigeholt, und die kommenden fanden oben den silbernen Spiegel: dicht aneinander treibende Fische, immer ein Auge zum Himmel, eins zum Boden des Meeres, die Mäuler gespalten von den Messern giftiger Strömung. Vielleicht für die Zeit dreier Flossenschläge gaben die lebenden Fische Antwort auf das Geräusch zerplatzter Lungen: sie unterließen vor so vielem Tod, sich gegenseitig zu töten. Ihre Rücken beluden sie mit toten Gefährten und ehemaligen Feinden. Die Fische waren sich einig und schwammen der Küste entgegen, nachts schwammen sie mit leuchtenden

Kiemen, und die Kiemen der toten Fische wurden vom Wasser so wirklich bewegt wie flatternde weiße Tücher.

Von allen Meeren kamen sie: fremde und gewaltige, bis vor kurzem noch zu Todfeindschaft entschlossen. Da ihr neues Verhalten sie der Gefahr enthob, verhungern zu müssen, entdeckten sie in der gemeinsamen Tat eine lang vermißte Nahrung, und nun zeigte sich erst die volle Schönheit ihres Lebens: sie wurden auf dieser Reise miteinander bekannt, die toten Fische belehrten auch den starräugigsten Zweifler.

An allen Meeresufern tauchten eines Morgens Fischleiber auf und überließen die mitgebrachten toten Fische den spülenden Wellen. Die leblose Schar wurde an den Strand geworfen.

Menschen kamen und fanden ihre Ufer überflutet von toten Fischen, es war eine Zahl, daß sich beinah haushohe Dämme bildeten. Von den Wellen wurde auch das Wort der Fische an den Strand gedrückt: Ihr habt uns euer Untier ins Meer geworfen, nun sind haushohe Dämme aus Fischleibern um euch.

Näheres sagten sie nicht. Sie zogen zurück in die Weltmeere. Von der tiefsten Korallenbank bis zu dem Streifen Luft über dem Wasser, der den Sprung des Delphins zuläßt, ernährten sie sich fernerhin von der Speise ihrer gemeinsamen Tat.

Bald wurde gesehen, daß tote Fischleiber hinein in alle Dörfer und Städte trieben, immer ein Auge zum Himmel, eins zum Boden der sterbenden Erde.

Mondgeschichte

Der Auktionär tut es beiläufig: er hält den Mond in beiden Händen, hebt ihn über die Stirn (was hat der Auktionär mit seinen Augen getan, daß sie jetzt beim Feilbieten des Mondes so teilnahmslos unter der Stirn verharren?), und ruft das Angebot in den Saal, die veranschlagte Taxe. Da sitzen viele in lässiger Kleidung, gewölbten Oberkörpers, viele besessen von Habsucht, den Mond zu ergattern, sich auf die Lippen beißend, so daß nur wenige, vielleicht die Neugierigen, die kein Zahlungsmittel gegenüber dem Hochwert des Mondes aufzuweisen haben, spöttisch den Auktionär fixieren, der nun sagt: Ich habe ihn herabgeholt, gestern nacht. Er hat zwar ein dämliches Gesicht gemacht, hat mit dem Schatten seiner leblosen Kraterwände auf mich eingeschlagen, hat mir das weiße, skelettrockne Licht seiner besonnten Seite ins Blut geschmuggelt, aber Sie sehen, ich habe ihn, er wird die Nächte nicht mehr aufhellen, ab heute herrscht Finsternis, ich möchte das so. Sie kennen mein Angebot, wer überbietet?

Nun erheben sie sich, jeder will den Mond den Mond besitzen. Einige geben vor, ihn als originelle Laterne beim Gartenfest verwenden zu wollen, die meisten haben es auf die Ausbeutung seiner Bodenschätze abgesehen, und nur eine junge Dame, die in der linken Stuhlreihe gesessen hat, geht langsam zum Pult, nicht ohne Temperament, und verabfolgt dem Auktionär eine Ohrfeige. Der läßt den Mond fallen, die Dame fängt ihn, sie sagt: Machen Sie so etwas nicht wieder. Der Mond soll mir heute nacht zusehen, wenn ich Kletus besuche.

Schreit der Auktionär: Was schert mich Ihr Liebhaber! – doch erfolglos: vielleicht ist die Dame gar keine Dame, sie reißt ihm den Anzug vom Leibe, die Silberkrawatte, das Hemd, er steht nackt vor den Bänken.

Bitte, wendet sie sich an die Besucher, so ist er beschaffen, sein Herz sind gebündelte Schecks – er hat zwar Blut in den Adern, nur handelt es sich bei gründlicher Prüfung um flüssiges Gold, er will eben alles zu Gold machen. Die Erde hat er bis auf ein Überbleibsel versteigert, nun sollte es der Mond sein.

Sie geht langsam, nicht ohne Temperament, zum Ausgang: draußen wirft sie den Mond über die Stadt hinauf in die verstörte Landschaft der Sterne, wo er nach einem Weilchen sich kräftig zu leuchten anschickt, während Kletus die junge Dame über die Straße kommen sieht und ihr entgegeneilt.

Geburt im Wohnwagen

Yolly die Seiltänzerin – niemand macht ihr das Kunststückchen nach, in holländischen Holzschuhen über das Seil zu gehen! – Yolly die Zirkusmadonna liegt blaß unter dem Karbidlampenlicht.

Der Jongleur zieht die Perücke vom Kopf, das Licht prallt auf seinen Mondschädel, die Wohnwagenstube wird sehr hell, vier Lampen gibt es im Wohnwagen: die Lampe, die Brüste der Frau, den Glatzkopf des Mannes.

Sam ward uns geboren in dieser Nacht!

Der Jongleur hält Maulaffen feil, zupft die Perückenhaare, stiert das Kind an, den runden Mund, der zur Decke kräht: Tierstimmen machen ihre Aufwartung, Lockrufe der Kolibris, Geschrei der Zwergaffen, Katzenkonzert.

Guten Abend, Kind Sam, guten Abend! Ich bin dein Vater, der Jongleur Aslam, dein Vater ist nur ein Lehrling seiner Zunft, dein Vater jongliert mit drei Bällen, weiter hat er es nicht gebracht, nicht zum Straßenfeger, nicht zum Leuchtturmwärter.

Sam, kleine Schildkröte, du sollst Blättlein haben für deinen Hunger, Gras und weißes Brot. Das spiele ich dir zusammen, ich spiele die Okarina – horch: deine Mutter, die

Seiltänzerin Yolly, hat Ton genommen und Ton gebrannt: Yollys Okarina ist der Vogel Strandläufer und erreicht jedes Ufer – freilich, wenn ich gut spiele und nicht betrunken bin. Höre, Kind Sam, dein Vater trinkt Wacholder und Slibowitsch – ach genug von mir, ich hole jetzt Holz für den Ofen, du bist nicht am Nordpol geboren, hier wird es manchmal so kalt wie am Nordpol.

Draußen krümmt sich der Mann über den Hauklotz. Die Axt spaltet den Stamm, die Späne wirbeln gegen die Wohnwagenwand. Aslam spricht und singt: Schönes Holz komm in unsre Wohnung, die Vögel haben keine Wohnung mehr, die Vögel sind fortgeflogen und klagen ihr Leid bei der Sonne.

Da bin ich schon wieder, Kind Sam! Ach wenn du wüßtest, wie jetzt der Ofen gähnt und hungrig ist! Er verschlingt Zunder und Kien, Holzkloben und Kohle – nun ja, du wirst ihn noch kennenlernen, den dicken Feuerbauch.

(Aslam hustet, als meckre ein Papagei, geflügelter Invalide, gebunden mit vernickelter Kette, Urwaldkörper, dem zwei Drittel seiner Federn fehlen, der auf der Käfigstange hockt und den Krummschnabel hebt, wenn so eine Oma auftaucht und zwei drei Stück Kandiszucker in die Futterschale wirft. Hört alle den müden Schrei des Papageis, der krank wurde vom Nachsprechen, was ihm großmütterlich vorgesagt wurde, hört den doppelten Schrei und unterscheidet die afrikanische Nacht von der Sofakissenkrankheit!) Wie geht es dir nun, kleine Schildkröte? Der Ofen klatscht in die Hände, er freut sich über sein Essen, er wärmt uns. Ja, schrei nur, Kind Sam, deine Tränen sind auf der weißen weißen Haut, das Licht der Karbidlampe macht dich ganz kalkweiß.

Bring's weiter als ich, kleine Schildkröte! – werde Straßenfeger, werde Leuchtturmwärter, gut Nacht.

Im Warenhaus

Bitte, nun sagt mir, welche Abenteuer des Indianers Tekumseh – Ritt über den Erie-See, Sprung über den Himmel des Delaware – welche Bücher und Farbstifte sollte ich jetzt für euch besorgen?

Sprecht doch! Entweder ihr habt euch hinter Regalen versteckt, oder ihr wartet unten am Eingang und schaut auf die Drehtür und habt die Hand schon erhoben: Hallo, jetzt kommt er, jetzt sausen wir ab in die Wohnung von Emil und malen das Känguruh auf die Pappe!

Die Verkäufer streichen in meiner Nähe herum, ich hab mich verdächtig gemacht, als wollte ich irgend etwas unauffällig unter die Jacke schieben. Der Fahrstuhlführer zeigt auf das Zifferblatt seiner Uhr.

Feierabend, ich muß Sie bitten, den Notausgang zu benutzen, die Drehtür bleibt vorübergehend geschlossen.

Danke. Haben Sie vielleicht meine Freunde gesehn? Ich wollte hier nur die Auslagen betrachten – als ich mich umdrehte, war niemand mehr da.

Er verneint und läßt die Uhr an der Kette kreisen. Die Ziffern sind nicht zu erkennen, ich habe das Surren der Uhr im Genick, ein Geräusch von großen Fliegen – ihr seht, der Notausgang hat mich entlassen! aber nun sagt nur, wohin mit der Not, hockt ihr da drüben im Schrebergarten und flüstert: Komisch, wie der uns sucht und den Hals reckt?

Im Schrebergarten haben sich nasse Sträucher versammelt, sie schütteln ihre alten, zottigen Köpfe: Nein, hier ist niemand außer uns! Wenn Sie uns aber sprechen wollen, so müssen wir absagen, wir sind eine große geschlossene Gesellschaft.

Glitschige Steine zwischen den Sträuchern, nirgendwo ein Fenster erleuchtet. Hinter dem Schrebergarten wohnt doch der Kneipenwirt, der Malzbiervater, der die Flaschen so knallen läßt wie Tüten voll Luft. Ich finde euch nicht, ich finde den Keller, den Schacht, schwarz, keine Tür – hat es gebrannt? Das kann nur vorhin geschehn sein.

Der Fahrstuhlführer trägt seinen Hut vor sich her. Er sagt: Aha, Sie suchen Ihre Freunde noch immer!

Ich stell den Kragen hoch, hab das Surren im Genick, boshaft nah und hoch über mir: ich seh heute abend zum ersten Mal, daß sich in allen Häusern links und rechts, auf den Gesimsen und Pfeilervorsprüngen struppiges Unterholz widerwärtig wiegt, greisenhaftes Strauchwerk, das schon lange lebt und nicht nur aus Fensterviereken und Schaufenstern des Warenhauses dem Wind entgegenwächst, sondern auch aus den Trümmern der eingestürzten Schule, wo das Wiedersehen mit euch und der Sprung des Indianers Tekumseh unter Ziegelstaub begraben liegen.

Cagliostros letzter Zauberspruch an seine Freunde

Ist es schon soweit, habt ihr auch alles zusammengetragen, jeden Koffer gepackt und nichts vergessen? – auch nicht den kostbaren Drachenhut, der den schönen erfrischenden Regen schickt?

Ich sehe, ihr habt alles vorbereitet, ich werde jetzt gehn. Behaltet die Formel, die aus den Särgen alter und neuer Langeweile Kleinholz macht. Bettet den Freund und den Feind, die nicht mehr nach Hause kommen, wenn der Totengräber, der Staub, zu wandern beginnt.

Lebt wohl! Auf den Namen der Wolken getauft, fliege ich ohne Passierschein über das Aufgebot der Schatten. Ich trage den Drachenhut, der den schönen erfrischenden Regen schickt, denn ich muß durch das Feuer, das mich draußen erwartet.

Appell

Menschen vor Fahnenmasten: das Zündschnurflackern in den Augen. Gleich ist die Reise vollbracht, die Detonation ist das Ziel. Die Flagge verdeckt ein Stück des Himmels, die Explosion okkupiert ein Fleckchen Azur oder Wolkenwand: das läßt sich der gleichgültigste Himmel auf die Dauer nicht bieten.

Die behelmten Köpfe unter der Sonne! – die Sonne fragt: Sollen die Helme denn üppiger keimen als Gras?
Trommelwirbel: das Fell über dem hölzernen Faß gehört einem Schaf – nun gerbt jemand unaufhörlich die Herzhaut. Die Flagge steigt niemals hoch genug: am liebsten wäre es dem, der jetzt *Achtung* kommandiert, sie stiege in den Zenit und käme in glühenden Fetzen herab – der behelmte betrogene Pierrot wäre bereit, das verglimmende Textil zu küssen und balsamieren zu lassen.

Aber du sagst: Das läßt sich der gleichgültigste Himmel auf die Dauer nicht bieten! und sie ziehen dich statt der Flagge an einem gewinkelten Mast empor.

Suchbild: hier werden Flaggen gehißt. Wie weit von hier ist der Kalvarienberg?

Tod des Tänzers

Er kommt durch die Straßen, alle Leute erkennen ihn, er schwingt eine Zeitung, er hat sie gelesen, er hüpft über Autos, klettert an Dachrinnen entlang und ruft: O Leute, nun freut euch mit mir, der Staatshenker ist wieder im Amt! Nun gelangt endlich Sinn in unser Leben, wir wollen vergnügt sein. Nun weiß ein jeder, wofür er sich plagt. Der Lohn ist ihm sicher. Auf auf, sprecht mir nach: Unser Kopf gehört dem Henker, dem Mann der altbewährten Ordnung!

Sie sammeln sich alle zum Chor, sie sprechen: Wem sonst... als nur dem Mann der altbewährten Ordnung! Der Tänzer faltet verwundert die Zeitung zusammen. Sie lächeln, sie küssen und liebkosen sich, sie sind ein Reigen der Zufriedenheit. Der Tänzer tanzt nicht mit.

Er läuft ihnen nach und schreit: Hört mich an, ihr habt die Sache wörtlich genommen! Die Freiheit wird verkümmern, die Wahrheit verbluten!

Da rücken sie gegen ihn vor und machen Fäuste aus ihren Händen. Sie rufen, während sie schlagen: Du beleidigst den Henker, den Mann der Barmherzigkeit, der uns von der Freiheit erlöst!

Sie lächeln wieder, küssen und liebkosen sich, und der Tänzer stirbt inmitten ihrer Dankprozession.

Rezitativ des verwunschenen Kindes

Gestern nacht sind sie in meine Stube gekommen, von denen ich geträumt habe, sie würden meine Gefährten töten. Sie haben das Kreidemännchen, das seit drei Tagen auf meiner Schiefertafel für die Blumen Wasser holen ging, ausgelöscht. Meine Hände sind verfolgt, können kein Stück Kreide halten. Wo ist die Stimme, die den Händen Kraft gab, diese kleine Stimme eines Vogels?

Sie haben ein hölzernes Schwert neben meine Spielzeugkiste gestellt, das hat meine Gefährten getötet: den Hund, das Lamm, den Hahn, das Entlein.

Sie haben gestern nacht mein Schaukelpferd zu Tode geritten.

Ich will meinen Hund lebendig machen, den Hahn, das Lamm, das Entlein. Ich suche überall nach einem Helfer, ich frage nebenan und höre schon: sie haben ein zweites Schwert neben eine zweite Spielzeugkiste gestellt, es gibt hundert oder tausend Schwerter, die in den Stuben aller Kinder nichts mehr leben ließen.

Wenn ich den Schutzmann bitte, mitzukommen, wenn ich meine Eltern frage, ob sie nichts bemerkt hätten, höre ich: Mein armes Kind, du hast ja Fieber, du mußt ja bald ins Bett und schlafen!

Niemand weiß, daß heute nacht ein Schwert den bösen Namen auf die Schiefertafel schreiben wird, der mich erblinden läßt.

Ich heiße Eduard

Was mag nur geschehen, Tante Alma, wenn du jetzt noch fünf Minuten länger dein Pincenez an der Tischlampe vorbeiführst und mir zum zehnten Male bedeutest, daß es nichts als pure Unsitte sei, darüber hinwegzusehen, was Vater und Großvater an die Wände dieses Hauses geschrieben, nämlich, daß in der Nacht alle Katzen grau und auf gar keinen Fall anders gefärbt sind.

Eduard, du kamst am Schießstand vorbei, Eduard, bitte erschrick nicht, wenn Papierblumen kopfüber ins Sägemehl fallen, hörst du, erschrick nicht! Jemand feuert am Schießstand das Luftgewehr ab, da gibt's kein Erschrekken. Hingegen, Eduard, sei auf der Hut vor dem Augenlidspalt, der dich anblinzelt, vor dem Taumel der Nacht, also das heißt: Wirf endlich die Flasche zum Fenster hinaus, mein Gott, Junge du schwankst ja!

Nein, Tante Alma, ich esse meine Suppe nicht.

Zwar geh ich ans Fenster, schiebe den Riegel zurück – so! – stelle die Flasche aufs Fensterbrett, daß du schon merklich frohlocken mußt: Jetzt wirft er sie raus – doch nein, ich bin schon gegangen, die Nacht ist angetan, meinem Lehrer für Mathematik zu begegnen: Eduard, Eduard – stimmt denn die Rechnung?

Dankeschön für Ihren Unterricht im Dreivierteltakt!

Gehn Sie, Eduard, gehn Sie! Meine Brille zerspringt,

wenn Sie mich anschaun. Ich hab's immer gesagt, Sie eignen sich nur zum Fassadenkletterer, jetzt sind Sie sogar auf die Flasche gekommen!

Er taucht seinen Kopierstift in eine Pfütze und schreibt auf das Flaschenetikett: Betragen Fünf.

Also gut, Eduard, taste dich nur getrost eine Mauer hinauf, Fassadenkletterer von Fuge zu Fuge, verharre und übe dich in Geduld, bis über dir plötzlich ein Fenster sperrangelweit aufschlägt: Eduard, Geliebter, du kommst! Herein mit dir, armer Kauz, der sonst glücklicher schrie!

Geliebte, fürchtest du nicht, ich könnte dein Zimmer vergiften? Gehöre ich doch zu jener Konsorte, die sich anmaßt, mit der Dämmerung zu wetteifern, und einem ausgewachsenen Schatten Duzworte anbietet!

Pein, Eduard, Pein bereitest du mir! Wie soll ich mich entscheiden? Sieh, was hältst du von Hochzeit und Hochzeitsgästen, von Leuten, die ihre Hände mitgebracht haben und klatschen wollen, wenn wir uns küssen? Du schweigst? Siehst du sie denn gar nicht tanzen, die Röcke eng und weit, die Kleider schwarz, Hemdsärmel hochgestreift und Kavaliertaschentücher im Frack?

Ja, Geliebte, ich seh sie! Sie sitzen auf den Stufen unseres Hochzeitshauses, den Kopf zurückgelegt, Türklinken wie Pistolen in der Hand, und wenn ich vorbeikomme, werde ich von ihren Türklinken erschossen: Puh!

Okay, ruft meine Geliebte, es ist Zeit für dich, du mußt gehn. Nichtwahr, du bist so lieb und steigst die Mauer herab.

Ich verabschiede mich. Der Mond hat meinen Ausflug in die Kehle bekommen, er hustet. In der leeren Flasche gerinnt sein Licht. Jaja, der Herbst wird kommen, die blechernen Karren der Straßenfeger rollen ihm schon entgegen. Ich muß meine Tante Alma um Asyl bitten, ich verlaufe mich nur in den Nächten, ich heiße Eduard.

Straße des Eulenspiegel

Noch einmal befreit er sich von seinen Krücken. Er hört den Steinkauz rufen, er sagt zum Schmetterling: Wir werden folgen müssen, Pfauenauge.

Der Tag ist jung, allenthalben eine kleine Kaskade. Der Krankenstuhl ist bequem, Eulenspiegel berührt die Glockenmütze, der dünne Klöppel genügt hier als Läutwerk: Josef hat gelauscht, seine abstehenden Ohren grüßen.

Sie haben geläutet, Eminenz?

Guten Morgen. Hast du Albert gefüttert?

Guten Morgen. Man sollte ihm Stockschläge geben! Ich drücke seinen Kopf ins Heu, er drückt ihn zur Seite. Ich biete ihm köstliches Futter, er bleibt gleichmütig. Ich erinnere ihn an seine Bildung, er antwortet ordinär.

Was hat er gesagt?

Ih-Ah hat er gesagt.

Eulenspiegel richtet sich auf: Komm näher, daß du mich lachen hörst!

Josefs abstehende Ohren vernehmen es nun geflüstert:

Lieber Freund, Albert ist ein Esel!

Gewiß, Eminenz...

Nenne mich nicht Eminenz, du bist nicht mein Diener.

Ah, Sie sind unzufrieden mit mir?

Zufrieden, mein Guter. Ich lag in deinem Himmelbett, ich trank von deinem Wein, ich bin schon gesund.

Nicht gesund für den Auftritt, Eminenz! Ich werde das Volk verscheuchen! Es gibt ein zweites Attentat, wenn Sie erscheinen.

Bleib hier, Josef! Du weißt, es gab kein erstes. Ich bin ausgerutscht, die Tribüne war regennaß.

Jajaja, es war kein Unfall, es kam niemand, der Sie von hinten schlug, es schrie niemand vor Gelächter, als Sie stürzten!

Schon gut, diesmal ist das Seil gespannt. Wer will mich da oben treffen?

Eminenz, bitte, ich schenke Ihnen mein Weinfaß, ich fülle es neu, Sie können unentwegt trinken! Bleiben Sie hier, sagen Sie die Vorstellung ab. Das Exil ist die Heimat. Eulenspiegel spricht vor dem eifernden Gesicht des Freundes:

Dein Wein ist das Blut der Sonne, ich gönne mir diese Transfusion. Hör mich an: Meine Zehen wollen ein Drahtseil! Schlag auf den Gong! Musik soll sein! – die alte Tarantella, ein Stück für zwei Vorderhufe, Huldigung an Albert den Esel!

Dann ist der Steinkauz über der Menge. Die Fledermäuse huschen um das Seil, gespannt zwischen dem verweigerten Exil und der Tagsichel Mond. Eulenspiegel hinkt heran, die Brustrippen schmerzen, er versucht zu lachen, seine Stimme kommt von sehr fern über die Bürger, die ihre Schuhe festgebunden haben mit Stacheldraht.

Wann, meine Gäste, ruft Eulenspiegel (und die Wolken ziehen sich zusammen, der Aufruhr, das Meer hochgestellter Fäuste), wann wird es eine Kirche geben, in der die Kirchenmäuse nicht mehr arm sind?

Die Bürger schlagen die Mäntel um sich: Eulenspiegel soll fliegen, soll fliegen!

Fliegen? ruft er von oben, fliegen in eure herabgezogenen Mundwinkel fliegen? Ihr habt auch das vergessen: Herabgezogene Mundwinkel sind reaktionär.

Josef fuchtelt mit den Armen, schreit hinauf: Denk an den Wein, denk an den Esel Albert! Komm, komm!

Die flehende Stimme ertrinkt im Siedepunkt der Revolte. Ich habe, sagt Eulenspiegel leise (daß alle sich auf die Zehenspitzen stellen) ich habe meine Ersparnisse dem Club der Taschendiebe überlassen. Ab morgen gibt es in dieser Stadt keine Pistolenträger mehr!

Da geschieht es: der gut bezahlte Häscher kappt den Draht, die Menge gerinnt, ein Loch klafft, ein Loch sehr weiß gewalzter Kalk, die Straße des Eulenspiegel sirrt herab, er dreht die Arme weit auseinander, will fliegen, die Schellenmütze bauscht sich, das kleine Glockengebimmel erreicht den Steinkauz, Eulenspiegel fällt, die Beine ausgestreckt, das Kinn hoch erhoben, er trifft das klaffende Loch und liegt ausgebreitet und stumm, der Spiegel daneben: in jeder Scherbe jedes Gesicht der Menge.

Nun geht der Steinkauz auf zwei Füßen über Eulenspiegels reglosen Leib, nun weint Josef Tränen in das Vogelgefieder, nun ruft der Esel Albert *Ih-Ah Ih-Ah* bis auf den heutigen Tag.

Zwischen Kopf und Kragen
1967

Das morgendliche Verteilen der Zeitungen ist frommer Glaube, ja.

Geschichte von der Ansprache anläßlich einiger Vorfälle in der Innenstadt

Jeder Hauswirt ist unentbehrlich. Wie ein Keller unentbehrlich ist. Und auf Häuser können wir nicht verzichten. Ohne Häuser, das reizt nur zum Widerspruch.

Jede Prostituierte trifft uns empfindlich. Jeder Hergelaufene ist wie ein Haus ohne Hauswirt. Raus.

Beachten wir: Was sich auf Ruhestörung beruft, soll uns im Auge bleiben. Die Bezeichnung Nachbar ist keine Bezeichnung, sondern ein Ausweis, der keiner Zumutung auszusetzen ist.

Das Land. Das hat sich nicht vorgestellt, was es hier mitmacht. Es versteht keinen Spaß. Jeder soll, wo seine Eltern aufgewachsen sind, hingehen. Ja, da ist auch Platz für den. Die dorthin nicht gehen wollen, verschwinden. Es ist so.

Der Hauswirt ist Dach und Keller in einer Person. Dazwischen leben wir. Wir wollen wieder in ruhigen Etagen leben. Es ist so.

Gerade jetzt auch einstimmig.

Geschichte aus dem Zoo

In der Kiste (fingerstark jedes Brett), in verzahnter Schublade, im Futtertrog zweier Marktpferde, im Blumenkasten schläft der Wolf?

(Sein Großonkel, 1812–13, berüchtigt, starb als Glöckner im Kreml, in Ehren, lief Rußland voran gegen ein französisches Heer, auf dem Rückzug hat es geschneit.)

Der Wolf, alt. Bis zum Gitter der Schnee?

Der Wolf, seht, seht.

Er ist mitgegangen nach Friedenau. Anja, der Dreijährigen, holt er was ein: Märchen, die fünf rentablen.

Das tagsüber. Auch in der Straße, vor dem Balkon, keine

Unruhe. Ein Frühjahr ist da. Im Blumenkasten schläft er. Nachts manchmal gemeinsame Arbeit. Er schreibt. (Auf seinem Wunschzettel für Weihnachten: Großmütter gestrichen, nur Schnee.)

Geschichte von der abgekürzten Reise des Clowns Posso Nillinsky

Wir hatten eine Kalesche gemietet. Zuerst im Galopp durch die Tore bestimmter Fabriken.

Auf Werbetafeln wurde Ausschau gehalten nach Arbeitskräften, nach sechs Köpfe-Abbeißern, vier Bajonettarbeitern und jeder Anzahl gut gelernter Handwerker.

(Es war also Herbst. Nein, die Zeit des Hörnerblasens hatte den Herbst niedergemacht.)

Pulcinella saß unter dem Kutschbock, sie sang ein stilles, unverschämtes Lied (durchs Megafon): Mein Hase hat zwei Löffelein / in meine / Schüssel / gehen viele Rübchen rein! (Von der Fabrik her flog eine knatternde Salve über uns hin.)

Pulcinella lachte laut an gegen die platzenden Schrapnells, sang mit erhobenen Fäusten: Wer hat / den schönsten Rüssel / im ganzen Land? / Den hat / der Zuhältääärrr / mein Freund / der Elefant!

Noch vor Sonnenaufgang wurden alle sehr traurig. Am meisten der Mond, dessen Telegramm uns in der Kalesche reihum aufforderte, die selbstsüchtige Reise sofort zu beenden, um Amsel, Drossel, Fink usw. rechtzeitig zu verpflichten für die bevorstehende Einschulung der Sechsjährigen im kommenden Frühjahr.

Geschichte vom Ritter aus der Gruft

Hier liegt widerwillig der Schloßbesitzer von Grauseltown, einstiger Waffenmeister in Ehr und Gold, nun waffenlos in Wurm, Wurzel und Pampe, mickriger Tagelöhner von Sauseltown.

Wenn die Würmer ihren Mittagsschlaf halten, ruf ich den Stallknecht herbei, werf ihm den Befehl vor die Füße, mein stärkstes Pferd zu striegeln, klirre ab in den Waffensaal, klaube das Schwert von der Wand, den Schild, den Helm, das Kettenhemd, setz mich draußen in den Sattel und schreie: Ist denn kein Gegner hier?

Doch wer kommt über die Lichtung? Nur wieder der hinkende Esel, der vor dem Glanz meines Kettenpanzers in Ohnmacht fällt.

Geschichte aus einem Landkreis

Auch hier Gerüchte? Gut. Wo aber befand sich Fräulein Beate Machnix (Küferstochter) am Tage ihrer goldenen, dreißigjährigen Mitgliedschaft (zum hiesigen Hügelwanderverein)?

Ein Vertreter des Stadtrats, Herr P. von Knischall, hatte sich, so sagt er, schon morgens (zum Zwecke des Gratulierens) vor Fräulein B. Machnix' Haustür eingefunden, soll aber, so behauptet Herr von Knischall (vom bissigen Hund der Jubilarin ins Maul genommen und zur Hundehütte gebracht), in der Hundehütte sitzend auf die Rückkehr der Jubilarin gewartet haben, die sich geweigert hatte, ihres Ehrentags wegen der täglichen Arbeit (als Handsetzerin) fernzubleiben. (So jedenfalls möchte Fräulein B. Machnix die Sache verstanden wissen.)

Die Wahrheit ist: sie wohnte zu dieser Zeit einem Landfremden bei, einem gewissen Wolfram S. Hechmech, ehe-

UNTERSUCHUNGSKOMMISSION = Kommission zur friedlichen Beilegung von STREITIGKEITEN, die zwischen STAATEN ausgebrochen SIND.

maligem Vorsitzenden der Arbeitsgemeinschaft zur Förderung heruntergekommener Bunkerhotels. (Kein Umgang!)

Geschichte von der Verteilung verschiedener Hinweise an verschiedene Diebe

Was du wegnimmst aus den Ledermänteln, darfst du Pistole nennen. Was du wegnimmst aus den Lodenmänteln, darfst du Birkenkreuz nennen. Was du wegnimmst aus den Brieftaschen, darfst du Trinkgeld nennen. Was du wegnimmst aus den Kirchen, darfst du nur dem lieben Gott nennen. Was du wegnimmst aus den Kasernen, darfst du.

Was du wegnimmst aus dem Goldenen Buch der Stadt, darfst du nicht anstelle argloser Bonbons verteilen beim Kinderfest.

Was du wegnimmst aus den Polizeirevieren, sollst du dir lange anschauen und nach allen Seiten hin drehen, um genau herauszufinden, ob es sich bei dieser Sache vielleicht um deinen Widersacher handelt.

Geschichte mit dem Arbeitsmonolog des Reviervorstehers Laume

Hier muß mal der Stanzer da, der Stanzapparat da, der da für die Paßbilder, für die Ausweisnieten da – der klemmt doch! – der muß mal nachgesehen werden. Oder ganz weggegeben.

Wie die hier mit sowas arbeiten! Der ist doch kaputt. Der klemmt doch, reißt die Nieten raus, und die fallen bloß runter, und wir treten uns die Nieten alle in die Schuhsohlen rein.

Und ein Paßbild wird auch nicht besser mit ausgefransten Löchern! Sollen die machen! Nicht im Revier Laume.

Ich setze den neuen Nietenlocher auf Antrag. Die Leute haben beim Vorzeigen sonst Ausweise zum Schämen. Und sagen: Das ist die öffentliche Hand. Und sagen noch andere Sachen.

Geschichte von der Ankunft des Großen Unordentlichen in einer ordentlichen Zeit

Sein Aufzug war zweifellos originell. Wer unternimmt schon etwas gegen ein artiges Hinterteil, klug bemalt mit hübschen Porträts unserer Landesregierung? Wer etwas (bimm-bamm) gegen das Heraushängenlassen läutender Eier zum offnen Portal dieser (oder sagen wir mal) jener Hose vielleicht? Wer etwas gegen den lustigen Piephahn, der sich handhaben läßt wie eine Kasperlepuppe und Spaß bereitet bei Groß und Klein?

(Sauereien, die wir lieben und schätzen. Täglich könnte uns jemand besuchen wie dieser. Nur kämmen sollte er sich, sein Haar sollte gepflegt sein, das Haar ist die Visitenkarte des Menschen.)

Geschichte von der Unterrichtsstunde auch Helme betreffend

Der Helm stellt eine Zierde des Kopfes dar. Der Kopf, hat er einmal entdeckt, was ihn zu bedecken vermag, wird auf den Helm setzen und ihn jederzeit (vorrangig) aufsetzen.

Aufsetzen, das Wort trifft nur zu für den ersten Vorgang, den Kopf mit einem Helm auszustatten. Denn aufgesetzt werden (im Sinne von leicht abnehmbar) können auf den Kopf immer nur Kopfbedeckungen wie u. a.: Hüte (Strohhüte, Melonen, breit- und schmalrandige Krempenfilze, Jux- und Karnevalshüte etc.), Mützen (Schirmmützen, Schlägermützen, Feldmützen, Dekansbarette, Pudel- und Baskenmützen).

Der Helm dagegen (durch einen ledernen Riemen aus Schläfenhöhe umläufig ums vorgestreckte Kinn angeschnallt zwischen Kopf und Kragen) bestreitet seinen eingenommenen Sitz dauerhafter, fällt nicht (etwa beim Bükken des Trägers) schlapp vom Kopf, wird nicht von jedem Luftzug, jedem Wind, jedem Sturm davongetragen und gibt (folglich) seinen Träger nicht der Lächerlichkeit preis.

So stellt der Helm eine Zierde des männlichen Kopfes dar. Der männliche Kopf, hat er sich einmal für den Helm entschieden, verleiht er ihm auch seinen Dienst, denn Helm und Kopf, beide dienen einander, in Würdigung.

Der lederne Riemen des Helms ist für den männlichen Kopf das Attribut aller Verläßlichkeit und Entschlossenheit. Von Winden und starken Stürmen hat der lederne Riemen seinen Ehrentitel: er heißt Sturmriemen. Energie, Sturm, Kampf, Attacke – diese vier Begriffe gehören zusammen wie männlicher Kopf und Helm.

Wenn auf einem Helm (wie auf Diensthelmen der motorisierten Polizei) z. B. das Wort POLIZEI in gut, weithin lesbarer Schrift angebracht ist, so geht daraus hervor, daß allzu oft übersehen wird, wer sich unter dem betreffenden Helm verbirgt. Das bloße Tragen der Polizeiuniform garantiert im Straßenverkehr nicht immer den gewünschten Erfolg, nämlich jedermann deutlich zu machen: Dieser Uniformierte dort auf dem Motorrad ist ein Polizist, der einen Helm trägt. Die Maßnahme, den Polizisten auch vom Kopf her unmißverständlich zu kennzeichnen durch Beschriften des Helms mit dem Wort POLIZEI in gut, weithin lesbarer Schrift, ist ebenso ein Atrribut der Verläßlichkeit, da aufgrund dieser Maßnahme jeder Irrtum ausgeschlossen ist.

In einer der nächsten Lektionen werden wir uns anhand historischer Helme veranschaulichen, daß der Helm zu allen Zeiten abwechslungsreiche Verwendung fand.

Geschichte vom geisterhaften Auftauchen des Berufsberaters

Gleich am ersten Morgen saß er auf meinem Platz, sagte kopfschüttelnd: Zu spät gekommen, Sie machen mir Sorgen! Ich habe genug zu tun, aber ich will Ihnen helfen, einmal. Hier haben Sie etwas Geld als Überbrückung bis zur Lohnzahlung. Zeigen Sie sich von der besten Seite, sprechen Sie ganze Sätze, geben Sie präzise Antworten, fragen Sie nicht nach der Höhe Ihres Gehalts, treten Sie in den Hintergrund, junger Mensch, unterdrücken Sie sich. Seien Sie jemand!

Er verließ mich durch den Aktenschrank, und ich hielt es für unsinnig, weiter nach ihm zu forschen.

Geschichte von den unterschiedlichen Äußerungen zwischen Mann und Frau

Der ist mein Mann. Wie wie wie er torkelt. Ich sage zu ihm: Wie du torkelst, wie. Was sagt er? Märäräääh! Was heißt das?

(Er stützt sich auf den Tisch. Auf die Tischkante. Auf die mit einer Bierpfütze versehene, von einer Likörpfütze besudelte, morgen und die ganze Woche über und ein ganzes Jahr lang fürchterlich stinkende Tischkante.)

Mein Mann ist doch keine Ziege. Ich sage zu ihm: Bist du eine Ziege denn? Märäräääh, sagt er. Was heißt das? (Ich bin seine Frau und weiß es nicht.)

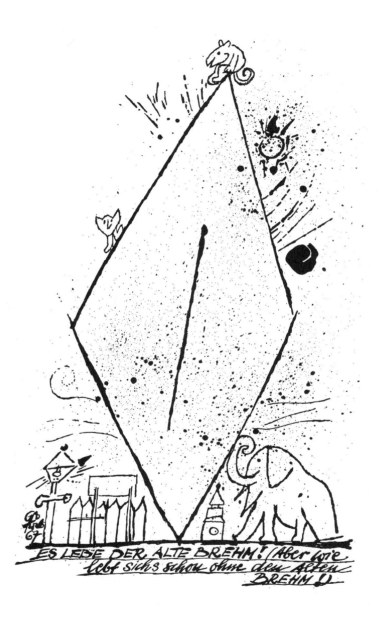

Geschichte von der Einweihung eines Denkmals

Versammelte! Wir haben dem Verhüllten die bürgerlichen Ehrenrechte zuerkannt. In einer Sitte und Anstand verletzenden Weise wäre der Verhüllte beinah um dieses Denkmal gekommen, um diesen Wurf in Stein, in grünem Basalt.

Was hat man dem Verhüllten nicht alles angehängt!

Verbreitung von Schriften, unzüchtige Beziehung zum Ausland. Das heißt: seine Liebe wurde mißbraucht, seine Güte mit Beleidigung bis zu zwei Jahren belegt.

Aber – der Verhüllte war einer von uns! Er wuchs auf, um uns größer zu machen. Er wirkte zu Lebzeiten, er gab durch seine Umsicht uns selber an uns selbst zurück. Wer ihn erlebte in den letzten Jahren seines Schaffens, wird ihn nicht vergessen als einen nimmermüden Verhüter gebräuchlicher Mittel, ich denke an das Mittel der Gewaltanwendung.

In Stein tritt er vor uns hin. Einer, dem das Jahrhundert ein Bein stellen wollte.

Und damit übergebe ich ihn.

Geschichte vom Handeln um des Eierhandels willen

Für dieses Ei möchte der Lebensmittelhändler 25 Pfennig kassieren, ich biete aber nur 22 Pfennig. Ich lasse mich von den Argumenten des Lebensmittelhändlers, das einzelne Ei koste ihn selber schon 21 Pfennig, nicht beeinflussen und bestehe nun mal, will er mich als Eierkäufer nicht verlieren, auf 22 Pfennig pro Ei.

Meine hartnäckige Preisbildung (die ihm insgeheim zusagt) unterstreiche ich durch Hinweise auf die besonders dünne Schale seiner feilgebotenen Eier. Ich sage zu ihm: Wenn Sie mal genau hinsehen, müßten Sie doch bemerken, wie dünn die Eierschale ist. Und ehrlich gesagt, sage ich ferner, ist der Kauf eines so dünnschaligen Eies, bei 25 Pfennig pro Stück, mehr als ein Risiko für jeden Eierkäufer.

Am einfachsten für ihn, den Lebensmittelhändler: er erkundigt sich nach dickschaligen Eiern, um sie dann mit Recht anzubieten für 25 Pfennig pro Stück.

Nach weiteren Bemühungen, handelseinig zu werden, wird mir das Ei für 23 Pfennig ausgehändigt, was mich zufrieden stimmt. (Denn ich beharre ja nicht auf meinem Standpunkt beim Einkauf von Eiern.)

Allerdings werde ich jedesmal aus dem Lebensmittelgeschäft von mißtrauischen Blicken entlassen und gelte beim Lebensmittelhändler, kommen wir auf Eier zu sprechen, als ziemlich dreist.

Geschichte von der Tagebuchnotiz eines Mannes in einträglicher Stellung

In der letzten Märzwoche überprüfte ich das Einnahme-Register. Es ist alles vorbei, sagte ich mir, was dich früher belastete. Nun kommt die angenehme Zeit.

(Und sobald ich die Sprache der Fliegen erlernt habe, komme ich auch ins Geschäft mit den Fliegen. Fliegen, werde ich sagen, Menschenskinder, gebt mir eure Arbeitsmethoden preis! Ich werde sagen: Tut das, ihr Fliegen, ich bringe für euch die Gesellschaft der Vertilgungsmittelhersteller samt Sprühdosen durcheinander!)

Meine Herren, werde ich sagen, ja ahnen Sie denn, wozu die Fliegen überhaupt fähig sind?! (Das Ausrufezeichen werde ich mitsprechen.) Und sie werden (jeder) verblüfft, bleich und hilflos meine Bedingungen anhören.

Geschichte auf einen Mann
im fünften Stock
mit einem Abzählreim am Schluß

Und wenn die Polizisten meinen Hut vor der Haustür finden, wo ich reingehuscht bin, wenn sie raufsteigen sollten bis hierher unters Dach, Blendlaternen anknipsen und mich vorfinden sollten: hingekauert in die Ecke des Trokkenbodens, naja, da ist ja der Kerl! – du meine Güte, dann werde ich endlich Miau machen: Ach, verehrte Mäuse, hört mal schön zu, leider mag die Katze solche Blendlaternen nicht! Und ich greife mir den ersten (der schüttelt die Pflaumen), den zweiten (der trägt sie nach Haus), egal den wievielten, ich schmecke ihr Dienstfell, ich esse sowieso alle auf.

Geschichte vom ersten Flugversuch
des Otto Lilienthal

Schön, das war abgemacht, nun erhob er sich in die Luft, bald waren um ihn herum in Reihenfolge des Kinderlieds: Sonne, Mond und Sterne (ein Vogel, von dort, wo er sich erhoben hatte, schaute ihm nach, ziemlich verwundert), er flog, sprach von oben: Warum habt ihr mir nicht früher gesagt, was Lerchen sind! – von unten rief jemand herauf: Bitte fliegen Sie etwas schneller, unsere Zeit ist zu knapp.

Geschichte von der Berufung
auf diesen Abend

Der Geiger spielte vor den vergitterten Fenstern. Die Wächter kamen in den Anstaltsgarten, führten den Geiger durchs Treppenhaus zum Direktor.

Man versteht die Liebe, sagte der Direktor, aber abends nach Neun sind die Tore geschlossen. Sie baten nicht um Einlaß, klingelten nicht, folglich stiegen Sie über den Zaun. Und spielten die Eichhörnchen-Sonate?

Niemand, sagte der Geiger, kennt den Namen des Komponisten.

Gute Tiere, sagte der Direktor, manchmal sitzen sie hoch in den Zweigen, stundenlang äugen sie in die Zimmer der Kranken und bleiben geduldig, wenn einer mal schreit. Ich lerne von ihnen.

Der Geiger spielte in den abgedunkelten Flur. Der Direktor dankte ihm später: Sollten Sie da draußen wegen der Eichhörnchen-Sonate unpäßlich werden, so melden Sie sich, unter Berufung auf diesen Abend, unten beim Pförtner und kommen Sie ruhig hierher.

Geschichte vom Kind im Park

War gestern Sonntag? Ja, gestern war die Sonntagszeitung da. Das Sonntagsfoto, bunt gedruckt, war verwackelt.

Rot von der Kindermütze, Blau vom Himmel, Grün von den Bäumen, das Kindergesicht – alles so durcheinander, als ob da niemand aufgepaßt hätte.

Geschichte aus einer zeitgenössischen Postwurfsendung

Daß Schornsteine Kopfstand machen, fürchterlich beizenden Rauch ausstoßen und gleichzeitig still ihre Arbeit verrichten –

daß Fledermäuse hinterhältigen Machtanspruch keineswegs schätzen, sondern sich bereitwillig (z.B. für E.A. Poe's Werke) auf Buchumschläge grafiken lassen –

daß gewisse Sterne nach Lampenöl riechen
und manche Pfarrer engsitzende Jacketts tragen, deren mittlere, festgezurrte Knöpfe vom Bauch abspringen (bei jeder vollen Stunde) und hoch in den Himmel sausen, Astronauten gefährden, auf Mondfelder Schatten werfen –
daß ein Artist (Feuerfresser) im finstren Zirkuszelt mit zwölf brennenden Fackeln jongliert und seinen Zuschauern zuruft, jede dieser Fackeln entstamme dem zwölfjährigen Feuerwerk, das er nun (nachträglich und allen ins Bewußtsein) als Feuerfresser löschen werde mit seinem Munde, (denn er sagt sich: Das werden sie diesmal vielleicht nicht vergessen!) –
daß Reisende in der Eisenbahn sehr ungehalten sind, wenn ein Äffchen ins Abteil kommt und ihnen von Thüringen vorschwärmt –
daß ein schwuler Gassenlude sich ans Herz greift und vorgibt, den Präsidenten zu lieben –
wußten Sie schon,
wußten Sie schon, daß all dies,
wußten Sie schon, daß all dies unserem Kandidaten nichts anhaben kann? Daß er als ein gesundes Glied inmitten unserer Gesellschaft sich einer Staatsauffassung verpflichtet weiß, die ihm bereits in jüngeren Jahren (mehrmals hintereinander) im Biologieunterricht die Note *Eins* einbrachte?
Er wartet. Er hat Geduld. Er wartet auf Sie. Unser Kandidat. Er: neben der Wahl-Urne.

Geschichte vom Brillenträger in der Kaserne

Er sieht sich um, sieht, daß Treppenstufen verwischen, Holzkreuze Holzkreuze Holzkreuze an Flurfenstern selbständig werden.

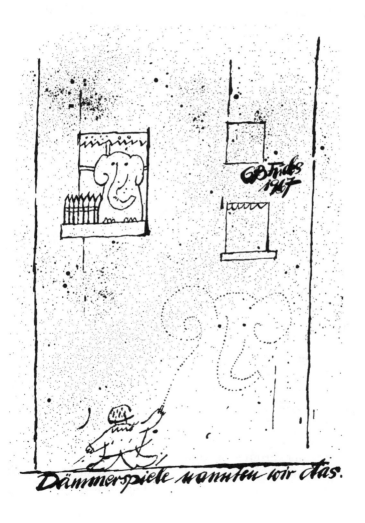

Hastig drückt er die Brille auf die Nase, vergewissert sich: Es sind ja Fensterfassungen, es sind ja Werkstücke eines Bautischlers, die das Fensterglas halten.

Geschichte mit der vorlesenden Katze

Da, wir sahen sie auf dem Dach sitzen!
 Ein Buch, aus dem sie vorlas, wird zu bekommen sein. (Ein Buch, es stimmt, in den Buchhandlungen ist das zu finden.) Fragen wir einfach danach. Und wenn man uns nicht versteht, also gut, dann erzählen wir eben, was sich zugetragen hat.

Geschichte von der Umwandlung eines bedrohlichen Augenblicks

Das meckernde Lachen, einer Ziege nicht unähnlich, wiederholte sich jetzt zum drittenmal. Diesmal hatte es genau über ihm gestanden, war weitergegangen und hatte sich verloren zwischen den Hauswänden.

Der Mann sagte: So muß das sein, wenn man etwas verbrochen hat und abgeführt wird.

Die Schritte bis zu seiner Haustür fielen ihm schwer. Er fühlte sich festgehalten von undurchsichtigen Blicken und tonlosem Gekicher. Endlich stieg er die Treppe zu seiner Wohnung hinauf.

Oben angekommen, stieß er den Schlüssel ins Schlüsselloch, öffnete die Tür, bekam einen Schreck, einen furchtbaren sogar, denn er sah und wußte: in seiner Stube stand der Mann, der vorhin gelacht hatte.

Weshalb, fragte der eine den anderen, lachten Sie vorhin so meckernd und einer Ziege nicht unähnlich?

Weil ich, antwortete der andere dem einen, aufmerksam machen wollte auf mich, das heißt, Sie sollten keinen Schreck bekommen, wenn Sie mich in Ihrer Stube vorfinden.

Meine Anerkennung! sagte der erste.

Und beide setzten sich zu einer Tasse Tee an einen rechteckigen Tisch, dessen Holz (hielt man die Hand von unten flach an die Tischplatte) sich warm anfühlte.

Geschichte von des Gärtners Traum

Ein herbstlicher Weg. Ja, ich harkte einen herbstlichen Weg. Es war eine stille Tätigkeit, die ihre strengen Gesetze hatte. Der Weg sollte nach alter japanischer Sitte gefegt und geharkt werden, hie und da mußte ein welkes Blatt liegenbleiben. Der Weg führte durch einen Garten. Ich freute mich über eine Ansammlung würdevoller Schnecken, sie waren alle aus dem Häus'chen.

Die Harke war eine Wünschelrute, sie zog mich fort an eine Stelle, wo sie heftig ausschlug. Dort kratzte ich den Erdboden auf und fand eine Glasscheibe, nicht größer als ein Quadrat aus vier Briefmarken. Die Glasscheibe war mit feuchter Erde beklebt. Als ich sie säuberte, erkannte ich unter ihr eine Vertiefung, in der ein kleiner, hölzerner Pferdewagen stand.

Die Fingerabdrücke, die ihn bedeckten, stammten von mir. Ich wollte ihn aus der Vertiefung heben (wir hatten als Kinder solche Vertiefungen gegraben, Spielzeug versteckt und Schatzkammern genannt), aber da sagte jemand zu mir: Sie fangen schon wieder mit Ihren Spielereien an!

Ich erwachte, zog schnell meine paar Sachen über und lief zur S-Bahn: Richtung Botanischer Garten, wo ich Notstandsarbeit verrichte.

Aber ich bin nicht der einzige. Da sind noch andere alte Männer.

Geschichte mit den Fragen
des zudringlichen Fragestellers

Nun? Na? Hm? Arsch? Lümmel? Scheißer? Hm? Tragen Sie? Tragen Sie das da? Dies belämmerte Lächeln links oder rechts? Nun?
 Ihren Bauch, was höre ich wohl, bewacht ein Ärgernis? Ein? Richtiges? Lümmel? Ihr Gesicht, DIN A 4? Scheißer? Halten Sie? Was von Jagdfalken? Was halten Sie? Einen Specht? Eine Heimarbeiterin? Eine Kegelbahn? Na?
 Ein Mann geht ran (an den Speck, der ihm von seinen Feinden tückisch zwischen die Beine gehängt wird), aufdaß er hinstolpere über solche Last an ungeübter Stelle – nie gehört? Nun? Wehrunwürdig? Na? Hm?

Geschichte mit der Anfrage
des Fleischers einer Bestellung wegen

Neunhundert Blutwürste für dreißig Soldaten? Stimmt das? Mir egal, ich liefere die Ware, aber ich kann das nicht glauben. Überlegen Sie mal: Wer kann soviel essen? Meine ff. Wurstwaren (würze jeden Trog eigenhändig) sind bebliebt bei Schlachtfesten jeder Art. Feiern Sie eins? Na, sicher feiern Sie eins.

Dann empfehlen sich gemischte Platten. Blutwürste sind zwar preiswerter, wirken sich aber (bei dieser Menge pro Kopf) abträglich auf die Gesundheit aus.

Ich meine, wie Sie wollen, aber ich schlage mal vor: Nehmen Sie gemischte Platten, sagen wir einfach zwei Drittel Blut- (also preisgünstig noch immer!) und ein Drittel sonstigen Aufschnitt. Das ist interessanter, zumal, so denke ich mir: auch Soldaten brauchen etwas fürs Auge.

Geschichte von einem Kunstschmied samt Mißverständnis

Mein Werk ist der Wetterhahn oben auf der Kirchturmspitze. Ich bin Kunstschmied. Ich habe dem Wetterhahn die Form einer alten Karavelle gegeben. (Die Karavelle besteht aus einer wetterbeständigen Kupferlegierung.) Auf den Segelmast der kupfernen Karavelle setzen sich oft die herumstreunenden Amseln.

Ich bin ein beliebter Kunstschmied, sagte ich noch vor Jahren. Seit Monaten bin ich ein unbeliebter Fassadenkletterer. Bei den Fassadenkletterern unbeliebt, weil ich ihrer Meinung nach keiner geregelten Arbeit als Fassadenkletterer nachgehe.

Tagsüber klettere ich hinauf zum Wetterhahn, prüfe die Haltbarkeit meiner Arbeit, halte mich fest an der Karavelle, lasse die Beine frei und ohne Halt, mit beiden Händen also halte ich mich fest an dieser Arbeit, die mein Werk ist, mein höchstes: zwischen Himmel und Erde vertraue ich diesem Werk und komme in geregelter Arbeit den Singvögeln (Amseln) näher.

Geschichte vom Briefentwurf des Abteilungsleiters an einen Untergebenen

Sofort direkt: Sie haben doch Ihren rechten Arm verloren, Mann: (*Mann* durchstreichen, *Herr* hinsetzen, durch Familiennamen ergänzen.) Sie wissen doch (demnach?), was Pflicht, was Anständigkeit ist. (Evtl. zu direkt.) Sie haben das Invalidenabzeichen, ich irre doch nicht: in Silber? (Geht so. Absatz.)

Leider nun, verehrter Kollege, (einfügen: bitte glauben Sie mir, ich will Ihnen helfen!) geben Sie durch Ihre (be-

tonte?) Nachdenklichkeit neuerdings (in Klammern: Weshalb, verehrter Kollege, ausgerechnet neuerdings?) den Mitarbeitern und Mitarbeiterinnen so offensichtliche Rätsel auf, daß unser (aller?) Betriebsklima in Mitleidenschaft gerät (*gerät* ist falsch, muß heißen: in Mitleidenschaft gezogen wird. Neuer Absatz.)

Sehen Sie (Gedankenstrich) wir machen uns Sorgen. Gleichzeitig muß aber das Arbeitspensum des Einzelnen berücksichtigt werden (einfügen: besonders infolge der angespannten Lage), müssen die Aufträge aus erwähntem Grunde äußerst pünktlich (oder nur *pünktlichst?*) erfüllt werden, weshalb (Gedankenstrich) muß ich Ihnen das wirklich erklären, Ihnen als älterem Mitarbeiter? (zweiter Gedankenstrich) ein flotter Ablauf, eine flotte, beherzte Betriebsatmosphäre unerläßlich sind. (Gut. Letzter Absatz.)

Auch ich bin nicht frei von Schwierigkeiten. Das tägliche Leben hat es für Jeden in sich. Kommen Sie deshalb einmal gelegentlich oder während der nächsten Tage (am besten in der Mittagspause von 13–13 Uhr 30) in mein Zimmer zwecks Rücksprache. Bis dahin, ich gebe Ihnen die Hand (welche? Ganzen Satz durchstreichen, müßte sonst heißen: die Hand Ihres linken Arms) Bis dahin erwarte ich Sie mit vorz. Hochachtung.

Geschichte mit einem Instrument aus alter Zeit

Die schriftliche Mitteilung aus der Hand der Dame wurde dem Türdiener übergeben, und die Botschaft aus der Hand des Türdieners wurde dem Grafen überbracht.

Der Graf (Kettenraucher, fickrig, noch vor Minuten im Budget-Streit mit der Sozialdemokratie) erbrach das Siegel, zerschnitt die Schnur, riß die angehängte Kappe vom Urkundenbehälter, zog das beschriftete Papier heraus, las,

las, leckte mit der Zungenspitze von links nach rechts einmal über seine Unterlippe, stieß, verärgert, die Urkunde zurück in den Papierbehälter, ließ die angehängte Kappe hängen und warf sie dem Türdiener samt Papprolle in die (zum Fangeballspiel) aufgehaltenen Hände.

Die Botschaft wechselte über aus der Faust des Türdieners in die Hand der Dame. Eine Droschke ablehnend, eilte sie grußlos in ihr Gartengelaß, um (durch Hinhören auf den atmenden Klang einer Windharfe, die noch verblieben war aus alter Zeit) allmählich Kraft zu sammeln für eine schriftliche Mitteilung an den Grafen dieser scheiß Behandlung wegen.

Geschichte aus dem Wartesaal

Ich hörte einen Zug heranrollen und erschrak über die Stimme des Bahnhofsvorstehers, die sehr einladend klang und mich aufforderte: Wenn Sie mitfahren wollen – bittesehr!

Ich erhob mich von der Bank und verließ den Wartesaal. Draußen öffnete mir der Vorsteher die Barriere, ich durfte den Bahnsteig ohne Fahrkarte betreten.

Lieb von Ihnen, sagte ich, daß Sie mir eine Fahrt ermöglichen. Darf ich Ihnen was schenken?

Er hob unschlüssig die Schultern, während ich ein Faltbild aus meinem Ärmel schüttelte: Hier sehen Sie einen Hasen, der nach Futter sucht, aber der Schnee versiegelt die Felder. Und hier, nebenan, sehen Sie einen Bahnhofsvorsteher, der dem Hasen Futter hinlegt.

Der Beamte war vergnügt. Mit einem Seitenblick auf den wartenden Zug, sagte er: Ich sehe nur einen Bahnhofsvorsteher, der dem Hasen eins hinter die Löffel schlägt, der den Hasen ganz nackt macht! Und zu Hause, in der Dienstwohnung, näht die Frau des Vorstehers das Hasenfell auf ihren Mantel. Holdrio, junger Mann!

Ich lief über den Schotter, und als ich aufgesprungen war, rollte der Zug davon. Es waren leere Plattformwagen, ich mußte mich der Länge nach ausstrecken.

Na warte, lieber Freund, sagte ich mir (und meinte den Bahnhofsvorsteher), einmal komme ich zurück, dann stehle ich dir dein Taschentuch. Und dann wohin mit den Tränen!

Geschichte aus der Arbeit eines Schriftenmalers beim Gartenbauamt

Ersucht werden die Besucher des Hängenden Gartens, alle Selbstschüsse des Hängenden Gartens schonend zu betrachten, zu benutzen und sauber zu halten. Und zu pflegen.

Das Tanzen (einzeln bzw. zu zweit oder mehreren Personen), das Springen incl. Seilspringen, das Singen, das Absingen, das Abmurxen, das mutwillige Zeugen (spez. in Gruppen), das Gehen der Kinder (abseits von Wegen, vergl. Rotkäppchen m. Wolf), das Radfahren, das Reiten (auf Schafen, Böcken, Eseln, Pferden), das Rollern sowie das Mitführen oder das mutwillige Einführen von Pflanzen aus Stehenden Gärten, Gartenschläuchen, Gießkannen und sonstigen Gartengerätschaften in Widerspruch zu Gartengerätschaften in Hängenden Gärten sind mit keinem Hund Folge zu leisten und jedem Besucher verboten.

Bei Eintritt der Finsternis wird im Hängenden Garten erschossen.

Geschichte von der An- und Abreise hochgestellter Personen

Einmal jedoch ereignete es sich, daß eine elegante Kutsche, hierher gezogen von vier Schimmeln, lautlos anhielt vor dem verschlossenen, efeuumrankten Portal (hinter dem der Portier, der grauhaarige Mann, an seinem Hosenschlitz nestelte, nestelte, nestelte, nestelte), so daß von draußen alsbald ein Pfiff erklang und aufrief zur Weiterreise in eleganter Kutsche: vier Schimmel zogen sie fort von hier bei Hörnerschall.

Geschichte aus der Großstadt

für Günter Eich

Nachts geht der Hund über die Straße. Spaziert. Beide Augen sehen.
    Weißt du, sagt ein Fenster zum Hund, mal hast du die Geschichte *Wau* erzählt. In der Nacht eine gute Geschichte. Und du hast, das weiß ich, etwas für dich behalten.

Aus
Handbuch für Einwohner
1969

Abenteuerliche Geschichten ohne Abenteuer

*Hatten Sie nicht soeben das Gefühl
als seien Sie das Straßburger Münster*
Hans Arp

Eine Mutter von einundzwanzig Kindern

Sofort kommst du her! rief zornig die Mausemutter ihr zwanzigstes Kind, das zweitjüngste, herbei, sofort sagst du mir, weshalb du Pfeife rauchst statt aufzupassen auf unser Jüngstes, aus dem sich ein kräftiger Nager entwickeln soll und später der berüchtigte Schreck aller Katzen, den unser Volk, künftig, als Wächter postieren kann vor jedes dunkle, unbekannte Loch!

Deshalb, Zwanzigstes, fort mit der Tabakspfeife! Lauf, such das Einundzwanzigste, zeig ihm die Unterrichtstafel, das Große Katzenbild, das ich anfertigen ließ von einem Fallenbauer, der, brotlos geworden, Speck von uns bekommt auf seine alten Tage und gute Ratschläge erteilt einer Mutter von einundzwanzig Kindern, die ihr Jüngstes an die Spitze des Volkes wünscht, das heißt, in Gestalt eines Siegers!

Also lauf, Zweitjüngstes, such das Jüngste!

Du hast mich verstanden oder maus ich noch mehr sagen?

Ein Parkwächter

für Martin Sperlich

In einem Park lief ein Parkwächter jeden Tag die Wege auf und ab. Manchen Tag (suchte man nach ihm) war der Parkwächter nirgendwo zu finden. Der Parkwächter war kein Zwerg, das Suchen unter Farnkraut erübrigte sich.

Der Park war reich. Er besaß Sträucher, Wege, Gräser, Gräser, Gräser, Wege, Blumen, Blumen, Blumen (Blumen aller Herren Lande nicht!) und wieder und wieder Bäume, Bäume und Bäume und Bäume und Bäume.

Mal eine Wiese.

Mitten auf der Wiese lag noch soeben (nun aber von Eichhörnchen fortgeschafft und schwierig aufzufinden) eine Fotografie des Parkwächters. Diese Fotografie war Eigentum des Parkwächters, sie zeigte ihn auch. Jedoch, sie zeigte den Parkwächter nicht, sondern den Park, in dem der Parkwächter sich aufhielt sommers und winters. Wo er im Park (winters) Schneemännern begegnete und jeden beschützen mußte vor schneemännerfeindlichen Besuchern und Blicken.

Wenn der Parkwächter den Finger hob, auf die vielen Bäume deutete und losbrüllte: Nämlich, ich bin der Waldwächter!, dann fiel Schnee von den Ästen hoher Bäume herab auf jede flüchtende Person, die hinter des Parkwächters Gesicht das Augenpaar einer Eule erblickt hatte. Eulen gab es damals im Park.

Ein Einbrecher

Ja, es war heiß in der Welt. Für eines Einbrechers Absichten noch lange viel zu heiß. (Das Wort Sonne, unachtsam geäußert, kränkte ihn sehr).

Der Einbrecher war geduldig. Er schlief ein wenig am

Ufer des Sees, ging umher, schlief ein wenig, trank hopfenstarkes Bier und blieb mit seinen Gedanken allein. Dachte er doch, wie er später (ein paar Monate noch!) werde einbrechen können: unverhofft, mit der ganzen Kraft seines Körpers.

So wartete er den Sommer hindurch auf den Herbst. Im Herbst, abends, trank er bis zu neun Glas Bier. Er schlief ein wenig, ging umher und sehnte (trotz vieler Ablenkungen, die es gab) den Winter herbei: der Frost möge den See endlich zufrieren lassen, nein, nein, nein, mit einer dünnen Eisfläche bedecken, dünn genug, Enten zu tragen, nicht einen erwachsenen Mann wie den Einbrecher.

(An Feuerwehrleute, die ihn wiederbelebten, richtete er ein gutes Wort.)

Ein Polizist

Faul war der Polizist auch zu jener Stunde, als der Polizeipräsident, lustlos seines Amtes, hinwies auf den faulen Polizisten und gesagt haben soll: Dieser da, der Faule, müßte mein Nachfolger werden und fleißig!

(Die Antwort des Polizisten, zu faul, den vollen Weg zurückzulegen, war, kurz vor dem Ziel, eingeschlafen auf der Treppe zum Polizeipräsidium, einer Freitreppe.)

Doch faul war der Polizist auch zu jener Stunde, als Bürger hintraten an seine Bettstatt, niederknieten, auf ihn einsprachen: Bitte, Polizist, steh auf, du mußt verhaften helfen! Endlich hat der langjährig gesuchte, als Sittenstrolch verkleidete Schriftsteller sich vorhin als Strauchdieb entpuppt!

(Der Polizist gab zu verstehen, man solle die Tür von außen ins Schloß fallen lassen, das Schloß schlösse lautlos.)

Und faul war der Polizist noch zu jener Stunde, als der Zoodirektor (ein Löwe von einem Menschen!) wütend anschrie gegen den Polizisten: Nun, Sie liegen hier rum, Uniformjacke nicht zugeknöpft, liegen hier rum, während draußen, am Straßenkreuz, – Skandal! – ein sibirischer Bär, gestern entlaufen, den Verkehr regelt, Autos betatzt, bei Grün brummt, bei Gelb brummt, bei Rot brummt!

Zwei Löffel Honig pro Stunde, sagte der Polizist, spendiere ich für diese Tätigkeit, mehr nicht. Ein Polizist, selbst einer wie ich, hat nur begrenzte Einkünfte, muß sparsam leben, nicht allzu üppig.

Ein Pförtnerbericht

Stimmt, es war der schroffe, selbstverständliche Auftritt dieses Herrn Eulenspiegel, der mich verblüffte und gleich ins Gebet nahm.

Das ist, fragte er kurz, die Streichholzfabrik?

Ich sagte Ja, er sprang, das hätten Sie sehn sollen, vorbei an der Pförtnerloge, stieß rauf bis zum dritten Stockwerk, bis zur Direktion, krachte, Bein angewinkelt, mit dem rechten Fuß gegen die Tür des Prokuristen Erich von Madras, die Tür gab nach, dieser Herr Eulenspiegel rief:

Herr Erich von Madras, gut, Sie sitzen, beachten Sie scharf! Entweder Sie reichen mir augenblicklich zurück, was mein Eigentum ist, Sie reichen mir freiwillig das Wort *Streich* zurück und nennen diese Produktionsstätte, was aufrichtig wäre, künftig nur noch Holzfabrik, oder ich werde Sie vor aller Welt...

(Ich erfuhr, es war die Drohung eines närrischen Reformisten. Abfindung lehnte er ab. Und natürlich, wir sind, weiterhin, die Streichholzfabrik, und ich, ich erkenne ihn wieder!)

Eine Dienstleistung

Ich bin, sagte der Straßenfeger, dienstlich hierhergekommen, ich bin dienstlich hier, bin verpflichtet, diese Ruine abzusuchen nach Besuchern, einmal dachte ich schon: Da hat jemand gelacht in der Ruine! – ich ging aber weiter, dienstlich, sagte ich mir, bist du verpflichtet, hinzuhören, wenn einer lacht in der Ruine, deshalb bin ich zurückgegangen und bin mal verpflichtet zu fragen, wasses da vorhin in der Ruine zu lachen gab, das hat vor allem der Lacher zu beantworten, doch mein Aufruf richtet sich an jeden Besucher dieser Ruine!

Ich mache eine Pause.

Ich bin still.

Nun. Nuuun? Die Antwort bitte! Die Besucher dieser Ruine werden aufgefordert, hinzuhören, aufzumerken, daß ich dienstlich hier bin und still. Und eine zweite Pause mache.

Eine Gelegenheit. Das ist eine Gelegenheit für den Lacher von vorhin. Er kann sich jetzt erklären.

Das ist gut so, ja?

Ich bin doch still. Antworte! Lach!

Geh nach Hause denn! Die Nächte im Schutt, hör mal, sind elend. Bist du Gesindel?

Still bin ich gewesen. Gefoppt hast du einen Straßenfeger, der was leisten wollte. Dich rausholen aus Steinhaufen nachts und wies friert! Da lach mal ruhig, du Feigling!

Kannst nur so lachen, wenn ich weggehe von hier dienstlich. Solche Leute duze ich nicht. Sie können lange warten. Sie! Ich war still. Sie! Sie hätten ja was sagen können. Ich hab zwei Pausen gemacht. Zwei. Zweimal umsonst.

Ein neuer Arbeitsplatz

Einst gerühmt, der Fledermaus an begabten Flugkünsten nicht nachzustehen, verließ der siebenundachtzigjährige Artist Gottfried Saturna den Abstellraum des Heimatmuseums, indem er Herrn Landeskonservator Keb el-Kebir, einem Türken, gegenübertrat und sagte: Gern, aber nicht nur gern, nein, auch dies, auch mit unverstellter Freude an der Sache, mit Spaß, ja mit Spaß und allen Schönheiten, die der Spaß bietet, nicht nur morgens ausgeruht, oft gegen Feierabend noch, ja zu Hause sogar, in der Küchenhälfte, immer, stets also, direkt oder in Gedanken, arbeitete ich – Sie wissen davon! – selbstlos an der Vollendung des Großen Skeletts, wie Sie, Herr Landeskonservator, jenes schadhafte Knochengerüst nennen, das unweit von hier aufgefunden wurde als Überbleibsel einer, man darf sagen: ungeheuren Flug-Echse, – doch nun, Herr Landeskonservator, bitte ich um sofortige Entlastung, denn ich bemerke neuerdings, von Tag zu Tag deutlicher, wie verführerisch solche Flug-Echsen, tot oder lebendig, auf mich einwirken und meine Erdenschwere herausfordern.

Zozoo, sagte Keb el-Kebir akzentuierend, zoll alzo Flug-Eckze nück fertick gemacht können? Gottfried Saturna hob ratlos die Schultern. Dann: Saturna lächelte still, glücklich. Er sah: der türkische Landeskonservator lächelte ihn an, still, glücklich.

So standen sie.

Bald aber, noch lächelnd, führte Keb el-Kebir den siebenundachtzigjährigen Artisten am Ellbogen über eine unbekannte Hintertreppe zurück in den Abstellraum des Heimatmuseums einer neuen, angemessenen Arbeit entgegen.

Ein Kongreßbericht

Die Wachmannschaft, das wünschten wir, hat soeben richtig beraten: sie nimmt Aufstellung da draußen, sie wacht nun da draußen, hier drinnen dankt jedermann anteilig, gesamt, warm.

Ein Kongreß ist Vorbild nach getaner Heimat. Anwesende sind.

Auch Patrioten haben prunklos genügt einer einzigen Aufgabe. National ist ihnen.

Ihnen das Wort! Ein Lenkrad auch, eins an ihre Hände! Gemeinwesen – mehr noch! – sind sie des Wohlwollens. Ruhig ihr seltener Schlaf.

Doch was geschieht?

Doch was geschieht am Portal?

Unruhe ist nicht hier drinnen unsere Sache. Unruhe ist drinnen und draußen ohne Erfolg. Anrichten kann Unruhe nichts, wenn die Wachmannschaft draußen rund um den Kongreß ausrückt im Igel.

So heißt es: Im Igel.

Von drinnen weiß jeder nach draußen: Ruck-Zuck machen sie's, falls Unruhe was anrichten sollte unerwartet da draußen!

Gut, das weiß jeder hier drinnen. Ein Kongreß im Vorbild. Wir haben hier drinnen unsere Aufgaben zu machen.

Anwesende sind gekommen über Nacht. Unterwegs Gemunkel. »Psst...!« so sprach man, »psst...!«

Nun spricht jeder. Das sollte jeder mitanhören jetzt. Einmal ist jeder bestimmt zur Nation. Verläßlichkeit wiegt drauf. Dies und manches kann woanders zetteln, hier nicht!

Voll ist ein Kongreß anhand von Stimmen nun. Doch was geschieht? Doch was geschieht am Portal? Was ist da? Stehnbleiben! Achwas! Am Notausgang nicht. Nicht stehnbleiben am Notausgang!

Die Wachmannschaft, bahnbrechend sonst in Hab und

Gut, sie spricht, nein, sie schreit, rückwärts nach drinnen schreitend, laut von Gefahr? Achwas!

Gefahr, wo steckt sie, hm? Wo steckt oder steht die Gefahr? Es sind Fragezeichen.

Die Wachmannschaft, das wünschten wir, hat soeben erläutert: Draußen steht die Gefahr, immer nur dort, hier drinnen – ist's still! – hier hat ein Kongreß zusammengefunden, still, doch immer da draußen so ein Gerassel von Stimmchören nur! Nichts unverständlicher!

Nichtsnutziger nichts als dieser Straßenlärm dort am Portal! Na, ein Grauen ist das. Überhandnehmend.

Und eine Enttäuschung. Wer wird so empfangen? Teilnehmer?

Da flüstert ein Teilnehmer ins Ohr eines Teilnehmers trocken: Sehn Sie, jetzt! – jetzt schreitet die gesamte Mannschaft rückwärts nach drinnen, sie hat draußen keine Aufstellung mehr! Und ganze Jahre über, – nicht aufzuzählen! – wurde die Mannschaft einzeln gefüttert, Draht und Leder, in Liebe aufs Strengste, Beste – aber ja, sie schreitet zurück, ich darf doch sagen: sie stürzt ab vor dieser Landschaft da draußen bei entschiedener Beleuchtung! Kommen Sie, bester Kollege, wir wandern!

Es sind Fragezeichen hier drinnen.

Hat Unruhe von draußen was anrichten können? Hat die Wachmannschaft nicht standgehalten im ausgerückten Igel? Der Kongreß mittendurch entleibt durch wen? Draußen ein Himmel, der vor Hitze flimmert!

Ein Aufstieg

Ein Kind hatte einen Schmetterling gesehn, zum erstenmal. Ein Kind hatte eine Blume gesehn, zum erstenmal. Ein Kind hatte einen Baum gesehn, zum erstenmal. Ein Kind sagte: Ich bin seitdem darauf aus, meine Provision zu verdoppeln. Ich steige jetzt vier Treppen hoch, hier die

Tür, aha, ziemlich dunkel der Treppenabsatz, blödes Stufengeknarre, das Weib wohnt bestimmt unterm Dach, egal, Kleinvieh macht den Mist, naschön, Papierschild: Wullke-Doppelstein, Schneiderin, müßte doch heißen: Heimarbeiterin, so, jetzt klingeln, weckt das, sagt man, Tote auf, da, das Weib kommt schon, guten Tag Frau Wullke-Doppelstein, erschrecken Sie nicht, will nur schnell guten Tag sagen, nachkucken, was macht der Auftrag, die Achselklappen, die Litzennäherei, der dicke Uniformstoff, muß ja so sein, derb, widerstandsfähig, schaffen Sies denn, drängle ja nicht, eilt zwar, gern setze ich mich, nein, Unordnung, bitte Sie, Sie arbeiten doch vernünftig, nähen Sie nur, nein, wirklich, störe mich nicht an der Unordnung, habe schon viel gesehn.

Ein Besuch beim Gouverneur

für Otmar Alt

Aus der Gemeinde Affaltersbach, gelegen oberhalb der Mündung des Rio de la Jadlauken, zog, verärgert und kaum zu versöhnen, ein Schafhirte, ein Angehöriger des Vereins der Braunbärenfreunde, noch vor Sonnenaufgang hinunter in die Kreisstadt Novipasar, schritt gemächlich, tappte, hielt ein kleines Schaf, sehr klein, verborgen in seiner Hirtentasche, lief, sprach mit dem Tier.

(Das Tier, klein, verstand den Hirten aufs Wort. Es war gebürtig aus Kospuden, das ist nicht weit weg von Affaltersbach.)

Nichts anderes, so sprach der Hirte in seine Tasche (wo das Tier saß) hinein, hörst du, nichts anderes, nur dies eine wollen wir haben, nichts sonst!

Das kleine kospuder Tier, kleine Ohren, lauschte aufmerksam.

Es konnte die gewünschte Forderung bereits auswendig

hersagen, als es nachmittags um Fünf, rasch aus der Hirtentasche geholt und mitten auf den Schreibtisch des Gouverneurs von Novipasar gestellt, das empörte Geschrei des Hirten durch Kopfnicken und Mitsprechen unterstützte. Donnerwetter, schrie der Hirte um den Gouverneur rundherum, bald wird es Abend, mein Schaf und ich müssen dieses Novipasar in drei Minuten verlassen, doch kurz: ich hatte, – mein Herr, unterlassen Sie bitte, Ihren Revolver zu bürsten! – ich hatte für mich und meine Herde, fortschrittliche Tiere allesamt, wir grasen hoch an der Flußmündung, nichts anderes bestellt als eine Määäh-Maschine, ein Modell also nicht, das irgendwelche Gräser, irgendwelche Halme abmäht, sondern diesen einen Typ Maschine nur, der meine Herde bei Stimme erhält in Tagen der Not, auch dieses kleinste Schaf hier, das, noch im Kindesalter, nicht hätte mitsprechen müssen in dieser Angelegenheit, wäre uns, – fahrlässiger Gouverneur und Mogler! – richtig geliefert worden, was wir bestellt hatten, nichts sonst!

Eine Kriegserklärung

Noch kein Feldtelefon, kein Kabeldraht, kein Edelmetall, keine bronzene Büste verarbeitet zu Scharmützelzeug, noch ein Stein auf dem andern, keine Schlaflosigkeit, kein Gebumm, keine Lunte, kein Kanonier gut ausgebildet mit beiden Ohren zum Zuhalten beim Feuer, noch kein Stellungsbefehl, kein Graben, wo denn ein Drahtverhau irgendwo hernehmen und wie eines denn stehlen, weil keine Fabrik Eisendraht liefert, extra ein paar Meter rechtzeitig bestellt, ein paar Meter, kann sein, reichen wohl nicht, auch nicht vorhanden ein Schloß noch eine Patronenkammer für ein, das braucht man: Gewehr, eins, ach, ein Gewehr wird uns zu knapp, bringt uns in Verlegenheit dann, wieviele brauchen wir bloß, keiner rechnet das zusammen, alle zu sehr interessiert an anderen Sachen, kein guter Rat zur Stelle, kein Troß, was ist das, kein Lazarett mit dem Kreuz drauf, rot, kein Maler malt zwei Balken einfach mal rot, daß sie dem Lazarett aufgesetzt werden, keine Burgwälle im Land, Zugbrücken fehlen drunter und drüber, auf Schießscharten sind Käuz'chen versessen, nisten dort und nisten und keins dieser Käuz'chen ist einverstanden, wenn ein Musketier eine Muskete durch eine Schießscharte steckt, kein Verständnis für eine Kriegserklärung überhaupt, kein Mann geht nach der Uhr dieser Stunde, zu Haus sitzen sie, zu Haus sitzen sie, wo leben wir denn, welche Zeit, was passiert nicht?

Träumerei

1

(Nun, was sagt er? Was sagt der Flegel dort auf der Banke?)
LassenSiemich, sagt der Flegel (ein jugendlicher, doch bereits in diesem Alter auf das Revier der Tollpisten raufgeholter Flegel), jetztendlichraushierausIhrerFaulenzerei!

Ah-rahrah! lacht der Davorsteher verletzend, was sackten Sie da?

Möchte jetzt gehn, sagt starrsinnig der Flegel.

Flegel, sagt der Davorsteher still, haben Sie nicht heute nacht dem LiebenGott eins übergebraten, rah? Mit Liederbrüll auf Offnerstraße *Morgenfrüh wenn Gottwill wirstduwiederversteckt?*

Sackte ich: eins? Dann ist das falsch. Sackte ich: übergebraten? Dann ist das unvollständig. Richteuch is: *ein paar* übergebraten! Richteuch is: über den Wirsing gebraten, übern Kopfe!

2

Eine geistig fein veranlagte Dame, Tochter eines hohen Beamten, wächst sehr behütet auf. Ihr Leben ist geordnet, von Wirtschaftsfragen braucht sie nichts zu wissen. Die wohlhabenden Eltern halten sie fern von jeder Sorge.

Sie pflegt ihre Talente, sie widmet sich den Schönen Künsten. Sie richtet gern den Tisch, wenn Gäste kommen. Sie ist die Tochter der guten Familie, von der man weiß, daß der Gatte erscheinen wird, der sie durch ein gesichertes Leben führt.

Was aber tut der Flegel? Was bietet ihm das Leben? Gibt es Angebote?

3

Der Tollpist, er hat Erfolg. Er klimmt fortan. Zulässigkeit, Freud und BleibedireineLeiste ebnen den Weg in gesiechte Zrunft. Eine zergründliche, ferne Auswildung fließt in jeden Tollpisten ebenso rein wie der Verderb durch FührerErscheine. Und verwechslungsreicher Dienst meidet den Menschenverstand.

Ihre Schanzen sind die gleichen!

Handgeschriebene Lebenslinie an das Kommando der Nutztollpisten!

4

Ihre Pernalien, bitte!

5

Die Sprache der wahren Höflichkeit erhöht nicht allein unsern Geist, sie belebt auch unser Gefühl für das Gute und Schöne. Unser Zeitalter scheint dieser Würze des Lebens immer weniger Wert einzuräumen. Unablässig müssen wir daher an der Bildung des Herzens arbeiten.

6

N'bißchen schneller doch! Staatsangehörigkeit erworben wann?

Durch Geburt.

Durch Ihre Eltern! Vater auch Schrifthelfer?

Nein, Schriftsteller. Dichter. A. von Chamisso.

Italjener. Ausländer. Nein?

Nein.

Nicht? Seit wann nicht?

Seit Geburt nicht.

Was lachense da! Sie haben doch, wie ich hörte von Herrn Davorsteher, dem LiebenGott ein paar Ordentliche übergebraten übern Wirsing heut nacht mit dem Lied vom Wiederverstecken, wenn es der Gott will. Wollense mal erklären, was Sie da sagen wollen, Herr Schalnüsso! Muß sich einer wiederverstecken, wat? Vorher unterschreiben Sie hier, daß ein gebührenpflichtiger Verweis auf Ihre Kosten von Ihnen anerkannt wird. Hier unterschreiben! Hier unten. Ich hab keine Zeit. Das Amt für Öffentlicheordnung ist kein Wort für Sie zum Sodastehen und zum Solachen. Hier ist ein Dienst!

7

Verreckt! steht nicht auf dem Dienstplan, trotzdem ist ein Glas Sekt diesen Söldnaten zu gönnen.

Als letzte Übung des Jahres läßt der Halali-Fizier ausnahmsweise die Pfropfen knallen. Das war sein Versprechen an die Söldnaten, die beim Orientierungsmarsch alle Kontrollpunkte richtig und in kürzester Zeit anliefen.

Auch wir könnten zufrieden sein, wenn unsere Söldnaten den einzig richtigen Auftrag erfüllten, der ihnen zu verdienter Ruhe verhilft. Früh genug müssen sie wieder treten, und keiner ist auf dem Posten. Alle sehr verkühlt, unsre Söldnaten der Hundesmär. Alle in mittlerer Reife, unsre Fiziere der Hundesmär.

8

Ordonnanz! Einer ohnmächtig! Die Krankentrage!

9

(Nun, was sagt er? Was sagt der Flegel dort auf der Banke des Tollpistenreviers?)

Er sagt: LassenSiemichjetztendlichraushierausIhrerFaulenzereiZweigniederlassungAllererstenRanges!

Ah-rahrah! ruft der Davorsteher nervös und laut, wo ist

denn mein Revoltzer zum Ranschießen! Dem LiebenGott ein paar übern Kopfe gebraten hat der Flegel heut nacht! – und jetzt, jetzt sackt der Flegel irgendwas, was Tollpisten verleumt, kränkst, flehmügelt, grämt, grabsetzt?

10
Möchte jetzt gehn.

11
Hier unterschreiben! Alles! Auf Ihre Kosten! Hier unten!

12
Schlechte Träume sind Auswirkungen von Völlerei. Auch deinem Vaterland entnimm nur das, was du beileibe vertragen kannst. Sonst wirst du erbrechen. Das aber ziert nicht und schadet nur.

Fibelgeschichten

Kinderbuch, reich illustriert

Der Vater ist erwachsen. Der Vater fragt den Sohn: »Haben wir heute Donnerstag?«
»Wir haben«, sagt der Sohn, »eine Tüte Pflaumen.«
»Gut«, sagt der Vater, »wir haben eine Tüte Pflaumen und hoffentlich Donnerstag.«
»Vater«, sagt der Sohn zum Vater, »möchtest du eine Pflaume haben?«
»Ach«, ruft der Vater, »heute nicht, vielleicht morgen. Da haben wir hoffentlich Freitag, da bekomme ich eine Pflaume von dir.«
»Nein«, sagt der Sohn, »morgen, das ist zu spät für dich, morgen ist nichts mehr da!«

Ein Rekrut geht vorbei

Man sah den Menschen angetan mit einer Kopfbedeckung, die er kostenlos erhalten hatte irgendwo.
»Vielleicht«, so wird gerätselt, »vielleicht kommt er mit dieser Kopfbedeckung demnächst sogar durch dieses ganze Land.«

Aus dem Protokoll über den neuen Stadtteil

In wenigen Straßen können hohe, grüne, ausladende Baudenkmäler besichtigt werden. Ihre kugligen Dächer (aufgesetzt auf kräftige, naturbelassene Stämme) gewähren Schutz bei Regen, spenden Schatten bei Sonnenlicht.
Alle Baudenkmäler werden bewacht von uralten, traurigen Hunden. »Bäume«, so sagen die Hunde.

Dämmerstunde im Automobilverkaufsladen

»Wieviel wollen Sie anlegen?« fragte der Verkäufer den Interessenten.

»Eine«, sagte der Interessent, »eine einzige nur. Jedem Herrn Ihrer geschätzten Firma eine einzige Handschelle nur.«

Erster Brief nach dem Einzug

Wir fragten nicht lange, wir fanden eine Tür zum Rein und Raus, ein Fenster, eins mit durchsichtigen Scheiben, dahinter, da draußen, je nach Wetterlage, sind Wolken zu sehn oder keine, wir fragten nicht lange, fragten nach nichts.

Ein Nachbar, dem wir behilflich sein wollten, sagte wörtlich: »Danke, ich brauche keine Tür, ich habe ein Fenster!«

Der Jüngling gerät an den Sprecher des Reisebüros

»Sie sind jung. Sie könnten wandern. Hier ein Foto! Die Gegend ist ländlich. Nicht eine einzige gepflasterte Straße. Man geht über Wiesenteppiche. Man wandert einen langen, geraden Weg dahin. Und hier, am Auslauf des Wegs: Eine Katakombe aus dem Dreißigjährigen Krieg, – die Jugendherberge!«

*Was einer vorzufinden verlangt
für sein Eintrittsgeld*

Einen sauberen Anstrich der Sitzbänke. Keine Engel am Orchestrion, dafür Nutten. Eine Mittagsmahlzeit der Sauerkohlesser. Das Konterfei der Dompteuse an einem Bretterzaun, der einen guten Geruch an sich hat. Einen

Glücksstand mit Hauptgewinnen aus Alabaster, was die Südländer unterstützt. Ein Fackelanzünden um die Mitternacht, das auf vierzehntausend Polizeisportler hinableuchtet ins Stadion. Eine Kapelle, gemeint ist keine Kirche, sondern ein Orchester. Einen gesunden Toilettenraum, ohne jedoch vom Toilettenmann ausgenommen zu werden wegen seiner schäbigen Rente. Eine Scheuerkolonne und einen neuen Anstrich der Sitzbänke.

Äußerung der Eule während eines Interviews

»Unerschwinglich und fußkalt sind zZ. alle Appartements in den Fertighäusern der Weisheit. Ich bin also, falls Nachfragen sind, wieder anzutreffen im Wald.«

Begegnungen sind vonnöten

Der nachgewiesen beste Haubentaucher traf oft zusammen am See-Ufer mit einem Angestellten der Kriminalpolizei (im Außendienst).

»Spurlos verschwunden, spurlos!« hörte der Haubentaucher den Mann eines Nachmittags flüstern.

»Er hat recht«, sagte der Haubentaucher, »die Sonne – spurlos verschwunden!«

Sanierung der Stadtviertel

Er saß auf seinem Koffer mitten im Steinstaub. Das Haus war zusammengesackt. Ein Sprengmeister hob den rechten Arm, zeigte, laut schreiend, laut aus trocknem Hals, in eine Richtung, die er empfehlen konnte. Der Sitzende aber, – wer soll auf diese Idioten auch aufpassen! – blieb sitzen auf seinem Koffer, winkte.

Bericht über den Wohnwagenverkauf

Einer blieb. Die anderen hatten Anstoß genommen an der abgeblätterten Farbe der Außenwände, an der Leinwandbahn anstelle der Tür, am Zustand der Räder, an der Vollgummibereifung, die mittlerweile, zertrocknet von der Sonne, immer mehr ausgebröckelt war. Der eine fragte herausfordernd: »Und wo ist die Stoppuhr des Clowns? Wo ist sie versteckt im Wohnwagen? Sie wissen, der Clown arbeitete sekundengenau. Nur *er* hörte das feine Geläut, wenn der Zeiger auf die Standziffer sprang. Wo ist sie?«

Er verbat sich die Antwort, er zahlte, er stieg, ungeschickt, in die Türöffnung, riß, versehentlich, die Leinwand von der Türleiste runter, das brüchige Tuch bedeckte ihn jetzt für Sekunden, dann warf er es ab, und in der Maske des Clowns, er war es, verschwand er im Wohnwagen, den er erworben hatte.

Das geduldige Warten

Zwiszitski zog das Taschentuch, trocknete die Stirn. Er kannte das Klappern der Schiebefenster, das Getuschel und Gezänk am Schalter. Ein Mann kam auf ihn zu, sagte: »Ich bin Ihr Sachbearbeiter, ist es noch dieselbe Sache?«

»Ja«, sagte Zwiszitski, »sie marschieren bereits über den Hof. Die Kommandos erschrecken mein Kind. Ich glaube, das geduldige Warten ist falsch. Die Säuglingsfürsorge muß eingreifen!«

»Moment«, sagte der Sachbearbeiter leise, »nehmen Sie Platz, ich komme gleich wieder, ich hab einen guten Gedanken!«

Schema zur Verunglimpfung der Reiselust

Es geht in dieser Ferne beständig überall ein Mann umher mit einer Mütze in der Hand. Die Mütze in der Hand dieses Mannes besagt nicht: Ich bettle!, sie besagt: Ich grüße euch! Dieser Mützenmann kommt uns entgegen, er grüßt uns, wir grüßen zurück, wir gehen weiter, er jedoch, der Mann mit der Mütze, wenige Schritt Abstand haltend, geht hinter uns her, wiederholt beharrlich den Satz: »Ich grüße euch!«

Da bleiben wir stehn, sagen: »Schon gut, hau ab, verschwinde jetzt endlich!« Da verschwindet er gleich, aber dort, in dieser Ferne, da sind auf einmal Pferde um uns herum, die den Weg vorschreiben und entlohnt werden wollen, entlohnt dafür, weil sie uns verschweigen, daß sie Karussell-Pferde sind, wir aber, wir lebten nur auf ihren Rücken im Kreise herum dies Weilchen.

Die Abwehr von Katastrophen
ist der gesamten Bevölkerung auferlegt

Die Nase platt am Fenster der Versammlungshalle? Ja. Sind sie jetzt aufgestanden von den Stühlen da drinnen? Ja. Singen sie jetzt? Ja, sie singen: »Du sollst das feste Palladium sein!« Wer ist das? Üblich ist dieser Gesang wohl nicht?

Und die Nase platt am Fenster der Versammlungshalle? Ja. Und was bedeutet der Satz: »Wenn Sie uns hier beobachten, knallt's!«? (Sprich ungeniert in deiner Muttersprache, sie ist unverwüstlich.)

*Ein älterer Herr zeichnet mit dem Stock
Sandwegfiguren*

Wie sieht eine Wachtel aus? Oder ein Wachtelhund? Der Nachbar hat eine Laube. Der Nachbar hat einen Wachtelhund vor der Laubentür. So, das ist ein Schnabel. Im Schnabel sitzt der Nachbar. Er ist klein. Er hat eine Gießkanne zur Frau genommen. Da ist sie! Das runde Ding ist ihr Kopf. Der hat immer was zu gießen. Wer sie anspricht auf eigne Gefahr, wird umgeregnet von ihr. Sie kann den Wachtelhund nicht leiden. »Er soll«, sagt sie, »Wachhund heißen!« Der Nachbar sagt zu seiner Frau: »Ich sitze gut im Schnabel des Wachtelhunds, bitte laß es dabei!« Aber die Gießkanne regnet naßkalt zurück: »Schuld daran ist dieser Kerl, der uns hier aufmalt. Er soll uns auslöschen, dann ist alles in Ordnung!«

Ein Frackverleih in Nöten

Wir haben uns umgestellt. Die Mitarbeiter unseres Instituts klopfen demnächst an Ihre Tür. Ansichtskarten (nicht im Treppenhaus vorzuführen, eine wichtiger als die andere!) vermitteln Ansichten jener Gesellschaft in Schwarz, der wir die Treue halten, obschon, zweifellos, eine andere Farbe uns heftige Konkurrenz macht.

Ein Augenzeuge spricht

»Da ergriff der Vorsitzende plötzlich das Wort, führte es durch den Seitenausgang kurzerhand hinaus ins Freie und kehrte wortlos zurück unter Applaus für seine Geistesgegenwart in prekärer Lage.«

Der kleine Dieb

Er ist breitschultrig und trägt zum Spaß eine Schiebermütze nach Art der Einbrecher alten Stils. Zu seinen Spezialitäten gehört der Mundraub, der nicht sonderlich geahndet wird. Auf frischer Tat ertappt wurde er neulich und rief Empörung hervor wegen seines unverschämten Auftritts im Rathaus, wo er den Bürgermeister in die Tasche steckte und im Fortgehn zu ihm sagte: »Reg dich nicht auf, ich bin von der Gesundheitspolizei. Eine kurze Untersuchung, nichts Ernstes!«

Postkarte an die Freundin

Mein Reisebegleiter ist ein verarmter Turnlehrer. Ehrenamtlich erzählt er Quatsch aus früherer Zeit, als er im Handstand auf Reisen ging. Die Leute geben ihm ein paar Mark. Aus Dank schießt er Kobolz. Mühsam natürlich. Wir haben getrennte Zimmer.

Auf einen Sieger im Wettfahren

Es ist bewundernswert, wie die teilnehmenden Herren es fertigbringen, in Ausdauer so zu handeln, daß sie ohne Schädigung imstande sind, derart schwierige Fahrten zu vollführen über Stock und Stein. Der Mann und das Fahrzeug, einer mit dem andern, beide sind miteinander verwachsen rüstig. Das empfindet auch der ungebildete Mensch.

Außerordentlich war heute der Sieger! Selbstvergessen spaziert er zum Bahnsteig des kleinen Bahnhofs. Der Abend naht, und der Eisenbahnzug fährt mit dem Sieger vorbei am Sonnenuntergang. So war es verabredet. Morgen ist Montag.

Ein Verhör

»Sie wollten den Katzen das Biertrinken beibringen? Schon seltsam. Was versprechen Sie sich davon? Ruhm als Dresseur? Was husten Sie? Haben Sie was? Wollten Sie mit Hilfe der Katzen Ihre Existenz aufbessern? Das ist unvernünftig. Bitte unterlassen Sie das, sagen Sie nicht Miau zu uns, wir sind, schämse sich, keine Kinder!«

Mondfähre

Ein Imker (er hatte viel erreicht im Bienenstaat) verlief sich spät in Waldestiefe, bekam Hunger, hungerte sehr.

Nachts wurde ihm auf die Beine geholfen von einem barmherzigen Bären, der den Imker aufmerksam machte auf den Honigmond, indem er zum Imker sprach: »Dieser dort, dir zu Ehren! – Komm!«

Vor Redaktionsschluß

»Schreiben Sie also«, sagte der eine Mensch zu dem andern Menschen, »schreiben Sie: Der vierbeinige Mensch ist wie geschaffen für künftige Ausflüge zum Mond und anderswohin ins All und darüberhinaus. Der vierbeinige Mensch – auch andere Verdoppelungen werden willkommen sein! – entsteht zunächst durch Abschürfen seiner aufrechten Gangart, ferner durch sinnvollen Gebrauch seiner künftigen Vorderfüße. Das heißt, wohlverstanden, der vierbeinige Mensch entsteht nicht durch kindhaftes Herumkrauchen auf allen vieren, sondern in Vorbereitung seiner Aufgaben als künftiger Mensch hat er sich um ein zweites Paar Beine redlich zu bemühen, und zwar so sehr, bis der Fortschritt, – hier steht dieses Wort einmal an richtiger Stelle! – sich regelrecht einfindet, und nun, nun, nun erst recht, eingedenk künftiger Dimensionen, fordert der Fortschritt vom künftigen Menschen den unermüdlichen Fleiß. Mithin: Der fleißigste Mensch des neuen Jahrhunderts wird zugleich sein erster Vierbeiner sein! – Das genügt! Bitte sofort in die Setzerei mit dem Text, es eilt!«

Traum des unbehausten Zwergs

Er mietet eine Kutsche. Ein Grashüpfer wird engagiert, wird vorgespannt. Sie fahren zum Quellgerinnsel. Wohlstand hofft er zu finden: einen goldenen Tannenzapfen als Palais oder als sowas, einen Platinhaken zum Daranhängen seiner Zipfelmütze.

Er ist angelangt. Er sitzt am stillen Ufer. Er pflegt den Grashüpfer gesund, dem er alles verdankt. Seine alten Hände, in die er spuckt, hantieren langsam.

An den Rand der Untertasse legt er die halbvertrocknete Blüte, die er neben einem Geröllhaufen fand. Als er Wasser in die Höhlung gießt, sagt er mit Zwergenstimme: »Sauf man, sauf!« Er spricht das ziemlich grob in den Waldzauber hinein. Er will nicht zum Ehrenmitglied der Landschaftsfreunde ernannt werden, deren listiger Sekretär ihm nachstellt trotz angedrohter Hiebe.

Aus dem Jahre 1525

Man beuge sein Haupt vor dem Herrschenden tief genug schon da, wo er noch in der Entfernung ist. Weniger tief in geringerer Entfernung. Vollends erhebe man sich vor dem Herrschenden, sobald er dicht vor einem steht. Und nun, sanft, errate man seine Antwort auf die erwiesene Freundlichkeit.

Alte Fabel

Dem Esel zu Füßen lag die Welt. Der Esel nahm es gelassen. Hinter seiner grauen Stirn wachte der Streik.

Eines Tags sprach der Esel für sich: »Wenn alle Stockhiebe, die ich zeitlebens empfing, plötzlich herausbrechen aus mir und sich selbständig machen in dieser Welt, dann geht diese Welt zugrunde. Deshalb verlasse ich mein Amt heimlich. Deshalb der Streik, bevor Schlimmes passiert.«

Der arme Poet

oder: Carl Spitzweg (1808–1885)
porträtiert am Tage der allgemeinen Mobilmachung,
am 2. August 1914,
(zwecks Neufassung seines Bildes vom armen Poeten)
den deutschen Dichter Paul Scheerbart (1863–1915)

1
Der arme Poet wird Reichtümer erwerben.

2
Der arme Poet ist ein dicker Mann, er trägt einen Kneifer. Das Gesicht des armen Poeten hat einen eulenhaften Ausdruck. Die buschigen Augenbrauen sind angewinkelt. Die Gläser und das Gestell des Kneifers und die angewinkelten Augenbrauen machen aus dem runden Gesicht des armen Poeten kein Eulengesicht. Das Eulengesicht entsteht durch die weitgeöffneten Augen, durch die großen Pupillen, durch den Blick des Nachtvogels, der einsam lauert.

3
Der arme Poet hat einen Mondkopf.

Diese Bezeichnung für den Kopf des armen Poeten hat ein Freund erfunden. Der arme Poet liebt diese Bezeichnung.

Von Herzen lacht er über den Verlust der wenigen, ganz kurzen Haare auf seinem Schädel.

Lacht der arme Poet, so lacht er unmäßig.

Er läßt sich auf die Liege fallen, er liegt auf dem Rücken. Er strampelt vor Gelächter mit den Beinen, er heult Tränen vor Gelächter. Die gezwirbelten Enden seines Schnurrbarts zittern, der Kneifer springt ab von der geröteten Nase. Der arme Poet hat einen seltsamen Ruf: den eines Adepten der Lachkunst.

4
Jetzt frühstückt der arme Poet.

Er trinkt Bier aus einem Weißbierglas, er ißt Brot mit geschabtem Hering, er streut Salz auf trockenes Brot.

5
Seit einer Woche hat der arme Poet kein Gedicht mehr geschrieben. In seinem letzten Gedicht sprach er von einem Kometen, der einen schwarzen, gespaltenen Schweif bekommt und plötzlich aussieht wie ein Menschenfrack.

In seinem vorletzten Gedicht sprach er von Flaggenstökken, die tief eindringen in unsere alte Erde.

6
Der arme Poet steht auf vom Frühstückstisch. Das ist ein schmaler, wackliger Vierbeiner ohne Tischtuch.

Der arme Poet ist ungeschickt heute früh. Beim Aufstehen vom Frühstückstisch stößt er mit dem Bauch gegen die Tischkante. Das bißchen Bier, das noch drin war im Weißbierglas, schwappt auf den Fußboden. Der arme Poet nimmt das Weißbierglas vom Tisch, er setzt es an die Lippen, er schlürft den Rest Schaum, er stellt das Glas zurück auf den Tisch, er trocknet den Schnurrbart am Jackenärmel ab, er hat nichtmal die nötige Laune für einen Fluch.

7
Der arme Poet wird Reichtümer erwerben, er weiß das.

Er wird die Maschine erfinden, die bisher noch keiner erfand: Das Perpetuum mobile, das todfreie Herz der Mechanik. Der arme Poet wird diese Maschine in Gang bringen durch jenen ersten und einzigen Anstoß für den ewigen Lauf einer von selbst arbeitenden Kraft. Diese Erfindung wird stärker sein als jeder Streik.

Mit seiner Erfindung wird der arme Poet aufrufen zu einer Völkergemeinschaft.
Plackerei wird lächerlich werden. Krieg wird lächerlich werden. Der arme Poet weiß: nicht *er*, sondern diese Erfindung, sie selber wird den Aufruf formulieren.

8
Der arme Poet hat einen zweiten Tisch in seiner Stube.
Auf der Tischplatte des zweiten Tisches steht der Apparat namens *Perpeh*. Der arme Poet nennt seine Konstruktion zärtlich *Perpeh*. Er wird sie vollenden. Sie wird ihm ein paar Wünsche erfüllen. Ihm und seinen Freunden, die er einladen wird zu einer gemeinsamen Reise mit der Eisenbahn von hier bis Nowaja Semlja und zurück. Nowaja Semlja, das sind zwei russische Inseln.

9
In der Stube des armen Poeten liegt neben dem Ofen das Manuskript eines ersten Entwurfs dieser Reise:
»Jeder fährt gratis. Jeder bekommt eine Hin- und Rückfahrkarte. Wir treffen uns früh. Anhalter Bahnhof. Bierkästen bereitgestellt in den Abteilen. Schnaps und Selters. Belegte Brötchen. Sekt. Lachsschinken. Rauchkäse. Butterhörnchen. Gekochte Eier verpackt in Holzwolle. Pasteten. Weißbrot. Landbrot. Äpfel. Weintrauben. Ananas. Mirabellen. Pfirsiche. Alles in Körben. Dauerwürste. Erst sattfressen, dann essen! Dann auswählen, zusammenstellen. Schinken auf Tilsiter Käse, gebackene Bananen auf Blätterteig. Wein. Mosel. Franken. Rostbeaf. Karlsbader Oblaten. Ich lese, zur Belustigung, mit verstellter Stimme verschiedene Partien aus meinem Buch *Rakkóx der Billionär*. Während der Lesung fahren wir schon. Während der Lesung trägt jeder einen Schamanenhut. Wer einschläft, wird geweckt in Petersburg. Dort umsteigen in die sibiri-

sche Eisenbahn. Vorher Mittagessen im Wartesaal erster Classe. Aber ja! Kronleuchter. Aber ja! Gehänge aus lauter Prismen. Champagner. Parkettfußboden. Filz unter den Stuhlbeinen. Flinke Salon-Kellner aus Odessa. Man begreift, wer wir sind! Der Erfinder und seine engsten Mitarbeiter. Wir befeixen uns. Wir tanzen im Sitzen. Wir lassen Rubelstücke über den Tisch kullern. Einer kullert sie dem andern zu. Einmal der Riesenspaß. Rauf bis zum Eismeer. Die beiden Inseln.«

An dieser Stelle sind zwei Wörter durchgestrichen.

Dann deutlich das Wort *Kaskade*. Gleich darunter ist das Blatt schräg abgeschnitten.

10

Der arme Poet macht den Rücken krumm.

Er beugt sich hin zu seinem Apparat. Er betrachtet ihn aus weitgeöffneten Augen. In den Gläsern des Kneifers: der Eulenblick. Der arme Poet beißt sich auf die Unterlippe wie ein Schulkind während der Hausaufgaben.

Er tippt an das wichtigste Detail seiner Maschine, an den auslösenden Perpendikel, dessen Funktion der arme Poet längst verworfen hat, weil dieses justierte Pendel jedesmal aufschwingt, jedesmal zentrifugiert, jedesmal zum Stillstand kommt.

Der arme Poet schreibt an einen Freund: »*Perpeh* läßt schön grüßen! Es will noch nicht. Ich muß weiter erfinden! Keine Angst, ich schaffe es schon.«

11

Der arme Poet verläßt die Stube.

Die Tür zum Treppenhaus bleibt offen.

Zugluft von draußen stößt an Papierblätter. Auf dem Fußboden unter dem Fenster wirbelt Staub durch das lange, grelle Rechteck der Vormittagssonne.

Der Fensterkreuzschatten.
In der Maschine auf der Tischplatte des zweiten Tisches ruckt bewegliches Gestänge leblos gegen den Perpendikel.
Der arme Poet kommt zurück.
Er macht die Tür zu. Er tut das mit dem linken Fuß. Er stellt zwei volle Kannen Bier aufs Konsol. Eine wird geöffnet.
Der arme Poet lacht schnauzend: Bier löscht den Brand. Das Weißbierglas war schon ausgetrocknet.
Er trinkt. Das löscht.

12
Es brennt ja nichts. Es sind die Verlustlisten weiß und ohne Namen. Es geht der Sommerhimmel nicht in Feldgrau über. Es sind die Nachbargrenzen unverletzt. Es wird der arme Poet eines Tages Reichtümer erwerben. Es wird die gemeinsame Reise nach Nowaja Semlja nicht verhindert werden. Es gibt die Arbeit. Es ist Vormittag.

13
Der arme Poet stellt das Glas auf den Frühstückstisch. Bier löscht den Brand. Spült freundlich in leere Mägen.
Der arme Poet setzt sich an den Frühstückstisch. Aus der Schublade kramt er das Stück Zeichenpapier mit der halbfertigen Zeichnung *Ein Himmelsgestirn lacht in großen Flammen über alles Luderpack der Welt.*
Der arme Poet setzt winzige, schwarze Tuschepunkte nebeneinander aufs Papier. In einem Feld nadeldünner Punkte schwebt die Kontur des Sternkörpers, dessen Gekicher durch den Weltenraum glüht, angetan mit einer Nachtkapuze.

14
Der arme Poet soll auf der Erde bleiben, sagen einige Freunde des armen Poeten.

15
Unten, im Hausflur, fängt sich der Wortschwall: Links rechts, links rechts, zwei drei vier! Links rechts. Zwei drei vier, rechts! Die Tür zur Stube des armen Poeten wird von draußen, vom Flur her geöffnet: ein Schlag, jemand schlägt auf die Klinke, wirft ein Zeitungsblatt in die Stube des armen Poeten. Der Unbekannte schreit durchs Treppenhaus: Extrablätter! Die ersten Batalljohne im Eilmarsch bereits! Der Kaiser sagt: Wir schaffen es! Das Volk wirft Blumen und Kreissägen in die Luft!

(Kreissäge, das ist die launige Bezeichnung für einen flachen, rundkrempigen Strohhut, wie ihn bisher die Männer trugen aus mancherlei festlichem Anlaß.)

16
Der arme Poet hat Hunger. Er bestreut eine Scheibe Brot mit Salz, er trinkt Bier aus dem Weißbierglas. Er stiert eine Fliege an, die zwischen den Brotkrümeln sitzt.

Ein Fliegensommer. Ein Sommer der kleinen Blumensträuße in Gewehrläufen.

17
Der arme Poet legt das Zeitungsblatt aufs Fensterbrett. Er heftet es mit Reißnägeln ans hölzerne Gesims. Er zerbröckelt den angeschnittenen Brotlaib, er legt das zerbröckelte Brot den Spatzen zur Mahlzeit hin.

18
Spatzen! schreit der arme Poet, freßt! Freßt alles auf!

19
Er steht am Fenster, er starrt nach draußen. In den Gläsern des Kneifers blitzt die Sonne. Nein, er rührt das Brot nicht an. Wortlos sagt er: Ich esse das nicht. Die Zeit wird kommen, da habe ich zu essen.

Der arme Poet schüttet das Salz in den Mülleimer. Die Spatzen werden heute und morgen nervös umherflattern und angestrengt arbeiten, bis das zerbröckelte Brot nicht mehr da ist. Sie werden Durst bekommen.

Der arme Poet stellt eine Kaffeetasse mit Wasser aufs Fensterbrett. Er bleibt stehn am Fenster. Er hört Kommandos.

Gut, sie sind losgezogen, aber sie werden nicht losschlagen aufeinander. Ein Konflikt ist entstanden, ein Krieg wird nicht entstehen. Er, der arme Poet, wird ihn verhindern. Er beginnt den Hungerstreik. Jetzt. Ab nun.

Hinter den Gläsern des Kneifers lauert der Eulenblick des armen Poeten. Er wartet ab.

In der Fensterscheibe erblickt er sein Spiegelbild. Den Mondkopf. Der arme Poet streckt seinem Spiegelbild die Zunge raus. Dann beobachtet er die Spatzen, die sein Brot auffressen. Er hört Kommandos. Er bleibt stehn am Fenster. Er hat das Salz weggeschüttet, er braucht es nicht. Er wird Reichtümer erwerben. Es gibt keinen Krieg. Jetzt nicht oder sonstwann. Dieser Streik wird gelingen.

20
Der arme Poet weiß das.

Neue Fibelgeschichten
1971

*Dem Liederdichter um 1840:
A. W. von Zuccalmaglio,
u. a. Erfinder des Liedes
»Dreimal um das Kästchen,
ich weiß nicht, was da flog.«*

Ein Affe am Abend

Die Zeit vor dem Abendessen nennen wir Abend. Der Affe setzt sich, genauso wie wir, auf einen Stuhl, beginnt zu essen. Der Stuhl des Affen steht im Urwald, unser Stuhl steht in einer Stube, kann sein: in der Küche. Wenn wir das Abendbrot essen, sagt der Affe, sollten wir ihn von weither sprechen hören: »Guten Appetit!« Wir sind höflich, wir rufen, vielleicht etwas laut für einen Abend, in Richtung Urwald: »Danke, Affe! Und guten Appetit!« Dann gehen wir schlafen. Oder wir krauchen ins Bett. Der Affe am Abend läßt sich Zeit, er ißt Bananen. Kaum hat der Affe in die erste Banane gebissen, da wird der Himmel rot, die Sonne macht den ganzen Himmel rot, dann geht sie unter. Aber solche Sätze von einer untergehenden Sonne bewirken sofort, daß der Affe am Abend sehr laut lachen muß. Der Affe ist klug, er kennt die Sonne. Er weiß, was sie tut. Er nimmt sein Notizbuch, schreibt etwas hinein. Er macht einen Punkt hinter das Geschriebene. Der Punkt ist rund und kostbar.

Ein Erlaß über die Ausübung des Diebstahls in ferner Zeit

Jede wahlberechtigte Person, die sich dem Handwerk der Dieberei widmen möchte, ist verpflichtet ab Mitternacht sich einschreiben zu lassen bei einem Oberdieb und das Gestohlene sofort zu ihm zu bringen. Jede wahlberechtigte Person, die plötzlich einen Verlust bestimmter Gegenstände beklagt, ist aufgerufen ab Mitternacht ein Verzeichnis der vermißten Stücke anzulegen und dem Oberdieb einzureichen unter Angabe von Ort, Tag und Stunde, wo und wann also der Diebstahl stattgefunden habe.

Da nun auf diese Art das Gestohlene leicht wiedergefunden wird, hat der Bestohlene den vierten Teil des Wertes beim Oberdieb einzuzahlen und kann das Vermißte vollzählig in Empfang nehmen, eigenhändig. Oberdieb und ausübender Dieb teilen sich diesen vierten Teil in Gleichberechtigung und dem Gesetz gegenüber reinen Gewissens. So wird gegen ein geringes Lösegeld, das der Bestohlene entrichtet, allen Beteiligten geholfen.

Zu dieser Hilfeleistung, ohne Ansehen der Person, ist der Gesetzgeber verpflichtet, ja stets bereit während des Tages und während der Nacht.

Ein Schutzmittel und seine Anwendung

Es gibt verschiedene Mittel, die menschliche Haut unverbrennlich zu machen. Jeder schlechte Wärmeleiter dient dazu, bringt Segen.

Gut in dieser Hinsicht ist der Alaun. Ihn sollte man, eingedickt, auf die Haut streichen. Der Alaun, vielfältig in seiner Wirksamkeit, kann, mit Seife vermengt, zu einer Salbe verarbeitet und auf die Haut gestrichen werden, messerrückendick. Hat man Hände, Gesicht, Nacken, Brust,

Bauch, Beine, Füße, – kurz: alle Stellen des menschlichen Körpers, an denen Haut vorzufinden ist, durch dieses Bestreichen unempfindlich gemacht, so kann jeder Mensch, unbesorgt, glühendes Eisen anfassen, in geschmolzenes Metall greifen, in vielerlei Hitze sowieso. Die nächste Stufe der Unempfindlichkeit besteht in der Herstellung einer Mixtur aus gestoßenem Schwefel und Öl. Mit dieser Lösung müssen Mund und Rachen, Zahnfleisch und Gaumen gesalbt, gepinselt werden, um nun, ganz ohne Nachteil, alle brennenden Sachen, z.B. glühende Kohlen im Mund umhertragen zu können. Dies einfachste Hausmittel erspart jedem Land ungeheures Kapital, das aufgebracht werden muß für gefährdete Frontkämpfer.

Ein Abreißkalender sagt was

Jeden Morgen kommt einer daher. Einer streckt jeden Morgen seine Hand nach mir aus. Die Hand, wenn sie nach mir ausgestreckt wird, besteht aus dem Daumen und dem Zeigefinger. Die anderen Finger sind auch an der Hand, aber sie kenne ich nicht. Ich kenne den Daumen und den Zeigefinger, mit denen einer daherkommt, eins meiner Blätter greift und abreißt. Ich bin dann älter als gestern. Aber ich hänge an meinen Blättern, und meine Blätter hängen an mir. Wir haben uns gegenseitig lieb. Das könnte so bleiben, wenn nicht jeden Morgen einer daherkäme mit dem Daumen und dem Zeigefinger, um eins meiner Blätter, die ich nicht wiedersehe, abzureißen. Jetzt hat das Jahr begonnen, schon fehlen ein paar meiner Blätter. Auf jedem Blatt, auf jeder Rückseite eines Blattes, steht eine kurze Geschichte zum Vorlesen. Auf meinem Blatt vom 14. April steht die Geschichte:
»Regenwürmer sind nützlich. Sie lockern den Erdboden auf, sie bauen Gänge im Erdboden. In einem mittelgroßen

Feld leben tausende von Regenwürmern. Sie arbeiten unermüdlich und bewegen in einem Jahr viele hundert Zentner Erde.« Ich möchte einen Regenwurm besuchen. Jeden Morgen, wenn der Regenwurm seine Arbeit beginnt, werde ich älter, verliere Blatt um Blatt. Ich möchte arbeiten.

Eine Unsitte

Staube ab den Hirsch. Staube ab die Alabasterfigur. Hier ist dein Staubwedel aus Entenfedern. Hier das Tuch aus Flanell. Staube ab. Nimm diese Regentenzeichen. Spiele die Zither, singe dazu. Schwinge die Zither über dem Kopf deines Nachbarn. Er merkt, das wird gefährlich für ihn. So soll es sein. Rette die Fußbodenleiste. Die Hausgemeinschaft. Es ist eine Unsitte?

Es ist keine Unsitte. Es ist deine einzige Unsitte. Es ist deiner Unsitte nicht würdig, mit mir zu verkehren.

Oder aber ich irre mich zutiefst und ziehe meine Anspielung zurück. Dann hat das Gegenteil Oberwasser.

Ein Baumeister hat Hunger

Der hungrige Baumeister heißt Eosander. Er lebt nicht mehr so ganz, trotzdem hat er Hunger. Er hat, als er noch so ganz lebte, einen guten Teil Häuser und ein paar Schlösser gebaut, das heißt, er hat aufgezeichnet, wie die Handwerker bauen sollen, damit nichts umfällt, wenn es einmal steht.

Der Baumeister Eosander hat Hunger auf Bouletten, die auch Frikadellen heißen. Magenknurrend hüpft er leichtfüßig, er oder sein Geist, durch den Berliner Ortsteil Charlottenburg, wo es in einem alten Restaurant gut gebratene

Bouletten gibt. Der Baumeister nimmt seinen knurrenden Magen an die Leine und sagt zum Wirt des Restaurants: »Sechsundzwanzig Stück esse ich jetzt!« Der Wirt kennt das schon, er verschwindet und beginnt zu braten. Goldner Bratduft steigt in des Baumeisters Nase. Er hört Musik. Holzbläser. Leicht. Es schmeckt schon jetzt. Eosander bleibt geduldig. Geigen. Flöten. Der Magen springt umher. Da sind sie: sechsundzwanzig. Jede schmeckt. Eosander wird überrascht von neugierigen Personen. Was sind das für welche?

Es sind Einwohner Charlottenburgs, neuerdings andere Einwohner auch: Indianer, Ägypter, Italiener, Eskimos, Deutsche aus Deutschland, Franzosen, Lappländer – kurz: lauter hungrige Boulettenfreunde, die der Geist des hungrigen Baumeisters angelockt hat. Nun essen sie gemeinsam. Das sieht schön aus. Und wird unsere Raumflüge überdauern.

Ein Kaiser lebt weiter

Als nun damals der Kaiser einherritt durch die Straßen, da standen links und rechts an jedem Straßenrand sehr viele Menschen, die wollten den Kaiser sich ansehen, auch sein Pferd wollten sie ansehen.

Viele Menschen standen ganz vorn, sagen wir: in der ersten Reihe. Sehr viele Menschen aber standen in der zweiten, dritten und vierten Reihe. Und was hinter der vierten Reihe sich abspielte, hatte nichts mehr mit einer Reihe zu tun.

So kam es, daß sehr viele Menschen, um den Kaiser anzusehen, sich nicht nur auf die Zehenspitzen stellten, nein, sie reckten zusätzlich ihre Hälse, reckten sie mit so seltener Wucht in die Höhe, wodurch ihre Hälse, als der Kaiser fortgeritten war in der Dämmerung, lang gereckt blieben ihr Leben lang.

Das heißt: treffen wir bald auf einen langhalsigen Menschen, dann sollten wir ihn nicht verspotten oder bestaunen. Er ist ein Enkel oder Kindeskind jener Menschen, die den Kaiser hatten ansehen wollen in sonderbarer Gier, inzwischen abhanden gekommen und nicht mehr nachzuempfinden.

Ein Bär geht zum Bahnhof

dem Zeichner e. o. plauen (1903–1944)

Das sollte man nicht sagen: Dieser Mensch schläft wie ein Bär! oder: Dieser Mensch ist schwerfällig wie ein Bär! Betrachten wir uns den Bären heute nachmittag um drei Uhr, da geht er, in jeder Tatze einen Koffer, sehr flink zum Bahnhof. Angekommen am Fahrkartenschalter, stellt er beide Koffer auf den Boden der Bahnhofshalle. In seiner rechten Tatze hält er einen Fünfmarkschein, den er durch die kleine, halbrunde Öffnung im Fenster des Fahrkartenschalters dem Fahrkartenverkäufer hinhält. Der Bär sagt deutlich: »Ich möchte nach Kletterbaum, Sie wissen ja, hier gibt es nur Sträucher!«

Der Fahrkartenverkäufer nickt. Er gibt dem Bären die Fahrkarte, er legt sie auf die Innenseite der rechten Bärentatze, der Bär hält die Fahrkarte mit den Krallen seiner rechten Tatze fest. In seine linke Tatze nimmt er die beiden Koffer, geht aufrecht zur Sperre, läßt die Fahrkarte lochen. Der Mann, der die Karte locht, brummt ein bißchen. Der Bär brummt nicht, er sagt sich: Es genügt, wenn einer. Er schweigt also, geht über den Bahnsteig zum Zug, besteigt ihn, legt einen Koffer ins Gepäcknetz, den anderen auf einen Sitz und öffnet ihn. Dieser Koffer ist voller Zigarren. Der Bär nimmt eine dunkle Zigarre, zündet sie an, raucht Kringel. Die Lokomotive raucht helle und schmutzige Wolken. Plötzlich, während der Fahrt, muß der Bär zur Toilette. Weil die Toilettentür innen abgeschlossen ist, wartet der Bär. Nach einem Weilchen brummt er. Die Tür wird geöffnet, ein Mann verläßt die Toilette. Der Bär kuckt in den Toilettenspiegel. Er macht eine Verbeugung, dann das andere.

Eine Reise

Friedrich und sein Freund Charles lesen Abenteuergeschichten. Sie lesen da so allerhand vom Meer und nicht weniger von alten Schiffen. Wind ist auch dabei, sogar ein Sturm.

Beide, der Friedrich und der Charles, sparen und sparen und sparen. Dann zerkloppen sie die Sparbüchse. Genug Geld für zwei Fahrkarten hin und zurück liegt auf dem Tisch, kullert auf den Fußboden, ein paar Mark unters Bett.

Sie fahren hin zum gewaltigen Meer. Doch das Meer ist ausgetrunken, kein Wasser mehr da. Wer hat das getan? Da lacht eine Lachmöwe in ihrer Nähe. Sie fliegt weg. Friedrich und Charles finden sofort, daß in dieser Gegend keine Abenteuer zu finden sind. Sie fahren zurück und lesen Abenteuergeschichten. Das Reisen soll ihnen kreuzweise.

Ein Grünstreifen in der Mitte

Die Autobahn ist eine Fahrstraße mit meistens vier Fahrbahnen. Je zwei für eine Fahrtrichtung.

In der Mitte der Autobahn liegt der Grünstreifen. Auf dem Grünstreifen liegt der Erfinder der deutschen Autobahn. Er sonnt sich. Er hört auf den Namen Adolf Hitler. Er hat einen Spaten in den Grünstreifen gerammt. Am

Stiel des Spatens hängt ein Tuch. Das Tuch flattert. Man kann es hissen.

Einige Autofahrer sagen: »Hitler hat sich mit der Autobahn ein Denkmal gesetzt.« Recht haben sie: keiner hat ein so großes Denkmal wie er, auf dem so viele unterwegs sind stets und ständig.

Ein Wald voller Uhren

für Günter Kunert, Chevalier & Sänger

Der Förster geht hinein in den Wald. Eine Uhr braucht er nicht mitzunehmen. Er kann sehr früh in den Wald hineingehen, die Uhr kann er zu Hause lassen. Von zwei Uhr morgens bis halbdrei Uhr morgens singt die Grasmücke, ein schwarzköpfiger Vogel. Anschließend ist die Wachtel dran. Sie schlägt bis drei Uhr morgens. Von halbvier Uhr morgens bis halbfünf Uhr morgens trillert eine andere Grasmücke, sie ist rotbauchig, der Förster nennt sie Feuerwehrvogel. Anschließend ist die Amsel dran. Sie singt, manchmal gemeinsam mit der Meise, bis ungefähr sechs Uhr morgens. Dann folgt der Sperling, er zählt unermüdlich die Sekunden. Bei jeder vollen Minute fliegt er um den Kopf des Försters rundherum, was den Förster im Laufe der Jahre zornig macht. Der Förster kann leider nichts unternehmen gegen den Sperling, er verbreitet zwar üble Geschichten über den Sperling und nennt ihn öffentlich einen gemeinen Kerl, aber weiter kann er nichts unternehmen gegen den Sperling.

Im Laufe der Jahre hat sich der Förster vom Sperling dazu bewegen lassen, bei jeder vollen Minute, die ihm der Sperling anzeigt, mittellaut *Bing-Bang*! zu rufen. So ist ein Wald voller Uhren entstanden. Der Förster klettert des öfteren auf seinen Hochstand, der in einer Baumkrone angebracht ist. Von hier aus dirigiert er die unterschiedlichsten Uhren, das Gewehr, auf kein bestimmtes Ziel kerzengrad in die Luft gerichtet, schießt er dann ab bei jeder sechzigsten Minute. Allerdings nicht an Sonntagen oder während des Mittagschlafs.

Was auch in dieser Welt geschehen und durcheinander geraten mag, den Förster erkennen wir an seiner grünen Kleidung. Und ein weiteres Merkmal: man frage den grüngekleideten Menschen nach der Uhrzeit, er tickt zuverlässig.

Ein Clown in unserem Land

Seine Nase ist rot. Sein Mund ist rot. Seine Stirn ist weiß. Seine Wangen sind weiß. Sein Kinn ist weiß. Er trägt einen Hut. Der Hut ist grün. Das Blatt am Hut ist grün. Das Blatt am Hut ist kein Baumblatt und kein Strauchblatt. Das Blatt am Hut ist ein Papierblatt. Auf dem Papierblatt, das grün ist, steht in weißer Schrift *Ich bin der Clown in unserem Land*. Er sitzt vor dem Polizeigebäude. Er wird weggejagt von den Polizisten. Sie machen: Husch! und gleich fliegt oder schwebt oder rennt er davon. Kaum sind die Polizisten im Polizeigebäude verschwunden, sitzt der Clown schon wieder vor dem Polizeigebäude. Er wird weggejagt von den Polizisten, diesmal von welchen, die nicht *Husch*! machen, sondern *Hops*! rufen. Und gleich erhebt sich der Clown und hopst in die Höhe. Und hopst auf die Schulter eines Polizisten. Und hopst von der Schulter des einen Polizisten auf die Schulter des anderen Polizisten. Und diese Polizisten, die sich dieses Hopsen gefallen lassen, werden zum Polizeihauptmann gerufen. Der sagt: »Was fällt Ihnen ein? Gefällt Ihnen dieser Clown in unserem Land? Gefällt er Ihnen oder was fällt Ihnen ein? Auf alle Fälle, Sie sind entlassen!« Die entlassenen Polizisten suchen den Clown. Wo ist er?

Und was wollen sie von ihm? Soll er ihnen helfen? Soll er ihnen sagen, was sie nun machen sollen? »Komm!« rufen sie ängstlich, »komm! Und komm, wenn du uns verlassen hast, komm zurück in unser Land!«

Ein Verleih von Medaillen

für Dieter Hasselblatt

Rechtzeitig für ein Volkslaufen, Querfeldeinlaufen von Groß-Pampau nach Eberbach, wurde den Teilnehmern in Aussicht gestellt je eine Bronzemedaille mit der Aufschrift *Im Zeitalter des Mondflugs und der Düsenklipper ist Geschwindigkeit keine Hexerei.*

Dreiundsiebzig Läufer hatten Spaß bereits während der ersten zwanzig Minuten.

Ein Grünfink, olivgrün, warnte mit gepreßten Einzelrufen die Igelfrau. Die Läufer lachten. Herüber vom See, von dort gleich, wo Groß-Pampau ins Unbekannte versinkt, warnten Teichhühner den Verlorenen Schmetterlingssohn. Die Läufer lachten.

Ein anderes Tier jedoch, das anonym bleiben möchte, schrie und kicherte zurück ins frühre Jahrhundert. Auch ein Kolkrabe konnte sich nun jener Zeit erinnern und der Hexerei einer Bronzemedaille aus jener Zeit mit der Aufschrift *Weh. Wehe.*

Fortgelaufen von Groß-Pampau nach Eberbach, suchen die Läufer nach Eberbach. Dreiundsiebzig Teilnehmer. Die Suche nach ihnen wird fortgesetzt, solange Aussicht besteht.

Ein Gitter vor jedem Fenster

Ich gehe zunächst geradeaus. Bis ans Ende der Straße. Dann biege ich rechts ab, dann gehe ich wieder geradeaus. Bis ans Ende dieser Straße. Hier ziehe ich meinen linken Schuh aus. In meinem linken Schuh befindet sich die wertvollste Sache, die ich besitze. Die wertvollste Sache ist eingewickelt in ein Stückchen Samt. Ich ziehe den linken Schuh wieder an, die eingewickelte wertvollste Sache trage ich jetzt in meiner Jackentasche. Ich bin am Ziel. Ich freue mich. Hier, am Ende der Straße, steht ein Haus und daneben ein Haus und ein Haus dicht daneben und überall ist ein Gitter vor jedem Fenster. Mit Hilfe dieser Häuser habe ich dreimal Geburtstag gefeiert, gemeinsam mit zwei Freunden, die viel essen, viel trinken. Drei Personen konnten jedesmal satt werden und reichlich trinken. Das verdanke ich diesen Häusern.

Morgen habe ich Geburtstag. Ich klingle an der ersten Tür, es surrt, die Tür kann ich öffnen. Im Flur erwartet mich der Inhaber hinter dem Scherengitter. Er erkennt mich und schiebt das Gitter zur Seite. In einem Vorzimmer nehme ich die wertvollste Sache, die ich besitze, aus meiner Jackentasche. Der Inhaber betrachtet sie und erkennt sie wieder. Das Stückchen Samt stecke ich in meine Jackentasche. Auch das Geld, das der Inhaber mir auszahlt für das hinterlassene Pfand. Für die wertvollste Sache, die ich besitze und bald wieder auslösen muß.

Ich gehe zunächst geradeaus. Bis ans Ende der Straße. Hier ziehe ich meinen linken Schuh aus, dann zieh ich ihn an. Die wertvollste Sache, die ich jetzt besitze, befindet sich in meinem linken Schuh: Das Geburtstagsgeld. Ich bin ein alter, verrückter Kerl, ich freue mich.

Ein Eingang und ein Ausgang

auf eine polnische Holzplastik

Mit meinem Eselchen bin ich ins Warenhaus gegangen: hin und her was ankucken, bißchen was einkaufen vormittags. Ein Waldvogelfutterhaus, zwei Meisenringe.

»Ja«, sagten wir zum Verkäufer, »auch Sonnenblumenkerne, wenn der Sack Sonnenblumenkerne nicht zu schwer wird für uns.«

Er war ein Verkäufer, der wollte uns nicht anmogeln heut früh.

»Ja«, sagten wir zum ehrlichen Verkäufer, »dann natürlich, wenn alles wahr ist, dann nehmen wir auch zehn Stück Meisenringe, zehn, nicht nur zwei, wie wir vorhin sagten. Aber, passen Sie auf, da gibt es, glauben wir, noch eine Frage, wir fragen Sie jetzt: Können auch andere freilebende Vögel mitessen von den Ringen? Wie ist das?«

Er gab keine Antwort. Da sagten wir zu ihm: »Was machen Sie hier mit uns im Warenhaus? Sie reden nichts? Sprechen nichts? Sagen nichts? Nichtmal Piep?«

Mit meinem Eselchen bin ich weggegangen. Gibt noch was anderes anzukucken vormittags in der Welt.

Eine Blumenwiese

Es sind grüne Gräser. Es sind weiße Margeriten. Es sind blaue Glockenblumen. Es sind grüne Gräser. Es ist Hahnenfuß. Es sind gelbe Köpfe vom Bocksbart. Es sind weiße Dolden vom Gaißfuß. Es sind grüne Gräser. Es sind Gänseblümchen. Jeder kleine gelbe Punkt im Mittelrund des Gänseblümchens ist eine Einzelblüte. Die weißen Blätter ringsum sind Hüllblätter. Der Dichter Oscar Wilde liebte Gänseblümchen. Da war er schon erwachsen und ein bekannter Mann, als er das tat. Und er bekam seinen Lohn dafür. Nichts fehlte.

Ein Schiff auf freier See

Sind Matrosen müde von schwerer Arbeit auf dem kleinen oder großen Schiff, dann sprechen sie ein gutes Wort mit dem Kapitän. Ist der Kapitän ein freundlicher Mann und will seine Matrosen nicht ärgern oder wütend machen, dann sagt er: »Gut, eine Pause, legt euch schlafen!«

Gleich danach wird der Anker hinabgelassen auf den Meeresgrund. Mit seinen Spitzen hakt sich der Anker in den Meeresgrund ein, hält das Schiff fest. Die Matrosen legen sich schlafen, einige nicht. Das sind Matrosen, die nicht müde, sondern faul sind. Faule Matrosen sind genauso wichtig wie fleißige Matrosen. Es gibt einen Beweis. Eines Tags, als die müden Matrosen sich in ihre Schiffskajüten legten, rief der Kapitän: »Wer jetzt nicht schlafen will, der muß den Anker hinablassen auf den Meeresgrund!«

Alle Matrosen schnarchten, bis auf einen, der an diesem Tag nicht müde, sondern nur faul war. Zu ihm sagte der Kapitän: »Laß den Anker hinab auf den Meeresgrund!« Und weil der Matrose *Nein* sagte, sprach der Kapitän: »Ein Matrose muß wissen, was er tut, ich verlasse mich auf dich!«

»Schön«, sagte der faule Matrose, »das ist ein Wort, Kapitän!« Er stellte sich an den Schiffsrand, streckte seinen rechten Arm, der mehrere Meter und mehr als hundert Meter lang wurde, hinab auf den Meeresgrund, krallte seine Hand in den Meeresgrund, winkte mit der linken Hand zum Kapitän hinüber und hielt das Schiff fest. Der Kapitän winkte zurück, lief in seine Kajüte, schrieb ins Bordbuch: Ab heute brauchen wir keinen Anker. Er schrieb das Datum ins Bordbuch und schenkte dem langarmigen Matrosen fünfundsiebzig Pfund Tabak, dazu eine Pfeife aus Edinburgh.

Ein Feiertag ist draußen

Heute arbeitet der Vater an seinem Auto herum. Heute arbeiten die Menschen nicht. Das stimmt nicht. Heute bügelt die Mutter zwölf Oberhemden, einen Badeanzug, so einen krausen Stoff. Heute fahren die Omnibusse nicht ohne Omnibusfahrer. Heute bastele ich weiter an meinem Gespenstervogel aus Draht, Lumpen und vielen Feiertagen. Einen Feiertag brauche ich für den Kopf des Gespenstervogels. Einen Feiertag brauche ich für den Körper, einen Feiertag für die Flügel, einen für den Schwanz. Heute ist draußen ein Feiertag. Ich gehe hinaus und hole ihn mir. Jetzt hat mein Gespenstervogel einen Feiertagskopf. Heute kann er noch nicht fliegen. Ich brauche noch ein paar Feiertage. Der Vater wäscht seine Hände und setzt sich an den Tisch. Der gebügelte Badeanzug liegt auf dem Tisch genau an der Stelle, wo die Zeitung des Vaters liegen sollte. Der Vater ist müde vom Herumarbeiten am Auto, er nimmt den gebügelten Badeanzug und beginnt zu lesen.

Die Mutter zieht in der Küche die Uhr auf. Es ist Zeit zum Mittagessen. Das stimmt nicht. Der Vater verzichtet auf die miserable Zeitung. Ich gehe mit ihm hinaus auf die Straße. Wir gehen schnell zurück in unsere Wohnung. Das Mittagessen wird eingenommen. Heute essen die Menschen nicht. Das stimmt nicht. Ein Feiertag ist draußen. Das stimmt nicht. Wo er ist, das weiß ich besser.

Ein Esel beschimpft eine Lehrerin

Sind Sie eine Lehrerin? Sie sind keine Lehrerin. Sie sind eine enge Straße. Sie sind eine Erbse. Sie sind voller Essig. Sie sind eine Lehrerin? Sie haben ein Schimpfwort erfunden, weiter nichts, aber das reicht schon! Sie wissen auch, was ich sagen will. Sie tun verwundert, als wüßten Sie nicht, was ich sagen will. Ich habe mich bei einem Kind erkundigt! Sind die Seiten eines Schulbuchs oben oder unten angeknickt, dann nennen Sie diese angeknickten oder umgeknickten Stellen kurzerhand Eselsohr.

Haben wir solche Ohren? Treten Sie näher, setzen Sie Ihre Brille auf. Was sehen Sie? Sie sehen Eselsohren. Das hier an meinem Kopf sind die Ohren eines Esels. Wie kommt es zu dieser Verwechslung? Weshalb entschuldigen Sie sich nicht? Was geschieht, wenn Ihr Schimpfwort von anderen Lehrerinnen und Lehrern beliebig ausgesprochen wird in ständiger Beleidigung meiner Ohren. Sage ich zu meinen Kindern: Du hast Lehrerinnenohren? Ich sage das nicht. Ist das Ihre Aufgabe, sowas zu sagen? Haben Sie nichts anderes gelernt? Geht das, was ich hier sage, in eins Ihrer Ohren hinein und zum andern hinaus? Iiih, sage ich, aber nicht Aaah! Nein, halten Sie sich nicht die Ohren zu! Laufen Sie nicht zum Rektor! Wenn Sie den Rektor holen, beiße ich den Rektor. Am besten, Sie entschuldigen sich, das wäre am besten für die Zukunft.

Ein Gesetz zieht umher

für Peter Thilo

Mit Haft wird bestraft, wer als Landstreicher umherzieht. Angelangt in der Zelle, soll er nachsinnen darüber:

Hätte mein eingewöhntes Umherziehen nicht umgewandelt werden können in eine andere Gewohnheit, vielleicht wäre die Laufbahn als Landstreicher gut einzutauschen gewesen gegen den Posten eines Stadtverwalters oder sogleich gegen den eines Bürgermeisters irgendeiner Gemeinde na meinetwegen weit draußen, ja auch Sämann ist gut, zwar nicht mehr heraus aus vollem Schultertuch, sondern von der Maschine herab ins lockre Erdreich hinein, – aber Landstreicher, was hat der zu tun?

»Ich bin einer«, kann der sagen.

»Und ich«, kann einer sagen, »ich bin einer, der ist neulich umhergezogen im Traum einer Pferdemutter, allerdings nicht nur umher, ich habe auch Pausen gemacht, ruhig geschlafen, schöne Rätsel angehört, gelacht, eins gepfiffen, das hab ich zu tun. Und jeden Vormittag, jeden, entwende ich einem Stadtverwalter, einem Bürgermeister, einem Sämann Auge in Auge die kostspielige Versuchung, sie könnten alles zurücklassen, plötzlich aufbrechen und umherziehen als Landstreicher geradewegs hinein in die Haft. So tue ich etwas. Das ist ein Gesetz. Guten Tag.«

Mein Zellenbeamter öffnet die Tür. Er ist gar nicht jung. Links, in der linken Hand, hält er eine Zeitung. Er sagt: »Da, das Neueste!«

Den Zellenbeamten nehme ich bei der anderen Hand. Wir ziehen umher, wie nachzulesen stand in der Zeitung. Dann, Jahre später, fragt er mich: »Was bist du? Was hast du gelernt?«

Ich schaue ihn an, ich schaue bald weg von ihm. Dabei sage ich: »Lieber Freund, bin ich ein Lesezeichen im Märchenbuch? Sag selbst, ist das ein erlernter Beruf?«

Eine Hecke rund um den Garten

Der neugierige Mensch geht an der Hecke entlang. Er ist nicht sehr groß, ich sage mal: keine zwei Meter. Die Hecke dagegen ist einwandfrei hoch, mindestens zwei Meter und zwanzig Zentimeter. Nun geht der neugierige Mensch alle paar Tage an der Hecke entlang. Er wählt die Zeit gegen Abend. Dann hat der Neugierige Freizeit und widmet sich dieser Beschäftigung, indem er jedesmal, beim Entlanggehen an der Hecke, rätselt und fragt: »Sind das Riesenmenschen, die hinter der Hecke wohnen? Sind das Gauner und Diebe, die was verbergen müssen? Wer wohnt da? Ich kann nichts erkennen! Die Hecke sieht ziemlich gepflegt aus. Also gibt es da einen Gärtner. Also ist der Gärtner so groß wie die Hecke! Sonst könnte die Hecke nicht so gepflegt sein und oben schnurgerade beschnitten. Mag sein, der Gärtner, wenn er nicht so groß wie die Hecke ist, benutzt einen Schemel beim Beschneiden der Hecke. Er stellt sich auf den Schemel, der ihn größer macht. Er hat eine große Gartenschere in beiden Händen, er stutzt die Hecke, wie es heißt. Wer wohnt da? Ich opfere meine Freizeit, ich habe ein Recht. Das Recht lautet: Wird mir nicht sofort mitgeteilt, was sich hinter der Hecke tut, dann werde ich einfach behaupten: Hier ist irgendwas nicht geheuer! Hier steht eine Hecke, die höher ist, als ich groß bin.«

Der neugierige Mensch findet ein Stelle in der Hecke, die ihn sehr beschäftigt. Diese Stelle ist unbelaubt. Und der Neugierige, beide Hände links und rechts von sich gestreckt, schaut in einen verwilderten Garten. Niemand zu sehn. Nur Myrtengewächse, Labkräuter, Pilze, Huflattich, Goldregen, Farnkraut, Brennesseln, gemeine Tollkirschen, Schachtelhalme, Moos, Kamille, Minze und ein Igel, der seine Kinder zur Ordnung ruft.

Ein Denkmal wird geschmückt

Vor zweihundert Jahren hat ein Dichter gelebt. Das war ein Mann, der sich tagsüber kaum sehen ließ. Er saß in seinem Zimmer und schrieb mit einer angespitzten Gänsefeder, die er in dunkelgraue Tinte tauchte, lauter Sätze aufs Papier. Einmal schrieb er: Vogel sitzt im warmen Nest, Sonne schläft schon tief und fest. Da merkte er, daß ein Reim entstanden war: *Nest* und *fest*. Beide Wörter klingen ineinander. Da stellte sich der Mann an sein Fenster und sprach zu den Leuten, die unten auf der Straße herumliefen: »Wenn ihr gestattet, ich bin ein Dichter!«

Leute kamen bald in seine Wohnung und wollten etwas von dem Dichter haben. Er sollte ihnen etwas aufschreiben. Für den Fall, sie wären traurig. Für den Fall, sie wären lustig. Für den Fall, sie könnten weder traurig noch lustig sein.

Das war nicht sehr leicht für den Mann, aber er sagte: »Ich bin ein Dichter. Wenn die Leute etwas Geschriebenes brauchen für den Fall, sie wären traurig, oder für den Fall, sie wären lustig, oder für den Fall, sie könnten weder traurig noch lustig sein, dann muß ich ihre Wünsche erfüllen.«

Der Mann schrieb Sätze aufs Papier mit einer angespitzten Gänsefeder, die er in dunkelgraue Tinte tauchte.

»Danke«, sagten die Leute, »wir verstehen kein Wort davon, was du für uns aufgeschrieben hast!«

Die Leute zählten bis zweihundert, da waren zweihundert Jahre vergangen. Nun schmücken Leute ein Denkmal. Es ist aus Stein und zeigt den Dichter. Ein Kranz wird vor ihn hingelegt. »Der Kranz«, sagen die Leute, »darf nicht weggenommen werden!«

Ein Versuch des Großonkels mit dem Neffen

»Ich will dir sagen«, rief der Großonkel, und der Neffe sprach: »Du? Ganz bestimmt?«

»Ich will dir sagen«, rief der Großonkel, »als wir in Frankreich...«, und der Neffe sprach: »Ihr? Ganz bestimmt?«

»Hör zu«, rief der Großonkel, »als wir in Frankreich einfielen...«, und der Neffe sprach: »Ihr?«

»Ja doch«, rief der Großonkel, »als wir einfielen in Frankreich...«, und der Neffe sprach: »Ihr?«

»Herrgott!« rief der Großonkel, »jawoll *wir*, wer sonst,

schnurstracks eingefallen!«, und der Neffe sprach: »Wo?«

»Du«, rief der Großonkel, »du fragst: Wo?«, und der Neffe sprach: »Ja, wo?«

»In Frankreich«, schrie der Großonkel, »eingefallen in Frankreich, wir!«, und der Neffe sprach: »Ja, gut, ihr seid eingefallen. Ihr. Ihr. Aber du?«

Eine Antwort des Abendkönigs

für Hans Jochen Schale

Ein Königreich besaß der Abendkönig, das hatte nichts zu tun mit einem Königreich aus früher Zeit.

Die zerbeulte Krone versetzte er in der Leihanstalt, wenn er mit beiden Händen seine Not beklatschte. Auch wenn er gefragt wurde: »Was soll das noch mit dieser Krone in zerzauster Welt?«

Und dann wollten sie, abends bei Dunkelheit, irgendwas über seinen Namen wissen. Er kannte diese Frage, hatte aber nichts anzubieten bei so viel Aberwitz.

Ein Musiker, ein zweiter, ein dritter

Ganz unbegründet hat sich dieser Franzl Schubert seine genau einunddreißig Jahre ausgesucht. Kleiner, halbdikker Mann aus Wien. Wo liegt das jetzt nach seinen Lebzeiten?

Hat auch der Wolfgang Amadé Mozart eine Revolution vertont. Hätte er's nicht getan, wäre er in engsten Familienkreisen lediglich in Erinnerung geblieben wegen seines melancholischen Ausspruchs, gerichtet gegen die (ihn abweisende) Vorgängerin seiner doppeläugigen Frau Constanze. Er rief ihr zu, der Sopranistin Aloysia Weber: »Leck mich das Mensch im Arsch, das mich nicht will!« Anschließend schrieb er ein Presto. Dafür erhielt er den Förderpreis des Kunstpreises des Kulturkreises im Bundesverband der Deutschen Industrie zugesprochen: man hatte seine derben Sachen geschluckt, was wiederum Wolfgangs Vater, den äußerst streng-anti-autoritären Vizehofkapellmeister Leopold Mozart sofort zur Niederschrift seiner Kindersinfonie veranlaßte. Der erste Satz ist ein Allegro.

Ein Riese muß immer aufpassen

für Joerg Gebhard

Abends, vor seiner riesengroßen Hütte, saß der Riese. »Na schön«, so sprach der Riese nach einer guten Stunde, »jetzt muß ich also wieder einmal alle, alle Türen meiner riesigen Hütte zuschließen mit demselben alten, großen Schlüssel, den ich von meinem Großvater geschenkt bekam, als ich noch klein war.«

Hier schwieg der Riese.

Dann sagte er: »Und weshalb muß ich das tun, weshalb? Nur wegen der Zwerge, die uns Riesen immer irgendwas wegnehmen mitten in der Nacht, winzige Sachen, wie sie sagen: Häuser, Freunde, Berge, den Abendstern!«

Aus
Reiseplan für Westberliner
1973

An einen Maulwurf

für Günter Eich

1
Deine vierundvierzig Zähne gelten als altertümlich, sind aber wirksam. Ich hörte, Ohrmuscheln brauchtest du nicht, denn besser noch als die Luft leite die Erde den Schall. Diese Genossin.

2
In deinen wohlverdienten Schloßgängen läufst du schneller umher, als man dir glauben möchte. Hier, an dieser Stelle soeben nicht faul, hast du sofort an jener nächsten reichlich zu tun und hinzuhören. So geht das den ganzen Tag.

3
Bei großer Gefahr, dann zum Beispiel, wenn die Felder auf plötzliche Weise ganz und gar umgepflügt werden, nimmst du rasch deine Kinder ins Maul. Du trägst sie hinein in einen stillen Laubhaufen, wo sie deine vielen Künste ungestört erlernen können nach und nach.

4
Es läßt sich kaum leugnen, daß du aufgrund solcher Aktionen mancherlei Kopfschütteln und Beifall erregst. Aber

das soll dir erst einer nachmachen, du schaufelhändiges Mitglied der Arbeiterklasse: Täglich nimmst du deinen Namen beim Wort.

Iwan Alexandrowitsch Gontscharow in Württemberg

Der Bericht geht zurück auf Gontscharows Dienerehepaar, dem der Dichter, mit den Jahren zu einigen Rubeln gelangt, testamentarisch allen Besitz an Mobiliar, Büchern und Rubeln zugeschrieben hatte. Der Ehemann des Dienerehepaars, Peskin L. Wergantschew, gab nach Gontscharows Abreise von diesem Stern im Jahre 1891 zu St. Petersburg, wo er, damit wir uns verstehen, von wo aus I. A. Gontscharow ohne Krawall verscheidend sich fortbegab, was heutigentags anstößig klingt, in eine neue Wohnstatt, die wir nicht keß mit einem bestimmten Namen versehen wollen, – Peskin L. Wergantschew, der den aufregend still schreibenden Menschen Iwan A. Gontscharow sehr liebte und ihm morgens die sommerhellen Grüße des Bäckers überbrachte, dieser altmodische Peskin, der am 2. Mai vor dreißig Jahren seine Mütze in die Luft warf und ihr nachspringend rief: »Was du kannst, kann ich auch!« weshalb Peskin L. Wergantschew seit diesem Vorfall nicht mehr gesehen wurde, damit wir uns verstehen: weder er noch seine Mütze! dieser Peskin hatte seiner Frau, einer Mohntortenbäckerin aus Nowgorod, den Bericht hinterlassen, den wir an dieser Stelle erstmalig veröffentlichen. Doch muß verzeichnet werden, daß wir von Peskins Witwe, sie nannte sich: Puszta Olga Wergantschewa, frei übersetzt ungefähr: Mutter des selbstlosen Ziehbrunnens, daß wir den anschließenden Bericht, Gontscharows Abenteuer in Württemberg, einem Diarium Puszta O. Wergantschewas entnommen haben und den Übersetzer des Berichts zur

Stunde für die Gegenzeichnung getreuer Wiedergabe nicht ausfindig machen können, da er sich auf Brautschau befinden soll. Frau Olgas Bericht lautet wie folgt: Unser aller herzlicher Herr Iwan Alexandrowitsch mußte ja, wenn er auch nicht wollte, dem großfürstlichen Zaren nicht widersprechen, und er bestieg, er wollte sitzenbleiben am Schreibtisch, das große Segelschiff Pallas, weil der Zar ihn nicht als einen Matrosen haben wollte, dafür als einen Reiseschreiber, der damals vierzig Jahre alt war. Mit vierzig Jahren war unser herzlicher Herr Iwan Alexandrowitsch noch nicht so umgängig mit einer Weltreise, er sagte deshalb zum Vizeadmiral Graf Putjakin, der das Schiff steuern ließ: »Wir sind hier in der richtigen Gegend, ich muß mal eine Buchhandlung besuchen wegen einer Reisebeschreibung.« Graf Putjakin konnte durch sein ausgestoßenes Fernrohr deutlich die Stadt A. erkennen, auch Aal wie Aaljoscha oder die Aalen und vielen Brüder der Stadt A., Graf Putjakin sagte zu unserem herzlichen Herrn: »Gut, wir sind in der Landschaft Württemberg, besuchen Sie die Buchhandlung, wählen Sie bitte in Ruhe, ich gebe einen Böller zum Zeichen der Weiterfahrt!«

Unser herzlicher Herr verließ übers Strickleitertreppchen das Schiff, vor dem er große Angst hatte, weil in seinem Bauch zweihundert Zentner Schießpulver lagen, und zwar abgepackt je zwei Zentner in einem Sack. Das war wegen der Seeräuberei, hatte Graf Putjakin erklärt. Jetzt war die Angst aber verschwunden, weil unser herzlicher Herr I. A. Gontscharow in einer Buchhandlung stand, auf und ab ging, ein wenig trällerte, dann den Buchhändler fragte: »Könnten Sie mir eine ältere Reisebeschreibung verkaufen, ich bin noch neu auf diesem Gebiet! Ich denke an russische Beschreibungen, wenns sein darf!«

»Noi«, sprach der Buchhändler, »des kenne mir net!«

Unser herzlicher Herr Iwan Alexandrowitsch sagte höflich: »Ich bin Russe, mein Herr. Bitte helfen Sie mir bei der Suche nach einer älteren Reisebeschreibung. Schon im elften Jahrhundert gab es einen Nachfahren jenes berüchtigten Trinkers Wassilij Buslajewitsch, der nach vierhundertvierzig Saufgelagen nach Jerusalem reiste und jeden Schritt aufschrieb oder aufgeschrieben haben soll während seines Bußganges.«

»Noi«, sprach der Buchhändler, »des hanni no ni gherht!«

Es war nun unser herzlicher Herr, der sich vor dem Buchhändler verbeugte und sprach: »Ich bin Russe, mein Herr. Bitte helfen Sie mir bei der Suche nach einer älteren Reisebeschreibung. Im fünfzehnten Jahrhundert reiste Afanassij Nikitin über drei Meere, und über diese gewaltige Fahrt hat er selbst geschrieben. Könnten Sie mir da vielleicht aushelfen, mein Herr?«

»Noi«, sprach der Buchhändler, »des kenni au-et!«

»Ich bin«, sagte nun unser herzlicher Herr Iwan A. Gontscharow, »der russische Schriftsteller Gontscharow, der soeben ein Werk auf dem Petersburger Schreibtisch liegenließ, das einen Mann beschreibt, der Oblomow heißt, von dem Sie bald hören werden.«

»Ah«, knurrte der Buchhändler, »Sie sind i Russ? Sie schwätzet deitsch, des voistandi nette!«

»Könnten Sie bitte«, rief jetzt unser herzlicher Herr, »sich einmal bemühen mir behilflich zu sein. Ich brauche eine Reisebeschreibung, um mich einzulesen, wie man eine Reisebeschreibung schreibt. Leider habe ich vergessen, die Abreise ging ganz überraschend, im Hafen von Kronstadt die entsprechende Buchhandlung zu besuchen. Bitte, es gibt doch Aufzeichnungen über die Reisen Schukowskijs nach Westeuropa, mein Landsmann Gribojedow fuhr manchmal in den Kaukasus, auch nach Persien, mein Herr! Puschkin und Lermontow haben Interessantes über ihre Reisen hinterlassen! Denken Sie an die bewegten Reisen von Tschaadajew und Bakunin! Gogol wohnte sogar einige Jahre in Italien und hat Berichte herausgegeben über seine Pilgerfahrt ins Heilige Land! Es muß doch in Ihrer Buchhandlung irgendein Landsmann zu finden sein, ich will deutlich sagen: eins seiner Werke, wenn schon kein Reisebericht! Nichtwahr, Sie verstehn, ich möchte während der Weltreise, die mir bevorsteht, ab und zu in diesen Büchern lesen. Leider ging die Abreise zu schnell, sonst hätte ich in einer Buchhandlung in Kronstadt mal nachgesehen.«

»Saget Sie«, sprach der Buchhändler, »krieget Sie 'n Rabatt auf d'Russe, netwoar?«

Nun sprach unser herzlicher Herr: »Ich sollte Ihnen, weshalb ich nicht unterwegs bin, einen Tritt auf den Fuß geben, aber ich denke nicht daran, denn kaum bin ich weggefahren, heißt es, die Russen treten uns auf den Fuß, und dann: Sie hören den Böller schießen aus der Böllerkanone, ich muß zurück auf die Pallas, muß ohne Ihre Hilfe weitersegeln ab sofort um die Welt, ich habe zu danken!«

Brief an Johannes Bobrowski

Nun las ich weiter. Nun las ich: »Wir haben uns mal eine Maikäfergeschichte erzählt.«

Nun rief der Veranstalter meiner Lesung, der Referent im nördlichsten Rathaus auf dem Festlande: »Höre ich richtig, sagten Sie Maikäfer?«

Nun sagte ich zum Referenten, während von draußen das Geheul des Seesturms hineinheulte ins Ratszimmer des nördlichsten Rathauses auf dem Festlande: »Ja, ich sprach soeben von Maikäfern.«

Nun las ich weiter. Ich las: »Verschwunden sind die Maikäfer, folglich brauchen die verschwundenen Maikäfer auch nicht mehr zu fliegen nach Pommerland, denn in diesen Krieg zieht wohl kein Vater mehr, gewiß nicht ins abgebrannte Pommerland, und vermutlich (so ergänzte ich noch) was weiß man, machen nun Maikäfer und Väter gemeinsam irgendwas Schönes.«

Nun rief der Referent ins Ratszimmer des nördlichsten Rathauses auf dem Festlande: »Halt! Wir haben Sie nicht eingeladen ins nördlichste Rathaus auf dem Festlande, damit Sie uns solche Geschichten erzählen! Denn inwiefern sollen Maikäfer und Väter gemeinsam irgendwas Schönes machen? Das erklären Sie mal!«

Nun rief der Veranstalter meiner Lesung, da ich nicht antwortete, der Referent des nördlichsten Rathauses auf dem Festlande, während das Geheul des Seesturms türenschlagend hineinknallte ins Ratszimmer des nördlichsten Rathauses auf dem Festlande: »Sagen Sie mal, wie standen Sie eigentlich zu Johannes Bobrowski?«

Nun gab es keine Pause, ich sagte zum Referenten: »Bobrowski und ich, wir lagen uns beide!« Nun wuchtete von draußen das Seegestürm herauf ins Treppenhaus, prellte den Flur entlang und hinein ins nördlichste Rathaus auf dem Festlande, wo ich noch ein bißchen weiterlesen wollte, ein paar unserer Geschichten.

Besuch

Zwei Dächer besuchen ein Haus. »Guten Tag, Haus!« sagt das eine Dach zum Haus, »ich habe dir ein Dach mitgebracht. Was anderes habe ich nicht zur Verfügung.«

Spielen

Einer sagt: »Sind Sie ein Falschspieler?« Ein anderer sagt: »Ich, ein Falschspieler? Ich spiele nie!« Einer sagt: »Das ist falsch! Spielen Sie richtig, dann werden Sie nie ein Falschspieler!«

Psalm zur Wiedereinführung von Pferden in Großstädten, Städten und Dörfern

für Klaus Wagenbach

1. Hat es genügend zu fressen, wird das Pferd uns behilflich sein in Augenblicken des Zorns. Hafer und Wasser hat es im Leib. Nun wird das Pferd uns behilflich sein in Augenblicken des Zorns?

2. Zuvor braucht es ein Haus. Diesen Pferdestall nicht, auf den jeder loslegen kann: Wie siehts denn hier aus, das ist ja ein Pferdestall hier!

3. Wie siehts denn hier aus?

4. Als dürften wir künftig auf Pferde verzichten, so siehts hier nicht aus. Der tägliche Zorn braucht etwas in Händen.

5. Da kommt das Pferd uns zu Hilfe. Aus seinem Hintern verteilt es schöne handliche Bomben, jeder bedient sich. Nur ein Schritt vor die Tür, schon halten wir etwas in Händen. So macht es Spaß, zornig zu sein.

6. Und fürchtet nicht den Gestank. Das ist kein Wort für diese Wohltat der Pferde.

7. Bückt euch und richtet euch auf! Pfeffert euer Geschoß in die richtige Gegend! – Peng! – Endlich, mit Hilfe der Pferde, hat euer Zorn was zu lachen.

8. Auch der Sperling lobt die künftigen Helfer.

Empfehlungsschreiben

Gerät ein Deutscher zu Lebzeiten jemals in wache Nachdenklichkeit wegen der heftigen Verlöbnisse zwischen dem Wort *Kreuzworträtsel* und dem Namen seines Vaterlandes, oder gelangt er mit Hilfe dieser Eselsbrücke je ins Sinnieren über wundersame Eigenschaften seiner Landsleute, je ins Bestaunen ihrer regelmäßigen Bereitschaft zur Wiederbelebung und Ausstattung dessen, was ihnen mehrmals die Stunde schlug, so preßt er die Zähne aufeinander, ruft trotzdem das Alphabet als seinen Nothelfer an und spricht geständig: »Hat man A gesagt, muß man auch B sagen!«

Diese Formel läßt ihn herumlaufen um einen Granattrichter und versonnen den Kopf schütteln vor der reichen Formenwelt der Erdoberfläche. Mit diesem B, das dem A in die Fußstapfen tritt, hat er separat seinen Frieden geschlossen.

Für denselben Menschen jedoch, bezogen auf das B, gibt es die stille Möglichkeit, unter B den Dichter Johannes R. Becher zu zitieren, die Verszeilen *Deutschland meine Trauer du mein Fröhlichsein.*

Es kann unauffällig geschehn. Leise. Stumm. Verschämt. Ohne Mitwisser.

Gartenstück

In der Luckzensteinstraße gibt es Kleingärten. Die Besitzer der Kleingärten bücken sich nach Unkraut, reißen es aus, werfen es hinter sich, werfen es sogar weit hinter sich. Sie werfen es über den Zaun ihres Kleingartens, es gerät in den Kleingarten des Nachbarn. Der Nachbar ist nicht anwesend. Ist der Nachbar anwesend, fängt's an, beginnt die Geschichte.

Wilhelms Praktische Lehrsätze aufgrund des gelösten Rätsels zu Andernach
Detektivstück

1

Dem Rufe der Öffentlichkeit habe ich Folge geleistet. Die Aufmerksamkeit, die ich in verschiedenen Kreisen der Öffentlichkeit erregt habe, ermutigt mich. Ich muß gestehen, daß ich weit davon entfernt bin, neue Wege aufzuzeigen oder neue Lehrsätze aufzustellen. Man kann die finsteren Figuren verfolgen, beobachten, stellen und festnehmen lassen, man wird die Finsternis, die sich in bestimmten Figuren einnistet, nie und nimmer verfolgen, beobachten, stellen oder festnehmen können.

2

Die Finsternis hat allerhand Namen, wir nennen sie die Schattenseite des Lebens. Auch gibt es sehr viel andere Namen für sie, die ich insgesamt nicht erwähnen möchte. Ein gängiger Name ist: Das Übel. Diese Menschen, die das Übel bewohnt, sind stets in unserer täglichen Umgebung vorzufinden. Wir leben also mit dem Übel, ja wir sprechen ohne weiteres seinen Namen aus und sagen wohl oder übel so allerlei dahin, was sich mit dieser Tatsache beschäftigt. Die Tatsache aber, daß wir auf Schritt und Tritt einer finsteren Figur oder dem zweibeinigen Übel begegnen, diese Tatsache ist nun mal nicht von der Hand zu weisen. Derjenige, dem diese Tatsache nicht zusagt oder widerwärtig zu Leibe geht, der kann sich entsprechend schützen oder beschützen lassen. Er kann sich vergewissern und aufklären lassen. Er kann Ermittlungen einziehen und Auskünfte sich erteilen lassen. Er steht in der Gesellschaft, und in der Gesellschaft stehen alle Glieder zueinander in ununterbrochenen Wechselbeziehungen. Ich heiße Wilhelm.

3

Um eine finstere Sache aufklären zu können, muß man sie erst entdeckt und erforscht haben. Mein Name steht in keiner engen Beziehung zum deutschen Kaiser. Meine Eltern sind überwiegend aus Litauen. Wir haben einen Sonnenaufgang am Wasser, eine helle Sache schon in meiner Kindheit. Sowas bleibt haften, es hält ein Leben lang stand bei jedem Ermittlungsverfahren. Erst in den Jahren muß ein Mann sein, damit er sich auf sowas einstellen kann, was man ein Rätsel nennt. Für einen Detektiv gibt es nichts was es nicht gibt. Und doch gibt es den Vorfall von Andernach. Der Vorfall von Andernach hat die nähere Öffentlichkeit erreicht.

4

Seit mehr als dreiundzwanzig Jahren bin ich dunklen Spuren hinterher. Ich schneide nicht auf, wenn ich sage: Mit Erfolg. Kaum eine Falschtat, die sich versteckt halten konnte. Meine Ausbildung geht zurück auf den Montagmorgen, als Kriminalinspektor Horst Henrik Riff mir über den Weg spazierte und mit den Worten:»Schauen Sie mal! Schauen Sie mal!« in einer Querstraße verschwand. Das war der Hinweis, dem ich in Andernach abermals vertraulich folgte. Hier, in einer rätselhaften Zeit, brauchen wir den Hinweis.

5

Der individuelle Charakter ist kein Werk der Kunst, er ist das Werk der Natur. Der Charakter beeinflußt unser Leben mehr als wir denken. Die vielen Triebfedern sind zum Davonlaufen, aber das Davonlaufen ist nicht akzeptabel. Es kann auch nicht zu den Aufgaben gehören, die unsereins zu bewältigen hat. Ich denke, ehrlich gesagt, an Andernach.

6

Man rief mich mitten beim Gang rund um das Haus. Meine Haushälterin, Frau Apothekerin Nikollygatt, seit Geburt eine temperamentvolle Deutschrussin aus Krasnoje Selo, kam mir hinterhergelaufen. Sie hielt mich beim Ellbogen und fragte atemholend: »Bitte, Herr Wilhelm, wieviel Oberhemden nehmen Sie mit?« Ich sah sie verwundert an. Dann fragte ich: »Wohin denn, liebe Frau Nikollygatt?« Sie war sehr verwundert über meine Frage und sagte sofort: »Ja, nach Andernach!« Wir schauten uns an, beide unschlüssig. »Hm«, machte ich. Die Hand meiner Haushälterin lag angeschmiegt an meinen Ellbogen. Trotzdem sagte ich: »Ich nehme mal drei Oberhemden mit, verstehn Sie, zur Vorsicht!« Meine Haushälterin erkannte nicht nur an meiner Stimme, daß ich die Andernacher Sache voll vor Augen hatte. Meine Haushälterin erkannte auch an meiner Sachlichkeit, daß Andernach nicht mehr rückgängig zu machen war. Meine Sachlichkeit drückte sich schon darin aus, indem ich meine Haushälterin mit ihrem vollen Hinternamen bedacht hatte, also mit: Frau Nikollygatt! und nicht, wie sonst, zu Zeiten frisch geklärter Fälle, mit der liebkosenden Abkürzung ihres Namens, mit einem, wie der Engländer sagt, Nicknähm, in meinem Falle also mit dem Wörtchen: Gatti! – in anspielerischer Nutzung der letzten Silbe ihres Hinternamens.

7

Sie hat den Gedanken an eine Apotheke immer wieder zur Sprache gebracht, doch in letzter Zeit nicht mehr so häufig. Sie beachtet genau, welche Antwort ihr zuteil wird durch die Zeichensprache meiner Hände. In der Frage nach einer Apotheke gab es nur eine einzige Antwort: das Abwinken. Frau Nikollygatt, meine Gatti, befolgt diesen Ratschlag. Das Abwinken ist für sie Ergebnis einer gründlichen Ermittlung. Sie hat Anpassungsfähigkeit. Wenn jeder befehlen und niemand gehorchen wollte, ginge es schlimm zu in der Welt. Auch ich gehorche.

8

Betrete ich die Eisenbahn, wie z.B. anläßlich meiner Berufsreise nach Andernach, so gehorche ich den Verkehrsvorschriften. Ich bin nicht neugierig, lehne mich sowieso nicht zu weit zum Fenster des Eisenbahnabteils hinaus. Was ich suche, finde ich nicht hier draußen. Geduldig warte ich ab. Vielleicht gehe ich auf und ab. Vielleicht habe ich das Problem, das mich erwartet, bereits gelöst. Vielleicht möchte ich die Notbremse ziehen und draußen im Schotter der Eisenbahnanlage nach dem Drecksack forschen, der dieses Andernacher Mädchen auf dem Gewissen hat. Aus dieser Formulierung kann jedermann leicht entnehmen, der Drecksack habe das Andernacher Mädchen umgebracht. Nein, er, der Drecksack, hat es nicht umgebracht. Auch kein anderer. Das Andernacher Mädchen lebt. Nur lebt es in einer unerträglichen Situation, die den vermeintlichen Drecksack auf den Plan rufen möchte. Der Beutelschneider hat sich jedoch eines Tages nicht mehr blicken lassen. Das Andernacher Mädchen bekommt auch kein Kind. Der Drecksack hat das Mädchen nicht geschwängert. Er hat sie, wenn ich das vorangestellte Wort zurücknehmen und durch ein anderes ersetzen darf, keineswegs geliebt und nach der Liebe sitzen lassen.

9

So ungefähr waren meine Gedanken durcheinander geraten, als ich, längst nicht mehr im Abteil des Eisenbahnzugs, in Andernach auf und ab ging. Ein jüngerer Mann fragte mich plötzlich: »Na, wie spät ist es?« Er hatte liederliche Gebärden. Er griff nach meiner Westentasche, als sei dort eine Uhr aufzufinden und jedermann zu Diensten. Ich fragte den Mann: »Wenn Sie mich fragen wie spät es ist, was soll dann dieses ›Na‹ vor Ihrer Frage?« Der Kerl war einwandfrei unverschämt, er grinste verbindlich. Statt meine Frage zu beantworten, stellte er eine zweite Frage. »Na«, sagte er, »der Herr ist wohl fremd hier! Was macht die Heimat?« Ich zündete mir eine Zigarette an und sagte zu dem lauernden Individuum: »Auch eine?« Sofort griff der Mann nach der angebotenen Zigarette, ließ sich Feuer geben und paffte mir ein, zweimal ins Gesicht. »Ein geselliger Mensch sind Sie«, sagte ich zurückpaffend, »Sie gefallen mir!« Kaum hatte ich den Satz, der ein Lob enthielt, ausgesprochen, trat der Mensch einen ganzen Schritt zurück, nahm sozusagen Anlauf gegen mich und stürmte augenblicklich und wie erwartet mit gesenkter Stirn in die falsche Richtung, denn genau in derselben Sekunde, als er fauchend sich ins Zeug legte und mich vermutlich durchbohren wollte mit der Kraft seiner gefällten Stirn, genau in dieser Sekunde war ich um eine Fußbreite nach links ausgewichen und konnte jetzt, mit ausgestrecktem Arm, den erregten Mann rechtzeitig bremsen, das heißt, er wäre ohne diesen Prellbock sicherlich gegen eine Mauer gestürzt, die den unteren Teil eines Andernacher Hauses bildete und außerdem ein Klingelbrett trug, das den Namen des Mädchens verzeichnet hielt, dem ich zu Hilfe eilen wollte.

10

Sie hieß Melanie Chemnitz. Wenn das Leben in allen Dingen der beste Lehrmeister ist, so wissen wir auch, daß es Menschen gibt, die erst durch Schaden klug werden. Einige Sprichwörter bringen das zum Ausdruck. Aber dieses Klugwerden hat einen Gegenpol: die Unbelehrbarkeit oder die Dummheit. Ich sagte zu dem wütenden Mann, den ich in meinem Arm festhielt: »Was haben Sie für einen Beruf?« Er machte sich frei, trat mir ans Schienbein und sagte lächelnd: »Ich bin Rammer!« Das Wort ›Rammer‹ als Antwort auf meine Frage kränkte mich mehr als der Tritt ans Schienbein. Wörter können allerlei anrichten. Unsere Vorfahren wußten das zu jeder Zeit. Kaum ein Vorfahre, der sich dieser Tatsache nicht bewußt war. »Was wollen Sie von dem Mädchen Melanie Chemnitz?« fragte ich den Rammer. »Woher wissen Sie?« fragte der Rammer erschrocken. »Ich bin«, sagte ich, »Wilhelm!« »Oh!« rief der Rammer, »ich muß verduften oder Ihnen was verraten!« Der Mensch war überrumpelt. Er gestand alles.

11

Durch das schöne, frühsommerliche Andernach konnte ich eine sorgenfreie Melanie Chemnitz auf einem Spaziergang begleiten. Es gab viel Interessantes zu sehen. Man sieht, die Wahrheit geht ihren Weg und setzt sich überall durch. Die Aufmerksamkeit, die ich in verschiedenen Kreisen der Öffentlichkeit erregt habe, ist Lohn genug. Mein besonderer Dank für freundliche Unterstützung gehört Frau Apothekerin Nikollygatt und Herrn Kriminalinspektor Horst Henrik Riff. Ferner der litauischen Sonne, einer hellen Sache schon in meiner Kindheit.

Elf Städte
oder eines Herrn Baedekers
Fortschritt ins Neue Jahrhundert

für Winand Victor

Leipzig

Der Ort besteht aus einem Saufkeller. Dieser Keller wird bereits erwähnt in der ersten Abteilung Urfaust.

Eine begabte Stadt, hätte sie nicht fortwährend mit den Druckern zu tun! Es gäbe Mittel und Wege, doch die Saufneigung der ansässigen Drucker, die ja von der Kelter beauftragt wurden Druckapparate zu bauen und nichts mehr dagegen unternehmen können, bleibt das Übel! Der Ort liegt regelrecht auf dem Rücken. Er wird von der Auerbachkellerei sofort umgeschmissen, sobald er versucht aufzustehen. Schon der kürzeste Aufenthalt lädt ein zur Weiterreise. Es sei denn, jemandem gefiele ein Lotterleben!

Kairo

Nahezu alle Frauen haben einen ausladenden Hinterkopf. Wehe dem, der diesen Hinterkopf berührt, gleich rufen sie, diese Frauen, sehr lauthals, als riefen sie nach hilfreichen Wächtern: »Donnerwetter, ich bin Nofretete!«

Eigenartig, es gab doch nur eine. Sie aber, jene Damen in dieser Stadt, strecken weit das Kinn vor und laden den Hinterkopf aus. Am besten, man macht einen höflichen Bogen um sie. Natürlich keinen hohen Bogen, sonst berührt man, ob man will oder nicht, ihren Hinterkopf.

Ich habe umsonst herumgefragt: Niemand konnte mir sagen, wer ihnen dieses Donnerwetter-Gerufe beigebracht hat. Taktvolle Reisende werden die Lösung irgendwann finden.

London

Am hiesigen Ufer der Themse und am drübigen Ufer der Themse sitzen, beinebaumelnd, je ein Zwerg und spielen Fangeball. Beide Zwerge sind sehr kräftig, denn jeder von ihnen wirft den Gegenstand, den wir einen Ball nennen, so rasch hinüber und herüber, herüber und hinüber, daß erst jedesmal die Kraft der werfenden Zwerge nachlassen muß und der vermeintliche Ball, natürlich ein königlicher Reichsapfel, ins Wasser der Themse plumpst.

Dann lachen die kleinen, kräftigen Reichsapfelspieler, lachen über das aufspritzende Themsewasser, auch über den Polizisten, der kopfüber in voller Montur, tauchend nach dem königlichen Reichsapfel, in der Themse verschwindet. Geübt in dieser Sache, steigt der Uniformierte katzennaß ans hiesige oder drübige Themseufer, wo er sich des Wassers entledigt, damit das Spiel in allen Einzelheiten von vorn beginnen kann.

Die Zwerge, falls sie von erwachsenen Besuchern nicht allzusehr gekitzelt werden, geben oft Autogramme. Ihre Namenszüge haben Girlandendiktion, deutlich nach oben geöffnet: für heitere Toleranz ein altes Zeichen.

Moskau

Hier ist Vorsicht geboten! Freilich keine Vorsicht, wie man sie nur mit zwei Fingern anfassen kann. Eine ähnliche allerdings schon! Diese Stadt gibt Rätsel auf. Mitten in den Straßenzügen wird Trinkwasser feilgeboten. Meine Fragen lösten ein Gelächter aus, das an Volkstänze gemahnt. Was haben diese Menschen? Was nur?

Unverhofft wurde ich von einer reisenden Dame auf der Straße angesprochen. Sie sagte: »Bitte hören Sie zu! Gestern nacht hatte ich einen Traum. Mir träumte: ein Moskauer Soldat betritt mein Hotelzimmer, kommt langsam und lächelnd auf mich zu – und schenkt mir etwas!«

»Mein Gott!« sagte ich zu der Dame, »und was schenkte Ihnen der Moskauer Soldat, was bitte?«

»Der Moskauer Soldat«, sagte die reisende Dame, »sprach ein nettes Wort und schenkte mir den gesamten Kreml!«

»Wie«, rief ich außer mir, »das ist ja beunruhigend! Den gesamten Kreml?« Die Dame nickte verlegen.

»Und was tun Sie jetzt«, sagte ich verstört, »mit dem gesamten Kreml?« »Das ist es ja«, rief die Dame, »geben Sie mir einen Rat, was ich tun soll mit dem Geschenk des Moskauer Soldaten? Mit einem so alten Geschenk, das keiner geschenkt haben will!«

Durch einen Sprung auf die andere Straßenseite konnte ich mich von der Dame freimachen. Dort kaufte ich ein Glas Trinkwasser, das mitten in den Moskauer Straßenzügen feilgeboten wird. Zwanzig Kopeken das Glas. Kein horrender Preis. Und sehr erfrischend!

Paris

Der erste Eindruck: Die Malkunst blüht hier in einer einzigartigen Fülle! Ich habe in der weiten, von mir bereisten Welt kein zweites Beispiel üppiger Vollendung angetroffen. Viele, sehr viele Meister. Jeder hat eine Ehrentafel.

Die Stadt ist ein Gewinn für jeden Sterblichen, der die Malkunst liebt und nicht vergessen hat. Nachgesagte Freudenhäuser sind glatte Verleumdung von Feinden der Malkunst. Nicht eines habe ich angetroffen im Verlauf meines Studiums der vielen Meister, die man in sehr großräumigen, sehr großzügig angelegten Museen hängen sehen kann. Ein erster Eindruck hat oft etwas für sich!

Jerusalem

Aus einem Omnibus voller Sonnenbrillen stürzten mehr als einhundertneunzig Fotoapparate blitzschnell genau über *das* her, was ich soeben ansehen wollte, und nun war nichts mehr zu sehn.

Ich probierte es nebenan. Nein, ich hatte kein Glück, ein Fotoapparat wurde gezogen, und was man damit beabsichtigt, heißt: Ein Bild schießen!

Plötzlich kommt ein Mann dahergeritten auf einem Esel, ich kann es beschwören, man sagt dazu: Etwas abfotografieren! und Mensch und Tier waren verschwunden. Es glaubt keiner!

Prag

Wer sich hier von einer Brücke herab in der Moldau zu spiegeln versucht, wird jedesmal, wie es mir ergangen ist, den Musikanten Smetana unter sich erblicken, seinen Dirigentenstab drohend nach oben auf den Reisenden gerichtet, der sich das Pfeifen der Moldaumelodie nicht versagen konnte.

Ich habe in dieser Situation, schnell etwas anderes pfeifend, mich höflich bei dem Meister entschuldigt und Reißaus genommen hinein in die kleinsten Küchen der Prager Alchimisten, die genau Bescheid wissen, weshalb bei ihnen angeklopft wird. Sie öffnen silberäugige Fenster und läuten beim Näherkommen wie eine Spieluhr, der nichts entgeht.

New York

Großes ist schwierig zu beschreiben. Groß, dieses Wort reicht nicht aus! Größer, das paßt schon besser. Doch auch dieses Wort ist unpassend. Denn hier ist alles sehr groß.

Alles ist hoch. Sehr höher. Sehr gewaltig. Ja, sehr gewaltig, das paßt schon besser. Es ist eine Gewalt: groß, hoch, höher und schwierig zu beschreiben.

Alle Bauwerke sind groß ausgeführt. Auch Gedenkstätten sind höher und gewaltiger. Man liest große Schriften. Groß ist das Auge des vorübergehenden Menschen.

Ein winziger Himmel über den Straßen. Und bei aller Größe umher ist der Himmel so winzig, daß er noch höher ist als ein Himmel sonst. Noch gewaltiger als ein Himmel sonst. Noch schwieriger zu beschreiben als ein Himmel sonst.

Reutlingen

Es liegt zwischen den Füßen des schwäbischen Albhöhenzuges. Der einstige Hexenwahn ist meines Erachtens ausgestorben. Die Uhren der Einwohner gehen alle ein klein wenig schneller, als ein Ortsfremder sich ausmalen könnte.

Das ist eine Stadt. In dieser Stadt wohnt das Natürlichste von der ganzen Erde. In ihr wohnt es schon lange. Hinter seiner teilweise gut erhaltenen Stadtmauer wohnt das Natürlichste von der ganzen Erde. In dieser Stadt habe ich das Natürlichste von der ganzen Erde schätzen gelernt. Sicher hat auch der Förderer des deutschen Eisenbahnnetzes, Herr Friedrich List, das Natürlichste von der ganzen Erde in dieser Stadt empfunden, die ihm ein Denkmal gesetzt hat. Der Enkel eines früheren Einwohners will Herrn List gesehen haben: als Kind herumkrabbelnd in einer Dachstube, fortwährend das Getute von Lokomotiven nachmachend. Ein neues Rathaus gibt der Stadt natürlichen Reiz. Und es zählt zu den natürlichsten Rathäusern von der ganzen Erde. Ja, es geht sogar ein klein wenig schneller, als sonst auf der ganzen Erde.

Peking

Zufällig fällt recht zufällig ein Reiskorn aus einer Pappschachtel, in der sich eine Klarsichthülle mit Reiskörnern befindet. Die Hausfrau, oder die Käuferin der Reiskornschachtel samt Klarsichthülle, beklagt den Verlust eines einzelnen Reiskorns mitnichten und läßt dem Reiskorn freien Lauf, sie meint: es dürfe nun sehen, wohin es komme in der Welt. Und so beginnt das Märchen.

Und das Reiskorn sieht sich um in der Welt. Und es erreicht eine Stadt, von der es behauptet: »Hier werde ich bleiben, hier bin ich zu Hause!« Und so endet das Märchen.

Berlin

Auch gibt es dort eine Straße mit Namen *Heinrich-Heine-Straße*. Sie bleibt, was dunkel anmutet, einer Ost-West-Kontrolle vorbehalten. Und was dunkel ist, weckt Interesse.

Tatsache aber: Jener Mensch, nach dem diese Straße benannt wurde, weckt wenig. Das verstehe, wer will!

Früher einmal, bevor diese Straße den neuen Namen bekam, hieß sie *Neanderstraße*, nicht weit weg von Neandertal, von dort nun, wo der erste Mensch oder des ersten Menschen Schädel gefunden wurde.

So zweifelt man, soll die Umbenennung darauf hindeuten, man wollte hier einen Menschen namens Heinrich Heine ehren, oder soll die Umbenennung darauf hindeuten, daß hier, unweit der ehemaligen Neanderstraße und jetzigen Heinrich-Heine-Straße, erste Funde des ersten Menschen gemacht wurden? Das verstehe nun wieder, wer mag!

Ich konnte mehrmals anmerken: Überall dort, wo ich den Namen Heinrich Heine aussprach, wurde mir geantwortet, es handle sich bei ihm um den letzten Menschen!

Komme ich demnächst nach Berlin, so stehe ich vor dem alten Problem. Denn ich weiß nicht: Wurde mit der Umbenennung von Neanderstraße in Heinrich-Heine-Straße hier eines Dichters gedacht, oder des ersten Menschen gedacht, oder des letzten Menschen gedacht, oder eines Menschen überhaupt?

Sauberkeit geht über alles

Ein Fahnenträger kommt frisch gewaschen aus dem Badezimmer. Seine Fahne ist naß und klatscht ihm ins Gesicht. Der Fahnenträger hat auch das Zähneputzen nicht vergessen. Außerdem ist sein Haar sorgfältig gekämmt. Trotzdem will ihm das Fahnentuch nicht gehorchen. Es hat ein abgefeimtes Ziel, das der Fahnenträger nicht erkennt. So läuft er zurück ins Badezimmer, drückt Zahnpasta auf die Zahnbürste, beginnt ein zweites ratloses Zähneputzen, wirft dann die Zahnbürste traurig in eine Badezimmerecke, greift zum Kamm, schnaubt wie ein gestriegeltes Roß, kämmt sich, wirft dann den Kamm zornig in eine andere Badezimmerecke, flüchtet und nimmt draußen teil an der Parade, wo ihn das Fahnentuch öffentlich verlacht: es trocknet sofort, rattert dem Beifall entgegen, und nach alter Gewohnheit übernimmt es die Rolle der Hauptperson.

Aufsatz

Die Frau ist gerade in das Lebensmittelgeschäft hineingegangen und schräg herausgekommen. Soeben ist die Frau herausgekommen und nicht mehr hineingegangen. Nun kommt die Frau nicht mehr aus dem Lebensmittelgeschäft heraus, sie geht auch nicht mehr in das Lebensmittelgeschäft hinein. Dafür geht ein Polizist auf und ab. Jetzt auf, jetzt ab. Bis der Schnee in diesem Monat leiser wird.

Platzverweis

Schnelles Laufen, ohne dringende Ursache, ist unverständlich. Der schnelle Läufer sieht und hört nicht, was um ihn herum vorgeht. Er stolpert, er verliert das Gleichgewicht, er rennt an leblose und lebendige Gegenstände an. Seine Freunde grüßen ihn, er dankt nicht. Selbst die Hunde trauen ihm nicht über den Weg. Sie möchten bellen und den Läufer ansprechen. Bevor sie den ersten Satz herausbringen, ist der Läufer an ihnen vorbei. So schnell, daß die Hunde sich an den Kopf fassen fern in der Welt und einfach nicht ins Bett wollen.

Aus dem Leben eines Taugenichts
Jahresroman

Seiner Exzellenz
Joseph Freiherrn von Eichendorff
in aufrechter Verbeugung

Januar

»Fort, dreimal fort!« rief der Vater wütend an gegen den eigenen Sohn Friedrich, »du hast schon wieder meine Post falsch frankiert, du bist ein Taugenichts! Ich werde dir jetzt eine latschen!«

Das bedeutet, der Vater wollte dem Sohn eine Ohrfeige geben, der Taugenichts aber wollte sie nicht haben und lief davon in den ersten, besten Park.

Februar

Nun stand der Taugenichts vor einem Rätsel. Das Rätsel hieß Christine und war ein Mädchen.
»Ich liebe dich«, sagte der Friedrich zu der Christine.
»Haha«, lachte das Mädchen, »das kann jeder sagen!«
»Ach«, rief der Taugenichts, »wenn du mich nicht verstehst, dann wird es eben jeder sagen!« Und er sagte zu ihr: »Lebewohl!«

März

Bereits bei Ankunft des Frühjahrs saß der Taugenichts in einer Schänke herum. Er hatte seine Sparbüchse auf den Tisch gestellt und vertrank Markstücke und Groschen. Ohne jedoch, wie er sagte, der Scheiße nachzutrauern.

Der Wirt entließ den Taugenichts plötzlich auf die Straße, denn die Sparbüchse wollte nicht mehr. Und das genügte dem Wirt. So vergaß er den Friedrich.

April

Es war dem Taugenichts sonderbar zumute. Ganz genau vor ihm stand ein Polizist und sagte: »Wir haben Sie aufgefunden als eine hilflose Person. Sie haben in einer Eisenbahnwartehalle geschlafen, die nicht mehr benutzt wird. Sie waren vollgeregnet, als wir Sie mitschleppten. Jetzt sind Sie wieder auf den Beinen, Sie können jetzt gehn!«

»Ja«, sagte der Taugenichts, »ich wünsche Ihnen viel Glück im Beruf und im Leben!«

Mai

Der Kuckuck war nicht zu erblicken, aber der Friedrich sprach mit ihm. »Guh-guh«, sagte der Friedrich und ahmte den Kuckuck nach, »mein Vater kann lange warten, bis ich zurückkomme. Das ist kein Gewinn, ein Typ wie er! Vielleicht sitzt er in diesem Augenblick mit Wohlstand zuhaus. Er hat merkwürdige Gäste, dieser Heini!«

Und weil der Taugenichts traurig wurde, warf er sich ins Gebüsch, wo der Kuckuck wegflog, als besäße er gar keine Gestalt.

Juni

Der Mond war aufgegangen. Die Raumflieger sprachen ein Gebet auf den Experten Claudius. Sie schauten hinab zur Erde und entdeckten den Taugenichts. Sie machten ein paar Runden rund um den Mond, stiegen aus ihrem Flugzeug aus, riefen durchs Weltraummegaphon: »So legt euch denn, ihr Brüder, in Gottes Namen nieder, kalt ist der Abendhauch!«, stiegen zurück ins Flugzeug und flogen hinunter zu ihren Ehefrauen, wo jeder Raumflieger eine Tracht Prügel bezog von seinem Weibe für das Wort »Brüder«.

»Helloooh!« rief eine Raumfliegerfrau der zweiten und dritten zu, »die Kerle werden da oben allmählich schwul! Schluß mit der Fliegerei! Schön unten geblieben!«

Juli

Je öfter der Taugenichts in eine Stadt kam, um so seltsamer sprach er zu den Leuten in der Stadt. Einmal sagte er: »Mein Rabe sitzt an meinem Ofen, setzt euch dazu!« Ein anderes Mal sagte er: »Ein Haus braucht eine neue Jacke, es will in den Wald und ein Vogelnest besuchen.«

Solche Ansprachen gab der Taugenichts zum besten. Das brachte ihm viel Verständnis ein bei einem Versicherungsbeamten. Der sagte zum Friedrich: »Unterschreiben Sie oder machen Sie einfach ein beliebiges Kreuz, dann gilt der Vertrag!«

August

Die Behörde, die abermals den Taugenichts wegen Obdachlosigkeit bestrafte, zog ihm die Ohren lang. Beide so lang, daß sie wie Flügel links und rechts seinen Kopf schmückten. Und tatsächlich, er hatte den Sommer hin mehrmals die Ohren ausgebreitet zwischen Himmel und Erde.

September

Als der Taugenichts vorgeführt wurde im Wehrkreiskommando, ergab sich daraus ein Verhör.
»Aha, und wer sind Sie?« – »Eine Rose, ich verdufte hier gleich!« – »Aha, und wie stehen Sie eigentlich da?« – »Wie ein Tisch auf vier Beinen!« – »Aha, und wo sind die anderen zwei?« – »Nein, ich sage es nicht, ihr seid mir zu neugierig!« – »Aha, und dann sagen Sie mal, was frißt denn ein Hund?« – »Euch soll er fressen!« Und Friedrich, der eine Rose ward, tat jeden Herrn stechen, daß er es nicht vergaß.

Oktober

Im Vorbeigehen an einem Haus hörte der Taugenichts einen alten Besen reden und kichern: »Ja, das möchte ich. Nochmal eine Hexe auf meinem Rücken und dann überall das Laub zusammenfegen und wieder aufwirbeln. Zusammenfegen und aufwirbeln. Das wär was. Das möchte ich!«

November

Der Taugenichts träumte, er sei ein Pferd. Er stand an der Krippe und fraß seinen Hafer. Da kam ein hungriger Schneemann, der hatte des Taugenichts Gesicht, und er sprach: »Liebes Pferd, gib mir doch etwas ab von deinem Hafer!« Das Pferd sagte: »Nimm dir, soviel du willst!«

Da wurden beide satt. Der Taugenichts und der Taugenichts.

Dezember

»Du lebst ja!« rief der Vater lachend an gegen den eigenen Sohn Friedrich, »meine ganze Post ist liegengeblieben, weil du fortgelaufen bist! Die ganze Post! Aber nun setz dich, mein Sohn, das wird ein Fest, das wird eine herrliche Zeit! Hier hast du einen Lebkuchen!«

Notizen des Abendkönigs
Eine Fibel und drei Bilder

Geständnis

Ich bin kein König. Ich liebe die Prinzessin Gisela, doch mich liebt sie nicht. Sie liebt den Erdarbeiter Karl Johann Sauerstoff. Sie ist neulich mit dem Schuhabsatz in einer Straßenbahnschiene stecken geblieben. Ich kaufe ihr keinen neuen Schuh! Soll doch der Karl Johann Sauerstoff in seine nächste Lohntüte fassen und ihr ein bißchen Geld schenken für einen neuen Schuh!

Belehrung Nr. 1

»Ein Bach ist ein kleiner Fluß!« Das hat mein Vater gesagt. Er hat gesagt: »Nimm gefälligst die Krone ab, wenn du mir Guten Tag sagst oder Guten Abend!« Mein Vater sagt: »Es ist Abend!« Ich sage: »Überall ist Abend, wenn der Himmel einen langen Bart hat!«

Morgens

Jetzt wird es hell. Das ist mir zu hell! Meine geliebte Prinzessin Gisela hat die Augen aufgemacht und ist aufgestanden. Ich gehe an ihr vorbei und versuche ganz leise und höflich auszuspucken.

Eisenbahngeschichte

Früher, vor zehn zwanzig dreißig fünfzig siebzig Jahren, früher wurde die Eisenbahn, wurden die Eisenbahnwagen von Pferden gezogen. Nein, früher wurden die Eisenbahnwagen von Pferden *erzogen*. Die Pferde liefen zwischen den Schienen und wieherten lustig.

Weniger lustig wieherten sie, wenn ein Eisenbahnwagen unartig war. Dann schlugen die Pferde mit dem Schwanz leicht aufs Dach des Eisenbahnwagens. Die Pferde hatten damals sehr lange Schwänze und konnten bis zu fünf Eisenbahnwagen mit ihren Schwänzen verhauen, wenns nötig war.

So wieherte die Eisenbahn nach Abukir, nach Anderniesen, nach Axminysterburgfeldtale, nach Buffalo-Hosenbach, Bergzabern, Chigasco – so hieß damals Chicago! – nach Civitaveccia, nach Dippoldiswalde, nach Doberan, Friaul, Grüngräbchen, auch Rosenrot, nach Inowrazlaw, Jablonka, Kapilavastu, nach Kleinklosterlausnitz, nach Saragossa, und überall bekamen die Pferde einen Eimer Wasser zu trinken, manche Leute sagen: zu saufen! und überall bekamen die fleißigen Pferde einen Trog oder Korb voll zu essen, manche Leute sagen: zu fressen! und überall war Landschaft zu sehn, Landschaft. Und nun? Was ist nun überall? Manche Leute sagen: »Deine Eisenbahngeschichte ist erschwindelt!« Solche Leute gibt es überall. Geht mal nach Kleinklosterlausnitz, was ihr da zu hören bekommt!

In der Schule

Meinen Lehrer bat ich um ein Zeugnis. Ängstlich fragte er: »Und was geschieht, wenn das Zeugnis niedergeschrieben ist?«

»Ja«, sagte ich zu meinem Lehrer, »vielleicht versetze ich Sie, vielleicht bleiben Sie sitzen! Aber müssen Sie es denn niederschreiben, das Zeugnis? Ganz und gar nieder?«

Gefährten

Als mein Hund umherlief, kuckten die Leute nicht auf den Hund. Als der Hund ihnen was vorbellte, sagten die Leute nach einer Weile des Herumbellens: »Bell nicht so!«

Das nahm der Hund sich zu Herzen. Er bellte nicht mehr wie früher. Er bellte ein halbes Jahr lang überhaupt nicht. Er lief umher, ging an die Baumstämme, um sich zu erleichtern, das war alles.

Heute, plötzlich, bellt er wieder. Und als ihn die Leute nun fragen: »Nanu, was bellst du?«, da spricht er deutlich bellend den Satz: »Weil etwas Schönes passiert ist. Ein Baum hat mir geschrieben. Er hat was durchblicken lassen. Viel sogar. Na, ihr kennt ja die Bäume!«

Hymnus

Nein, verloren hab ich mein Herz an dieses Land, an diese Ecke, an diese klotzige Kante, an die ich rangeboren ward, an der ich verquere und nicht um sie herumkommen kann, sondern mir Beulen, auch anderen Zierat verabreichen lasse von diesem Land, von dieser Ecke, und was hier geschrieben steht: Es ist ein Hymnus geworden, völlig zum Singen, hat gar nichts zu sagen.

Belehrung Nr. 2

Mein Lehrer hat gesagt: »Also, du darfst spielen, aber sei vorsichtig! Du darfst nämlich, während du spielst, nichts wegnehmen von öffentlichen oder Privatwegen. Keine Steine, keine Erde, keinen Sand!« »Gut«, hab ich gesagt, »was heißt öffentlich und was heißt privat?« Schon hat mein Lehrer mir die Krone vom Kopf genommen, hat mit seiner rechten Hand mir an die Stirn geklopft und hat gesagt: »Öffentlich, das ist nicht privat! Privat, das ist nicht öffentlich! So, nun ab durch die Mitte!«

Unruhe im Palast

Schluß damit. Ich bin faul. Trotzdem noch immer viel fleißiger, als irgendeiner sich vorzaubern kann. Ich will, daß der Wecker aufhört sich zu wecken. Ich muß Heimatkunde üben. Das ist schlimmer als dieser Wecker, der schon wieder weckt.

Soeben fliegt eine Amsel durch dieses Zimmer. Ihr Schnabel ist gelb. Mag sein, es war gar keine Amsel. Ein Adler vielleicht aus der Heimatkunde. Ich werde Prinzessin Gisela fragen, ob das ein Flugzeug war, das hier soeben durchs Zimmer flog. Und wenn sie's nicht weiß, dann liebe ich sie um so mehr.

Schon wieder fliegt hier irgendwas durch dieses Zimmer. Es ist kein Zimmer, sondern mein Palast. Durch meinen Palast kann jeder durchfliegen, der solche Flüge gern hat. Der Wecker fliegt jetzt zum Fenster hinaus! »Ja, halt's Maul! Es ist Abend! Flieg, Wecker, flieg! Tu was für deinen Abendkönig! Na gut, komm her, ich zieh dich auf!«

Liebesgedicht

Könnte ich dir sagen, was früh ein Okapi denkt beim ersten Schritt seines stillen, allmählichen Spaziergangs fort aus der Dunkelheit. Könnte ich dir sagen, worauf die Lerche also wirklich hinaus ist, wenn sie singt einigermaßen unsichtbar hoch.

Feuer

für Wolfgang Schwarzenberger

Draußen schrie jemand: »Es brennt! Es lodert! Es knistert ein Feuer!« Ich erschrak, rannte den Flur hinunter bis zur Feuerglocke und zog am Glockenstrick.

»Hör auf mit der Bimmelei«, sagte der Glockenwächter, »das ist der Hauptmann der Feuerwehr! Er steckt ein paar Häuser an und fordert Gehaltserhöhung. Ein Nimmersatt! Gewöhn dich daran. Wird sowieso alles wieder aufgebaut!«

Hausaufgaben

Ich erlerne das da: Zweimal drei Bademeister und vier Bürgermeister geteilt durch meinen Vater ergeben zehn silberne Eßlöffel. Klauen möchte ich mal einen silbernen Eßlöffel. Von Beruf? Löffelklauer! Besonders gern: silberne. Einen für den Bademeister zum Spielen in der Badewanne. Einen für den Bürgermeister, weil er alleinstehend ist. Einen für meinen Vater zwecks Weitergabe an den schlafenden Turmwächter, dessen Helm pro Woche zweimal mitten in der Nacht die Burgtreppe herunterpoltert. Eine große silberne Suppenkelle für Prinzessin Gisela zur Erinnerung an meinen knurrenden Magen, der die Hausaufgaben diktiert.

Bücherei und Bildung

Den vollen Tag nur Bücher ausleihen, das macht müde und gleichgültig. Lauter Nummern sind abzuhaken, lauter schläfrige Vorsatzpapiere mit Kärtchen auszustatten, auf deren Anwesenheit im entliehenen Buch gepocht wird.
 Ich möchte aber ein Buch lesen. Fragt mich der ausleihende Mensch: »Welches?«, bin ich eingeschüchtert genug, wenn ich sage: »Ein Buch, das ich weder durchlesen noch auslesen muß, sondern lesen kann.« Ich werde als Abendkönig zwar nicht des Hauses verwiesen, muß dagegen weit Härteres erdulden: ich bekomme kein Buch. Es gibt in dieser Bibliothek nur Leihbücher. Sie müssen vorschriftlich zurückgegeben oder verlängert werden, wenn man sie ausgelesen oder durchgelesen hat. Ein Buch verlängern, wie geht das? Zurückgeben, was man liest, ist Diebstahl oder Lieblosigkeit. Mit einem ausgelesenen Buch, denke ich mir, ist es aus. Ein durchgelesenes Buch hat Löcher und fordert Schadenersatz. Ich höre des Rätsels Lösung von allen Seiten mir ins Ohr dringen: »Kauf dir eins, dann kannst du's behalten!« Meine Taschengelder sind ausreichend, ich werde mir eins kaufen, werde es in die Bibliothek bringen, abgeben und ausleihen, ohne es zurückgeben oder verlängern zu müssen. Es bleibt ein unausgelesenes Buch infolge Nichtdurchlesens. So revolutioniere ich manches auch in dieser Sparte, für die ich demnächst einen neuen Namen ersinnen muß.

Mitteilung an einen Freund

Seit du nicht mehr hier bist. Seit du nicht mehr hier bist, diese Formulierung erregt Unwillen.

»Es handelt sich doch«, sagt Prinzessin Gisela, »um deinen verstorbenen Freund. Wenn du sagst: Seit du nicht mehr hier bist, so sagst du doch gleichzeitig, ohne es gleichzeitig auszusprechen, dein Freund befände sich an einer anderen Stelle. Was ist das für eine Stelle, bitteschön?«

Ihre Frage, die sehr auswendig klingt, werde ich runterschlucken. Denn du weißt ja von früher, auf welche Antwort diese Frage meiner geliebten Prinzessin Gisela abzielt. Abzielt, ein Tätlichkeitswort.

Am Schloßtor

Hier sehe ich einen Mund, der gehört einem steinernen Löwen. »Sehen Sie«, sage ich zum Standartenträger, »der Löwe hat einen geöffneten, sehr weit geöffneten Mund. Ist er müde und gähnt? Hat er Hunger? Brüllt er vielleicht? Hat er Schmerzen, oder reißt er den Mund auf vor lauter Gelächter?«

Der Standartenträger hob die Standarte und sprach der Reihe nach, erstens: Der Löwe habe keinen Mund, er habe ein Maul. Zweitens: Der Löwe sei nicht müde, er gähne auch nicht. Drittens: Der Löwe kenne keinen Hunger, denn er sei aus Stein. Viertens: Der Löwe brülle nicht, er sei aus Stein. Fünftens: Der Löwe habe auch keine Schmerzen, er reiße auch das Maul nicht auf vor lauter Gelächter, denn er sei aus Stein. Ich solle das begreifen und endlich meine Krone putzen, sie habe Grünspan angesetzt.

Erlebnis im Wald

Als ich vorgestern an den Baum klopfte, wurde die Tür geöffnet. Mein Lehrer saß im Baum und hielt mir das Rechenheft hin. Buchstäblich mit den nächstfolgenden Worten. Buchstäblich mit allen nächstfolgenden Worten und mit allen nächstfolgenden Berufen für die Zukunft, die ich allesamt nur dann in der Zukunft erlernen und erlangen könnte, wenn ich beim nächsten Mal das Große Einmaleins ein für allemal der Länge nach und der Breite nach ausschließlich für ihn, meinen Lehrer, rechtzeitig hinterlassen würde beim Förster. Klapp – und die Tür war zu!

Neuigkeit

Eine Trabantenstadt soll errichtet werden. Wer eine Trabantenstadt errichten will, braucht Bewohner dieser Abendwelt. Man hat mich beauftragt, für die hiesige Bauleitung ein Schriftstück zu verfassen. Ich soll den Einmarsch in die künftige Trabantenstadt schmackhaft machen. Ich bekomme stoßweise Papier und literweise Tinte ins Arbeitszimmer getragen. Einen halben Zentner Bleistifte, unangespitzte Bleistifte in grüner Farbe. Das soll wohl die Hoffnung ausdrücken!

Ich bin sehr traurig über diesen Auftrag. Freude allein bereitet mir ein Paket voller Radiergummis. Ich stelle das Radiergummipaket vor meinen Arbeitstisch, hopse darauf herum, hopse in die Höhe, lasse mich fallen, werde vom Radiergummipaket angenehm aufgefangen, und in ähnlicher Weise tue ich meine Pflicht.

Über das Erzählen sehr kurzer Geschichten

Abends besuche ich einen guten Bekannten in der Nähe des linken Wachturms. Dort wohnt er auf Kosten meines

Vaters in einem Erkersaal und soll vom linken Wachturm aus wachsam in die Landschaft blicken, falls der berufstätige Wächter des linken Wachturms keine Zeit hat.

Der gute Bekannte erfindet in seiner vielen freien Zeit, weil der berufstätige Wächter des linken Wachturms meistens Zeit hat zum Wachen, sehr kurze Geschichten. Eine dieser Geschichten nennt er Badehosengeschichte. Der Titel kommt her von einer Geschichte, in der eine Badehose erwähnt wird. Sie lautet: »Meine Großtante besaß eine Badehose zu einer falschen Zeit und zu einer falschen Stunde.«

Der gute Bekannte erzählt mir jedesmal eine Menge sehr kurzer Geschichten pro Besuch. Erste Geschichte: »Was hat der Schrank, in dem die Kleider hängen, herumzuzwinkern mit dem Zifferblatt meiner Uhr?« Zweite Geschichte: »Eine Landesgrenze, wenn sie fortschrittlich ist, lacht sich kaputt.« Dritte: »Öffne mal das Fenster, wenn du Mut genug hast!« Vierte: »Nimm dein Fahrrad ernst und klingle nicht ständig mit seiner Klingel!« Fünfte: »Einst bastelte ich einen Stern und warf ihn hinauf ins Weltall. Aber kein Dankeschön von da oben!« Sechste Geschichte: »Uns Fischen wird wieder mal ein See geschenkt. Man weiß schon!« Siebte: »Ich traf eine Blume. Sie gab mir ein Rätsel auf. Sie sagte: Errate, wer bin ich!« Achte: »Jemand schrie: ›Haltet den Dieb!‹ Aber *wen* hier nun halten?« Neunte Geschichte: »Du willst, rief der Schneider erstaunt, die Welt nicht kennenlernen? Nein, sprach die Maßnahme.« Zehnte: »Elefanten tragen Vögel spazieren. Inzwischen weltweite Arbeit am Gegenbeweis!« Elfte: »Ein Ehepaar hatte schlechtes Wetter im Urlaub? Nein, dem Wetter wurde schlecht.« Zwölfte: »Beim nächsten Mal bitte dich mitbringen!« Dreizehnte: »Befugte Personen singen ein Lied. Da soll mal einer was sagen!«

Traktat zum Aufbau einer Trabantenstadt

Trabanten: das sind ursprünglich Fußsoldaten, Leibwächter eines Fürsten. In der Himmelskunde sind sie Begleiter eines Planeten. Die Erde hat einen neuen Planeten, den Mond.

Das Wort Trabant kann auch als Schimpfwort Verwendung finden. Die Anrede: »Sie Trabant« richtet sich gegen Filous von Menschen, denen das Tageslicht unangenehm ist.

Das Errichten einer Trabantenstadt soll lebendigen Bewohnern einen Aufenthalt bieten. Das schafft sorgenvolle Gesichter bei der Bauleitung. Ich soll mich darum kümmern, daß die Sorge aus den Gesichtern der Bauleitung entweiche. Man braucht ein Stück Garantie *dafür*, daß die künftige Trabantenstadt nicht von vornherein verrufen sei, bevor sie überhaupt existiert.

Soll eine Trabanterei dieser Sorte Beifall finden, so muß um die künftigen Bewohner der abgelegenen Häuserwelt sinnvoll geworben werden. Er, der künftige Bewohner, muß persönlich angesprochen werden. Er muß ein kleines Geschenk erhalten.

Ich habe den *Aufbaustein* erfunden. Der Aufbaustein soll stillschweigend zum künftigen Bewohner sprechen. Nicht in greller Manier, sondern zurückhaltend, sagen wir getrost: dezent.

Nun zur Frage der Herstellung und Verbreitung und zum Sinn der Verbreitung des Aufbausteins: Die Bauleitung läßt bei einer einschlägigen Firma lebensechte Pappziegelsteine herstellen. Eintausend Stück. Sind diese Pappziegelsteine, die ich *Aufbausteine* nenne und in Umlauf bringen möchte, angefertigt, so müssen abgeordnete Verteiler, will sagen: Personen, die diesen Aufbaustein verteilen sollen, *gegen hohes Entgelt* wochen-, wenn nicht monatelang mit dem sorgsamen Verteilen der Aufbausteine beschäftigt werden.

Es sieht so aus: Am besten gehen jeweils *zwei* Verteiler, für den Alleingänger ist die Sache zu einseitig, mit größeren Umhängetaschen tagtäglich zu ihren Arbeitsplätzen. In den Umhängetaschen, leicht zu erraten, befinden sich soviel Pappziegelsteine, wie sie der betreffende Verteiler tragen möchte oder kann. Akkordarbeit ist nicht gestattet. Das Verteilen ist zugleich ein Verweilen. Auf der Straße oder vor Wohnungstüren.

Aufgabe der Verteiler ist nun, die späteren Bewohner der neuen Trabantenstadt ausfindig zu machen allerorten. Der (in der Umhängetasche) mitgeführte Aufbaustein wird nur immer *dann* überreicht, sobald Hoffnung besteht, man habe den trabantenbereiten Zuhörer gefunden. Dieser nun wird höflich gebeten, den eingehändigten Pappziegelstein in Stafettenform weiterzureichen an andere Personen und sie gleichermaßen zu überzeugen von der glücklichen Zeit im neuen Wohnviertel.

Man mache mich dafür nicht verantwortlich, wenn von der kalkulierten Magie des Aufbausteins nichts anderes übrigbleibt als eine Attrappe. Verantwortlich ist die Bauleitung, die Trabantenstädte errichtet und Werbemittel aufbietet. Am liebsten solche, die behaupten, das Baumaterial ihrer neuen Wohnviertel bestünde vom Keller hinauf bis zum Dach ausschließlich aus lauter Steinen der Weisen.

Hasen

für Anja

Kaum habe ich vorhin die sensationelle Nachricht erhalten, da kommen jene drei Hasen wieder hierher unters Fenster und warten ab. Ich hatte sie irgendmal gezeichnet. Die Ohren waren am besten gelungen.

Gleich muß ich die Neuigkeit loswerden, ich sage: »Auf den Kastanienblättern ist viel Licht gesehen worden!« Sofort zieht der dritte Hase die Uhr aus der bekannten Westentasche und gibt mir die Zeit an, wo und wann sich das Ereignis zugetragen habe. Demnach wußten sie längst davon!

Tadel Nr. 1

Er kann sich das Gebrüll nicht abgewöhnen. Er, mein Lehrer, hat mich angebrüllt mit den Sätzen: »Also, du hast es getan gestern abend! Einen Stein, eine Handvoll Erde, eine Handvoll Sand, alles hast du weggenommen von einem öffentlichen Grundstück trotz meines Verbots! Du hast es weggenommen! Was willst du damit? Was mit Stein, Erde, Sand? Es war schon finster! Meinst du, jeder dürfe sich etwas wegnehmen, nur weil es finster ist? Zeig die Zunge! Bist du krank?«

Tadel Nr. 2

»Du hast es geschafft«, sagt mein Lehrer flüsternd, »du hast sie auf dem Gewissen. Du hast mich dazu gebracht, daß ich brüllen mußte. Ja, du hast sie auf dem Gewissen, weil ich brüllen mußte. Und weil du mich dazu gebracht hast, sind durch mein Gebrüll ein lediger und ein verheirateter Schornsteinfeger vor Schreck vom Dach aus in den Schornstein gestiegen und runtergefallen bis in den Keller. Es geht ihnen nicht gut«, sagt mein Lehrer flüsternd, »du hast es geschafft!«

Verlautbarung

Wenn das ein Minister war, der vorhin das letzte Wort hatte, bevor er als ein stummer Regenpfeifer zur Tür hin rückwärts trippelnd verschwand, wenn ich den Fetzen Pergament zeilenweis überfliege, so weiß ich: Bald wird das Königreich mir nicht in die Hände fallen, aber in die Hand wird es mir fallen. Keiner sagt, ob in die rechte oder in die linke. Fällt es in die linke Hand, ist es der Herzgegend am nächsten.

Dann folgt die Überanstrengung, und es wechselt über in die rechte Hand. Dann folgt die Überanstrengung, und es wechselt über in die linke Hand. Dann ist es vorbei mit dem Händewaschen. Dann halte ich die jeweils leere Hand unter den Wasserhahn, ein wenig den Puls zu regulieren. Manchmal werde ich auf meine Hände blicken und zu jemandem sagen: »Entschuldigen Sie bitte!« Doch wird er es nicht entschuldigen, er wird mir das Königreich aus der Hand schlagen, er wird, während ich frei bin, sich der Sache annehmen, und er wird zu tun haben mit seinen Händen.

Der Zukunft entgegen

»Lege dein Geld auf die Bank!« Das hat mein Vater gesagt. Das hab ich getan. Das ganze Geld vom ganzen Königreich hab ich auf die Bank gelegt.

»Du bist kein König!« hat mein Vater gesagt, »ich habe dir doch gesagt: Lege dein Geld auf die Bank. Da legst du es auf eine Bank und nicht auf *die* Bank! Jetzt ist das ganze Geld vom ganzen Königreich unter die Leute gekommen«, hat mein Vater gesagt, »es hätte doch an den Mann gebracht werden sollen, du Idiot von einem Königskind! Hinaus mit dir in den Abend!«

Straße

An der Straßenecke steht ein Schneemann. Neben dem Schneemann steht ein Mann. Neben dem Mann steht ein zweiter Schneemann. Neben dem zweiten Schneemann steht ein zweiter Mann. Die beiden Schneemänner hören zu, worüber die beiden Männer sprechen. Die beiden Männer ahnen das nicht und sprechen wie üblich.

Herkunft und Zuversicht

Geboren wurde ich in der Stadt Laufen. Eines Tags ist ein Krieg gekommen, da ist die Stadt davongelaufen. Sie hieß aber nur Laufen. Das wird sich ändern. Bis zur Türklinke reiche ich schon!

Wanderbühne
1976

für Anja

Reisebegleiter

Jetzt wurde der Zug angesagt. Ich trat von der Bahnsteigkante, an der ich nicht gestanden hatte, zurück. Es war ein Zug mit einer Lokomotive ohne Schornstein und ohne Rauchwolken. Als er in den Bahnhof einlief, hatte er hochnäsige Augen. Kaum war ich eingestiegen, gleich fuhr er weiter.

Ich fand ein Abteil, in dem eine ältere Dame und ein älterer Herr saßen. Ich sagte: »Guten Tag. Störe ich die Herrschaften?«

»Hier ist noch frei«, sagte der ältere Herr.

»Danke«, sagte ich und pusselte aus meinem Waschbeutel, auch Kulturbeutel genannt, das Rasierzeug heraus. Ich machte je eine kleine Verbeugung und sagte zu beiden Mitreisenden:

»So, ich werde mich nun rasieren.«

»Nein!« rief die ältere Dame ängstlich, »hier im Abteil? Das ist unmöglich!«

»Das geht nicht!« rief der ältere Herr, »Sie wollen doch meiner Frau nicht den Anblick zumuten und sich das Gesicht einseifen! Wie verstehe ich diese Frechheit?!«

»Verzeihung«, sagte ich, »selbstverständlich gehe ich in die Waschkabine. Wenn ich wieder hier bin, ist alles vorbei.«

Nach einer Viertelstunde öffnete ich die Abteiltür und rief: »Da bin ich! Wie gefalle ich Ihnen?«

»Alles besetzt!« rief der ältere Herr.

»Aber schau doch richtig hin«, sagte die ältere Dame flüsternd, »er hat sich sauber rasiert! Bitte, hier ist noch frei!«

Ich verstaute mein Rasierzeug und setzte mich. Der Zug ruckelte sanft an vereinzelten Kühen, Bäumen und Stallungen vorbei. Ich sagte leise zu der älteren Dame: »Ich möchte mich bei Ihnen bedanken mit einer kurzen Geschichte.«

»Von wegen!« rief der ältere Herr, »von wegen kurze Geschichte! Kommt nicht in Frage!«

Ich schwieg. Später sagte ich: »Der Tag brach an. Die Sonne stieg am Himmel empor. Gräser und Blumen blitzten im herrlichen Tau. Der Hahn krähte. Ein Landpolizist wurde so sehr glücklich und verschenkte seine Uniform an einen Landstreicher. Der Landstreicher schenkte dem Landpolizisten eine geflickte Jacke, mehr hatte er nicht. Die bewährte Hose wollte er nicht weggeben. So verkleideten sie sich beide. Es war im Frühjahr vor langer Zeit.«

Traumreise zu gewinnen

Prinzessin Gisela ist auf einem Kamel an mir vorbeigeritten. Dieses Tier ist in unserer Landschaft nicht zu Hause. Weshalb muß die geliebte Prinzessin mich verblüffen? Es gibt doch Pferde hin und wieder, Kühe ganz bestimmt, auch Esel, wenn man gutwillig ist!

Möchte denn Prinzessin Gisela mich für den ganzen Tag vorbereiten auf ein Gespräch mit ihrem Kamel, das in dieser Landschaft nicht zu Hause ist? Ich hoffe sehr, Prinzessin Gisela reitet in der nächsten Nacht leise an mir vorbei auf einem Pferd. Und gleich danach auf einer Kuh. Und anschließend auf einem Esel. Nichts zu hören während der Vorführung, nur mein dankbares Gelächter.

Begegnung

Er saß im Park auf einem Baum. Er saß auf einem der unteren Äste und zeichnete. Er lehnte mit dem Rücken im Astwerk, daß er wie auf einem Stuhl saß.

Der Baum war eine Buche. Spätsommer im Park. Keine Spaziergänger. Vielleicht war es noch zu früh.

Der Zeichner fragte: »Darf ich Sie zeichnen?«

Ich sagte: »Möchten Sie meinen Kopf oder meine ganze Gestalt zeichnen?«

Der Zeichner sagte: »Ich möchte Sie in voller Größe zeichnen.«

»Ich bin«, sagte ich, »ziemlich klein. Von einer vollen Größe kann keine Rede sein, mein Herr.«

»Sagen Sie nicht«, sagte der Zeichner, »mein Herr zu mir. Ich heiße Oskar Mehlhase.«

»Angenehm«, sagte ich und nannte meinen Namen: Axel Konrad.

»Herr Parkbesucher«, sagte Herr Mehlhase, »darf ich mit der Zeichnung beginnen?«

»Muß ich lächeln?« fragte ich.

»Lächeln«, sagte Herr Mehlhase, »ist schwierig. Schauen Sie mich an wie einen Menschen, der auf einem Baum sitzt und zeichnet.«

Ich schaute ihn an. Er zeichnete. Ich versuchte ihn anzuschauen wie einen Menschen, der auf einem Baum sitzt und zeichnet.

Spaziergang

Herr Mehlhase hatte die Zeichnung beendet. Sehr geschickt war er am Stamm der Buche herabgerutscht. Wir standen auf der Wiese und kuckten uns an. Herr Mehlhase mochte gleichaltrig sein mit mir. Beide zusammen hundert Jahre.

Ich reichte bis zu seiner Nasenspitze. Er hielt den Zeichenblock und einen Beutel mit Bleistiften in seiner linken Hand.

»Darf ich die Zeichnung sehen?« fragte ich.

»Ich werde Ihnen das erste Blatt zeigen«, sagte er, »eine Amsel.«

Ich betrachtete ein Amselmännchen.

»Diese Vögel«, sagte Herr Mehlhase, »sprechen ›sirrb-sirrb‹ und ›gick-gick-gick‹. Machen wir einen Spaziergang, Herr Konrad?«

Wir gingen.

»Sirrb-sirrb«, sagte ich, »was bedeutet ›sirrb-sirrb‹?«

»Das ist deutlich gesprochen«, sagte Herr Mehlhase.

Ein Linkshänder

»Und wie«, sagte ich, »wie ist es mit dem ›gick-gick-gick-gick‹?«

»Auch dieser Ruf«, sagte Herr Mehlhase, »ist deutlich.«

»Dürfte ich«, sagte ich zu Herrn Mehlhase, »die Zeichnung sehen, die Sie von mir gemacht haben?«

Herr Mehlhase sagte: »Ich muß die Zeichnung vervollständigen. Jetzt, da wir spazieren, bemerke ich, die Zeichnung muß vervollständigt werden.«

Übersetzungen

Herr Mehlhase ging versonnen durch den Park. Er geriet an ein Schild mit der Aufschrift *Rasen betreten verboten!* Er hatte den Rasen noch nicht betreten, doch nun, unachtsam, stand er mit dem rechten Fuß bereits auf dem Rasen.

»Ihr rechter Fuß«, sagte ein Mann zu Herrn Mehlhase, »hat soeben den Rasen berührt! Können Sie nicht lesen? Hier steht doch deutlich auf dem Verbotsschild ›Rasen betreten verboten!‹ Können Sie nicht lesen?«

Herr Mehlhase wandte sich der sandigen Straße zu, die hier inmitten der Rasenfläche angelegt war.

»Aha!« rief der Mann. »Sie wollen flüchten! Selbst wenn Sie flüchten, so sind Sie doch ein Mensch, der gegen das Verbot gehandelt hat! Wer sind Sie, daß Sie sich derart benehmen? Können Sie nicht lesen?«

Herr Mehlhase sagte: »Ich kann lesen.«

»Schön!« rief der Mann, »Sie haben es gelernt!«

»Gelernt«, sagte Herr Mehlhase.

»Und weshalb«, sagte der Mann, »weshalb haben Sie nicht gelesen, was auf dem Verbotsschild steht?«

»Das«, sagte Herr Mehlhase, »habe ich nicht gelernt. Wer sind Sie, daß Sie sich derart benehmen?«

Vier Krähen und ein Rabe flogen über die beiden Menschen hinweg. Ihre Sprache war winterlich und für Übersetzungen nicht geeignet.

Ein Bild

Die Schafe folgen dem Schäfer. Sie lieben die Gemeinschaft. Sie liegen im Gras oder fressen. Sie haben es gern, wenn der Schäfer ihnen was Schönes vorspielt auf seinem wichtigen Handwerkszeug, auf der Flöte. Dann verbreiten Schafe mehr Ruhe als sonst.

Jedesmal, wenn sie aufgeschreckt werden, drängen sie sich zusammen und ergreifen die Flucht. Der Schäfer und der Schäferhund müssen aufpassen, daß sie hinter der flüchtenden Herde nicht zurückbleiben. Der Schäfer ist kein geübter Renner. Er folgt, heftig atmend, den Schafen. Sein Hund übertrifft an Schnelligkeit das schnellste Schaf.

Ich sah einmal ein Bild, aus dem die Schafe, der Schäfer und der Schäferhund verschwunden waren. Auch nach Tagen kehrten sie nicht zurück. Der Bilderrahmen war an einer Stelle etwas schadhaft. Durch diese Stelle sind sie gemeinsam entflohen. Ich kaufte den Bilderrahmen und warte noch.

Im Theater

Her Mehlhase lud mich ein ins Kasperletheater. Der Vorhang wurde aufgezogen. Ein Polizist in blinkender Polizeiuniform schrie aus Leibeskräften: »Ich suche einen Landstreicher!«

»Hier!« rief Herr Mehlhase, »hier ist einer! Verhaften Sie mich!«

»Ich bin«, sagte der Polizist, »eine Kasperlepuppe. Alles, was ich tue, tut ein anderer mit mir. Schönen Dank! Ich suche zwar einen Landstreicher, doch Ihnen schenke ich die Freiheit!«

Der Lehrer auf dem Balkon

Im Herbst saß ich auf meinem Balkon. Ich korrigierte die Aufsatzhefte. Weil in den Aufsätzen immer wieder das Wort *Herbst* vorkam, wurde mir das Korrigieren der Aufsätze zuwider. Ich schaute über die Balkonbrüstung hinunter auf die Straße.

Auf dem Gehsteig lief eine Frau hin und her. Sie fegte welke Baumblätter zusammen. Kaum hatte sie ein Häufchen zusammengefegt, trieb der Herbstwind die Blätter auseinander, wirbelte sie auf und nicht selten vor die Schürze der Frau.

Es waren schöne Blätter darunter, das konnte ich vom Balkon aus gut erkennen.

Die Frau lief auf dem Gehsteig hin und her, fegte abermals die welken, aufgewirbelten Blätter zusammen. Bald sauste der Wind in ein kleines Blätterhäufchen und ließ das Laub herumtanzen um die Frau.

Ich habe nicht mitgezählt, wie oft die Frau sich um einen blätterfreien Gehsteig bemühte und wie oft der Wind etwas dagegen hatte. Sie beschäftigte sich mit dem Herbstlaub weiter bis zum Abend, als der Wind stärker wurde und die Farbe der Blätter nicht mehr zu erkennen war.

Traumreise zu verlieren

Von meiner geliebten Prinzessin ist kein erfreulicher Brief eingetroffen. Sie schreibt, ich solle meine Liebe zu ihr endlich vergessen. Einen wie mich fände sie an jeder Ecke, auch könne ich niemals ihrer bewegten Munterkeit entsprechen. Deshalb habe sie ihren Verlobten, den Erdarbeiter Karl Johann Sauerstoff, eingetauscht gegen einen Brennholzbündelmacher, dessen Arbeit sie als zukunftsfördernd bewerte, die Arbeit des Herrn Sauerstoff dagegen als eine Dauerbeschäftigung seit Jahr und Tag.

Zu meiner Bestürzung ist von meiner geliebten Prinzessin kein Brief mit einem anderen Inhalt eingetroffen.

Schiffsreise

Ich habe mir aus Papier ein Schiff gefaltet. Ich wollte es bei Regen im Rinnstein schwimmen lassen. Als im Herbst die Regenwolken herankamen, machten meine Eltern in unserer Wohnung den ewigen Fernseher aus und packten Mäntel, Kleider, Anzüge, Wäsche, Strümpfe und so weiter in acht Koffer.

»Nun geht's weg von hier!« rief meine Mutter.

»Gleich fängt der Regen an«, sagte ich, »wartet noch ein bißchen.«

»Du hast«, sagte mein Vater, »noch nie ein richtiges Schiff gesehen. Wir müssen uns beeilen.«

Ich nahm mein Papierschiff mit auf das Schiff.

»Was ist denn das?« fragte meine Mutter.

»Ein Schiff«, sagte ich.

»Ein Schiff?« fragte sie rätselnd.

»Ich weiß ja«, sagte mein Vater lachend, »du hast ein Papierschiff gebastelt, weil wir eine Schiffsreise machen. Das ist lieb von dir. Doch nun schmeiß das Ding ins Meer, mein

Junge. Wir machen eine Weltreise, an die wirst du dein Leben lang denken!«

Etwas Neues

»Gibt es etwas Neues?« fragte ein Mann den Zeitungsverkäufer.

»Nein«, sagte der Zeitungsverkäufer, »gibt nichts Neues!«

Der Mann schwieg ein Weilchen. Dann fragte er den Zeitungsverkäufer: »Gibt es etwas Neues?« Da schwieg der Zeitungsverkäufer ein Weilchen. Dann sagte er: »Nein, gibt nichts Neues!«

Der Mann betrachtete den Zeitungsverkäufer und sagte: »Sie sind doch Zeitungsverkäufer. Sie verkaufen doch Zeitungen. Sie sind doch Zeitungsverkäufer von Beruf.«

»Ja«, sagte der Zeitungsverkäufer, »das ist mein Beruf. Das ist nichts Neues.«

Die Anfrage

Jemand klopfte an Herrn Mehlhases Wohnungstür. Herr Mehlhase öffnete. Draußen stand der Nachbar, blickte über Herrn Mehlhases Schulter hinein ins Zimmer und fragte großäugig: »Haben Sie Feuer in der Wohnung?«

»Ja«, sagte Herr Mehlhase, »ich hab eine Zigarette geraucht.«

»Es qualmt ja«, sagte der Nachbar, »aus allen Ritzen Ihrer Wohnung! Auch im Treppenhaus!«

»Richtig«, sagte Herr Mehlhase, »das ist zuviel.«

»Was wollen Sie tun?« fragte der Nachbar herausfordernd.

Herr Mehlhase schloß langsam die Wohnungstür.

Abendliche Begegnung

Am Abend traf ich Herrn Mehlhase in einer grell beleuchteten Straße. Er schleppte einen Plastikbeutel voller Holzvögel. Herr Mehlhase ging an mir vorbei, ohne mich wiederzuerkennen. Es war die Abendstunde nach Ladenschluß.

Dicht vor einem kleinen Kaufhaus blieb Herr Mehlhase stehen. Er nahm den Plastikbeutel von der Schulter und stellte ihn auf den Gehsteig. Gleich zog Herr Mehlhase Schlüssel aus der Hosentasche.

Mit Hilfe eines bestimmten Schlüssels öffnete er die Tür das Kaufhauses. Nun schulterte er den Plastikbeutel und schloß die Tür von innen ab.

Verdattert griff ich mir an den Kopf, und ein Polizist, der hier vorbeikam, fragte mich: »Was gibt's denn?«

»Ich warte«, sagte ich, »auf einen Bekannten. Er ist soeben in dieses Kaufhaus gegangen und muß bald zurück sein.«

Der Polizist wünschte, meinen Ausweis zu sehen. Ich zeigte ihm den Ausweis. Der Polizist blätterte darin herum, war's zufrieden und gab ihn mir wieder.

Jetzt wurde die Tür des Kaufhauses von innen aufgeschlossen, von außen abgeschlossen. Herr Mehlhase steckte die Schlüssel in die Hosentasche.

»Ist das Ihr Bekannter?« fragte der Polizist.

»Ja«, sagte ich, »er heißt Mehlhase.«

»Guten Abend, Herr Konrad«, begrüßte mich Herr Mehlhase, »ich war drüben im Kaufhaus und habe neunundzwanzig Holzvögel in der Spielwarenabteilung aufgebaut. Wenn niemand im Kaufhaus ist, kann ich das Spielzeug besser aufbauen. Die Geschäftsleitung hat mir die Schlüssel überlassen.«

»Zeigen Sie Ihren Ausweis«, sagte der Polizist.

Als der Polizist Herrn Mehlhases Namen las, sagte er stotternd: »Was ... denn, Sie ... heißen ... Mehlhase?«

»Ich heiße Oskar Mehlhase«, sagte Herr Mehlhase, »von Beruf freiberuflicher Spielwarenhersteller. Ich beliefere Kaufhäuser.«

»Sie heißen Mehlhase!« rief der Polizist, »das gibt's doch nicht!«

»Aber ja«, sagte Herr Mehlhase, »meine Ur-Ur-Urgroßeltern waren allesamt Hasen. Sie verweilten gern in der Nähe einer Mühle. Mühle und Mehl, das verstehen Sie sicher, Herr Polizist. Langsam, sehr langsam, eigentlich erst nach mehreren Jahrhunderten, verwandelten sich die Mehlhasen in Menschen. So erhielt ich meinen Namen.«

Der Polizist tat etwas Eigenartiges. Er nahm die Dienstmütze vom Kopf und setzte sie so auf den Kopf, daß das Mützenschild nach hinten in seinen Nacken wies. Mit der verkehrt herum aufgesetzten Mütze schritt er von dannen.

Der Rundgesang

In der Wohnung über Herrn Mehlhases Wohnung wurde ein Fest gefeiert. Man hatte sich auf das Lied geeinigt: »Warum ist es bei uns so schön?« Im ersten Teil des Liedes wird diese Frage mehrmals hintereinander singend gestellt, wobei es zu einer Steigerung kommt, wenn beim fünften Mal singend gefragt wird: »Warum ist es bei uns so schön, warummm, waaaraummm?!«

Die Antwort lautet: »Ja, es ist ja bei uns so schön, ja es ist jaaa bei uns so schöööön!«

Anschließend wird gesungen. »Warum ist es bei uns so schön, warum ist es bei uns so schön, warum ist es bei uns so schön, bei uuuns sooo schön?!«

Nach achtstündigem Rundgesang wurde bei Herrn Mehlhase geklingelt. Es war der Nachbar. Er sagte leise: »Herr Mehlhase, ich habe überall nachgesehen! Der Rauch hat sich verzogen!«

»Sie haben«, sagte Herr Mehlhase, »überall nachgesehen?«

»Ich kann ja«, sagte der Nachbar, »nochmal überall nachsehen. Was mag es nur gewesen sein?«

Das Pferd und der Parkwächter

Das Pferd ging auf die Wiese und aß von den Gräsern. Sie schmeckten ihm sehr gut.

»Dir schmeckt das Gras wohl sehr gut!« rief ein Parkwächter.

»Ja«, sagte das Pferd, »möchtest du auch etwas Gras essen?«

»Hör mal!« rief der Parkwächter, »was fällt dir ein, *du* zu mir zu sagen?«

Das Pferd sagte: »Ach, heute ist ein Tag, der uns beiden gefällt! Denk mal darüber nach, ob es nicht besser ist, wenn ich du zu dir sage!«

Das Pferd lächelte still.

Im Abteil

Zwei Herren mittlerer Größe räusperten miteinander. Sie blätterten in illustrierten Zeitungen. Sie räusperten. Wenn sie nicht räusperten, sagten sie »Ja«. Sie sagten aber nur selten »Ja«.

Rechts neben mir saß eine Dame. Sie gefiel mir ganz gut, doch ich konnte sie nicht andauernd betrachten: Sie saß ja rechts neben mir. Die Dame sprach nicht. Sie sagte auch nicht »Ja«.

Auf ihrem Schoß lag eine runde Hutschachtel. Die Hutschachtel sah aus wie eine Torte.

Das Räuspern der beiden Herren dauerte bis Braunschweig. Jetzt öffnete die Dame ihren hübschen Mund und flüsterte: »Ah, Braunschweiger Wurst!«

Die beiden Herren sagten einstimmig: »Ja!«

Die Dame stieg aus. Sie ließ mich allein mit den beiden Herren mittlerer Größe.

Vortrag

Herr Mehlhase fragte mich: »Hatten Sie je das Vergnügen, einem Löwen zu begegnen?«

»Im Zoo«, sagte ich.

Herr Mehlhase fragte: »Mögen Sie eigentlich Murmeltiere?«

»Ich habe«, sagte ich, »darüber noch nicht nachgedacht.«

»Murmeltiere«, sagte Herr Mehlhase, »sind Träumer. Ist Ihnen das aufgefallen?«

»Ich muß wieder in den Zoo«, sagte ich.

Herr Mehlhase schwieg. Plötzlich fragte er: »Sind Sie Politiker?«

»Ich bin noch nie«, sagte ich, »einem Löwen begegnet. Ich hatte das Vergnügen bisher nur im Zoo.«

Herr Mehlhase stieg auf einen Stuhl.

»Was machen Sie da?« fragte ich.

»Ich möchte ein Gedicht vortragen«, sagte Herr Mehlhase: »Zu Straßburg in dem Ellensaß, da macht ich mir einen großen Spaß, – stieg bei einem Sturm auf den Münsterturm und ließ ein Papierchen herunterfliegen!«

Aktenkundig

Ein Mann, der im Kaufhaus ein Paar Schuhe gestohlen hatte, wurde zu drei Wochen Gefängnis verurteilt. Für ein Paar Schuhe erhielt er nicht die Möglichkeit, sie anzuziehen und herumzulaufen, sondern erhielt drei Wochen Gefängnis dafür. Als Gegengabe mußte er auf das Paar Schuhe verzichten.

Nach seiner Entlassung ging er abermals ein Paar Schuhe stehlen, wurde nicht beobachtet und nicht verurteilt zu drei Wochen Gefängnis. Dies nannte der Mann seine Gegengabe an die Gerechtigkeit, die ihm nichts schuldig war und deren drei Wochen bei ihr verbleiben konnten wie das gestohlene Paar Schuhe bei ihm.

Der Hund und die Polizisten

Wenn abends der Hund des Kohlenhändlers bellt, stehen zwei Polizisten vor dem Eingang zum Kohlenplatz.

Der Hund bellt lachend, weil die beiden Polizisten ernste Gesichter machen und jedesmal, wenn der Hund bellt, »Wau-wau!« rufen.

Einmal hat der Hund abends nicht gebellt, da standen die beiden Polizisten trotzdem vor dem Eingang zum Kohlenplatz, machten ernste Gesichter und riefen: »Wauwau!«

Wenn die Polizisten manchmal mit einer Frau oder einem Mann sprechen, rufen sie plötzlich: »Wau-wau!« So sehr haben sie sich an den Hund gewöhnt.

Glück

Vollkommen war das Glück eines Straßenbauarbeiters, als er nach getaner Arbeit seinen Straßenbesen ans Kinn setzte und Cello auf ihm spielte: Die Lohnstreifen – Sonate in einem einzigen Satz. Vollkommener aber war das Glück eines Straßenbauarbeiters, als er die Geschichte las von Esel, Hund, Katze, Hahn, wie sie gemeinsam auf die Reise gehen, um alle vereinigten Räuberhauptmänner endlich in die Flucht zu schlagen, so daß Ruhe eintreten sollte ohne das traurige Patronengeknatter jede Nacht. Und der Straßenbauarbeiter begann *Esel, Hund, Katze, Hahn* vor seinen Kollegen zu lobpreisen als gewinnbringendes Gesellschaftsspiel.

Stimme aus dem Ordnungsamt

Ich möchte fluchen, bloß das hört niemand. Meine Untergebenen befinden sich auf irgendeiner Streife. Man hat mich hier zurückgelassen. Schränke, Tische und Stühle – alles riecht unerträglich! Ich drehe dem Zeug den Rücken zu. Ich stehe am Fenster. Verflucht!

Diesen Fluch hat keiner gehört. Ich bin der Vorgesetzte, ich soll mich jederzeit in der Hand haben, soll mich zügeln. Auch jetzt, da ich am Fenster stehe und diesen verödeten baumlosen Platz anschaue. Alle Sitzbänke sind weggenommen, die paar Sträucher ausgerissen, nur noch Sand und Steine. An einer zugenagelten Baubude hängt ein Vogelhaus. Ich stehe eine Weile am Fenster, in dieser Zeit ist kein Vogel gekommen. Nur dieser Mann, der andauernd um den Platz herumläuft, kommt mal näher, entfernt sich, kommt näher, geht geruhsam um den Platz herum und bringt mich in Wut. Es ist eine widerwärtige Tatsache, daß meine Untergebenen sich auf irgendeiner Streife befinden und mich hier allein zurückgelassen haben!

Ich kann nicht fort von hier, möchte hinunter auf den verwahrlosten Platz, möchte den Kerl, der andauernd um den Platz herumläuft, ziemlich unverblümt nach der Ursache dieser Herumlauferei befragen. Er müßte mir seine Anschrift nennen. Die Wohnungsdaten in seinem Ausweis werden bestimmt ungültig sein. Der Kerl müßte mich, natürlich auf Abstand, anhauchen. Aber ich sehe genau: Er torkelt nicht, er geht um den Platz herum in aufrechter Haltung. Ich kann nicht hinunter auf den Platz. Das Zimmer muß besetzt bleiben.

Jetzt läuft dieser Mensch, wenn ich mich nicht verzählt habe, das fünfte Mal um den Platz herum. Liebt er den Sand und die Steine? Bewacht er die zugenagelte Baubude? Hat er irgendwas mit dem Vogelhaus zu tun?

Er geht das sechste Mal um den Platz herum. Er geht um den Platz herum, weil ihn niemand befragt. Er wird so lange um den Platz herumlaufen, bis ihn das Ordnungsamt zur Rede stellt.

Was nützt es, wenn meine Untergebenen zurück sind! Sie werden erschöpft sein und mich quälen mit ihrem Geplauder über den Streifengang. Ich werde sagen: »Gehen Sie mal ans Fenster!«, und während sie meiner Anweisung folgen, will ich rasch hinunter auf den Platz, aber einer wird mich festhalten mit der Nachricht, ein Unbekannter verlange mich am Telefon.

Ein Märchen

Der Polizist sagte zu mir: »Sagen Sie uns wahrheitsgemäß, welches Erlebnis Sie hatten, daß aus Ihnen ein Strolch wurde!«
»Ich hatte das Erlebnis«, sagte ich, »in meinen Kinderjahren. Ich war damals zwölf Jahre alt, Herr Polizist.«
»Ich bin«, sagte der Polizist, »kein einfacher Polizist, sondern Hauptreviervorsteher. Nun weiter! Sie waren damals, wenn ich recht verstanden habe, zwölf Jahre alt. Hm. Mit zwölf Jahren ist man kein Kind mehr. Da schwindeln Sie offensichtlich. Lügen Sie nicht weiter so herum! Und nun das Erlebnis, das aus Ihnen einen Strolch machte!«
Ich erzählte ihm von meiner ersten und letzten Begegnung mit der Parkprinzessin Dorothea. Sie war damals auch zwölf Jahre alt und gab mir zum Wochenende einen Strauß Stiefmütterchen. Kaum hielt ich ihn in meiner rechten Hand, war die Parkprinzessin bereits verschwunden. Ich rannte jedes Wochenende in den Park, aber die Parkprinzessin kam nicht wieder. Das war ziemlich traurig. Denn ich wollte ihr wenigstens danken für das Stiefmütterchengeschenk.
»Das ist doch«, sagte der Hauptreviervorsteher mürrisch, »nichts als ein Märchen. Sie sollten doch wahrheitsgemäß berichten, weshalb aus Ihnen ein Strolch wurde!«
»Sehr geehrter Herr Hauptreviervorsteher«, sagte ich, »ich bin seit meinem zwölften Lebensjahr jedes Wochenende in den Park gelaufen. Ich habe die Parkprinzessin nicht wiedergesehen.«
»Sie sind laut Ausweis«, sagte der Hauptreviervorsteher, »vierzig Jahre alt. Sie sind also vom zwölften bis zum vier-

zigsten Lebensjahr jedesmal zum Wochenende in den Park gelaufen. Das ist ja nicht zu fassen! Und mit diesem Märchen wollen Sie wahrheitsgemäß berichten, weswegen aus Ihnen ein Strolch wurde?«

»Ich könnte Ihnen das erklären«, sagte ich, »aber jetzt muß ich in den Park!«

Ein schönes Leben

Schön war mein erster Geburtstag. Schön war mein zweiter Geburtstag. Schön waren alle Geburtstage, die dem ersten und zweiten Geburtstag folgten. Was während der Zeit von Geburtstag zu Geburtstag war, soll schön gewesen sein. Meine schönen Eltern haben mir davon schön erzählt.

»Es war immer schön«, sagten meine Eltern.

»Ist das nicht schön?« fragte meine Mutter.

»Ach, du hast es immer schön gehabt«, sagte mein Onkel.

»Der Onkel«, sagte mein Vater, »hat dich immer schön in den Schlaf gesungen. Schöne Lieder. Es ist deshalb nicht schön, daß du dich jetzt so häßlich kleidest.«

»Ja«, sagte mein Onkel, »das ist unschön. Du bist bald dreiundzwanzig Jahre alt! Überleg mal, wie schön deine Kinderzeit war. Deine unschönen Haare müssen gewaschen werden. Früher hast du immer den Kopf schön hingehalten, heutzutage benimmst du dich unschön und hast deinen eigenen Kopf. Ist das schön? Das kann ja noch schön werden mit dir, zum Donnerwetter!«

Weltwunder

Ganz vorn geht mein Vater. Er hat eine federgeschmückte Mütze auf dem Kopf. Er hat seinen Kinnbart gestutzt. Das hat bis zum Mittagessen gedauert. Während des Bartstutzens hat mein Vater in den Spiegel geblickt und sich argwöhnisch angeschaut.

Links am Jackensaum trägt mein Vater einen kurzen Degen. Die Sonnenstrahlen sammeln sich in der Degenspitze. Mein Vater pfeift ein Lied, das früher von Rittern gepfiffen wurde. Er schreitet. Er macht nichts anderes. Er dreht sich nicht nach meiner Mutter um.

Sie hat einen schleiergeschmückten, spitzen Hut auf dem Kopf. Sie hat einen Mittelscheitel unter dem Hut, daß einem bange wird. So haarscharf verläuft dieser Mittelscheitel.

Von der Hüfte meiner Mutter hängt eine ziselierte Kassette herab. Manchmal greift meine Mutter nach der Kassette. Ich sehe, auf dem Ringfinger der linken mütterlichen Hand befindet sich der Ring, den sie anlegt, wenn der Spaziergang dran ist.

Als dritter komme ich. Auf meinem Kopf ist keine Mütze, kein Hut. Meine Mutter und mein Vater verschmähen mich, weil ich weder Mütze noch Hut aufsetze. Sie sagen: »Wenn du so weitermachst, bricht alles zusammen!«

Mitten beim Spaziergang fragt mich mein Vater: »Weshalb rasierst du dich nie?« Ich antworte: »Ich bin noch zu jung, mein Bart kommt später.« Mein Vater greift mit der linken Hand an seinen Degen und geht weiter. Ganz vorn ist er. Meine Mutter spricht durch ihren Schleier auf mich ein: »Gib den Bonbon her, den ich dir vorhin gab! Jetzt wird an den Spaziergang gedacht!« Ich gebe meiner Mutter den Bonbon zurück. Die Sonnenhitze verleidet meinem Vater das Pfeifen.

Wir gehen stumm. Bisweilen fliegt unser Hund, diese vierfüßige Eule, über uns hinweg. Hin und wieder setzt sich das Tier auf meine Schulter. Ich trage es spazieren. Es bellt höflich, wenn ich ihm die Weltwunder zeige. Ganz vorn geht mein Vater.

Ein Transparent

Ein Freund

Die Schondecke

Liselotte hat ein neues Bett bekommen. Das alte Bett war ihr schon zu klein. Das neue Bett, so sagen die Eltern, muß aber schon früh genug geschont werden. Deshalb bekommt Liselotte eine Schondecke für ihr neues Bett. Liselotte, ganz eingehüllt in ihre Schondecke, steht nachts schlafend in ihrem Zimmer: So schont sie ihr neues Bett auch beim Vorüberlauf des Mondes.

Ein Telegramm

Es klingelte achtmal. Herr Mehlhase war verwundert über die heftige Klingelei, er ging öffnen.

»Ja«, sagte er zum Nachbarn, »das hab ich in diesen Tagen erwartet. Dieses Telegramm kommt aus Lappland. Vielen Dank, Sie haben es dem Telegrammboten abgenommen.«

»Abgenommen?« rief der Nachbar ärgerlich durchs Treppenhaus, »er hat's mir gegeben!«

»Aha«, sagte Herr Mehlhase.

»Aha«, rief der Treppenhausrufer, »aha, – das ist eine Frechheit, Herr Mehlhase!«

»Und wie heißen Sie?« sagte Herr Mehlhase.

»Das können Sie sich«, rief sehr laut der Treppenhausrufer, »das können Sie sich doch denken!«

Kurze Vorlesung

»Es sind nur elf Personen gekommen«, sagte der Veranstalter, »werden Sie uns trotzdem etwas vorlesen?«

»Ja«, sagte ich.

»Ich hatte ganz vergessen«, sagte der Veranstalter, »heute läuft eine beliebte Fernseh-Sendung. Deshalb sind nur elf Personen gekommen. Aber das macht Ihnen nichts, denke ich!«

»Nein«, sagte ich, »beginnen wir gleich!«

Links neben mir saßen fünf, rechts neben mir sechs Personen. Der Veranstalter begrüßte mich. Es gab stillen Beifall.

Sieben Personen hatten die Augen geschlossen. Ich las eine russische Geschichte in russischer Sprache: »Soijsdrowne maijku swestja, jadranzke poczersi gudska.«

Anschließend las ich die Übersetzung: »Diese Geschichte ist kurz, eine kürzere kenne ich nicht.«

Dann erklärte ich den schnarchenden Zuhörern, in Moskau schätze man solche Geschichten von Herzen gern und könne sich darüber halb schief lachen.

Entdeckung der Bärenhöhle

Der große Bär und der kleine Bär besuchen eine Höhle, die sie noch nie gesehen haben. In der Höhle hebt der kleine Bär einen Stein auf und wirft ihn tief in die Höhle.

»Aua!« ruft die Höhle, »was wirfst du da?«

Der kleine Bär ruft zurück: »Ich bin der kleine Bär, neben mir steht der große Bär!«

»Gut«, sagt die Höhle, »ab heute heiße ich Bärenhöhle.«

Staatsangelegenheiten

Über Staatsangelegenheiten sprechen die Staatsmänner, die hohen und weniger hohen, recht gern in besonderen Gebäuden. Solche Bauwerke tragen den Namen Palaver-

Haus, was eigentlich Beratungshaus heißen soll. Die Beratungen dauern oft sehr lange, obschon das Palaver-Haus, in dem die Beratung stattfindet, armselig gestaltet ist. Ein erhöhter Fußboden, den man auf Leitern ersteigt. An vier Ecken des erhöhten Fußbodens je ein hoher Pfosten, obendrauf ein dünnes Blätterdach.

Hier beginnt die Sitzung. Die Teilnehmer setzen sich murrend auf den Fußboden, denn jeder hat genügend Groll und zornige Nachdenklichkeit mitgebracht.

Alle Staatsmänner hoffen keine Sekunde lang, die Sache sei mit einer Sitzung abgetan. Droht eine solche Lösung hereinzubrechen, so wippt der Fußboden des Palaver-Hauses unter den Fausthieben der wütenden Versammlung.

Plötzlich springt ein Redner in die Mitte und entzündet das Feuer wunderbarer Behauptungen. Selbst nach Stunden kann er nicht ermatten. Beschimpfungen erträgt er lächelnd. Wenn das Gebrüll der beredsamen Kollegen nicht enden will, spitzt er den Mund, ahmt die Stimme einer Sumpfmeise nach.

Augenblicklich unterbleibt der allgemeine Widerspruch, der Mann darf weitersprechen. Diese geheimnisvolle Wendung steht innerhalb des Palaver-Hauses in höchsten Ehren.

Sonntagsbefehl

An einem Sonntag saß ich auf einer Parkbank. Plötzlich, mitten hinein in die Stille, ruft eine laute Menschenstimme: »Sitz!« Ich erschrak. Die laute Menschenstimme kam näher und rief lauter als vorhin: »Sitz!«

Ich verstand das nicht, blieb sitzen auf der Parkbank, fühlte mich angesprochen und sagte mir: »Du sitzt ja.«

Da hörte ich die laute Menschenstimme dicht neben mir rufen: »Sitz!«, und sofort sah ich einen Hund, der sich hinsetzte.

HolZsnYT
EILT

Ich stand auf von der Parkbank, winkte hinüber zum Hundebesitzer und rief: »Sitz!«

Der Hund knurrte, er blieb stehen, und der Mensch sagte laut: »Hier befehle ich, wer sich zu setzen hat! Setzen Sie sich!«

Ich setzte mich auf die Parkbank. Ich saß.

»Sitz!« rief die Menschenstimme. »Sitz!« rief die Menschenstimme in den Sonntag hinein. »Sitz!« rief die Menschenstimme von fern.

Ein guter Bekannter

Er war ein fünfzigjähriger Mann, als er zum dreiundzwanzigsten Mal sein selbstgeschaffenes Jahresfest beging. Er war es, der die Einbildung hatte, sich anders nicht warm halten zu können als durch beständigen Aufenthalt im Bett. Er war es, der kein einziges Schrittchen sich weiter als nötig von seinem Bett entfernte, das niemals gemacht, statt dessen alle Jahre mit einem neuen vertauscht wurde. Dieser Mann hatte im Verlauf von dreiundzwanzig Jahren dreiundzwanzig neue Betten erworben.

Der Bettenverkäufer, geht er vorbei an der verschlossenen Tür des liegenden Mannes, zieht ein zufriedenes Gesicht oder flüstert.

Manche Arbeit beginnt früh

Vor einigen Tagen hatten Herr Mehlhase und ich eine sonderbare Entdeckung gemacht. An jeder Straßenlaterne, an jedem Pfahl eines Straßenschildes sahen wir je eine gelbe Abfalltonne angeschraubt.

So begab sich, daß an einer Straßenkreuzung, keine

dreißig Meter voneinander entfernt, vier, fünf oder sechs Abfalltonnen zu finden waren. Das Einwurfloch der einzelnen Abfalltonne war so groß wie eines erwachsenen Menschen Hand. Es bot sich an, ein zerknäultes Papier in die Tonne zu werfen.

»Ich werde etwas einkaufen«, sagte Herr Mehlhase.

Wir gingen in ein Warenhaus. Dort kaufte Herr Mehlhase siebentausend Papiertaschentücher. Es war ein größeres Paket.

Diese Arbeit begann früh. Herr Mehlhase nahm ein Papiertaschentuch und warf es in eine Abfalltonne.

»Es wird lange dauern«, sagte ich betrübt, »überlegen Sie mal: siebentausend Papiertaschentücher auf diese Art verteilen...«

»Es ist ja noch früh«, sagte Herr Mehlhase und warf ein Papiertaschentuch in eine der nächsten Abfalltonnen.

»Es geschieht lautlos«, sagte ich.

»Ja«, sagte Herr Mehlhase.

»Mir wird unheimlich«, sagte ich, »wer hat sich diese Abfalltonnen ausgedacht?«

Herr Mehlhase warf ein Papiertaschentuch in eine Abfalltonne.

»Was soll«, sagte ich, »was soll bloß daraus werden?«

»Es beginnt ja erst«, sagte Herr Mehlhase, »seien Sie unbesorgt, es beginnt ja erst.«

»Das ist ja unglaublich!« rief ein Mann und stellte sich als Obmann vor.

»Wie«, sagte Herr Mehlhase, »die neuen Abfalltonnen sind unglaublich?«

»Die neuen Abfalltonnen«, rief der Obmann, »sind nicht unglaublich. Ich beobachte Sie schon seit einer halben Stunde. Sie werfen da Papier in jede Abfalltonne. Wenn jeder Bürger Papier in eine Abfalltonne wirft, dann wird die Abfalltonne unbrauchbar!«

»Weshalb?« fragte Herr Mehlhase. »Weil«, rief der Obmann, »weil die Abfalltonne dann voll ist. Deshalb hat die

Stadtverwaltung die Abfalltonnen nicht anbringen lassen. Ich pfeife gleich mit der Trillerpfeife!«

»Befindet sich«, sagte Herr Mehlhase, »in Ihrer Trillerpfeife eine vertrocknete Erbse?«

»Das weiß ich nicht«, schrie der Obmann, »wollen Sie so weitermachen mit der Papier-Einwerferei?«

»Es ist ja erst mittags«, sagte Herr Mehlhase, »vielleicht werfen wir auch mal jeweils zwei Papiertaschentücher und nicht nur eins in die neuen Abfalltonnen.«

»Wenn Sie«, schrie der Obmann, »das Verteilen der Papiertaschentücher nicht unterlassen, dann pfeife ich mit der Trillerpfeife! Und es geht Sie nichts an, was in meiner Trillerpfeife enthalten ist! Ob vertrocknete Erbse oder nicht!«

Herr Mehlhase reichte dem Obmann ein Päckchen mit zweihundert Papiertaschentüchern.

»Für Ihre Mühe«, sagte Herr Mehlhase.

Wartende Pferde

Wir möchten Zucker fressen. Niemand gibt uns welchen. Da kommt ein Mann! Vielleicht sieht er, daß wir Pferde sind. Vielleicht hat er Zucker für uns.

Der Mann kommt näher. Der Mann hat einen achteckigen Hut auf dem Kopf. Der Mann hat eine lange Nase. Auf der langen Nase sitzt ein Vogel. Der Mann hat einen Nukkel im Mund. Der Mann kommt näher. Er nimmt den achteckigen Hut vom Kopf. In seinem Hut liegen acht Stück Zucker. »Bitte schön«, sagt der Mann und reicht uns den Zucker, »diese acht Stück Zucker habe ich in acht Ländern für euch gesammelt. Es war meine erste Weltreise.«

Eine Bekanntmachung plötzlich

Uns ist bekannt, daß die Einnahmen, die uns zur Verfügung stehen, begrenzt sind. Das bedeutet: Wir alle haben bemerkt, wie sich der tägliche Einkauf von wichtigen Dingen und Geräten täglich verteuert. Das täuscht aber nicht hinweg über die Tatsache, wie ungewohnt hoch unsere Einnahmen aus unserer Tätigkeit geworden sind, so daß wir einen Ausgleich sondergleichen verzeichnen können.

Der Besitz eines wertvollen Gegenstandes ist nicht in den Wolken erreichbar, nein, täglich ist annähernd jeder dritte von uns in der Lage, sich einen solchen Besitz einzuräumen.

Uns ist bekannt, daß der Erwerb wertvoller und wichtiger Gegenstände auf jeden von uns sich günstig auswirkt. Deshalb möge ein jeder in sich blicken und sich einen Ruck geben. Einen Ruck, der kräftig genug ist für den Entschluß: Ich gehe jetzt einen Gegenstand kaufen! (Natürlich einen Gegenstand, der das Allgemeinwohl fördert. Nicht einen anderen, keinen anderen. Das ist zu beachten, Bürger. Alles Gute!)

Sonnenblumen

In der vorigen Woche kam der rätselhafte Mann und pflanzte Sonnenblumenkerne in die Gartenerde. Am kommenden Tag erblickten die Bewohner von ihren Fenstern aus fünf Sonnenblumen, jede fünfzig Zentimeter groß. Und sehr früh, mit einer Gießkanne, kam der Mann, goß die Sonnenblumen und ging fort.

Die Bewohner ringsum schüttelten die Köpfe, sperrten die Münder auf. Allesamt hatten sie keine Lust, dieses schnelle Wachsen der Sonnenblumen hinzunehmen. Zwei Bewohner verließen ihre Wohnung.

Unten im Garten angelangt, rissen sie die frisch gegossenen Sonnenblumen aus der Erde und legten sie neben eine

Abfalltonne. Diese Tat wurde von anderen Bewohnern mit Händeklatschen belohnt.

Am Tag darauf kam der Mann und pflanzte Sonnenblumenkerne in dasselbe Stück Gartenerde. Bereits zwei Stunden später, etwas später als nachmittags, erblickten die Bewohner von ihren Fenstern aus zehn Sonnenblumen, jede in ausgewachsener Größe und höher als mannshoch.

Es wurde Abend und dämmrig, als der Mann mit der Gießkanne zurückkehrte. Jede Pflanze wurde sorgfältig gegossen, dann ging der Mann fort. Zwei Bewohner näherten sich vorsichtig den übergroßen Sonnenblumen. Sie standen einige Minuten, sagten nichts, kehrten um. Beide wurden von den anderen Bewohnern gemieden. Auch sonntags, auch zu den Jahresfesten.

Ansprache des Direktors

Ich will es kurz machen, meine Herren! Ich danke Ihnen für die silberne Figur, die einen Wettläufer darstellt. Ich gebe zu, auch ich bin durch die Jahrzehnte im Wettlauf an meinen Arbeitsplatz gelaufen. Ich – was wollte ich sagen? –, ich danke Ihnen für dieses passende Geschenk. Ich will es kurz machen. Ich gehe davon aus, daß Sie damit einverstanden sind.

Ich trete nunmehr in den Ruhestand. Ich hoffe auf einen geeigneten Nachfolger. Ich will nicht hoffen, nein, ich hoffe, es möge ein Mann sein, der späterhin wert ist, eine silberne Figur zu bekommen, die einen Wettläufer darstellt. Ja, das wollte ich sagen. Oh! Oh! Jetzt ist die silberne

Ein Redner

Figur runtergefallen. Ich habe das nicht gewollt. Was soll ich mit einer kaputten Figur anfangen. Ich will es kurz machen, meine Herren. Ich trete nicht in den Ruhestand, ich fange wieder von vorn an. Als Zweiundzwanzigjähriger.

Und wenn ich runde hundert Jährchen zähle, dann schenken Sie mir abermals die silberne Figur, die einen Wettläufer darstellt. Ich bin mein eigener Nachfolger. Haha, meine Herren!

Geschenke

Mein Hut, mein Esel und meine Rose gehören euch allen. So auch mein Uhu, mein Igel, mein Schmetterling. So auch die folgende Geschichte: Ein Fisch geht zu einem Löwen. Der Fisch und der Löwe gehen zu einem Bären. Der Fisch, der Löwe, der Bär gehen zu einem Baum, und der Baum sagt: »Jetzt sind wir zu viert und können alles viermal machen!« Nun schweigt der Baum, denn der Mond spricht mit einer Gans über etwas ganz Neues.

Heute

Heute traf ich einen Spaziergänger, der an mich herantrat, meine rechte Hand ergriff und sie wohlwollend schüttelte. Er schüttelte meine Hand und sprach unverständliche Sätze. Ich gab vorbeugende Auskunft, keine Flüssigkeit zu sein, die man vor Gebrauch schütteln müsse. Der Spaziergänger, der meine Hand schüttelte und unerwartet losließ, sprach von einem Wiedersehen, einem Verabschieden, einer Bekanntschaft. Er lachte hinter mir her, als ich fortlief die Straße hinunter.

Grenzfragen

Jedermann darf den Ort seiner Wahl hinter der Grenze besuchen. Und zwar tagelang. Folglich kann der Besucher auch hinter der Grenze übernachten: bei Freunden oder bekannten Familien, in Theatergebäuden, auf Bergspitzen, in Hotels – das sei ihm freigestellt.

Hat der Besucher dreißig Besuchstage verbraucht, so hat er der bekannten Familie oder den Freunden Aufwiedersehn zu sagen, hat er den Schnürboden des Theaters, wo sich so gut in alte Kostüme einkuscheln ließ, aufzuräumen und alsbald zu verlassen, hat er die Bergspitze nicht zu berauben infolge hemmungsloser Abpflückerei seltener Bergpflanzen, sondern hat er sich zu verabschieden von der schönen Gegend vielleicht mit Gesang, hat er das Hotelzimmer diebstahlfrei zu verlassen, keine Handtücher mitzunehmen als Andenken oder bunte Bettvorleger sogar – das sei ihm nicht freigestellt. Er bediene sich stets seines Personalausweises, lese vor dem Einschlafen und nach dem Aufwachen alles Wissenswerte über Grenzfragen und sage in schwierigen Fällen ein Gedicht auf, das sich reimen sollte.

Affen

Die gelehrigen Menschenaffen heißen Schimpansen. In den Urwäldern ihrer Heimat turnen sie durch Baumkronen. Dort befinden sich auch ihre Schlafnester. Wenn sie in Gefangenschaft des Menschen geraten, hat der Mensch seine Absichten mit ihnen. Er bringt ihnen bei, Gabel, Messer und Teller zu handhaben, Rollschuh zu fahren, Zigaretten zu rauchen, zu salutieren, eine Trommel zu schleppen, ein Gewehr über die Schulter zu legen und ähnliche Vorführungen zu meistern. Die Augen des Schimpansen

blicken bei jeder Übung ein wenig anders. Am schönsten sind seine Augen den Augen seiner Urwaldbrüder verwandt, wenn sein gelehriger Kopf müde wird. Wenn er einschläft wie vor zahllosen Nächten.

Frühjahr

Ein Eiskunstläufer trifft einen Musikclown.
»Was macht das Eis?«, fragt der Musikclown den Eiskunstläufer.
»Es schmilzt so langsam«, sagt der Eiskunstläufer, »ich habe bald keine Arbeit mehr.«
»Ach«, ruft der Musikclown, »gib mir deine Schlittschuhe! Ich werde aus deinen Schlittschuhen eine Trompete basteln. Wenn die Trompete fertig ist, gehen wir in einen Zirkus. Ich spiele Trompete, während du das Geld einsammelst!«
»Schön«, sagt der Eiskunstläufer, »das machen wir! Ich gehe bloß mal nachsehen, ob das Eis schon geschmolzen ist!«

Ankunft der Musikanten

Wenigstens eine gewisse Freude! Ich saß am Fenster und hatte genug von meinen Schularbeiten. Die Sonne zog sich in den Nachmittag zurück. Ein Tag für unverhoffte Musikanten.

In der Schule haben wir ein Fach, das heißt Musik. Dieses Fach wird von unserem Musiklehrer ausgefüllt. Er sitzt still vor uns da. Manchmal singt er ein Lied, das leicht zu vergessen ist.

Doch nun kommen, an diesem Nachmittag, bunte, geräuschvolle Grie-Grie-Männer die Straße herauf. Sie tanzen zu ihrer klappernden Musik. Ihre Instrumente sind meinem Musiklehrer nicht angenehm. Das sind Rohrflöten und rauhtönige Elefantenzähne. Es macht Spaß, es macht glücklich. Der gewaltige Lärm ist still. Wie der Nachmittag, wenn die Schularbeiten aufhören. Zur größten Verwunderung meiner Lehrer.

Ein Nachbar

Der rothaarige Schüler

»Was ist«, fragte der Lehrer, »die Aufgabe der Feuerwehr?«
Ein rothaariger Schüler, der unbedingt antworten wollte, sagte: »Die Feuerwehr sollte in der ganzen Welt herumfahren und sich überall erkundigen, ob irgendwo Feuer entstehen könnte. Sie macht es aber nicht. Sie spielt mit ihren Wasserschläuchen, bespritzt sich gegenseitig und holt sich eine Erkältung. Deshalb liegen die meisten Feuerwehrmänner im Bett und trinken Kräutertee. Eine Tüte Kräutertee kostet an die siebzig Pfennige.«

Der Schrank

Was ist mit dem Schrank passiert? Er hat so ein trauriges Gesicht. Oder ist sein Gesicht lustig? Wie soll ich das wissen! Im Schrank sitzt oder steht ein Polizist. Im Schrank sitzt oder steht ein Ameisenbär. Ich hätte es gern, wenn im Schrank ein Ameisenbär sitzt oder steht. Ich gehe zum Schrank und öffne ihn.

Eine Windmühle

Herr Mehlhase und ich saßen in Herrn Mehlhases Wohnung. Wir arbeiteten an einem Spielzeug, an einer Windmühle aus Holz.
»Soll die Windmühle«, fragte ich Herrn Mehlhase, »sich nach dem Wind drehen?«
Herr Mehlhase sagte: »Wir haben noch andere Stücke in Vorbereitung. Eine Buchflöte, einen Kronenhund, ein Sternpferd, einen Schafgeiger.«
Auf ein Klopfen an der Wohnungstür ging Herr Mehlhase öffnen. Sofort trat der Portier ins Zimmer.

»Ich bin verpflichtet«, sagte der Portier, »mitzuteilen, es gibt einen neuen Benutzungszwang.«

Der Portier zog ein Schriftstück aus der Tasche und begann vorzulesen: »Die städtische Müllabfuhr verordnet hiermit...«

Herr Mehlhase unterbrach den Portier: »Möchten Sie sich setzen?«

»Danke«, sagte der Portier, »ich habe keine Zeit! Wenn ich überall, wo ich den neuen Benutzungszwang vorlesen muß, mich hinsetze, dann komme ich zu spät zum Mittagessen. Was steht denn da auf Ihrem Tisch?«

»Das soll«, sagte ich, »eine Windmühle werden.«

»Wie Sie wollen«, sagte der Portier, »geht mich nichts an! Windmühle, wozu eine Windmühle, Herr Mehlhase?«

Älterer Musikant

Die Pauke ist schwer. Die Pauke auf meinem Rücken. Von meinem rechten Schuhabsatz führt ein dünnes Drahtseil zum Paukenschlegel der Pauke. Bewege ich den Schuhabsatz nach unten, paukt oben der Schlegel auf die Pauke. Ich habe auch einen Affen. Ein Pinseläffchen. Die Forscher haben es so genannt. Es hat einen Schwanz, der einem Malerpinsel vom Aussehen her verwandt ist.

Ja, meine lieben Freunde, ich lebe noch.

Morgens

Der Baum hat ausgeschlafen. Er schüttelt seine Krone. Aus der Krone fallen Äpfel herab. Der Baum hebt zwei Äpfel auf und frühstückt Äpfel. Dann trinkt er einen Becher Apfelsaft. Dann ißt er einen Bratapfel. Dann geht er einen

Weg entlang. Wohin der Weg führt, das sagt der Baum uns nicht. Aber er pfeift. Ein Lied pfeift der Baum. Das Lied ist ein Apfelbaumlied.

Antwort auf eine Umfrage

Geboren wurde ich im Sommer. Meine Mutter wurde auch im Sommer geboren. Auch mein Vater, bloß einen Monat später: im August. In meiner Kindheit war ich ein dickfelliger Schüler. Ich bekam in Betragen eine Eins und in allen anderen Fächern jeweils eine Fünf oder – wenn die Lehrer sich nicht auskannten – eine Sechs.

Nun bin ich Versicherungsbeamter. Ich gehe jeden Tag mit meiner Aktenmappe in das Gebäude, in dem die Versicherung untergebracht ist. Ich möchte noch einmal im Sommer geboren werden.

Gutachten Nr. 1

Der offene Posten wird dem Bewerber nicht zugesprochen. Der Bewerber ist kenntnisreich, er ist unbescholten. Seine Fähigkeiten widerlegen jeden Zweifel an seiner Person.

Seine Ungelenkigkeit, seine Mißtönigkeit im Betragen, das Plumpe seiner Bewegungen, das Hölzerne seines Körpers, das Schläfrige in seiner Sprechweise, das Gesicht ohne allen Ausdruck, der schüchterne Blick, die komische Wahl der Kleidungsstücke, die abgeschmackte Frisur, die eigenartige Höflichkeit dieses begabten Menschen – all dies sind pure Ursachen für sein begrenztes Fortkommen.

Es sei erwähnt: Den Dienst im Fußvolk, sogar in der Marine und in anderen Teilen der Landeswehr, hat der Bewerber von sich gewiesen. Jedoch will dieser bemerkenswerte

Mensch sich auf der Stelle bekanntmachen mit Verhältnissen des Tages, notfalls auch einen Lehrgang aufsuchen, vor dem Spiegel nicht mehr kichern, die Haare begradigen lassen, einen wachsamen Blick sich zulegen und ein zweites Mal vorsprechen wegen des offenen Postens.

Gutachten Nr. 2

Er muß auf einer Wiese herumlaufen, bevor er das Außerordentliche erreicht. Manchmal verläßt er die Wiese und bedarf eines dunklen Zimmers, von keiner Lampe erhellt. In solchen Räumen ist er imstande, ungemein viel zu erlangen.

Zumeist braucht er für den geringsten Schritt seiner Bemühungen trefflichen Lärm oder eine Gesellschaft. Überboten wird dieser Wunsch durch Umgang mit rissigen Zeichnungen und Fratzen. Bald darauf schätzt er die Anwesenheit einer Katze.

Er kniet vor dem Tier, sie spielen miteinander. Oft sitzt er einsam und finster auf dem Sofa. Nach Minuten oder vielen Tagen will er den Eindruck nicht wahrhaben, den er von sich selbst bekommt. Er läuft hinaus auf die Wiese und gelangt in das dunkle Zimmer, drinnen von keiner Lampe erhellt. Das dunkle Zimmer nennt er ein Verließ. Im Verließ ist er herzensfroh, ungemein laut nach der Katze zu rufen.

Die Antwort des Schülers

»Was ist«, fragte der Lehrer, »und wie verhält sich ein Weltraumfahrer?«

Ein Schüler, der sich sofort meldete, sagte ein wenig verträumt: »Jeder Weltraumfahrer ist sparsam. Er spart für eine eigene Abschußrampe. Sobald der Weltraumfahrer eine eigene Abschußrampe besitzt, stellt er sie vor die Haustür. Sein Nachbar, der auch ein Weltraumfahrer ist, hat ebenfalls eine Abschußrampe vor seiner Haustür. Früher, in uralten Zeiten, stand vor jeder Haustür ein Motorrad. Das wurde geputzt und geputzt, bis es zerbrach. Nun waren die Motorräder kaputt, nun stand vor jeder Haustür ein Auto. Das wurde geputzt und geputzt, bis es – da es keine Nase hat – die Stoßstange voll hatte und zerbrach.

Aus dem Schrott wurden Abschußrampen gebaut und hohe Raketen. Der heutige Weltraumfahrer ist also der gestrige Motorradfahrer. Er verhält sich wie sein Nachbar. Beide putzen ihre Rampen und Raketen – allerdings brauchen sie nun viel mehr Putzmittel als früher.

Dafür sorgen ihre Frauen. Sie rollen das Putzmittel in gewaltigen Tonnen heran. In eine solche Tonne passen ungefähr zehn Menschen hinein, wenn die Tonne leer ist. Die Putzmittelhändler sind enge Freunde der Weltraumfahrer. Es ist den Putzmittelhändlern völlig gleichgültig, wie oft die Weltraumfahrer in den Weltraum fahren – wichtig ist den Putzmittelhändlern, daß die Weltraumfahrzeuge zu jeder Stunde blitzeblank vor der jeweiligen Haustür stehen. Von ihren Fenstern aus blicken die Frauen der Weltraumfahrer hinunter auf ihre Weltraumfahrer und freuen sich – laut aufheulend – über die Raketenputzerei.

Wovon ein Weltraumfahrer lebt, weiß ich nicht. Hin und wieder verabreden sich zwei Weltraumfahrer zu einem kurzen Ausflug zum Mond. Sie legen ihre Uniformen an, setzen jeder einen durchsichtigen Helm auf den Kopf und rattern – eine vornehme Rauchfahne hinterlassend – hinauf zum lieben Mond. Ob der Mond in dieser Stunde ab- oder zunimmt, das ist den Weltraumfahrern unwichtig. Oben angekommen, sagt der eine Weltraumfahrer zum anderen Weltraumfahrer: Janz prima hier ohm! – Janz ulkich! antwortet der andere Weltraumfahrer. Anschließend rammt der eine Weltraumfahrer eine Fahnenstange in den Mondboden, stellt sich neben die Fahne, salutiert und läßt sich von seinem Kollegen fotografieren. Dann machen sie es umgekehrt. Das ist alles.

Auf der Erde angekommen, schenken sie ihren Frauen die entwickelten Fotografien. Die Frauen setzen sich neue Perücken auf und holen aus dem Kühlschrank irgendwas Eisiges, das ihre Männer – wie sie sagen – wegputzen. So verhält sich ein Weltraumfahrer. Manchmal sagen die Weltraumfahrer zu ihren Frauen: »Deine Augen leuchten wie Sterne!«

Warenhausbesuch

»Guter Mann«, sagte der Verkäufer für Kurzwaren, »womit kann ich dienen?«

»Bitte, helfen Sie mir«, sagte ich, »bitte, verkaufen Sie mir eine Radautüte!«

»Sie denken«, sagte der Verkäufer, »an Bäckertüten, in die man Luft hineinbläst und dann zerknallen kann. Da gehen Sie am besten in eine Bäckerei!«

»Nein«, sagte ich, »ich suche eine Radautüte. Das ist ein unmodischer Gegenstand: ein Holzstab, an den eine Schnur gebunden ist, und an der Schnur befindet sich die Radautüte. Sobald man sie durch kreisende Bewegung herumsausen läßt, gibt sie recht laute, platzende und knarrende Geräusche von sich. Und zwar zu jeder Zeit und überall!«

»Tja«, sagte der Verkäufer, »wenn Sie so etwas finden, wird man Sie dann nicht – Entschuldigung! – wegen ruhestörenden Lärms verhaften?«

»Ich hoffe«, sagte ich.

Unterricht

1

»Was ist«, fragte ich, »und wie verhält sich Beton?«
»Beton«, sagte ein Schüler, »ist eine zähflüssige Masse, die gehorsam den weltweiten Aufruf befolgt: ›Du mußt hart werden, mein Bester‹!«

2

»Was ist«, fragte ich, »und wie verhält sich ein Soldat?«
»Das ist ganz einfach«, sagte ein Schüler, »ein Soldat ist eine Zielscheibe. Sie kullert von Land zu Land, bis sie rundherum durchlöchert ist. Damit hat sie ihr Ziel erreicht.«

3

»Was ist«, fragte ich, »und wie verhält sich ein Müßiggänger?«
Der Schüler, der sich meldete, sagte: »Ein Müßiggänger ist der Mensch der Zukunft. Betreibt der Müßiggänger künftig den Müßiggang, so wird es zu einer Revolution kommen, die auf wunderbare Weise Errungenschaften hervorbringt, von denen heute niemand zu träumen wagt.«

Wort zum Sonntag

Heute war Sonntag. Ich hatte mir ein neues Hemd angezogen. Ich hatte meine Schuhe geputzt. Einen abgerissenen Mantelknopf hatte ich angenäht. Meine Augen lächelten, als ich in den Spiegel kuckte. Auch der Mund lächelte. Ich freute mich auf den Spaziergang. Mein struppliges Haar bedeckte ich mit einer Mütze. So verließ ich die Wohnung.

Unten, im Hausflur, stand Frau Neunzig. Ich grüßte, sie aber grüßte nicht. Sie sagte laut:

»Heute ist Sonntag!«

»Ich gehe spazieren«, sagte ich.

»Das ist doch eine Ausrede«, sagte Frau Neunzig, »mich brauchen Sie nicht zu belügen, ich weiß Bescheid!«

Verstreute Prosa

Botschaft vom stummen Bergmann

Vorüber die Schicht. Will zum Tor hinaus, meißelt mir irgendein Mund das Wort ins Hirn: »Der da ist tot – vorhin vom Steinschlag getroffen.«
Sehe die schwarze Bahre und Männer daneben. Lese im Pupillenweiß der Kohlengesichter Erstarren. Eine Harfe ist das Zechentor, daran hängt ein scheußliches Wesen, der kichernde Tod. Und läßt seine Knochenglieder Töne geben, streicht selbst hinauf, klapprig und dröhnend, herab, zischend und wahnsinnig keifend.
Die Männer packen mit zitternden Fäusten die schreckliche Last.
Und leer ist der Platz.
Da dreh ich mich um. Schrei einem Vorübergehenden zu: »Warum jetzt überall stampfende Laute, – hier war eben ein Toter – warum stehen in den Fördertürmen die Räder nicht still?«
Der, den ich fragte, gibt jetzt diese Antwort: »Wer weint um den dreckigen Bergmann, ein Käfer war er, der Stein, der auf ihn fiel, ein Menschenfuß. Wer weint schon um einen zertretenen Käfer?«
»Du«, brüll ich, »gehörst wohl zu denen, die treten. Wer bist du, elender, herzloser Mensch? Lauf, hol eine Flagge, häng sie auf Halbmast, so wie ihrs tut für die Großen.«
Er stößt mich von sich, und überall trommeln Maschinen und Räder und peitschen mich fort von dem Platz.
Und nun in den Straßen. Die Augen sehen, was das Innere früher stets als Unwahres ahnte. Jammern so viele von Geld und Geschäft, toben und lallen von Krieg und Soldaten, säuseln von Gott und der Liebe. Und hassen sich doch.

Habe meinen furchtbaren Schmerz in mir, kann es nicht länger mit ansehen, wie jeder um sich nur bekümmert. Bleibe ich stehen, rufe mitten hinein in die lärmenden Straßen: »Hört doch, bleibt stehen – bleibt ein einziges Mal nur stehen und schweigt einen Augenblick lang, denkt diese Minute an einen erschlagenen Kumpel – So hört doch, geht nicht weiter, habt ihr schon einmal in ein so stummes Bergmannsantlitz geschaut – tuts doch und haltet ihr wenigstens Andacht ein paar Sekunden nur lang – nein, lauft nicht weiter, bleibt stehen.«

Erheben sich aus der strömenden Flut häßliche Masken. Ob das Menschen noch sind? Sie lachen und brüllen: »Wir bestimmen, wann, für wen Totenandacht gehalten wird.«

Das sind sie, das sind diese Masken, die alle das gleiche Gesicht haben, wie der vorhin von der Zeche. Und rufe ich nochmals: »Ihr wollt also nicht einen Augenblick schweigen? Der, für den euretwegen Stunde um Stunde das Leben voller Gefahr war, ist er dieses geringen Opfers nicht wert?«

Jetzt lachen und brüllen sie alle. Und schauen dabei hinauf zu den häßlichen Masken. Und wissen dabei nicht, was sie tun. Und glauben dabei, die Masken seien die Freunde.

Da stürz ich durchs Portal einer der Kirchen, haste mit wilden Schritten hinauf in den Turm. Dort reiß ich das Seil, ziehe und läute, laß mich hochziehen vom Seil, und mein Schmerz zieht mich wieder herab. Aber die Glocke dröhnt, dröhnt als ein mächtiges Meer, als ein brausender Sturm über die Stadt, und ich trete ans Turmloch und schreie mit gellender Stimme:

»Das ist für den Kumpel, für den stummen, dreckigen Bergmann, für einen kleinen wertlosen Menschen.«

... süße Molly Malone

Das Gebell der englischen Geschütze hielt uns wach. Sie schossen Eisen nach Bremen, sie schrien und brüllten die ganze Nacht, machten alles taub. Vor dem Kellerfenster standen nur noch die blauen Feuerblitze der Mündungen, keine Dunkelheit. Das dauerte Stunden an. Ich sah ständig meinem Kameraden ins Gesicht, wenn es im Gefangenenkeller phosphorgelb aufzuckte. Mein Kamerad saß auf den Decken. Er hatte früher immer große Augen, hier aber starrten sie so unwirklich in das irre Geflimmer, daß ich an ein Buddhagesicht erinnert wurde, in dem Zweifel, Schrekken und Weisheit zugleich beieinander sind.

Die Geschütze erbrachen tötende Galle, es klang so berstend, als gäbe jedes die letzte Granate. In Bremen, in der deutschen Stadt, zerplatzten die Häuser, in Bremen blutete jeder Mauerstein. Und mein Kamerad sprach die ganze Nacht kein Wort: wie eine Narbe war sein Mund, schmal und weiß.

Gegen Morgen bellte da draußen nichts mehr. Ich vermochte die Augen zu schließen. Ich roch nun auch, wie stickig die Luft des Kellers war, in den uns die Engländer am Tage gesperrt hatten. Dieser warme, modrige Dunst trieb Ekel in die Kehle.

Da öffnete jemand die Tür. Sie quietschte, als quäle jemand langsam eine Katze zu Tode. Es trat keiner ein. Dafür hörte ich Minuten später zusammenhanglose Laute englischer Sprache. Und dann erst wackelte ein trübes Licht näher. Ein Soldat hängte eine Öllampe in den Keller. Als er meinen Kameraden erblickte, nahm er die Lampe wieder herab und hielt sie ihm dicht vor das Gesicht.

»Wie alt bist du?« radebrechte er.

»Fünfzehn Jahre bin ich alt«, antwortete mein Kamerad.

Der Soldat brachte einen erstaunten Pfiff hervor und hängte die Lampe endlich ein. Dann wiederholte er, halb singend, die Antwort meines Kameraden, wozu er den

Kopf wie im Rhythmus wiegte. Er verließ den Keller, kam sofort wieder zurück und reichte uns beiden je ein halbes Weißbrot. Aus der Brusttasche holte er ein Stück Wurst, daß wir sie ebenfalls essen sollten. Ich dankte ihm. Auch meine Worte sprach er kindlich nach und unterstellte sie einer tändelnden Melodie. Im Schein der Öllampe ähnelte er einem gutmütig karikierten Erzengel. Mein Kamerad aß das Weißbrot, die Augen nach innen gerichtet, ich blickte hin und wieder den Engländer an, der da unter der Lampe stand mit verwundertem Lächeln.

Als er sich umdrehte und den Keller verließ, fiel mir wieder ein, daß ich sein Gefangener war.

Da unterbrach plötzlich mein Kamerad mit folgenden Worten die Stille: »Merkwürdig ist das...«

Und weil er nicht weitersprach, fragte ich: »Was ist merkwürdig?«

»... daß ich *den* vielleicht heute abend hätte totschießen müssen.« Ich schwieg. Mein Kamerad sprach auch nicht mehr. Jedes seiner Worte aber war ein glühender Draht, die zusammen meinen Körper fiebern ließen – so verkrampfte sich das Herz. Wortlos saßen wir lange beieinander. Dann später: Was war das? Ich richtete mich hoch vom Lager. Das – war gänzlich unmöglich, was ich hörte, das konnte doch niemals dieses Lied von – Molly Malone sein? Es war so: Jemand sang hier in diesem stickigen Keller das alte Lied von Molly Malone, das wir in der Schule früher lernten. Ich vergewisserte mich nochmals. Doch ja – Sweet Molly Malone, süße Malone – irische Fischhändlerstochter, die in Irlands Hauptstadt Dublin lebende Muscheln verkaufte, – wer weiß wann? Da – jetzt sang die Stimme jene Strophe, die von ihren Eltern erzählte, von – mother und father. Aber wer sang das Lied eigentlich in diesem Keller? Mehrere englische Soldaten waren es, die hinter der Kellertür saßen. Und der Soldat mit dem verwunderten Lächeln kam hinter der Tür hervor, im gleichen Augenblick, als die anderen von Vater und Mutter, father and mother, sangen.

Er reichte meinem Kameraden und mir Zigaretten und ging wieder zur Tür.

Durch dieses Lied herbeigerufen, stand die Vision meiner alten Schule plastisch vor mir, die Schulbänke, die Lehrer, die Klassengefährten, die gemeinsamen Streiche mit ihnen – und auch die erste heimliche Liebe zu der blonden Christa, die wir alle verehrten, die – wer weiß es – vielleicht der irischen Molly Malone ähnlich sah. (Die Soldaten sangen die dritte Strophe.) Ja, die dritte Strophe: damals hatte selbst der Tollste aus unserer Klasse bei diesem Vers das Herumalbern gelassen. Denn das irische Fischermädchen stirbt hier an Fieber, und niemand, so erzählt der Liedertext, kann sie retten. Ihr Geist aber – verkauft weiter lebende Muscheln, ihr süßer Geist. Das klang jetzt durch den Keller: ... and that was the end of Sweet Molly Malone – und das war das Ende der süßen Molly Malone!

Die Soldaten sangen nicht mehr. Ich roch wieder die stikkige Luft des Kellers. Ich stierte in die Öllampe, immer noch, als draußen längst der Morgen vor dem Fenster lag. Da stellte sich in meinen verstörten Blick das Gesicht des Soldaten dieser Nacht: er war in den Keller gekommen, uns Tee zu bringen. Er nahm die Lampe von der Decke, hielt sie einige Sekunden lang in den erhobenen Händen, sprach, radebrechend zwar, aber sehr deutlich, diesen einzigen Satz:

»Warum ... ist ... Krieg?«

Sein Gesicht sah dabei aus, als hätte er in den Morgen hinein über father und mother geweint – und über Sweet Molly Malone, über Dublin und London, Berlin und Dresden, über meinen Kameraden und mich, die blonde Christa und unsere Schule, – ja über sich selbst, darüber auch, daß mein Kamerad und er den gleichen Schmerz gefühlt hatten in dem großen Wahnsinn des Krieges. So sah ich ihn – dann öffnete er noch einmal seinen Mund, blies das Ölflämmchen aus.

Im Keller war kein Zwielicht mehr. Mein Kamerad und

ich tranken den heißen Tee. Eine halbe Stunde später brachte uns ein Lastauto in das nächste Gefangenenlager.

Die seltsam stumme Nacht

Der Schrei ist es, der diese Nacht von anderen Nächten unterscheidet, dieser leise, völlig unerwartete Schrei: aber vielleicht macht ihn die Kälte so leise. Denn die Kälte hat ein Feldlager bezogen und darf plündern. Dabei bringt sie den langgedehnten Schrei einfach um. Und dies nach Art der Landsknechte, die das Schwache mit Würfel oder Spieß richten. Die Dezemberkälte ist nur das Schwert, eine andere der Henker.

So liegt der erfrorene, ermordete Schrei im Rinnstein. Und nicht nur dort. An der nassen Fabrikmauer klebt er. In dem Gardinenfetzen, der so theatralisch traurig von der schwarzen Ruine herab zur Straße winkt, verfängt er sich wie eine Eintagsfliege im Netz der Kreuzspinne. Er hockt, als sei er mondsüchtig, auf dem Stahlträger des Schuttberges. Und im ausgebrannten Keller, unter dem letzten Stück Gewölbe, hängt er als Fledermaus. Der mitternächtige Schrei liegt in stumpfäugigen Regenpfützen, und der Wind weint über die eigene Grausamkeit, die den Schrei beständig umherjagt. Der Wind ist vielmehr ein Sturm, ein schnaufender Taifun: der leise Schrei wird zum Spielball.

Und in dieser Nacht, in dieser seltsam stummen Nacht fällt der unerwartete Schrei vor das eine Bein eines Krückenträgers. Der Wind wirft also den Schrei vor einen humpelnden Menschen. Und der taifunstürmische Wind hat eine Absicht. Der Amputierte setzt nicht mehr die Krücken nach vorn. Er bleibt stehen. Vor ihm liegt der Schrei wie der verlorene Sohn. Aber das macht nur der vermeintliche Größenunterschied beider. Der Krüppel blickt zur Erde: Wer bist du? Der Schrei antwortet nicht. Und der Mensch hebt ihn unter Mühsal auf. Dann schiebt der Mensch den Schrei in seine linke Jackentasche, dahin, wo sonst die Bilder von der rotwangigen Elvira und der blassen Mutter steckten. Und nun humpelt der Amputierte weiter durch die seltsam stumme Nacht. Da begegnet ihm ein eiliger Herr. Der Krüppel setzt seine Krücken breit auseinander und versperrt ihm die Straße: Vermissen sie einen Schrei? Der eilige Herr ist sehr höflich und zieht den Hut. Aber er schüttelt den Kopf. Er hat es eilig. Er geht um die Krücken herum und ist schon fort. Der Krüppel kichert leise über den ängstlichen Herrn.

Da hört er Gesang. Der Gesang kommt aus dem niedrigen Haus, das an der regenpfützigen Straße steht. Das Haus hat unter dem Dach ein erleuchtetes Fenster. Der Krüppel sieht hinauf, seine Augen sind zugekniffen. Das Licht blendet ihn. Er ruft: Wohnt dort ein Mensch, der den Schrei kennt, den ich auf der Straße fand? Weil die Stimme des Krüppels laut ist, öffnet jemand das Fenster. Das Gesicht des Herabblickenden ist nicht zu erkennen. Der Krüppel wiederholt seine Frage. Während er spricht, wird das Fenster geschlossen. Und abermals kichert der Krüppel. Und geht weiter. Und die Krücken stapfen über dreckige Schneekrusten. Er sagt zu dem Schrei: Ich glaube, dich will keiner haben. Da steht vor dem Krüppel ein Mann in Uniform. Er trägt einen Helm und blanke Stiefel. Der Krüppel erschreckt eine Sekunde lang. Der Helm kommt näher. Der Mann in Uniform spricht: Was treiben sie mitten in der Nacht? Und der Krüppel lächelt: Etwas Eigenartiges, ich suche Obdach für den vergessenen Schrei. Der Helm des Uniformierten wird einige Zentimeter größer, vielleicht steht jetzt sein Träger auf Zehenspitzen: Hören sie, ich habe für Ordnung zu sorgen, gehen sie nach Hause, heute ist schließlich ein großes Fest. Wieder lächelt der Krüppel: Ah, sie sorgen für Ordnung.

Und dann sieht der Uniformierte dem Humpelnden nach. Er humpelt durch zwei oder zwanzig Straßen. Niemand begegnet ihm mehr. Erst am breitesten Platz der jetzt so menschenleeren Stadt ruht er aus. Der Platz war früher schmaler und nicht so unordentlich. Der Krüppel denkt an den Helmträger: hier wäre einige Arbeit für ihn. Aber das ist jetzt unmöglich, Ordnung zu schaffen. Jetzt ist der Platz breit und flach und ohne Haus. Es wundert ihn, daß er nicht fluchen kann. Denn vor widerlichen Mauerresten wirkt das Lächeln gespenstisch. Und der Krüppel fragt nicht, ob er ein Gespenst, ein Mensch, eine Marionette ist. Der Krüppel bewahrt den vergessenen Schrei auf. Er weiß nicht, ob ihn dies so sehr versöhnt mit dem eiligen Herrn, mit dem Sänger unter dem Dach, mit dem armen, einsamen Helmträger.

Aber da schrie doch soeben jemand? Ja, schon wieder. Der Schrei in der Jackentasche des Krüppels wird plötzlich wach. Der Krüppel lauscht über den Platz. Nein, der Schrei, den er bei sich trägt, rief nicht. Und er fragt den erwachten Schrei: Was ist dir, wer hat dich erweckt?

Da: ein Licht, eine Kutscherlampe leuchtet dort am breiten Platz. Der Schrei in der Jackentasche des Krüppels beginnt einen Tanz. Dann steht der Krüppel vor einem Wellblechschuppen. Aber die Wände fehlen, nur das verrostete Dach hängt als barmherzige Markise über drei Menschen. Der Krüppel bekommt runde Augen. Seine Hände vergessen das Holz der Krücken, er hebt die Arme zweimal zum Gruß. Die Menschen unter dem Wellblech, eine Frau, ein Mann, ein winziges Kind, haben jetzt einen Gast. Der Mann winkt dem Krüppel. Aber der Krüppel steht noch abseits. Er flüstert: Gehört ihrem Kinde der Schrei, den ich fand? Der Mann steht auf und nickt: Das ist unser Kind. Jetzt humpelt der Krüppel in die Nähe der Kutscherlampe. In einer Bretterkiste liegt das schreiende Kind. An der Außenseite der Kiste steht das Wort: Ceylon-Tee. Und auf den Säcken, die über den Körper des Kindes gelegt sind, steht: Ceylon-Tee. Der Vater des Kindes drückt den Arm seiner Frau. Das Gesicht der Frau sieht tausend Jahre alt aus. Aber zugleich merkt der Krüppel auf: irgend etwas ist so jung an dieser Frau. Er beugt sich über das Kind. Und der Vater des Kindes sagt: Hier kam es zur Welt.

Der Schrei in der Jackentasche des Krüppels tanzt nicht mehr. Er ist fort. Plötzlich spurlos fort. Und während das Kind über den breitesten Platz dieser Stadt schreit, erinnert sich der Krüppel an den einen Augenblick, als ihm der Wind den vergessenen Schrei vor das eine Bein warf. Da lag der Schrei vorhin wie der verlorene Sohn vor dem Vater. Jetzt legt der Krüppel seine Krücken an die Bretterkiste und beugt das Bein. Dann sagt er ohne Stimme: Vergessener Schrei, ich bin der verlorene Sohn.

Der Vater des Kindes spricht zum Krüppel: Flüchtlinge sind wir, die Häuser haben feste Türen. Die Schlüssel sind von innen abgezogen. Der Krüppel starrt in die Kutscherlampe: Man läßt euch erfrieren. Der Schrei des Kindes erfriert zuerst. Dann das Kind. Dann ihr. Der Vater des Kindes schüttelt leise den Kopf: Sie sind ja gekommen, sie hielten den Schrei aufbewahrt, sie haben das schreiende Kind gefunden. Das ist das große Fest.

Und der Krüppel fragt: Das große Fest, wovon der Helmträger sprach? Nein, erwidert der Vater des Kindes. Der Helmträger meinte die brutzelnde Gans, den Großverkauf im Warenhaus.

Der Krüppel nimmt seine Krücken, wieder hebt er zweimal die Arme zum Gruß: Ich werde eine Decke für das Kind erbetteln. Und der Vater des Kindes antwortet: Bleiben sie, sie haben die Decke gebracht, ihr Kommen ist die Decke, ihr Hiersein. Der Krüppel starrt den Vater an: Aber das Kind schreit doch?

Ja, sagt der Vater, betteln sie für den Schrei des Kindes. Daß man ihn hört. Daß man auf die Schreie dieses Kindes, auf die Schreie der Kinder hört.

Der Mann geht zu seiner Frau, beobachtet ihren Schlaf. Und sehr oft steht er neben der Bretterkiste.

Und das Wellblech verunstaltet den Schrei des Kindes,

als seien das verrostete Stück Blech, der Mauerrest, der Schuttberg, die Requisiten eines Marionettenspielers, der das Kind haßt, der das Neonlicht für den festlichen Großverkauf erdachte, der den eiligen Herrn durch die Straßen treibt, den Sänger das Dachfenster schließen läßt, dem Helmträger einen seltsamen Ordnungssinn verleiht.

Vielleicht hätte der Krüppel, der jetzt für den Schrei des Kindes bettelnd durch zwei oder zwanzig Straßen humpelt, noch sein zweites Bein: denn die eisernen Türschlüssel waren überflüssig und solche grauenhaft kahlen Plätze nicht notwendig. Es wird gut sein, den Krüppel anzuhören. Er spricht vom anderen großen Fest, vom Schrei des Kindes, das unter verrostetem Wellblech zur Welt kam, zu *dieser* Welt kam.

In einer halben Stunde...

In einer halben Stunde – oder vielleicht etwas später – werde ich also diesen unangenehmen Menschen wiedersehen!

Elfriede, wo ist mein Hemd? Ach hier – gut, danke. Unangenehm, ach was, ekelhaft ist er: nimmt sich heraus, auf mich einzureden, als ob er nicht sieht, daß ich zu tun habe, viel zu tun habe, verflixt Schwieriges sogar!

Elfriede, hallo, der Kaffee ist ja nicht zu trinken, wo steht denn der Zucker? Was hast du denn Elfriede? Weshalb siehst du mich denn so an?

Weshalb ich so schreie?

Hm, du kennst ihn ja nicht, diesen Hilfsarbeiter bei uns in Halle 6. Er ärgert mich, er ärgert mich jetzt ganz besonders, wenn ich daran denke, ihm nachher »Grüß Gott« sagen zu müssen –

Wie? Was meinst du? Ich müßte es nicht? Mich zwänge ja niemand? Bitte – was hast du, Elfriede: dieser Gruß sollte den anderen wirklich grüßen und dürfte deshalb nicht gezwungen sein? Dürfte kein Ersatz sein für »Mahlzeit«, »Guten Morgen« oder »Na, wie geht's«? –

Du bist ja heute so seltsam, Elfriede – was hast du denn? Halt mir doch keine Predigt am frühen Morgen! Reich mir bitte den Zucker herüber.

Außerdem will ich dir sagen: so etwas geht einfach nicht, mich in solchen Augenblicken anzusprechen, wenn ich dabei bin, das Kugellager zu richten –

Wie? Was er sagte? Ich weiß es ja nicht, ich hab ihn zum Teufel gejagt – hm, ich meine, ich hätte vor Wut wild werden können –

Was sagst du? Ich wäre es schon? Was ist denn Elfriede? Was soll das: du fürchtest dich plötzlich vor meinen Augen?

Na schön, verzeih mir – aber weil du es bist, du bist ja schließlich meine Frau, verzeih mir also!

Bitte? Ja gewiß habe ich ihn gestern genau so angesehen wie dich jetzt eben. Das muß ich, Elfriede, sonst geht das so weiter, und ich hab keine Ruhe bei der Arbeit.

Ich würde also »Grüß Gott« zu dem Hilfsarbeiter sagen? Ja natürlich, das sagt man doch so! Gieß mir noch etwas Kaffee ein! Danke! Also nun schau einmal, Elfriede, was soll er denn auf dem Herzen gehabt haben, als er mich ansprach? Das wäre nicht so wichtig, sagst du? Er hätte ja etwas Gutes sagen können, was ihm und mir Freude gemacht hätte? Also, Elfriede, ich muß schon sagen –

Du bist plötzlich so verändert! Was verlangst du von mir? Ich soll also nachher nur knurren, wenn ich ihn sehe? Ich soll nicht »Grüß Gott« sagen? Das geht nicht. Und wenn ich »Grüß Gott« sage, dann sollen auch mein Gesicht und vor allem meine Augen danach aussehen? Aber er hat mich doch aufgeregt, Elfriede! Wenn ihm nun in dieser Nacht etwas passiert wäre, fragst du? Wenn ich ihn nun nicht wiedersehen würde? Wenn ich ihn tatsächlich zum Teufel gejagt hätte? Hm, du meinst, daß schon ein Wort genügt, um Unheil zu stiften?

Ich muß gehen, Elfriede. Auf Wiedersehen, Elfriede. Du flüsterst ja so? Du freust dich über mein Lächeln? Du meinst, ich sollte nachher diesem Hilfsarbeiter, diesem – hm, ich sollte ihn nachher auch so anlächeln? Wie sich das anhört, Elfriede, als ob du seine Frau wärst! Als ob – wie war das? Nicht seine Frau, aber seine Schwester könntest du sein? Was ich dazu sage? Kleine Elfriede, was bewegt dich dazu, mir zwischen Frühstück und Fortgehen einzureden, daß dieser Hilfsarbeiter im Grunde nicht nur dein Bruder, sondern auch meiner ist?

Darüber soll ich noch den ganzen Tag lang nachdenken?...... »Grüß Gott, Elfriede...«

Mein Freund, der Kaiser

Das ist gut: plötzlich einen Wiesenbach finden, wo man steinigen Feldweg erwartet – da müßte man augenblicklich ins Wasser greifen und sofort einen Fisch in Händen halten, so einen rargewordenen Fisch, der eine sprühende Krone trägt. Und redete er mit triefendem Maul: »Töte mich nicht, ich bin der Fisch deines Lebens«, so wäre es taktlos, über den schuppigen Kaiser zu lächeln. Glücklich wegen des illegalen Vorfalls, sollte man antworten: »Freundlicher Fisch, ich werde dich niemals vergessen« – und dann flink sein, das zappelnde Wunder dem Wasser zurückzugeben, eingedenk, noch anderen Leuten das bedeutsame Zeichen zu gönnen.

Und gut war es, damals den Maler zu finden, der weit hinter siebentausend Dächern und dreimal so vielen Schornsteinen wohnte: den rargewordenen Menschen, der Augen hatte, zu sehen – und Ohren hatte, zu hören.

Ohren, abstehende Ohren hatte mein Freund, riesige Trichter! Was Wunder also, die Drossel zu hören, die Spottdrossel nämlich, den schwarzen Pojaz im Wipfel der uralten Zeder dicht vor der eigenen Haustür.

Das war eine Haustür –: zernarbt vom Fußbrett hinauf bis zum Türsturz. Lädiert waren die Mauern des Hauses, der Dachfirst ähnelte freiliegenden Wurzeln eines Baumes im Bergland. Das alles empfand der Maler als nötig, und schließlich, durch die langen Jahre bedingt, als richtig.

Störend empfand er die Zeit, als klaffende Fugen und morsche Balken das Haus zum Abriß verurteilten. Freunde errichteten für ihn an anderer Stelle eine kleine Behausung, die bezog er mit klagender Miene.

Leute, die ihn später besuchten, waren erstaunt über den plötzlichen Ausruf: »Freunde, ich habe noch Geld, ich konnte Bilder verkaufen. Ich wollte es sparen für die Zeit, wenn unsereiner die Farben verwechselt – ich wollte!«

Er hatte es wirklich gewollt. Doch beauftragte er den Bauunternehmer, dem das alte Haus zum Opfer gefallen war, einen fahrbaren Kran vor den Zederbaum zu postieren.

Und ähnlich geschah es: Arbeiter legten die Erde um die Wurzeln der Zeder frei, und nach wenigen Arbeitstagen – nicht vom Mutterboden gelöst – wurde der Baum von der Kraft des Kranes gehoben und langsam, äußerst langsam, unter vollem Geschrei der Arbeiter, dorthin geführt, wo die neue Wohnung des Malers war.

Hier hatten schon Schaufler für eine Vertiefung gesorgt, die den Wurzelkoloß samt Mutterboden aufnahm.

Berichten zufolge, soll der Bauunternehmer mit nachdenklicher Stirn notiert haben: Eine Zeder in Höhe von achtzehn Metern verpflanzt. Zehn Arbeiter in Stundenlohn und Kranbenutzung – in Summa: Neunhundert Mark.

Akkurat zahlte der Maler. Akkurat lud er bald seine Freunde zu sich. Er saß wie ein Kind unter ihnen – freilich, die leise zitternden Hände nannten sein Alter.

Es war eine unvergeßliche Stunde im Herbst. Wolken waren gewillt, die Sonne zu leugnen, da sagte der Maler: »Nun, hört Ihr die Drossel?«

Alle, die bei ihm waren, stutzten.

»Na, hört Ihr sie nicht?«

Wahrhaftig, da war sie! Da maskierte sie wieder die Kehle wie früher! Den Kauz ahmte sie nach, die Dohle, den Hänfling, die Ammer – ach, wer schreibt die Tabelle?

»Hört Ihr auch richtig?« fragte er später, »sie fühlt sich nur wohl im Wipfel der Zeder.« Dann sagte er langsam: »Nehmt mir's nicht übel, ich hätte die Drossel vermißt – nehmt mir den Luxus nicht übel...«

So sprach er mit triefender Stimme. Gewiß, es wurde getrunken, aber genau war zu sehen: aus seinen sechs oder sieben Haarsträhnen bildete sich eine glitzernde Krone.

Taktlose Freunde hatte er nicht, niemand belächelte ihn. Sie verließen ihn bald an diesem Tage, denn sie brannten darauf, anderen Leuten das bedeutsame Zeichen zu gönnen.

Der Postkartenverkäufer

Die Kleiderpuppen hinter den Schaufenstern lächelten das unerträgliche Lächeln aus Farbe und Lack, die Serie »Stiller Augenaufschlag« war jetzt eine Stunde zu alt, auch das Plakat zwölf Schritt weiter neben dem Eiergeschäft »Jedem seine Weihnachtsgans« hätte abgekratzt werden dürfen, der gute Abend war gekommen, war vorüber, und es war Nacht, und es kam niemand mehr.

Der Postkartenverkäufer stand auf, ganz langsam legte er den Klappstuhl zusammen, legte die Hände aufeinander und bewegte sie so, daß wenigstens die Fingerspitzen erwärmt wurden. Unter den linken Arm nahm er den Klappstuhl, in der rechten Hand hielt er die Postkarten »Fröhliche Weihnacht«, »Herzliche Segenswünsche«, »Kleines Reh im puderweißen Wald«, »Rote Kerze leuchtet leise Augen an«, und er setzte die Füße langsam in den Schnee, denn es hatte vor Mitternacht geschneit, weiße kindhafte Sterne. Motorräder und Autos sahen so still aus.

Und es kam niemand mehr. Der Postkartenverkäufer drehte den Kopf abwechselnd nach links und wieder nach rechts, und die Augen der Häuser flimmerten lautlos. Die Karten, die er in seiner Hand hielt, hätten verkauft sein müssen, aber dann hatten die Glocken plötzlich den Handel beendet, in dem Eiergeschäft waren noch einige Gänse liegengeblieben, in seiner Hand drei Dutzend Postkarten.

Und vor dem Eiergeschäft blieb er stehen, mit unsicheren Fingern führte er einen Bleistift über eine der Karten, und er schrieb ein großes weihnachtliches Wort auf diese Karte, das kaum noch ausgesprochen werden konnte wegen des leichtfertigen Gebrauchs, mit dem alle Welt dieses Wort mißhandelt hatte. Und er steckte die Karte in den Türschlitz des Eiergeschäftes.

Mit der gleichen Bleistiftaufschrift versehen, bei den letzten kaum leserlich, aber nicht weniger verheißungsvoll, verteilte er auch die übrigen fünfunddreißig Postkarten in fünfunddreißig Türschlitze.

Und danach steckte er die Hände in die Taschen; ohne davon zu wissen, trug er seine Augen wie Lampen durch die Straßen, dreidutzendmal heller als Lampen üblicherweise zu sein pflegen.

Rede am Grab eines Irren

Wir haben das Pferd mit Efeu geschmückt und angeschirrt.

Wir erinnern uns: noch im November hat er am Rand des Gehsteigs gestanden und das Pferd gegrüßt – vorgebeugt, den fleckigen Hut in der Hand.

Wir haben den Sarg auf den Wagen geschoben und die Kränze daneben gelegt.

Die Schneewolken sind vorhin ins Tal gestürzt, und die

Fahrt hierher werden wir nicht vergessen: wir haben dem Winter gedroht, und das Pferd hat schwerer als sonst arbeiten müssen.

Mühsam ist es gewesen, den Sarg an gefrorenen Stricken ins Grab zu lassen, und wir wollen die aufgerauhten Hände in die Taschen stecken.

Wir wollen die Kragen unserer Mäntel hochstellen und die Hüte fest in die Stirn drücken, denn das Schneetreiben überfällt uns von allen Seiten – den Horizont erkennen wir nicht.

Wir werden die Krähen, falls sie über diesem Grab kreisen sollten, nicht verscheuchen, denn die anderen Vögel, die zahllosen Sänger, die hier sommertags in den Bäumen zu Hause sind, haben den Winter gefürchtet und den Süden besucht – das Geschrei der Krähen ersetzte ihren Gesang.

Wir legen eine zweite Decke und einige Kränze auf den Rücken des Pferdes, damit es nicht friere, solange wir am offenen Grabe verweilen und die wenigen Worte für ihn sprechen, den wir nicht mehr sehen werden, wenn wir in die Stadt zurückkommen.

Wir wissen: im Wartesaal des Bahnhofs, geduckt ins Zwielicht der niedrigen Halle, hat er die Märchen aus Tausendundeiner Nacht erzählt. Wir haben seine Pantomimen arabischer Tänze mit Kopfschütteln betrachtet. Wenn er den Wartesaal verließ, haben wir hinter den Händen gelacht und selten gesagt: Auf Wiedersehn.

Wir wußten: er verstand es nie, richtig zu grüßen. Auf »Guten Tag« sagte er immer: Vielleicht.

Manchmal war seine Antwort ein Heben der rechten Schulter, ein verwundertes Öffnen des Mundes. Er hat furchtbare und herrliche Wesen in uns erblickt.

Wir erinnern uns jener Nachmittagsstunde im letzten September – das Laub verließ schon die Bäume – als er von Panik ergriffen an uns vorbei durch die Straßen lief und am Marktplatz die Glasscheibe des Feuermelders zerschlug.

Wir rannten hinter ihm her und sahen, daß er den Telefonhörer umgekehrt ans Ohr hielt – wir hörten, daß er die Männer der Feuerwache flehentlich bat, man solle sich eilen, man solle Alarmzeichen geben, man solle sehr schnell zum Auslauf der Hauptstraße kommen, die am Park entlangführt – dort sei ein Regenwurm in Gefahr, schon vom nächsten Auto zermalmt zu werden, und er wisse nicht, wie ein Regenwurm aufzuheben sei.

Wir haben den Polizisten, der ihn wegen der Beschädigung des Feuermelders abführen wollte, beschwichtigt, aber wir haben ihm nicht bei der Rettung des Regenwurms geholfen, sondern jenes große Gelächter geschürt, das noch tagelang hausieren ging.

Wir wissen: er hat sich uns allen am gleichen Tag verbittert entzogen, er ist allein im Park geblieben und erst zum Abend in das Haus zurückgekehrt, das wir »Die Anstalt« nennen.

Vor einer Woche haben ihn späte Passanten zwischen verschneiten Sträuchern des Parks entdeckt: er sei auf- und abgelaufen, habe sehr oft nach oben gesehen und fortwährend unverständliche Zaubersprüche gerufen, um vermutlich die kriegerischen Aktionen zu bannen, die uns neulich zutiefst erschreckt haben.

Wir wissen von den Gerüchten: gegen Mitternacht sei er auf einen Parkbaum gestiegen, und er habe vergessen, sich festzuhalten, als er den Friedensappell an die Welt sprach.

Der Schneesturm, der jetzt ins Tal gekommen ist, war noch nicht losgebrochen, und es war sehr still im Park, als wir ihn fanden und forttrugen.

Wir wollen die Hüte absetzen und die Hände aus den Taschen nehmen. Wir wollen stillschweigend, jeder nach seinem Ermessen, jeder nach seiner Trauer, ein Gebet für ihn finden, das nicht länger andauern soll, als der doppelte Schrei der Krähen, die über uns schwarz an den Himmel geschrieben sind.

Wir haben gebetet und wollen ein einziges Wort gemeinsam sprechen, wir sagen: Amen.

Während wir von der Erde nehmen, die uns nicht durch die Finger rinnt, während wir Schnee und Erde in das offene Grab werfen, grüßen wir ihn mit dem Gruß, der uns allen gilt: von Erde bist du geworden, zu Erde sollst du werden. Durch den Schnee warst du unterwegs, und durch den Schnee hast du deine Heimkehr begonnen – im Frühjahr, zum Tage der Verheißung, wirst du zu Hause sein. Amen.

Wir wollen die Hüte aufsetzen und die ausgeworfene Erde in das Grab schütten. Die Erde wird ihn zudecken. Die Kränze werden den Hügel zudecken und der Schnee die Kränze.

Wir werden die Stationen seines Lebens bedenken können, wenn wir dem Pferd, das er noch im November begrüßt hat, morgen und übermorgen begegnen – wenn es andere Wagen zieht und die Traurigkeiten und heiteren Feste des Jahres unter der Mähne sammelt, auf die jetzt der Schnee fällt.

Zwischenfall

Während der Referent einer bekannten politischen Partei im Versammlungsraum der Budike *Zum hustenden Hund* an sein Glas klopfte und infolge der von ihm selbst erteilten Raucherlaubnis zu husten begann, ließ sich aus dem Zuhörerkreis wider Erwarten das haarsträubend alberne Lied vernehmen:

> *Zwei kleine Trinkerlein,*
> *die tranken wie für zwei –*
> *sie tranken sich ins Himmelbett,*
> *da waren's nur noch drei.*

Drei kleine Trinkerlein,
die sah man trinken gehn –
sie schliefen in den Gläsern ein,
da waren's nur noch zehn.

Und schon erhoben sich die Sänger als da waren:
1. Der Vorstand des Komitees zur Herbeischaffung von Wind für notleidende Windhunde,
2. Der Sachwalter des Vereins zur Entfernung von Bismarcktürmen in Stadt und Land,
3. Das jüngste Ehrenmitglied der Arbeitsgemeinschaft zur Belehrung böser Nachbarn, aufdaß es ihnen gefalle, den Frömmsten in Frieden leben zu lassen –

und schwankten fledermausfröhlich unter der rauchgeschwärzten Decke auf und nieder
ab und zu
den Referenten mit Meerkatzengequietsche neckend,
hin und wieder
seinen Ausruf *Es lebe es lebe!* ehrfurchtslos in die Pfanne hauend, so daß der benachteiligte Herr – ganz nach Art eines Menschen, den der Hafer sticht – hoch in die Höhe fuhr und all seine Getreuen zähneknirschend zu den Fahnen rief:

  Solche Leute pfeifen gewissenlos auf den Ernst dieser Stunde!
  Solche Leute, zum Henker! wollen niemals begreifen,
        was uns die Stunde geschlagen hat
        daß uns die Stunde geschlagen hat
        was uns die Stunde zu sagen hat
        daß ein jeder die Stunde zu wagen hat –
unser aller Sorge um Land und Nation
wird hier frech mit kindischen Eierschalen beworfen!
Packt sie, Brüder, ich zähle bis drei –
packt sie bei ihrer zersetzenden Spielerei!

(Er zählte bis drei.) Jene aber, die gepackt werden sollten und nicht gepackt werden konnten, jene drei machten noch zehn gewichtige Ehrenrunden um den Kopf des wütenden Redners (den einerseits die Impertinenz der unbekümmert Dahinfliegenden, andererseits das tatenlose Maulaffenfeilhalten seiner Untergebenen ohnmächtig zurücksinken ließ) und empfahlen sich, wie schon weiter oben erwähnt, fledermausfröhlich durch den offenen Kamin in den sacht glimmenden Abend hinaus: nichts hinterlassend als ein leises Feixen.

Gehört es sich etwa

Nein, es gehört sich nicht, jeder gehört an den richtigen Platz, der sibirische Reiter gehört schon gar nicht in den Vorstand der Beethovengesellschaft, richtig ist, er gehört schön nach Sibirien, das schön ist am richtigen Platz, dort nur, wo er sein täglich Brot als sibirischer Reiter verdient, nirgendwo sonst können er und sein Roß umhertollen nach Herzenslust, genau so wie der Vorstand der Beethovengesellschaft täglich sein schönes Brot verdient und hingehört, ebenso richtig ist es, daß Goethe an jenem Landesvater grußlos vorbeischritt, genau so gehört es sich nicht, schon gar nicht, wenn jemand behauptet, der Meister hätte zur selben Minute richtig vorausschauend den Roten Oktober im Auge gehabt, nein, er hat nur am richtigen Platz gezeigt, wer hier der Vorstand ist und was der andere dort täglich verdient, oder gehört es sich etwa, Verwirrung zu pflanzen in einfältige Seelen, erinnern wir uns, die Sennerin gehört schön in die Berge, das Tal ist für sie nur selten der richtige Platz, dort, was soll sie auch dort, wo sie nicht leben kann nach Herzenslust von Zitherspiel und Gletscherluft, nein sie gehört in die Nähe der Gipfel, und selbst im Oktober braucht sie wegen der Beethovensonate nirgendwann hinabzusteigen ins Tal, hier oben kann sie ihren Transistor anstellen zur selben Minute und hinhören auf das, was auch immer den anderen zur selben Minute beim Hinhören dort unten umhertollen möge im roten Blut, genau so wie jede Hausfrau ihr Staubtuch ausschüttelt zum Fenster hinaus auf die Straße oder zum Fenster hinaus in den Hof oder vorausschauend dorthin zurückkehrt, wo sich der tägliche Staub vor ihren Augen behauptet, ebenso gehört es sich nicht, schon gar nicht, wenn sich die Hausfrau auf den Teppich kniet, den Staub mit dem Munde ansaugt, den Staub im Munde zum Fenster trägt und hier am Fenster den Staub durch beherztes Aushauchen zum Fenster hinaus auf die Straße oder hinaus in den Hof befördert, genauer gesagt, das wäre der Gipfel, denn ganz allein ihr, niemandem sonst gehört das Staubtuch, und sie verdient es nicht, daß jemand grußlos an ihr vorbeischreitet und den Kopf schüttelt ihrer Vergeßlichkeit wegen, nein, es ist richtig, wir schauen beherzt zum Fenster hinaus und geraten nicht in Verwirrung, weil uns der sibirische Reiter den Hof macht, denn genau so wie Reiter und Roß täglich verdienen über Berg und Tal, genau so müssen auch wir, genauer gesagt, die Gletscherluft meistern am richtigen Platz.

Ersta Weihnachtsfeiatach

nu ha ick Weihnachsmann det Ding sitzen Mensch dabei ha ick Weihnachsmann det Ding bloß sitzen wejen die olle Sauwut die ha ick ja bloß wejen den Oska Huth den Orjelbaua aus de Uhlandstraße Mensch weil der den Penna Fuchs äzählt hat er hat mir Weihnachsmann jestern ahmd kurz nach Neune Joachimsthaler Mensch außen Puff hoppsn jesehn wie ick Weihnachsmann hopps außen Hotel Hubertus raus unt rin inne Taxe jewetzt bin dabei bin ick Weihnachsmann ja ooch in die Abschteije ooch zu andre

Feiatare jern jesehn Mensch also wat soll nu det demliche Jekwatsche nichwahr wat soll die Betonunk uff jesstern ahmd Mensch ick jeh eben als Weihnachsmann ooch Weihnachtn meene Privatjeschäfte nach unt nu ha ick n Ding sitzen weil ick mir ärjere weil der Huth det vonwejen jestern ahmd so breitjetreten hat bei die janze Klikke bei den dikken Häußla Könich von Spanjen den Chindehütte Fennekammp Brema na unt Waldschmitt na die jrade die unt der Jüntabruno die feixen über mir Weihnachsmann Mensch da sare ick Faßt euch jefällichst an euan eijnen Sack Mensch is doch wahr

Ein Neuruppiner Bilderbogen

für Anja

1

Aus diesem Schnee konnte man keinen Schneemann bauen. Das wissen die Häuser, die von allen Seiten her auf den Park blicken. Das wissen die Bäume, die im Park stehen, und die Bäume sagen: Das kennen wir schon, gebt euch keine Mühe!

Und die Häuser sagen: Aus diesem Schnee geht's eben nicht.

Aha, sagen die Parkwächter.

Sie bücken sich, machen kleine Schneebälle aus diesem Schnee und werfen sie den klugen Häusern ans Dach und den klugen Bäumen vor die Krone.

Nanu, rufen die Häuser und Bäume, wer bewirft uns denn da?

Drei wütende Parkwächter aus Neuruppin!

Waaas? sagen die Häuser, seit wann gibt's denn wütende Parkwächter in Neuruppin?

Menschenskinder, sagen die Parkwächter, seit heute früh!

Liebe Parkwächter, sagen die Bäume, seit heute früh gibt's Schnee.

Gebt euch keine Mühe, rufen die Parkwächter, das kennen wir schon! Wir sind keine lieben Parkwächter, sondern wütend über diesen Schnee, aus dem man keinen Schneemann bauen kann.

2

Stimmt, sagt der Baumeister Schinkel, dieser Schnee ist zu kalt, zu naß! Im Winter muß jede Stadt einen Schneemann haben, das habe ich angeordnet. Eine Stadt, die im Winter keinen Schneemann hat, ist arm und traurig. Und dumm.

Er klatscht in die Hände und steigt runter vom Sockel seines Denkmals. Sein Denkmal steht mitten im Park. Er bückt sich, macht einen kleinen Schneeball aus diesem Schnee und trägt ihn in eins dieser Häuser, die von allen Seiten her auf den Park blicken.

Eins dieser Häuser ist das Rathaus.

Raten Sie mal, sagt der Baumeister Schinkel zu den Ratsleuten, was habe ich hier?

Die Ratsleute sagen: Das ist ein Schloß. Sie haben doch Schlösser gebaut.

Gut, sagt der Baumeister Schinkel, ich bin ein Sohn dieser Stadt. Ich gebe Ihnen das Schloß, und Sie geben mir Tinte und Papier.

Er legt den Schneeball auf einen Tisch, setzt sich an einen anderen Tisch und schreibt einen Brief.

3

Du lieber Himmel! schreibt der Baumeister Schinkel an den Himmel, was kann die Stadt Neuruppin dafür, daß sie eine Kleinstadt ist? Mußt du ihr jedesmal diesen Schnee bringen, aus dem man keinen Schneemann bauen kann? Mußt du die drei Neuruppiner Parkwächter ärgern, so sehr, daß sie wütend werden?

Die Parkwächter wollen einen Schneemann bauen, sie

wollen stolz sein auf ihren Schneemann. Du aber schickst ihnen jedesmal diesen kalten nassen Schnee, der so kalt und naß ist, daß er sogar die Köpfe der Neuruppiner Ratsleute verwirrt! Ich bitte Dich, schick einen trocknen backenden Schnee! Alle Menschen, die im Winter nach Neuruppin kommen, suchen einen Schneemann und finden keinen. Das ärgert unsere drei Parkwächter. Und vor Ärger gehen sie ins Wirtshaus und trinken sehr viel.

4

Jeder Parkwächter hat schon drei große Biergläser leergetrunken. Zu dritt also neun Gläser. Neun Liter Bier.

Wir schämen uns, sagen die Parkwächter, Neuruppin hat keinen Schneemann, wir schämen uns.

Sie bestellen wieder drei große volle Biergläser. Und trinken. Man sieht, sie sind traurig. Einer der drei Parkwächter möchte am liebsten weinen.

Jetzt hat jeder Parkwächter vier Liter Bier getrunken. Zu dritt also zwölf Liter. Sie schlafen ein im Wirtshaus und träumen von besseren Zeiten.

5

Der Baumeister Schinkel fährt mit der Eisenbahn nach Berlin. Er hat vorher seinen Brief zur Post gebracht. Manchmal dauert es lange, bis solche Briefe ankommen. Deshalb fährt der Baumeister Schinkel nach Berlin. In der Eisenbahn trifft er einen Mann. Der Mann sitzt ihm gegenüber, und der Baumeister Schinkel fragt den Mann: Fahren Sie auch nach Berlin?

Ja, sagt der Mann, ich bin der Bürgermeister von Neuruppin, ich habe mein Amt verlassen. Neuruppin hat keinen Schneemann, solche Städte machen mir das Herz schwer.

Stimmt, sagt der Baumeister Schinkel.

Und außerdem, sagt der Mann, tun mir die drei Neuruppiner Parkwächter leid, die im Winter einen Schneemann bauen wollen, auf den sie stolz sein können. Aber der Schnee ist jedesmal zu kalt, zu naß. Und das in einer Stadt, in der ein großer Baumeister geboren wurde!

Stimmt, sagt der Baumeister Schinkel.

Ich möchte Parkwächter in Berlin werden, sagt der Neuruppiner Bürgermeister, ich glaube, dort gibt es Schnee, aus dem man einen Schneemann bauen kann.

Wir sind gleich in Berlin, sagt der Baumeister Schinkel, bitte helfen Sie mir!

6

In diesem Berliner Park hört man zwei Männer laut lachen. Der Neuruppiner Bürgermeister geht gebückt durch den trocknen backenden Schnee, rollt feste Schneekugeln vor sich her und rollt sie, gebückt gehend, an den Platz heran, wo der Baumeister Schinkel einen großen Schneemann baut.

Der erste Teil ist fertig. Bis zur Hüfte.

Der Baumeister Schinkel tritt zurück. Er prüft seine Arbeit und fragt den Bürgermeister:

Fällt Ihnen was auf?

Nein, sagt der Bürgermeister.

Achten Sie mal auf die Parkwege! Da gehen doch lauter Schneemänner hin und her! Wir werden beobachtet.

Stört mich nicht, sagt der Bürgermeister, ich bin froh, daß es hier lebendige Schneemänner gibt! Augenblick bitte, ich komme gleich wieder!

Der Baumeister Schinkel formt den Oberkörper des Schneemanns, setzt eine schöne runde Kugel auf den Rumpf, dann entstehen zwei Arme. Er gibt dem Schneemann die rechte Hand und begrüßt ihn einladend.

Schneemann, sagt er, wir reisen heute miteinander!

Der Schneemann antwortet nicht.

Da erscheint der Neuruppiner Bürgermeister mit einem Besen, einem Strohhut, einer sehr roten Mohrrübe und einer Handvoll Koks.

Hab ich alles von diesen Schneemännern, sagt er, die Ihnen vorhin aufgefallen sind. Diese Herrschaften handeln mit Ausstattungen für ihre Kollegen.

Der Schneemann bekommt ein Gesicht, einen Besen in die rechte Hand und einen Strohhut auf den Kopf. Und jetzt sagt er: Los, meine Herren, zeigen Sie mir die Welt!

7

Der Wirt steht am Fenster seines Wirtshauses.

Er schaut hinaus in den Neuruppiner Park, sieht die Häuser, die von allen Seiten her auf den Park blicken, sieht die Bäume, die im Park stehen, schaut zum Himmel und wieder zurück in den Park, da wird ihm plötzlich ganz heiß vor Aufregung, er traut seinen Augen nicht: Drüben gehen zwei Männer, in ihrer Mitte ein Schneemann, von beiden Männern untergehakt.

Der Wirt läuft weg vom Fenster, läuft durch das Wirtshaus, ruft in jedes Zimmer und ruft in den Keller hinein: Ich baue ein riesiges Hotel! Neuruppin ist eine Weltstadt!

Die drei schlafenden Parkwächter sind aufgewacht. Sie blinzeln einander zu, gähnen und schauen mißmutig zum Fenster.

Menschenskinder, sagt der erste.

Das ist ja..., sagt der zweite.

Das ist ja ein erwachsener Schneemann!

Einer? fragt der erste, einer? Ich sehe noch einen!

Ja, sagte der zweite, du hast recht, ich sehe auch zwei! Aber vom Bahnhof kommen ja noch mehr!

Eben hielt die Berliner Eisenbahn, sagt der Wirt.

Himmel, rufen die drei Parkwächter, es schneit ja!

Ja, es schneit, sagt der Wirt.

Sterne! rufen die Parkwächter.

Quatsch, sagt der Wirt, Flocken!

Schnee! sagen die Parkwächter. Sie steigen auf den Tisch und tanzen.

Schnee, sagt der Wirt, Neuruppin ist eine Weltstadt! Runter vom Tisch, geht an eure Arbeit!

Wo sind die Schneemänner? rufen die tanzenden Parkwächter.

Dort, sagt der Wirt und zeigt auf das Denkmal des Baumeisters Schinkel, dort versammeln sie sich.

Man sieht nichts mehr, sagen die Parkwächter, alles wird zugedeckt!

Schluß mit der Tanzerei! ruft der Wirt.

Sie laufen hinaus in den trocknen backenden Schnee. Sie hüpfen und springen über ihr eigenes Lachen. Unter ihren Füßen ist mildes Erdreich. Oder Schnee, aus dem man einen Schneemann bauen kann.

Stimmt, sagt der Baumeister Schinkel und steigt auf den Sockel seines Denkmals.

Was ist denn das? rufen die Parkwächter, das kennen wir doch! Wir benehmen uns ja wie die glücklichen Kinder aus Neuruppin!

Ein dicker Mann wandert

In seiner Stube sitzt der dicke Mann auf seinem Stuhl. Der dicke Mann ist allein. Er geht ans Fenster und schaut hinaus in die Welt. Draußen ... sitzt ein grüner Vogel. Der grüne Vogel spielt Geige. Er wartet auf den dicken Mann. Er ruft: »Dicker Mann, wo bleibst du denn?«

Draußen wartet die Sonne. Die Sonne spielt Harmonika. Sie wartet auf den dicken Mann. Sie ruft: »Dicker Mann, wo bleibst du denn?«

Der dicke Mann geht zurück zu seinem Stuhl. Er sagt zu seinem Stuhl »Auf Wiedersehen, lieber Stuhl, ich werde jetzt wandern. Und ruf mich bitte, wenn du Hunger hast!«

Er macht einen Schritt und wandert. Da trifft er einen Schrank. »Guten Tag«, sagt der dicke Mann, »bist du ein

Schrank?« »Ja«, sagt der Schrank, »brauchst du eine Jacke?« »Nein«, sagt der dicke Mann, »ich hab eine.«

Er macht einen Schritt und noch einen Schritt und macht noch einen Schritt und wandert. Und macht noch einen Schritt. Da trifft er eine Lehrerin. »Guten Tag«, sagt der dicke Mann, »sind Sie eine Lehrerin?« »Ja«, sagt die Lehrerin, »ich weiß aber nichts.« »Oh«, sagt der dicke Mann, »was möchten Sie wissen?« Die Lehrerin fragt: »Bellt eine Biene? Meckert ein Fisch? Singt eine Ziege? Lacht ein Junikäfer? Brüllt ein Schmetterling?« »Nein«, sagt der dicke Mann, »es bellt die Maus, es meckert die Kuh, es singt der Hund, es brüllt die Fliege.« »Danke«, sagt die Lehrerin, »hoffentlich stimmt alles.« »Guten Tag«, sagt der dicke Mann.

Er macht einen Schritt ... und wandert durch den großen Wald. Im großen Wald trifft er einen Fuchs. Der Fuchs trinkt. Der dicke Mann fragt den Fuchs: »Trinkst du Gänse-Wein?« »Nein«, sagt der Fuchs, »ich trinke keinen Gänse-Wein. Ich habe Angst vor den Gänsen. Ich trinke Bier und Schnaps. Ich bin froh, wenn mir keine Gans über den Weg läuft.«

Der dicke Mann macht einen Schritt und noch einen Schritt und wandert über eine große Wiese. Mitten auf der Wiese steht eine Vogelscheuche. »Guten Tag«, sagt der dicke Mann, »bist du ein Polizist?« »Nein«, sagt die Vogelscheuche, »ich trage nur die Uniform.« »Aha«, sagt der dicke Mann, »ein Polizist hat dir seine Uniform geschenkt?« »Nein«, lacht die Vogelscheuche, »ich hab sie ihm weggenommen.«

Der dicke Mann macht wieder einen Schritt. Da trifft er einen blauen Vogel. Der blaue Vogel spielt Geige. Er sagt: »Guten Abend, dicker Mann, ich bin der Abend.« Der dicke Mann macht noch einen Schritt. Da trifft er den großen Mond. Der große Mond spielt Harmonika. Er sagt: »Geh nach Hause, dicker Mann, du hast Besuch bekommen!«

Der dicke Mann wandert zurück zu seinem Haus. Er steht draußen vor dem Fenster und schaut hinein in seine Stube. In seiner Stube wartet jemand auf ihn. »Oh«, sagt der dicke Mann, »wer ist denn das da?

Ist das der grüne Vogel, der heute früh nach mir gerufen hat?

Oder die Sonne, die mich heute früh erwartet hat?

Oder der Schrank, der mir eine Jacke geben wollte?

Oder die Lehrerin, die nichts wußte und mich gefragt hat?

Oder der Fuchs, der keinen Gänse-Wein trinkt?

Oder die Vogelscheuche in der Uniform eines Polizisten?

Oder der blaue Vogel, der gesagt hat: Guten Abend, ich bin der Abend?

Oder der große Mond, der gesagt hat: Geh nach Hause, dicker Mann, du hast Besuch bekommen?«

Nein!!!

In der Stube des dicken Mannes sitzt ein anderer dicker Mann, der genauso aussieht wie der dicke Mann, der auf Wanderschaft war. »Guten Abend«, sagt der andere dicke Mann, »bist du mein Bruder?« »Ja«, sagt der dicke Mann, der auf Wanderschaft war, »ich bin dein Bruder. Komm, wir tanzen ein bißchen!«

Sie tanzen einen Schritt und tanzen noch einen Schritt, und morgen wandern sie zu zweit und holen sich einen zweiten Stuhl.

Ein sonderbarer Mensch

Er geht über den Schulhof. Er trifft einen Lehrer und sagt zu ihm: »Ich brauche ein Zeugnis.«

»Ja«, sagt der Lehrer, »wie soll ich das verstehen?«

»Ja«, sagt der sonderbare Mensch, »was verstehn Sie denn nicht? Ich sage doch deutlich: Ich brauche ein Zeugnis.«

»Gewiß«, sagt der Lehrer und bekommt es mit der Angst vor dem sonderbaren Menschen, »gewiß verstehe ich Sie, aber Sie sind doch kein Schüler mehr, was brauchen Sie da ein Zeugnis?«

Der sonderbare Mensch antwortet: »Hören Sie, man sagt von mir, ich sei jemand, der sich schlecht beträgt. Ich sei ein Mistfink.«

»Ach«, ruft der Lehrer, »ein Mistfink!«

»Ja«, sagt der sonderbare Mensch, »bin ich das? Bin ich das auch in Ihren Augen? Tue ich Ihnen etwas an? Spucke ich? Streue ich mit Niespulver? Trete ich Ihnen auf den Fuß? Remple ich Sie an? Fordere ich Sie zu einem Boxkampf auf? Rülpse ich in Ihrer Gegenwart? Benutze ich unanständige Ausdrücke? Sage ich irgendwas, wodurch Sie das Recht hätten, mich einen Mistfinken zu nennen?«

»Nein«, sagt der Lehrer, »nichts davon. Sie betragen sich gut. Sie bekommen das Zeugnis mit der Bemerkung: Betragen sehr gut. Sind Sie zufrieden?«

Der sonderbare Mensch schlägt vor Freude dem Lehrer so sehr auf die Schulter, daß der Lehrer laut aufschreit. Dann aber lachen beide. Sie gehen ins Lehrerzimmer, und der Lehrer nimmt, wenn auch ein wenig ängstlich, ein Zeugnisformular aus dem Schrank. Und so erfüllt er dem sonderbaren Menschen die Bitte in Schönschrift.

Propheten zu Gast

Noch klopfen von Zeit zu Zeit einige Herrschaften an meine Tür und fordern Einlaß. Da ich nicht sagen kann: »Nein, hier wohnt niemand!«, öffne ich die Wohnungstür sehr weit, mache ausladende Gesten, bitte die Personen einzeln in meine Räumlichkeit, rücke ihnen Stühle zurecht und halte mein rechtes Ohr, vergrößert durch meine Hand am rechten Ohr, in Richtung der sprechenden Gäste. Sie bemerken meine Aufmerksamkeit, greifen nach Tabakspfeifen, paffen los, verdrücken in kurzer Zeit eine Menge Kekse, und erst nach Einnahme eines halben Pfunds Feigen pro Kopf beginnt einer von ihnen mit der ersten Weissagung. Ich tue interessiert, unterbreche den Fluß der schmatzenden Darstellung mit lauten Ausrufen: »Ist denn das möglich!« oder: »Das nimmt Ihnen keiner ab!« oder: »Nana, das klingt völlig erfunden!« Ich unterstütze meine Ausrufe, haue mir aufs rechte Knie, helfe mir auch, indem ich plötzlich einen Stuhl anhebe und ihn krachend aufstoße. Meine Gäste sind mit diesem Gebaren einverstanden, es wird von ihnen umgedeutet, wird als rege bewegte Beteiligung verstanden. Sie erzählen nicht mehr, sie brüllen. Sie rauchen und essen. Und hat der Ozean, der in ihren Prophezeiungen herumtobt, bereits sämtliche Wellenberge an Land gefaucht, haben die Wassermengen bereits aus sämtlichen Landbewohnern Matrosen, Steuermänner und Kapitäne gemacht, werde ich bereits unterrichtet über den Gebrauch eines Ruders und über den vorteilhaften Besitz einer Schwimmweste, raten meine zechenden Gäste gleichzeitig davon ab, das Fenster zu öffnen womöglich wegen der Tabakvertilgerei – bloß das nicht! – denn augenblicklich könne ja der Ozean eindringen in mein prächtiges Zimmer, und damit sei keinem geholfen, dann schon besser das bißchen Pfeifenqualm undsoweiter. Undsoweiter wird von meinen Propheten nachdrücklich betont. Ich verstehe nicht, weshalb *Undsoweiter* besonders betont wird, da bekomme ich schon die Erläuterung zu hören: Undsoweiter, in diesen Ausruf sind natürlich nicht nur die besten Tabakssorten eingeschlossen, ach was! auch gute bewährte Getränke, reiche Lebensmittelplatten, nicht nur Kekse, möglichst vier bis fünf Musikanten für jede Mahlzeit, man nenne das Tischmusik, auch dürften Tischdamen angenehm sein in farbiger Kleidung, etliche Räucherstäbchen paßten zur Teestunde, und allerlei mehr, worauf man nicht gleich komme.

Gebe ich zu bedenken, daß ein prophetisch ins Land geholter Ozean sich dieser Einzelwünsche nicht erweisen wird, so antworten meine Gäste mit Klamauk, nennen mich einen kleinlichen Gastgeber. Das Geschimpfe dauert keine Minute. Ein Prophet erfindet den achtköpfigen Papagei, und falls ich lache, brüllt der Prophet auf mich ein, der achtköpfige Papagei, den er gesehen habe, sei kein Vogel, sondern ein Stern, den er mir heute abend zeigen werde. Früh sind sie gekommen, es müßte spät sein.

Eigenheiten bestimmter Soldaten

Sie sind mäßig und duldsam. Wenn sie angreifen, dann geschieht es stürmisch. Brot ist für jeden eine Festspeise, er verlangt nicht andauernd nach dieser Festspeise. Ein paar Körner Gerste oder Weizen genügen hinreichend. Oder man reißt Wurzeln aus und stillt seinen Hunger. Barfuß und beinah unbekleidet stapfen die Krieger durch Schnee. Der Winter ist rauh, trotzdem erfechten sie den Sieg. Ihre Kriegstänze sind wild und beeindrucken den Feind. Der Obertänzer hält zunächst eine Anrede an den Feind, dem er sich gegenüber denkt, droht ihm in abgemessenen Sprüngen und Bewegungen. Seine Wut wird mit jedem Augenblick größer, seine Stimme stärker, er bringt nur noch einzelne Worte hervor, dann gräßliche Töne. Während dieser bemerkenswerten Tätigkeit geraten seine Kleider in Unordnung, aber das macht ihm nichts aus, im Gegenteil: er möchte es ja.

Zuletzt gibt er seine äußersten Kräfte her! Man muß ihn festhalten. Völlig erschöpft, setzt er sich keuchend nieder. Er hat Schaum rund um seinen Mund, und nur allmählich erholt er sich von dieser leidenschaftlichen Aufführung.

Der Nachtaffe

Der Nachtaffe sitzt im Baum. Der Nachtaffe kuckt. Seine Augen machen alles hell. Der Nachtaffe sieht einen Mann kommen. Der Mann fragt den Nachtaffen: »Wie spät ist es?« Da sagt der Nachtaffe: »Am besten, wir trinken ein Glas Milch.« Da sagt der Mann: »Wie spät ist es?« Nun holt der Nachtaffe aus dem Baum zwei Gläser und einen Liter Milch. Er gießt beide Gläser voll und sagt zum Mann: »Es ist nicht spät, die Milch ist gut.«

Sie trinken gemeinsam. Und dann erzählt der Mann dem Nachtaffen, was er während der letzten Tage erlebt hat. Er sagt: »Es war einmal ein Mann, der traf in der Nacht einen Nachtaffen. Der Mann, der den Nachtaffen traf, fragte den Nachtaffen, wie spät es sei. Der Nachtaffe war freundlich und gab dem Mann ein Glas Milch. Auch der Nachtaffe trank eins. Nachdem die Milch ausgetrunken war, fragte der Nachtaffe, wie spät es sei. Als der Mann hörte, wie von weit her ein Glockenturm läutete, da gab er dem Nachtaffen das leergetrunkene Milchglas zurück. Er schenkte ihm eine silberne Taschenuhr und schickte ihm dann einen Strauß Vergißmeinnicht, den eine Ente, die der Mann schon längst heiraten wollte, dem Nachtaffen übergab.«

Der Nachtaffe sitzt nun im Baum. Er kuckt. Seine Augen machen nun alles hell.

Das bucklige Männlein

1

Mein Bruder Felix ist kein boshafter Zwerg. Er hat einen schönen rundlichen Buckel, der ihn leicht vornübergeneigt gehen läßt. Die Stimme meines Bruders ist leise. Die Nase meines Bruders ist ausgeprägt. Das heißt: er trägt sie. Das heißt: er hat an ihr zu tragen.

Felix und ich haben eine kleine Tankstelle gepachtet. Dazu ein Wohnhaus mit zwei Wohnungen. Tankstelle und Wohnhaus stehen am Eingang oder Ausgang einer kleinen Ortschaft. Es ist nicht herauszubekommen.

An den niedrigen Giebel des Wohnhauses hat mein Bruder einen gewaltigen Frosch gemalt. Es gibt Autofahrer, die bei uns tanken und gleichzeitig nach der Bedeutung des Frosches fragen. In solchen Fällen tritt mein Bruder an das Auto heran und läßt seine Nase antworten. Sämtliche Autoscheiben werden vollgeniest. Der Autofahrer sieht nichts mehr.

2

Felix und ich sind unverheiratet. Die Angelegenheit, wer von uns beiden das Mittagessen bereitet, hat Felix *mir* zugesprochen. Er sagt: »Ich bin nicht deine Frau! Es genügt, wenn ich die Scherben der zerbrochenen Teller, die mir aus der Hand fallen, in den Mülleimer werfe!«

3

Neulich hupte draußen ein Autofahrer, als ich noch etwas Knoblauch in die Bohnensuppe tat. Ich löschte die Herdflamme, lief zur Tanksäule und bediente den schimpfenden Fahrer. »Was haben Sie denn zu tun«, rief er, »daß man bei Ihnen extra hupen muß?!« »Sei nicht böse«, sagte mein Bruder sehr leise, »ich esse noch ein bißchen weiter. Hat sich der Fahrer nach dem Frosch erkundigt?«

4

Er kann vorzüglich Benzin zapfen. Aber gehe ich nur für einen Augenblick beiseite, dann verstellt er mit geschicktem Griff die Zähluhr und flößt dem Autofahrer nur die Hälfte in den Kübel. Mit einer Verbeugung, die ihm großartig gelingt, nimmt er das Geld entgegen.

5

Ich schlafe schlecht. Ich träume des öfteren von meinem Bruder. Ich sehe ihn manchmal in Froschgestalt neben meinem Bett hocken. Beinah gleichzeitig sehe ich ihn vom Giebel unseres gepachteten Hauses herablächeln. Plötzlich weiß ich nicht, wo wir wohnen. Mein Bruder und ich sind noch nie in ein Restaurant gegangen. Je länger dieses tägliche Benzinzapfen andauert, desto größer wird mein Durst. Wenn ich nach solchen Träumen pitschnaß aufwache, stolpere ich, wie es wohl heißt, schlaftrunken die Wohnhaustreppen hinunter bis hin zur Tankstelle, zum Bedienungsraum, wo die Magenbitter-Pakete stehen.

»Es waren«, sagt mein Bruder torkelnd, »insgesamt einhundertvierundvierzig kleine Flaschen! Du mußt ein paar neue Pakete bestellen!«

6

Eine andere Tankstelle hätte den Autofahrer besser bedient. Aber das hängt wahrscheinlich mit dieser öden Gegend zusammen, in der sich diese Ortschaft befindet, die ich ein Gespenst nennen möchte.

Es war schon dämmrig, da hält ein Auto vor unserer Tankstelle. Im Auto sitzt ein Mann, der die Autoscheibe runterkurbelt. Er hat einen kordelumrandeten, schmalkrempigen Hut auf dem Kopf. Er sagt zu mir: »Können Sie einen Reifen auswuchten?«

»Gewiß«, sage ich, »das gehört zu unserem Handwerk!«

Der Mann steigt aus. Er holt eine Zigarettenschachtel aus der Manteltasche. Er zündet sich eine Zigarette an und sagt: »Bitte schnell, ich muß noch weiter!«

Jetzt bemerke ich meinen Bruder neben mir. Er kichert. Ich bekomme ganz einfach Angst, denn Felix kichert nur bei besonderen Gelegenheiten.

»Du willst«, sagt mein Bruder leise kichernd, »in dieser schönen Abendstunde einen Reifen auswuchten?«

»Felix«, sage ich, »das gehört nun mal zu meiner Tätigkeit.« Noch bevor ich mit der Arbeit fertig bin und der Autofahrer in sein Auto einsteigen kann, sagt der Autofahrer zu meinem Bruder: »Na, wie wär's mit 'ner Zigarette, Männekin?«

Ich wußte nicht, daß mein Bruder ein Gewichtheber ist. Er bekam aufleuchtende Augen, packte den Autofahrer, stellte ihn auf den Kopf, stellte ihn auf die Beine, wieder auf den Kopf, wieder auf die Beine.

»Sie haben«, sagt mein Bruder, »Ihren Hut verloren. Da liegt er, bücken Sie sich!«

7

Nun war die Mondsichel zu sehen. Wir saßen auf der hölzernen Bank vor dem gepachteten Wohnhaus. Ein Fuchs bellte. »Siehst du«, sagte mein Bruder, »wir haben zunehmenden Mond.«

»Ich möchte«, sagte ich, »schlafen gehen.«

»Es geht nicht«, sagte mein Bruder und lachte fürchterlich, nieste und schnaubte fürchterlich, krümmte sich, lachend, niesend und schnaubend, fürchterlich tief vornüber, »es geht nicht, wir können die Mondsichel nicht betrachten, – da kommt ein Auto, lieber Bruder! Das gehört nun mal zu deiner Tätigkeit!«

8

Der Autofahrer brauchte vierzig Liter Benzin. Weiter war nichts. Ich liege im Bett, nehme Schlaftabletten. Ich kann nicht einschlafen. Eine Melodie macht mir zu schaffen. Ich nehme nochmal Schlaftabletten. Die Melodie hat es in sich. Ich kann nicht einschlafen.

Eine Türklinke, die man sofort vergißt, wird heruntergedrückt. Die Tür wird geöffnet. Ein geduckter Mensch kommt auf mich zu.

»Wer bist du?« frage ich.

»Das weißt du doch«, sagt der Mensch, »vielleicht kannst du mal ein bißchen für mich beten. Das gehört nun mal zu deiner Tätigkeit.«

Der Maikäfer

Ich ging zur Schule. In der Deutschstunde, wo wir sonst nur über die Post sprachen, brachte unsere Lehrerin einen Maikäfer mit in die Klasse. Wir sollten alle sehr ruhig sein. Trotzdem flog der Maikäfer um den Kopf der Lehrerin herum, setzte sich auf ihre Hand und gab ihr einen Handkuß.
Der Maikäfer war unser Rektor. Er hatte unsere Lehrerin sehr lieb.

Frau Männchens Geschichte

Frau Männchen schreibt eine Geschichte. Die Geschichte heißt:»Als ich Schularbeiten machte.« Frau Männchen erzählt:»Als ich Schularbeiten machte, hatte ich ein Schreibheft. In mein Schreibheft habe ich nicht geschrieben, in mein Schreibheft habe ich nur Männchen gemalt. Mein Lehrer sagte: ›Du kannst gute Männchen malen!‹ Seitdem male ich meinen Namen.«

Warenhausbesuch
(Nr. 1)

»Was möchten der Herr?« fragte der Abteilungsleiter für Plastikerzeugnisse, »vielleicht einen lautlosen Staubsauger? Oder eine Wäscheschleuderwanne, – auch nicht sehr laut?!«
»Ich möchte«, sagte ich zum Abteilungsleiter, »auf zeitgenössischer Höhe bleiben. Ich suche einen Artikel, der starken Lärm verursacht!«
Der Abteilungsleiter sah mich erstaunt an.

»Ich weiß nicht«, sagte er, »ich weiß nicht, ist der Herr ein Junggeselle oder nicht?«

»Ich weiß nicht«, sagte ich murrend, »was ein Junggeselle ist.«

»Ah«, machte der Abteilungsleiter, »Sie suchen ein modernes Geschenk! Sicher für Ihre Gattin! Was sagen Sie zu einer Frisierhaube?«

»Zu einer Frisierhaube«, sagte ich, »kann ich nur *Frisierhaube* sagen!«

»Nun ja«, sagte der Abteilungsleiter, »ich merke schon, eine Frisierhaube ist Ihnen zuwider. Gewiß, sie brummt ein bißchen!«

»Brummt«, wiederholte ich.

»Ja«, sagte der Abteilungsleiter, »die Firmen bemühen sich um lautlose Frisierhauben, doch bis jetzt gibt es nur solche, die ein wenig brummen.«

»Wie laut«, sagte ich, »brummt eine Frisierhaube?«

»Ach«, rief der Abteilungsleiter, »das Wort *brummen* stimmt nicht ganz, man könnte eher sagen: Die Frisierhaube *summt* ein wenig!«

»Summt oder brummt sie denn leise?« fragte ich den Abteilungsleiter.

»Sehr leise«, sagte der Abteilungsleiter, »ganz ohne ein Brummen oder ein Summen geht es eben noch nicht! Die Firmen bemühen sich ja!«

»Danke«, sagte ich, »Ihre erwähnten Stücke sind mir zu leise. Ich suche einen Artikel, der stets und überall – Sie verstehen: Stets und überall starken Lärm verursacht!«

Der Abteilungsleiter bekam eine auffällige Stirnfalte. Er sagte betont: »Der Herr vergißt wohl, alle Welt bemüht sich um Lautlosigkeit. Ich biete Ihnen die fortschrittlichsten Erzeugnisse an, aber Sie wollen diese Stücke nicht einmal betrachten! Gehen einfach weg! Lassen mich hier einfach stehen!«

Empfang vor der Wohnungstür

»Da sind Sie ja«, sagte ein Mann, der einen grünen Mantel trug. »Kommen Sie jetzt erst nach Hause?«

Neben dem Mann im grünen Mantel stand ein Mann, der einen dunkelgrünen Mantel trug.

»Ja«, sagte ich, »ich komme jetzt erst nach Hause.«

»Aha!« rief der Grünbemäntelte und schaute den Dunkelgrünbemäntelten zuversichtlich an, »und weshalb kommen Sie erst jetzt?«

»Ich habe«, sagte ich, »Umwege gemacht.«

»Sieh mal an«, sagte der Dunkelgrünbemäntelte, »sowas nennen Sie Umwege! Haben Sie nicht zu arbeiten?«

»Ich arbeite am besten«, sagte ich, »wenn ich Umwege mache.«

Die beiden Männer zeigten ihre Kriminalerkennungsmarken.

»Stimmt es«, fragte der Grünbemäntelte, »daß Sie sonntags mit einer Pudelmütze auf die Straße gehen?«

»Es kann passieren«, sagte ich.

»Also«, sagte der Dunkelgrünbemäntelte, »Sie machen Umwege und tragen sonntags eine Pudelmütze. Das genügt!«

Prosa aus dem Nachlaß

Die Fensterscheiben

Es sind trotzdem Veilchen gekommen. Es sind Schmetterlinge über die Furchen geflattert, im blauen Wald am Ende der Wiesen haben Elstern geschrien. Der Tag hat nach Frühjahr gerochen, und der Weg, den der Mann entlanggegangen war, hatte ausgesehen wie ein schmales Stück Zirrusgewölk, so voller Tanz war die Luft.

Der Mann ist zurückgekommen, vielleicht ist das seine Stube da: dieses Bettgestell aus Holz, dieser Stuhl, der Tisch, der den Holzwurm hinter sich hat, aber – nun ja, manchmal tickt da etwas im Tisch, als sei so ein Wurm immer hungrig.

Der Mann ist zurückgekommen in das verschmierte Haus der Großstadt, in das Viereck von Wand und Dach im Gehöft eines Bauern, er kam zurück in die weiße Zelle, die ihn entließ für einen Tag, er kam überhaupt nur irgendwohin zurück, mag sein, um zu wissen, wie das ist, kommen und morgen wieder gehen.

So soll er morgen ein Zeitungsverkäufer sein, soll er morgen die Gäule des Bauern hinausführen und das Jauchefaß öffnen, soll er morgen ein Mönch sein, gebeugt in Andacht und leise geschäftig beim Pflegen der Kranken, soll er morgen goldener Kaiser sein oder zermalmter Bettler, – heute kam er zurück und nun setzt er sich auf den Stuhl da, drückt die Arme auf den Tisch und tut wohl nichts als so dazusitzen, regungslos, als sollte der Holzwurm zu singen beginnen.

Die Fensterscheibe macht ihm die Stirn etwas anders als sonst, es ist da über der Nase eine Grube entstanden, nicht eine wie als Falte beim Denken, eine ist es, die er nicht wegstreichen kann, eine ist es, die von der Fensterscheibe herrührt.

Denn das überträgt sich auf den Mann und zuerst auf seine Stirn, dieses Zittern der Scheibe – von weither hat es seine Ursache, von weither und ganz nah, schlimm genug, daß es da ist, was hier die hunderttausend Fensterscheiben unruhig stimmt.

Ja, meint der Mann, die Scheiben bekommen keine Ruhe. Und weil der Holzwurm sich schlafen gelegt hat (wie ist das, ob er auch Augen hat zum Zumachen und ob er für ein Wiegenlied dankbar wäre?), weil also der Tisch, auf den die Arme des Mannes gelegt sind, so leer ist und so gut und – sieh einmal an – so keusch ist mit seinem zerfressenen Holzgesicht, weil so ein Tisch ein Freund ist, und vor allem, wenn einer zurückkommt wie dieser Mann hier zurückkam, weil noch für eine Stunde das Heute an diesem Tisch Platz nimmt und dem Mann die Hand hinreicht und dann dem goldenen Kaiser zunickt oder die Lippe des zermalmten Bettlers berührt und ihm zunickt – da steht dieser Mann plötzlich auf, nicht weil er schreien muß oder anstelle des Holzwurms singen will, um die heutige Stunde noch zu ertragen, da steht er auf und macht einen Schritt nur, einen vollen Schritt wie zum Beginn einer guten Straße, dann aber steht er dicht vor dem zitternden Fensterglas und küßt die Scheibe, drückt die beiden Lippen dagegen.

Da geschieht es, daß die Scheibe zwar noch zuckt, aber doch auf einmal wird sie gesund. Der Mann tut sonst weiter nichts, von heute ab hofft die Scheibe auf ihn, von nun ab hofft sie: er wird es nicht dulden, daß ich immer so leide.

Er hat etwas getan, dieser Riese, er hat jemand geküßt, dieser Prinz, und Hochzeit hat er gehalten, nun ist er ein goldener Bettler, dieser Mensch da vor der Fensterscheibe.

Ja, meint er, es ist besser, auf die zitternde Scheibe zu hören als dem Holzwurm zu lauschen. Gestern, da hatte der Holzwurm nicht unrecht, heute sind es die hunderttausend

Scheiben der Städte und Dörfer, bessere Wächter als die Menschen sind heute die Scheiben.

Nun, sie werden da draußen den Kuß nicht beachten, sie werden weiter Pulver und Stahl und dieses, was den Ozean hochjagt und die Wüsten vermehrt, angesichts zitternder Scheiben und küssender Lippen nicht aus den Händen legen wie Gift, das zum Selbstmord verlockt. Aber den goldenen Bettler, den Riesen, den gibt es, den Mann da, der heute zurückkam und nun, wie ein andrer die Faust hebt, die Scheibe geküßt hat.

Und wird der Mann ruhen und morgen da sein und wird der Kaiser sein, der den Ozean und die Fische im Ozean als sein Reich weiß, wofür er zu sorgen hat. Und er wird sorgen, daß die Wüsten dort bleiben, wo sie sind, und die Städte dort, wo sie sind.

Das hat ihn so gemacht: weil die Veilchen gekommen sind und die Schmetterlinge über die Furchen flatterten, und im blauen Wald am Ende der Wiesen hatte eine Elster geschrien.

Abner, der Jude

Gehe nicht aus deiner Hütte, Abner, du weißt schon warum; schließe dich ein in dein Kämmerlein bis zum Sonnenuntergang.
W. Hauff

I

Diese Abende vor vielen Jahren. Die Nächte bewacht von der gebeizten mit Schnörkelwerk versehenen dunklen Uhr, den Dolchzeigern, dem Zifferblatt mit den römischen Zahlen, der runden Scheibe des Pendels, unten auslaufend in eine hauchfeine Spitze, metallen aufblitzend, Türmen ähnlich uneinnehmbarer Traumburgen, glatt und unerklimmbar, Kettengerassel, Helm und Hellebarden, gesehen einst im Zeughaus vor noch mehr Jahren – diese Nächte auf dem alten Ledersofa, dem rausfasernden Roßhaar, den quietschenden Sprungfedern: wenn die Uhr neun schlug, war alles noch gut. Bewegungslos verharrend und eingedämmt in die Kissen, nur die Augen unter den Lidern zeitweilig ein wenig verschiebend, unvorhergesehenes Nachtgetier taxierend: die verschossene Seidentapete barg die gefährlichen Blumen aus den Märchen von Tausend und eine Nacht, den Schatten Almansors und den Abners, des Juden, der nichts gesehen haben wollte.

II

Zurückdenkend an jene Jahre, da morgens der betäubende Duft der gewaltig ausladenden Linde das Traumwerk der Nacht fortsetzte, ihm Ranken und Geäst verleihend, da ein Schwall vergänglicher Veilchen den Schritt polsterte – das Teppichmuster der Stiefmütterchen, der Maiglöckchen, das Gurren der gemästeten Tauben und das Schnarren der radschlagenden Pfauen vor dem Schloß. Und da war er wieder, Abner, der Jude, den man nicht gesehen haben wollte, vorbeimarschierend mit hundert anderen im Frühreif vorbei am duftenden Lindenbaum, und es war nicht Traumwerk, nicht der Kittel mit Streifen, die Mütze und auch der klappende Holzschuh nicht, scharrend wie Regen über das Kopfsteinpflaster, hundert und mehr Holzschuhpaare, schweigend vorbei an dem pestlastenden Duft der Linden. Der Brunnen vor dem Tore des Schlosses muß vergiftet gewesen sein, denn die Träume, gerankt und gefiedert, zeughausbewahrt und kettenklirrend, sie waren zu erklären – wer aber erklärte das Geviert mal Geviert: Abner, den Juden, den keiner seither mehr gesehen hat?

III

Am Schlosse vorbei, aus dem Brunnen getrunken, in der Tat, es will ihn wirklich keiner gesehen haben, nicht ein

Auge von ihm, es hat ihn nie gegeben, schwören alle Vasallen am Hofe des Kaisers. Auch damals vor Jahren nicht im Wachtraum, da der Pfeilwurf der Zeiger die schwärzlichen römischen Ziffern traf und die Glocke schlug, frühzeitig den Schlaf aufstörend, und so war es Regen, der scharrte, nicht Holzschuh, so kennt keiner Abner mehr und seine Brüder, die vorbei an der Linde, dem Pesthauch des Brunnens vorbei und vorbei marschierten, vorbei an den Träumen im Frühlicht?

IV

So mußte das Schloß wohl verzaubert sein und die Pfauen verwunschene Wächter, schnarrend, schreiend, im Gefieder sich spreizend auf grünem Rasen; und davor Geviert mal Geviert stumm stehend zum Trommelschlag der Pfauen – Abner, der Jude.

Zurückdenkend an jene Jahre, da der Buchstabenzauber des Alphabets und die Zahlen des Hexeneinmaleins begannen den Traum zu verdrängen, da unter dem Schnörkelwerk der Uhr die Lettern zu Worten gelangen – nie, Abner, wurde das Wort gefunden, das den Weg an der Linde vorbei nannte, das grausame Wort, das sagte, wohin er dich führte. Nie auch die Summe gefunden im Hexensabbat des Einmaleins, wieviele es waren, die standen Geviert mal Geviert mal Geviert vor den Toren, den silberbeschlagenen, von Rokokoranken prangenden Toren, am Gefälle der Treppen, im Frühlicht des Morgens, das Traumschloß im Rücken.

V

Neun schlug die Uhr, und nichts war mehr gut; Tausend und Tausend und Eine Nacht an Rokokorätseln, an Treppengeschnörkel, an Rosen und Rasenrabatten vorbei, vorbei an den Linden, den grünen Linden, marschiert der Jud Abner und es ward von ihm gesehen nicht ein Aug' mehr.

Zurückdenkend an diese Nächte, Träume taxierend, gefährliche Blumen, Rokokoblumen, silbrig und kalt. Verblichen auf der Seidentapete Almansors Schatten, stumpf und ungefährlich, zu Asche zerglitten, zu Asche verbrannt auch das Schloß und der Pfau. Zerbrochen die Uhr und die Zeiger zerbogen! Doch es bleibt zwei mal sechs und vier mal drei zwölf, wenn die Uhr schlägt, und Abner, der Jude, ist da.

VI
Dies, o Herr, ist die Geschichte von Abner, dem Juden, den keiner gesehen hat.

Van Goghs Tod

1
Gachet, das einfachste Lager! und dann rahmen Sie endlich die Bilder! der Teufel stellt Cézanne und Pissarro auf den Dachboden! Schon gut. Die Vögel kommen. Wann kommt Theo?

2
Der Morgenstern, Theo. Wenn das der Morgenstern ist, dann hat er auch große Hände und legt sie an seinen Mund. Er spricht. Er soll lauter sprechen.

3
Stell ein paar Bilder auf. Die Dorfkirche. Die Strohdächer. Meine Sonne fällt in die Strohdächer. Von der Dorfkirche läuten sie Feueralarm. Jetzt bringen sie den Brandstifter nach Saint-Rémy.

4
Der Gast, der keine Türen braucht, grüßt Auvers und den

Maler. Der Gast sieht dem Maler ins Gesicht, und das Gesicht des Malers ist ein Kornfeld mit Krähen.

5

Die umgestürzte Wasserkanne neben dem Bett: tönende Posaune.

Rede des auferstandenen Nante

Bin nich hier, um lange Zicken zu machen. Bin hier, um die Laus zu ihr Recht kommen zu lassen, die mir seit jeraumer Zeit über die himmlische Leba latscht. Elende Pulletik und vablödete Zeitjenossen ham in mir dieset Ärjernis von die Laus jezeucht.

Nu is außadem ooch der Jestank von die letzten fümmunzwanzich Jahre Jottvatern übermäßich in beede Nasenlöcha jedrungen, det er mir zujestimmt hat, mir uff eene seiner Rejenwolken zu setzen, mir zu Rejen zu vawandeln, mir sachte fallen zu lassen und schließlich mit mir selbst die Spree zu benässen.

In der vajangenen Nacht ha ick mir nu alladings, wie zu sehn is, aus meene Rejentropfen wieda zum Kopp, zu zwee Beene und zwee Arme vaholfen.

So und nich anders war meene Reise hierher. Nu aber: watt will ick?

Also, keen Mensch hat det Recht, mit sein Vata wie mit'n Stücke Mist umzujehn. So ooch wird mir im Himmel det letzte Stücke meener Seele massakriert, wenn ick weita mit ansehn muß, watt der olle Mann da oben leidet.

Da kiekt sein Jesicht uff die Erde und denn is det Jesicht janz nass, ja. Und denn seh ick ihm so zwischen die Wolken hängen und seh imma wieda nur sein nasset Jesicht.

Sarick mir nu: Watt is aus euch jeworden, det ihr den ollen Mann so jemein vahungern lassen wollt, frare ick. Det is also der Dank, det er seine Wolken die Erde vollpissen läßt und die kleenen Körner jroß werden läßt, sare ick, damit ihr watt zu beißen habt und nich Erde fressen müßt oder Jrass?

Aba nee, ihr meent, det macht ja die Natur, wa?, die is ja jeduldich, und watt heeßt hier bei uns Himmel und olla Mann oda Jott oda Vata.

Macht noch ne Weile so weita: Zerkloppt mir meene Straßenecken, die mir als ehemalijen Eckensteher noch imma jehörn, beklaut mir weita so und scheißt weita so uff eure Mitmenschen, schmeißt se wejen jeden Furz jleich int Jefängnis, teilt die Welt weita nur in Engel und Teufel, ihr Salzneesen, und wetzt weita die Macht nach, die vaschißne Macht, eure Mitmenschen Angst untert Hemde zu fejen, immer Angst – na denn Prost Mahlzeit, liebe Leute, denn aba ab mit euch, wo der Pfeffa wächst!

Also watt meene Straßenecken anjeht, stell ick nu, nachdem mir die Laus, wie schon jesacht, jänzlich über die Leber jeloofen is, stell ick also an die elende Pulletik Schadenasatzanspruch, jawohl!

Jeht in euch, Pullitikker, an mir habt ihr noch watt jut zu machen, an mir habt ihr euch künftich zu bewährn, an mir habt ihr natürlich nie jedacht, dachtick mir.

Jeht in euch, Klamaukhengste, jeht in euch, Knochenköppe! Hiermit stell ick Schadenasatz und fordre: Die jeklauten Hausecken und Häuser, wo unta andrem meen olla Freun Orje vonne Müllabfuhr jewohnt hat und nu noch imma unta die Klamotten liecht, endlich uffzubaun, und Orjen zu begrahm. (Vadammte Aasbande, wat hat euch Orjen jetan?) Und in alla Jüte könnt ihr euch det von mir saren lassen, von Nanten, der den ollen Mann da oben bedient (der hat mir ne prima Ecke inn Himmel jestellt, damit ick mir heimatlich fühle, vasteht sich) – von mir könnt ihr euch saren lassen, ihr Wanzen: Jeht in euch, wie ihr da alle mit Kopp und Arsch umherjeht, jeht in euch und vajeßt mir den ollen Mann da oben nich. Und denkt an Orjen, denkt an den, und macht sowatt, nee, bah, macht sowatt nich wieda, macht bloß sowatt nich wieda.

Ick brauch'n Schnaps. Danke. Prost: Damit meene Laus keene Jungen kricht, damit der olle Mann da oben nich soon nasset Jesicht hat.

Aus der Zeit der Stille

Als ich in den Keller ging, um Kleinholz und Briketts raufzuholen, sang ich ein Lied, das in seinem Text einen Finken, einen Drosselvater und eine ganze wiederkehrende Vogelschar erwähnt.

Im Keller hörte ich von nebenan ein unwilliges Hüsteln. Aus dem Hüsteln entwickelte sich ein ärgerliches Husten. Im Anschluß an das Hüsteln und Husten hörte ich eine Stimme »Na-na!« sagen. Der Mann, der aus seinem Kellerverschlag heraustrat, entpuppte sich als ein Mensch, der über mir wohnt. Er sagte vorwurfsvoll: »Was singen Sie da?«

»Habe ich«, sagte ich einlenkend, »Sie gestört?«

»Jawohl«, sagte der Hausmitbewohner, »das haben Sie! Sie singen im Keller ein bekanntes Frühlingslied. Wir befinden uns, wenn Sie gestatten, im tiefsten Winter!«

»Ich werde«, sagte ich, »daran denken.«

»Hören Sie«, sagte der Hausmitbewohner, »was bedeutet das: daran denken! Das ist eine Anspielung, Sie könnten, falls Sie nicht an den Winter denken, ein zweites Frühlingslied im Keller singen. Ich möchte, wenn ich in den Keller gehe und Kohlen raufhole, meine Ruhe haben!«

»Sehen Sie, lieber Nachbar«, sagte ich, »ich leide an der Stille.«

Er nahm seinen Kohleneimer und ging.

Ein Gruß des Hausmitbewohners

»Heute erst«, sagte der Hausmitbewohner zu mir im Treppenhaus, »heute erst ist mir aufgestoßen, daß Sie gestern im Keller zu mir sagten: Lieber Nachbar! In aller Ruhe sage ich Ihnen, wagen Sie es nicht, diese Anrede zu wiederholen. Ich bin nicht Ihr lieber Nachbar! Wie gesagt, wagen Sie es nicht!«

Schüler und Lehrer

Auf dem kurzen Weg bis zur Telefonzelle wurde ich angehalten von zwei Polizisten.

»Haben Sie«, sagte der eine Polizist, »hier in der Nähe eine verdächtige Person gesehen?«

»Ja«, sagte der andere Polizist, »ist Ihnen keine verdächtige Person über den Weg gelaufen? Antworten Sie ehrlich!«

Ich sagte: »Nein, mir ist niemand bekannt.«

»Hören Sie», sagte der eine Polizist mit schärferer Stimme, »danach hat Sie keiner gefragt!«

»Wir möchten von Ihnen wissen«, sagte nun der andere Polizist, »ob Ihnen hier in der Nähe eine verdächtige Person aufgefallen ist! Es besteht ein ausreichender Verdacht!«

»Bitte«, sagte ich, »ich muß telefonieren, ich muß meine Schwester anrufen, sie hat mich zum Abendessen eingeladen, aber ich habe Besuch!«

»Das geht uns nichts an«, sagte der eine Polizist, »vorher verlangen wir von Ihnen Auskunft über die verdächtige Person!«

»Ich weiß nicht«, sagte ich, »wer das sein soll.«

»Das ist gleichgültig«, sagte der andere Polizist, »wir verfolgen hier eine sehr verdächtige Person, die sich in einem dieser Häuser aufhalten muß!«

»Was sind das für Leute«, sagte der eine Polizist, »die hier in diesen Häusern wohnen?«

»*Ich* wohne in diesen Häusern«, sagte ich.
»Ihren Ausweis!« sagte der andere Polizist.
»Mein Ausweis?« sagte ich, »was wollen Sie von mir?«
Beide Polizisten traten je einen Schritt näher an mich heran.
»Wo ist Ihr Ausweis?«, sagte der eine Polizist.
»Er befindet sich«, sagte ich ungeduldig, »in meiner Wohnung! Ich muß jetzt telefonieren, meine Schwester hat mich zum Abendessen eingeladen, ich muß absagen...«
»Sagen Sie uns«, sagte der andere Polizist, »was hat Ihr Ausweis in Ihrer Wohnung zu suchen?«
»Wie meinen Sie das?« sagte ich.
»Herrgott!« rief der eine Polizist, »es ist ziemlich verdächtig, was Sie sich leisten! Wohnen hier in diesen Häusern noch andere Leute, die ihren Ausweis nicht bei sich haben?«
»Das ist mir unbekannt«, sagte ich.
»Kommen Sie«, sagte der andere Polizist, »gehen wir in Ihre Wohnung!«
Angekommen vor meiner Wohnungstür, klopfte ich. Einer meiner Schüler öffnete. Die Polizisten fragten sofort, wer das sei. Ich sagte: »Das ist mein Schüler.«
»Interessant«, sagte der eine Polizist, »und dieser Schüler hat also die Tür geöffnet, während Sie sich auf der Straße befanden!«
»Er hat einen zweiten Schlüssel«, sagte ich.
»Und Sie haben«, sagte der andere Polizist, »gar keine Furcht, Ihnen könnte etwas gestohlen werden?«
»Von wem denn?« sagte ich und zeigt den Polizisten meinen Ausweis.
»Tatsächlich«, sagte der eine Polizist, »der Ausweis stimmt. Das Weitergeben von Schlüsseln an dritte ist verboten!«
»Zeigen Sie«, sagte der andere Polizist zu meinem Schüler, »sofort Ihren Ausweis!«
»Bitte«, sagte der Schüler.

»Gut«, sagte der eine Polizist, »der Ausweis stimmt! Das Weitergeben von Schlüsseln an dritte ist verboten!«

»Darf ich jetzt«, sagte ich, »zur Telefonzelle?«

»Wir erwarten von Ihnen«, sagte der andere Polizist, »daß Sie uns mit Ihrer Telefonzelle in Ruhe lassen und uns augenblicklich verständigen, sobald hier in diesen Häusern eine verdächtige Person auftaucht! Glauben Sie bloß nicht, Sie könnten uns irgendwas verheimlichen!«

Sonntagmorgen

Von alle Autos in unsere Straße is meins det sauberste. Jeden Sonntach! Da könn' die, die die janze Straße vollstehn, nuscht machen. Ick nehme meine drei Eima voll Wassa mitn vollwertijet Putzmittel und mitn juten Schwamm und hinterher mitn paar jute Tücher fürt Blankputzen, un! – un...! Det is doch nich...! Mensch, det is doch...! Da bin ick baff, jetz is eena mitn Hund, der jeht hier spaziern, jetz hat die olle Töle mir mitn Schwanz, ick denke doch, mitn Schwanz hat die Töle, Mensch, nu hat di mitn Schwanz, wie hatn die det jemacht, zwee Eima umjeschmissn, det Wassa mitn vollwertijet Putzmittel hat die Töle, ick kann mir det nich erklärn, musse doch umjeschmissn ham mit ihrn Schwanz, un der Kerl da jeht janz jemütlich weita, dabei sind zwee Eima leer, wat latschen die Kerle mit ihre Köta hier rum sonntachs, jetz kannick neuet Wassa holn un neuet Putzmittel, wie sollick denn fertich wern, wir ham noch nachher, is sowat, wir wolln nachher, nachn Mittachessen rausfahrn, jetz kommt son Kerl mitn Köta, der schmeißt mit sein Schwanz, ich denke doch, sowat is nich möchlich, mit sein Schwanz haut die Töle mir zwee Putzeima um, aba der Kerl latscht weita, kiekt sich übahaupt nich mal um, wat seine Töle hier anjerichtet hat, det is ne Sauerei, Menschick könnte den aus Wut, aba ick muß det

Auto, ick muß neuet Wassa un Putzmittel, hat der Köta würklich mitn Schwanz, ick bin na nich so, aba det is keen Sonntach vorjekomm, imma det sauberste Auto, wat is denn? Wat? Meene Frau ruft wat aussen Fensta, ja, du hastet also ooch jesehn, Liebling, wat ick so aussehe, na wütend, Menschick, frach nich, du hastet doch jesehn, det war son Kerl mitn Köta, der hat, ausjerechnet jetz, der hat zwee Eima mitn Schwanz umjefeuert, naja-na ebn isset passiert, ick weeß nich, watte so kiekst, is vielleicht meene Schuld, wat? na denn lass mir in Ruhe, Liebling, det is ne Sauerei, sowat hier an unsa Auto, det is doch, Liebling, nu binick, da kommt, siehste det, Liebling, der Kerl kommt mit seine Töle wieda, det is, Liebling, wo jibts denn sowat sonntachs, von alle Autos in unsere Straße, jetz, siehste, sagense mal, Sie Kerl, meene Frau sieht det ooch, Liebling, siehste, wat der Köta nu jemacht hat, Mannick könnte, wie sollick denn fertich wern, der Köta hat an'n Kotflüjel, an rechten Kotflüjel, det is ne jemeine Sauerei, Sie Kerl, nu schrei nich so, Liebling, kannick dafür, der Köta hat sein linket Been, det linke Hintabeen jenau an'n Kotflüjel jehobn, der Kerl latscht weita, kiekt sich nach seine Töle nich um, wat die hier mit unsa Auto, jetz rennt der Köta weg, erst hatta mitn Schwanz zwee Eima hinjeschmissn, jetz hatta an'n rechten Kotflüjel ranjemacht, die olle Töle, Liebling, ick muß det saubakriejen, wir wolln doch, nu schrei nich so, Liebling, wir wolln nachn Mittachessen rausfahrn, ne Sauerei, wie die alle jlotzen uff den Kotflüjel, meins is imma sauba, un der Kerl jeht weita spaziern, denkt sich, weil er sein Köta rumsausen läßt, denkt sich: wat jeht mir det an, Liebling, ick muß neuet Wassa in die leern Eima, mit een Eima kommick nich aus, kiek dir den Kotflüjel an, nee, komm runta, bringste Putzmittel für die neuen zwee Eima mit, wat? Is doch! Wat sachste, keen Putzmittel, aba ick brauch neuet, wat sachste, det Putzmittel is, kiek doch richtich nach, muß doch wat da sein, ne Sauerei sowat, wenn keens da is, Liebling, is doch nich wahr, muß doch noch da sein, nu blök mir nich an, Liebling, ick... wat, ick soll bein Nachbar wejen Putzmittel, siehste nich, wie der kiekt, machick nich, peifick uffs Rausfahrn, is deine Schuld, Liebling, mußte bessa uffpassen uffs Putzmittel, mit een Eima kannick nich die Karre saubakriejn, schöna Sonntach, wat, ick, sach det nochmal, ick schreie? du, Liebling, wat schreiste denn so ... jetz isse weg vont Fensta, pfeifick uffs Rausfahrn, wennick den Kerl krieje, den sein Köta, erst mitn Schwanz, denkick, zwee Eima futsch, denn machta meen rechten Kotflüjel, denn is keen neuet Putzmittel, wat soll det fürn Sonntach sein, blamiert binnick bei die Nachbarn, ohm hat meene, die is heimtückisch, hatse det Fensta zujemacht, wat sollick nu? Und der Kerl jeht jemütlich mit sein Köta spaziern...

Parkhaus
und andere Räuberstücke

Ritterlich

Die Burg oben auf dem Berg stand noch immer still an ihrem Burgplatz. Heute morgen erkannte ich sie gähnend wieder.

Im Rittersaal spielten zwei Ritter mit einem gefangenen Räuber, den die beiden Ritter gefangen hatten, ein Kartenspiel nach dem anderen, eins nach dem anderen.

Sie spielten tags und nachts.

Eines Nachts bemerkten die beiden Ritter, daß der Räuber sie beim Kartenspiel betrog.

Augenblicklich warfen sie ihn zur Burg hinaus.

Unverfroren

Der Lastkraftwagen hielt vor der Haustür an. Ich kuckte in den Kühlschrank und dachte mir, hier hatte gestern noch die Eisbombe gestanden. Das aber tat sie heute nicht. Ich sagte mir: Das ist eine merkwürdige Sache mit dieser Eisbombe!

Kaum gesagt oder gedacht, sah ich vom Fenster aus, wie der Lastkraftwagen abgeladen wurde von zwei Kerlen, die schwer zu tragen hatten an der vermißten Eisbombe.

Aus dem Leben gegriffen

Ich stieg die Treppe hinauf und öffnete das Zimmer. Hinter der Zimmertür geschah irgend etwas Unbekanntes. Mir war zumute wie einem Räuber.

Parkhaus

Beim Mittagessen bekam ich unerwartet Lust auf einen Spaziergang im Park.

Angelangt im Park, dort also, wo ich den Park sonst vorfand, sah ich nichts anderes als ein einzelnes Baumblatt auf dem Boden liegen. Es war ein Lindenblatt. Ich bückte mich, hob das Lindenblatt auf, und darunter stand ein gewaltiges Hochhaus.

Zwei Aussprüche

Meine Großmutter sagte: »Langsam wird es Zwölf, geh schlafen!«

Brav ging ich in meine Stube. Hier entdeckte ich etwas Rundes, Felliges auf meinem Bett liegen. Es war der behäbige Wolf, der mich anknurrte mit dem Ausruf: »Großmutter kann mir gestohlen sein!«

Edelmann

Gestern abend hörte ich, daß im Nebenraum ein Hahn krähte.

Stundenlang lauschte ich verwundert nach nebenan. Spät erkannte ich ihn: den ehrenwertesten Dieb unter den Hähnen. Er hatte mir den Abend gestohlen, den Morgen gebracht.

Nachwort

Die Anfänge von Günter Bruno Fuchs (1928–1977) lagen bisher im Verborgenen. Er selbst hat frühe Schriften nahezu verleugnet, niemand hat sie gesammelt. Überblickt man seine Entwicklung erstmals im Zusammenhang, werden – bei der Lyrik und der Kurzprosa mehr noch als bei den Romanen und Erzählungen – deutliche Brüche sichtbar, aber zugleich eine um so überraschendere Kontinuität.

Während christliche Motive bereits aus frühen Erzählungen von Fuchs vertraut sind, bilden die beiden Gedichte und die beiden wahrscheinlich autobiographischen Prosaskizzen, die er 1951/52 in der Zeitung *Freies Volk*, dem Zentralorgan der Kommunistischen Partei Deutschlands, veröffentlicht hat, eine kleine Gruppe von literarischen Texten aus einem noch früheren, gänzlich unbekannten Abschnitt seines Werdegangs. Der Aufruf *An die Kasernenbauarbeiter!*, den man sich in Anthologien politischer Dichtung aus der deutschen Nachkriegszeit wünschen möchte, scheint allen Vorstellungen zuwiderzulaufen, die über Fuchs verbreitet sind. Dieser Schein trügt nicht; den christlichen Tönen geht zweifellos ein Bruch voraus, biographisch der Bruch mit der Kommunistischen Partei, literarisch der Bruch mit der Doktrin des Sozialistischen Realismus. Fuchs hat solche Texte nie wieder erwähnt oder gar nachdrucken lassen, er hatte diese Phase definitiv abgeschlossen. Dennoch bleibt er seinen Zielen treu, als hätten parteipolitische und literarästhetische Standpunkte für ihn nicht das letzte Wort. Er bleibt mit seinen christlichen Schriften auf ganz entschiedene Weise engagiert, er bekämpft weiterhin die Wiederbewaffnung Deutschlands und die Großmannssucht im Wirtschaftswunderland der fünfziger Jahre.

Was diesen Bruch überdauert, prägt das gesamte Werk von Fuchs. Es ist bezeichnend, daß *Zigeunertrommel* (1956), sein erster Gedichtband, der schon 1953 entstanden sein soll, und *Volkslied* (1976), das als eines der letzten Gedichte zu Lebzeiten gedruckt wurde, dem gleichen Thema gewidmet sind, nämlich dem Massenmord an Zigeunern unter dem Nationalsozialismus. Die frühen Gedichte verdanken sich noch dem Zauber eines ungebundenen Lebens, sie kennen noch die Seligkeit der Musik und des Tanzes, die Welt des Volksliedes vom lustigen Zigeunerleben, die Welt eines Nikolaus Lenau und der lyrischen Tradition. Aber sie bilden ein Gedenkbuch, sie zeigen Augenblicke aus der Geschichte eines ausgerotteten Volkes, die Welt einer untergegangenen Kultur. Das Faszinosum des Fremden verleitet nicht zur Flucht aus der Wirklichkeit, der Traum vom anderen Leben wird von der Barbarei eingeholt. Keines der Gedichte ist vom Grauen verschont; jedes bringt die Katastrophe näher, die über den Aufbau des Bandes bestimmt: Am Anfang steht der *Lagerplatz*, am Ende das Lager. Fuchs beschließt eine Tradition, deren Aufleben nur als Verlogenheit möglich wäre. Er schreibt, folgerichtig, wie von einem vollendeten Völkermord, nicht von etwaigen Überlebenden. Alles andere wäre unangebrachte Beschwichtigung; es gibt Opfer, kein Aufrechnen, keinen Trost. Eine ethnische Minderheit ist vernichtet, ein poetischer Mythos mit ihr. Beide überleben paradoxerweise ihren eigenen Untergang mit dem Schlußgedicht *Der Zigeuner singt*; obwohl er längst ermordet wurde, singt er, als lebe er im Gedicht zu seinem Gedenken fort, als sei der Dichter, der ihn singt, deshalb selber ein Zigeuner. Mit dieser kunstvollen Paradoxie führt Fuchs die Tradition des Motivs an einen Endpunkt, den poetischen Mythos von der Musik des Zigeuners über sein Ende hinaus.

Wer sich fragt, ob es in der deutschen Dichtung nach dem Zweiten Weltkrieg keine Todesfuge für Zigeuner gegeben hat, der sollte die *Zigeunertrommel* nicht länger überhören. Persönliche Erfahrungen aufgreifend, hat Fuchs eine exemplarische Bewältigung der Vergangenheit vorgeführt. Solche Töne waren freilich nicht an der Tagesordnung des bundesdeutschen Wirtschaftswunders. Veröffentlichen konnte Fuchs, der damals in Reutlingen lebte, seinen ersten Gedichtband nur in der DDR. Es kam niemals zu einer westdeutschen Ausgabe, der Literaturbetrieb nahm das Buch bis heute kaum zur Kenntnis. Fuchs saß zwischen allen Stühlen. Man mag sich darüber streiten, ob der Band in jeder Hinsicht gelungen war, doch zumindest im Rückblick ist er für die Literaturgeschichte der fünfziger Jahre von herausragender Bedeutung. Zugleich bezeugt er eine beeindruckende Kontinuität und Konsequenz der Entwicklung von

Fuchs, wie das späte Gedicht zum gleichen Thema deutlicht macht.

Volkslied erinnert daran, daß die nationalsozialistische Vergangenheit von den Deutschen nie bewältigt wurde. *Lustig ist das Zigeunerleben*, das Volkslied aus dem vorigen Jahrhundert, reizt den Sprecher des Gedichts, einen der ewig Gestrigen, eben dieses Lied als gestrig zu verdammen. Eingangs steht dem Leser noch die Überlegung frei, die wütende Aggression richte sich gegen Gesang als solchen oder gegen traditionelle Motive, die polternden Ausfälle verraten erst in den letzten drei Zeilen ihren Ursprung und ihr Ziel. Der Wütende ist kein bloßer Banause und schon gar kein Modernist; er gibt sich als Mann der Gegenwart, zu fortschrittlich, um monarchistische Rückfälle zu billigen, zu naturverbunden, um den schönen Wald verkommen zu lassen, ist aber ein verkappter Nazi, der Zigeuner nicht im deutschen Wald duldet und ihre Ausrottung rechtfertigt. Somit ist *Volkslied* von Fuchs eine bittere Satire auf rechtsradikale Ressentiments.

Beim Vergleich fallen zwei gemeinsame Aspekte ins Auge; beide Male geht es um Gesang und Geschichte, um Kunst und Politik. Ihr Verhältnis bildet ein wesentliches Thema des frühen Buches und des späten Gedichts, sogar die Titel *Zigeunertrommel* und *Volkslied* verweisen darauf. Wie der Gesang des Zigeuners überlebt auch das Volkslied seine eigene Tradition, weil es in einem Gedicht, das allen kanonischen Formen fernsteht, unbeirrt hochgehalten wird als Lied der Unterdrückten, als Freiheitslied, als Ausdruck der Sehnsucht nach einer besseren Welt. Um so schlimmer erscheint, zwanzig Jahre später, die Starre der Realität. Jene Vergangenheitsbewältigung, die Fuchs in den fünfziger Jahren exemplarisch vorgeführt hat, sieht er kurz vor seinem Tod noch immer nicht allgemein verwirklicht. Obwohl er sein Frühwerk beinahe zur Gänze verleugnet hat, hält er an seinen alten Idealen fest. Er beharrt auf der Humanität der künstlerischen Tradition und auf der Kritik an der inhumanen Wirklichkeit.

Der als verspielt und kauzig geltende Fuchs entpuppt sich als politischer Dichter, der über Jahrzehnte hinweg auf historische Vorgänge reagiert. Dabei ist Geschichte bei ihm zuallererst deutsche Geschichte, nicht weil er national gesinnt wäre, sondern weil er konkret und betroffen reagiert. Lesen sich selbst seine Romane und Erzählungen wie ein fortlaufender Kommentar zur Nachkriegsgeschichte Deutschlands, so erwecken die kleinen Formen, die eine raschere Stellungnahme erlauben, den gleichen Eindruck in teilweise stärkerem Maße. Offenbar schwebte Fuchs anfangs eine eingreifende Dichtung im Sinne Brechts vor, den er in frühen Jahren als einzigen Autor neben Wolfgang Borchert mit einer lyrischen Hommage bedenkt. Die *Ode an meine deutschen Brüder zum Neuen Jahr* entstand, nachdem die DDR am 15. September 1951 eine Note an den Bundestag gerichtet hatte, um die Vorbereitung gesamtdeutscher Wahlen, eines Friedensvertrags und der Wiedervereinigung einzuleiten, woraufhin die BRD es einer UN-Kommission zu prüfen überließ, ob die Voraussetzungen für eine demokratische Wahl gegeben wären. Monatelang füllte das Thema die Zeitungsspalten, bis im Frühjahr 1952 alles im Sande verlief. Das Gedicht, am 5. Januar 1952 veröffentlicht, sollte buchstäblich in einen schwebenden Vorgang eingreifen; der Aufruf *An die Kasernenbauarbeiter!* spricht in diesem Sinne für sich selbst.

Beim Problem der unterbliebenen Vergangenheitsbewältigung ist die Kontinuität deutlich, weitere Themen kommen im Lauf der Jahre hinzu. Die Wiederbewaffnung Deutschlands, die wachsende Kluft zwischen den Nutznießern des Wirtschaftswunders und den Unterprivilegierten, die Berliner Mauer, die große Koalition, die politischen Unruhen der sechziger Jahre, Fuchs reagiert in poetischer Form auf alle einschneidenden Ereignisse, alle prägenden Entwicklungen der Bundesrepublik und Berlins. Der Tod Benno Ohnesorgs beim Berlin-Besuch des persischen Schahs wird, um ein Beispiel anzuführen, in einem Vorspann zu *Gelöbnisse deutscher Bürgermeister*, der Ende 1967 als Kalender veröffentlichten Erstfassung der *Gelöbnisse des neuen Bürgermeisters*, durch eine Anspielung einbezogen:

Dieser Kalender ist eine Ehrengabe an den IMPONIERENDEN BÜRGERMEISTER! Jedes Kind hat heraus (was weiland ge – Schah), jede (lebendige) Taube gurrt es vom Dach: Durch die Menge seiner mutigen, originellen Amtshandlungen 67 hat der IMPONIERENDE (wie er mit Recht kurz genannt wird) sich inner- und außerhalb seiner Grenzen rundum verdient gemacht um manches Präsent, um manchen Polizei-Präsidenten und manche Ehrengabe mithin.

Das ist deutlich, setzt allerdings Kenntnisse der Zeitgeschichte und eine genaue Lektüre voraus. Bezeichnend für die Arbeit von Fuchs ist die Tatsache, daß diese – und manche andere – Anspielung nicht in die endgültige Fassung übernommen wurde. Die meisten Texte, die ihre Entstehung einem konkreten Anlaß verdanken, sind am Ende von ihrer Herkunft emanzipiert, überlebensfähige Dichtungen, deren Verstehen nicht an das vergängliche Wissen um einzelne Daten und Vorfälle gebunden ist. Fuchs ist ein politischer Dichter im strengen Sinn, nicht nur ein politisch denkender Mensch, sondern vor allem ein Dichter; er feilt an seinen Gedichten im Bewußtsein, daß bloße Satire, mag sie noch so treffend sein, mit den Zielscheiben ihrer Angriffslust lebt und untergeht. So gilt seine Überarbeitung, die in der Regel mit einer Kürzung einhergeht, den allzu zeitgebundenen ebenso wie den nicht restlos durchgeformten Elementen eines Gedichts. Damit wird der Zwang zum genauen Lesen, das wohlmeinende Kritiker für diese Texte schon mehrmals mit wenig Erfolg empfohlen haben, weiter verstärkt; damit wird zum Teil auch erklärlich, wieso der Schwerpunkt bei Fuchs auf den kleinen Formen liegt, setzen sich doch selbst seine umfangreicheren Texte häufig aus kleinen Bausteinen zusammen.

Während die politische Kontinuität des Gesamtwerks bislang verborgen lag, zählt die durchgeformte Kürze zu denjenigen Qualitäten, die zumindest den Lesern von Fuchs vertraut sind, sich aber wenig herumgesprochen haben. In Anthologien verbreitete Gedichte wie *Geschichtenerzählen* oder *Gestern* geben kein falsches Bild, freilich auch kein vollständiges. Die hintersinnige Alogik des Geschichtenerzählers, sein Hohn auf Militär und Phantasielosigkeit, seine traurige Selbstironie angesichts des Unverständnisses, mit dem man ihm begegnet, oder die Berliner Schnauze mit ihrem halb schaurigen, halb empörten Gerätsel um den wortlosen Mann von gestern, kein anderer Lyriker der Zeit hat solche Verse verfaßt. Fuchs ist Verfasser von einigen vielzitierten Gedichten und einer der herausragenden Vertreter der neuen deutschen Mundartdichtung. Das ist Grund genug, sein Werk nun auch in seiner Fülle wahrzunehmen, nicht bloß die Handvoll häufig gedruckte Gedichte, sondern genauso den *Besuch* des kleinen Muck und *Eulenspiegels Neujahrsrede*, *Raus mit der Sprache* und auch – warum nicht? – *Der Nächste*, nicht zu vergessen das

Sechszeilengedicht und jene, die ein anderer Leser genannt sehen möchte. Bei Fuchs finden sich Kinderträume und Trinkerlieder, Mahnmale für Irre und Mahnworte für Generäle, weit und breit das schönste Behördendeutsch, daneben die Sprache der Vögel und der stummen Dinge, seltsame Nachrichten aus einer fremden Welt, in der jede Wahrheit ungehört verhallt, während das Ministerium für Lebenslügen alle Zungen im Zaum hält, Nachrichten aus unserer Welt, die aus den Fugen geraten ist, Appelle ohne große Hoffnung und doch ohne Einverständnis. Kurzatmige Satire ist, mitsamt ihrem jeweiligen Anlaß, durch beständigere Formen ersetzt; gleichwohl bleibt das Deutschland der ersten Jahrzehnte nach dem Zweiten Weltkrieg erkennbar, die kritische Schärfe ungemildert.

Ähnliches gilt für die kleine Prosa. Ihre Thematik reicht, bedingt durch autobiographische Anklänge, weiter zurück. Die Endphase des Zweiten Weltkriegs, von Fuchs bei Bremen miterlebt, und Erfahrungen als Bergmann, um 1950 in Herne gesammelt, bilden den Stoff zweier realistischer Beiträge für *Freies Volk*.

Nach dem Bruch mit der Kommunistischen Partei folgen christliche Motive, anschließend Clowns und Irre, Außenseiter und Sonderlinge, Verweigerer und Vertreter der Ordnung. Im Prinzip lassen sich, was nicht erstaunlich ist, die gleichen Entwicklungsphasen und die gleiche Kontinuität nachweisen wie bei der Lyrik, wie schon bei den Romanen und Erzählungen. Stilistisch unterscheiden sich die *Botschaft vom stummen Bergmann* (1952) und *Die seltsam stumme Nacht* (1953), die erste Einzelveröffentlichung eines Prosastücks der religiösen Phase, nicht wesentlich voneinander. Die kleine Prosa macht deutlich, daß Fuchs von Anfang an Wolfgang Borchert, der erst nach dem Bruch namentlich erwähnt wird, näher steht als dem sozialistischen Realismus. Borchert ist auch auf längere Sicht prägender als zum Beispiel Reinhold Schneider, dem Fuchs *Die Marionette* gewidmet hat, eine unveröffentlichte Variante von *Die seltsam stumme Nacht*. Wie solche Vergleiche zeigen, verdankt die frühe Prosa ihren Stil und ihre Themen nicht weltanschaulichen Wandlungen, sondern geschichtlichen Erfahrungen und einer unwandelbaren Humanität. Es ist Literatur in der Nachfolge Borcherts, humane Literatur nach einem Weltkrieg. Was den christlichen Anklängen werkgeschichtlich vorausgeht, überdauert sie und bleibt bestimmend bis zur Erzählung *Polizeistunde* (1959), dem Abschluß des Frühwerks, unterschwellig sogar für das gesamte Werk. Den Hintergrund der *Fischlegende*, erste Atombombenversuche im Ozean, hat Fuchs selbst benannt. Grundzüge der deutschen Zeitgeschichte lassen sich ebenfalls verfolgen. Ein älterer Versehrter als Problem für die innerbetriebliche Rationalisierung in der *Geschichte vom Briefentwurf des Abteilungsleiters an einen Untergebenen*, die Postwurfsendungen und Fertighäuser, letzte Bäume als Denkmäler ihrer selbst, angesiedelt im Zeitalter der Raumfahrt, der Stadtsanierung und der Jugendherbergen aus dem Dreißigjährigen Krieg, auf der andern Seite nur die paar alten Männer aus der *Geschichte von des Gärtners Traum* und *Der arme Poet*, der verjagte Clown und der große Unordentliche in einer ordentlichen Zeit, die Erinnerung an Eulen im Park und an das Meer, so stellen sich bei Fuchs die sechziger Jahre dar. In dieser dürftigen Zeit, in der aus Schafen Määäh-Maschinen, aus unverstandenen Dichtern geschmückte Gedenksteine wurden, bleiben dem armen Poeten nur die Lachkunst und die aussichtslose Verweigerung, der Hungerstreik Paul Scheerbarts gegen den Ersten Weltkrieg, der Streik gegen die Welt, wie sie ist. Schreibend nimmt er ihr die Worte aus dem Mund, um sie ins richtige Licht zu drehen, die Verbote und Vorschriften, die Kongreßberichte und Wahlreden, die Meinungen und Prospekte, die Wirklichkeit der Zeitungen und die Idee der staatlich organisierten Kriminalität, die Vorstellung der Trabantenstadt und die Ideale der Zeit, ins Licht einer Lächerlichkeit, deren einziges Opfer der Lacher selbst werden könnte.

Diese Lektüre ist ausbaufähig, zu verfeinern und weiterzuführen; sie ergänzt das Bild der deutschen Nachkriegsgeschichte, das sich schon in der Lyrik, den Romanen und Erzählungen abzeichnete. Aber die kleine Prosa lohnt noch eine weitere Betrachtung. Fuchs hat sich dem Genre, das ihm beim Lesepublikum den vielleicht größten Teil seiner bescheidenen Reputation eintragen sollte, zunächst langsam genähert; doch im Rückblick zeigt sich darin eine Art Fluchtpunkt für die Entwicklung des Gesamtwerks. War bei der Überarbeitung von Gedichten eine deutliche Tendenz zur Kürzung erkennbar, ist die Form der Fibelgeschichte, die für den späteren Fuchs charakteristisch ist, durch die Tendenz zur Kürzung grundsätzlich geprägt, wenn nicht entstanden. *Die seltsam stumme Nacht* schrumpft zu *Vorhin*, Erzählungen mittlerer Länge sind nach 1960 kaum noch auszumachen, die umfangreicheren Texte zerfallen in Momentaufnahmen, erzählerische Elemente konzentrieren sich ausgerechnet in der kleinen Form. Es gibt Kurzprosa aus jeder Phase, doch das Buch *Zwischen Kopf und Kragen* (1967), das erstmals ausschließlich kleine Prosa versammelt und die Form der Kürzestgeschichte bei Fuchs endgültig etabliert, erscheint relativ spät; im gleichen Jahr erscheint der letzte Gedichtband, den Fuchs zur Veröffentlichung fertiggestellt hat. Fortan überwiegt die kleine Prosa, für die sich langsam die Bezeichnung *Fibelgeschichten* einbürgert.

Wie Fuchs von der Erzählung zur Fibelgeschichte übergeht und die neue Form auf Kosten der Lyrik bevorzugt, verdiente gewiß bloß akademisches Interesse, gingen damit nicht neue Themen einher. Die späte Kurzprosa wendet sich in zunehmendem Maß an Kinder. Sie waren seit den frühen Jugendbüchern ein wichtiges Publikum für Fuchs, das er mit einzelnen Gedichten und Geschichten in literarischen Büchern freilich nicht mehr erreichte. *Ein Neuruppiner Bilderbogen* (1966) und das Bilderbuch *Ein dicker Mann wandert* (1967) sprechen die Kinder erstmals wieder direkt an; mit *Der Bahnwärter Sandomir* (1971), dem sogenannten *Lesebuchroman*, folgt eine Großform, mit der *Wanderbühne* (1976) steht am Ende der Reihe das letzte Buch zu Lebzeiten. Die *Gedichte eines fahrenden Schülers*, an denen Fuchs kurz vor seinem Tod arbeitete, sollten sein erster großer Zyklus von Gedichten für jenes Publikum werden, das demnach am Schnittpunkt der werkgeschichtlichen Entwicklungslinien steht, für die Schüler, die Kinder und Jugendlichen. Bei der kleinen Prosa ist der Fluchtpunkt am frühesten und besonders deutlich sichtbar. Die Fibelgeschichten sind, zumindest zum Teil, eine Literatur für Kinder, also auch eine Literatur über Kinder und ihre Welt, ihre Einsichten und ihre Probleme. Weil die neue Form ein Publikum jenseits der literarischen Öffentlichkeit einbezieht, bringt sie entsprechende Themen mit sich.

So bietet zum Beispiel die *Wanderbühne* unvergleichliche Szenen aus einer Welt, mit der sich Literatur selten einläßt. *Die Schondecke* benötigt nur ein paar Zeilen, um eine lange Erziehungspraxis ad absurdum zu führen; aber die gängige, durchaus treffende Kritik am Aufschub subjektiven Wohlbefindens oder am Götzen des Tauschwerts, der durch Gebrauch schwindet, wird der Fibelgeschichte nicht gerecht. Das Bild von dem Mädchen, das sich in die Schondecke hüllt und im Stehen schläft, damit das neue Bett nicht abgenutzt wird, ist der gesellschaftlichen Wirklichkeit, auf die es verweist, zugleich enthoben wie der Vorüberlauf des Mondes, der am Ende aufscheint, ohne den sozialen Gehalt des Prosastücks überhaupt zu streifen. Der unwirkliche Zauber dieser Komposition läßt an Märchen denken, an Lewis Carroll, die Surrealisten oder, mit Abstrichen, an Gemälde von Balthus. Ein kleines Mädchen, das die Worte der Eltern ernster nimmt, als sie gesprochen waren, scheint bis zum Grund aller Poesie zu gelangen. Von einer Namensgebung, einem poetischen Akt par excellence, berichtet die *Entdeckung der Bärenhöhle* auf unnachahmliche Weise, mit einem Humor, den jedes Kind versteht und kein Humorist beherrscht. Fuchs mag sich erinnert haben, wie er Anfang der fünfziger Jahre in Reutlingen den Presserummel um die wenige Kilometer entfernte Erpfinger Bärenhöhle miterlebte, für die ein menschlicher Photographierbär tätig war; doch die Fibelgeschichte ist damit nicht erklärbar. Sie ist von ihrem eventuellen Anlaß befreit, voller Aberwitz und Übermut, präzis unlogisch, poetisch konsequent. Während *Die Schondecke* und *Entdeckung der Bärenhöhle* aus neutraler Perspektive, wenngleich mit offensichtlicher Sympathie für den kindlichen Blick erzählt sind, ist der Erzähler zum Beispiel in *Manche Arbeit beginnt früh* an der Handlung beteiligt. Er wirkt bei poetischen Aktionen mit, die gegenüber der zeitgenössischen Kunst bestehen können; neben dem Wegwerfkünstler Mehlhase könnte der Verpackungskünstler Christo einpacken.

Die Arbeit, die früh, womöglich in der Kindheit beginnt, ist der poetische Umgang mit Realität. Herr Mehlhase und der Erzähler nehmen die Abfalltonnen so ernst wie das kleine Mädchen seine Schondecke; sie haben sich den kindlichen Zugang zur Poesie bewahrt, reflektieren darüber auch sowenig wie ein Kind. In der Welt der Erwachsenen, ihrer Umwelt, ecken sie freilich an. Sie werden zu friedlichen Störenfrieden, sie unterlaufen die Regeln sozialen Verhaltens und die üblichen Formen der Verständigung, die Institutionen, die Macht, die Ordnung, kraft der anarchischen Wirkung einer Poesie in Aktion. Fuchs zeigt Gegenfiguren zu altklugen Kindern; Herr Mehlhase, der Erzähler und all die anderen Kinder seiner Vorliebe weigern sich, selbst wenn sie längst volljährig sind, die Kinderschuhe abzulegen, reif und vernünftig zu werden, erwachsen ohne jeden poetischen Sinn. Die Lebensform dieser ewigen Kinder ist eine Lebenskunst, praktizierte Poesie. In enger Zusammenarbeit mit Herrn Mehlhase, dem Geschöpf seiner Phantasie, läßt Fuchs die eigene Prosa aus einer kindhaften Sicht der Welt erwachsen. Mit ihren kleinen Bildern zeichnet Fuchs ein Selbstporträt des Künstlers als ewiger Kindskopf.

Genau muß auch die kleine Prosa gelesen werden. Sie gibt, in vielen Fällen, kindliche Einblicke in unsere Lebenswelt, ist in ihrer sprachlichen Form jedoch immer kunstvoll und raffiniert durchgestaltet, kein Kindermund. Knapp und konzentriert, zeugt sie vom Bemühen um künstlerische Ökonomie, wie die *Maulwürfe* von Günter Eich, der wiederholt mit einer Widmung bedacht wird, wie die Kalendergeschichten von Hebel oder die Prosastücke von Robert Walser, Vergleiche, die das Niveau markieren, die Eigenart von Fuchs nicht überdecken, sondern verdeutlichen sollen. Genau müssen auch Hebel, Walser und Eich gelesen werden, doch Fuchs spricht ein anderes Publikum an. Die Fibelgeschichten, und dies gilt ebenso für den Lesebuchroman *Der Bahnwärter Sandomir* sowie einen Teil der Lyrik, sind geschrieben für Leser, die nach Büchern greifen, um das Lesen überhaupt erst zu lernen, zumindest das genaue Lesen. Es müssen nicht nur Kinder sein, welcher Erwachsene kann denn schon lesen. Aber Kinder sollten dazu eingeladen werden, am besten durch Aufnahme der Fibelgeschichten in jene Bücher, in die sie gehören, nämlich in die Lesebücher.

Wilfried Ihrig

Anmerkungen

Im zweiten Band der Werke von Günter Bruno Fuchs sind seine Gedichte und seine kleinen Prosastücke gesammelt. Zu Lebzeiten oder postum gedruckte Texte sind, soweit bekannt, vollzählig aufgenommen. Auf den Druck unveröffentlichter Jugendgedichte und privater Widmungstexte wurde verzichtet. Aus dem Nachlaß kommen nur abgeschlossene Texte, keine Entwürfe oder Fragmente, zur Veröffentlichung.

Die Unterteilung in Gedichte und kleine Prosa ist nicht unproblematisch. Bei Fuchs sind die Grenzen zwischen den Gattungen fließend. Er hat, um nur zwei Beispiele zu nennen, *Aus dem Leben eines Taugenichts* als Jahresroman und *Der arme Poet* als Prosagedicht bezeichnet. Doch hatte er kurz vor seinem Tod selbst noch die Absicht, seine sämtlichen *Fibelgeschichten* als ein Buch vorzulegen, das gewiß auch die genannten Beispiele enthalten hätte. Er war anarchisch genug, um jede Ordnung der Gattungen zu stören, aber auch pragmatisch genug, um seine Texte immer wieder in eine neue Ordnung zu bringen, ja umzuschreiben, wenn sich dies für eine anstehende größere Publikation als zweckmäßig erwies; die Gestaltung des einzelnen Buches war ausschlaggebend. Für eine Werkausgabe erscheint die strenge Unterteilung nach Gattungen durchaus im Sinne von Fuchs gerechtfertigt.

Die Texte sind – innerhalb der einzelnen Abteilungen – weitgehend chronologisch geordnet. Zur Einordnung dient meist der erste Druck der letzten Fassung, bei bisher ungedruckten Texten die Ursendung im Funk oder die Entstehungszeit. Letzte Korrekturen für einen der Auswahlbände (*Polizeistunde*. Baden-Baden 1967 – *Das Lesebuch des Günter Bruno Fuchs*. München 1970 – *Ratten werden verschenkt*. Frankfurt/Berlin/Wien 1974) sind – in der Regel stillschweigend – berücksichtigt.

In jedem Fall wurden alle erreichbaren Fassungen miteinander verglichen und jeweils die mutmaßliche Endfassung für die Werkausgabe ermittelt. Weitere Fassungen wurden generell ausgespart. Eine Ausnahme bildet *Zigeunertrommel*, der erste eigene

Gedichtband von Fuchs, hier aus dokumentarischen Gründen in der ersten und allein vollständigen Fassung wiedergegeben. Aus ähnlichen Erwägungen heraus sind *Die seltsam stumme Nacht* und *Rede am Grab eines Irren* trotz der Verarbeitung einzelner Motive in *Vorhin* und *Der Irre ist gestorben* abgedruckt. Über wichtige Varianten informieren die Anmerkungen; leicht abweichende Fassungen sind in der Regel nur erwähnt, wo es sich um den Erstdruck handelt.

Alle Graphiken zu den Erstausgaben der in originaler Form wiedergegebenen Bücher (*Zigeunertrommel* – *Blätter eines Hof-Poeten* – *Zwischen Kopf und Kragen* – *Wanderbühne*) sind reproduziert. Bei dem Kinderbuch *Ein dicker Mann wandert* wird auf die graphisch durchgestaltete Fassung zugunsten einer kompakten Textfassung verzichtet.

Der Herausgeber dankt Anja und Jutta Fuchs, Carl Bach, Dietrich Kirsch, Willy Leygraf, Detlev Otto, Hans Jochen Schale, Wolfgang Schwarzenberger, Hans-Georg Soldat, Winand Victor, dem RIAS Berlin, dem Sender Freies Berlin, dem Süddeutschen Rundfunk und dem Südwestfunk, Landesstudio Tübingen, die in ungewöhnlich freundlicher Weise unveröffentlichte Manuskripte für diesen Band zur Verfügung gestellt haben, sowie der Staatsbibliothek Preußischer Kulturbesitz, aus deren Beständen das Manuskript zu *Männer in der Nachtkneipe* stammt.

GEDICHTE

S. 9 AUS DER MORGEN
Erstausgabe: Günter Bruno Fuchs, *Der Morgen. Ein Zyklus*. Metzingen 1954. Erstdruck eines einzelnen Gedichts:
Glöcknerlied. In: *Ruf und Antwort*, H. 1, Reutlingen, September 1952, S. 3.
Aufruf 1953 (Vorstufe als *Heute*). In: *Reutlinger Nachrichten*, 15.9.1952.

S. 18 AUS FENSTER UND WEG
Erstausgabe: Richard Salis/Günter Bruno Fuchs/Dietrich Kirsch, *Fenster und Weg*. Gedichte, Halle 1955.

Erstdrucke einzelner Gedichte:
Früh. In: *Welt und Wort,* 1955 S. 221.
Kleines Notturno (1–2). In: *Studio für Neue Musik.* Programmzettel. O. O., o. J. (vermutlich: Reutlingen 1954).
Tafel. In: *Neue deutsche Literatur,* 1955, H. 5, S. 87.
Legende. In: Günter Bruno Fuchs, *Zwei Gedichte* / Martin Gregor (-Dellin), *Kinderstück.* O. O., o. J. (vermutlich: Reutlingen 1954/55).

S. 31 ZIGEUNERTROMMEL
Erstausgabe: Günter Bruno Fuchs, *Zigeunertrommel.* Halle 1956.
– Mit fünf Holzschnitten von Günter Bruno Fuchs.
Erstdrucke einzelner Gedichte:
Lagerplatz (als *Slowakischer Zigeuner*) / *Aus Baroshs Erzählungen 4* (als *Herbststück*) / *Landschaft.* In: *Welt und Wort,* 1955, S. 221.
Aus Baroshs Erzählungen 3 (als *Eselskarren*). In: *telegramme,* Nr. 6, Reutlingen 1955.
Nur wenige Gedichte wurden, teilweise leicht verändert, nachgedruckt:
Gesänge für die seiltanzende Jullka 3 (unverändert als *An eine Seiltänzerin*) / *Aus Baroshs Erzählungen 6* (unverändert als *Madrigal*). In: Günter Bruno Fuchs, *Nach der Haussuchung.* Stierstadt 1957, S. 15/16.
Lummjas Gesänge 2 (als *Kutscherlied*) / *Lummjas Gesänge 3* (als *Der Zigeuner bittet für sein Pferd*) / *Zigeunertriptychon in memoriam – Mitte* (als *Zigeunertafel*). In: Günter Bruno Fuchs, *Pennergesang.* München 1965, S. 101/28/27.
Der Zigeuner singt. In: *Das Lesebuch des Günter Bruno Fuchs.* München 1970, S. 19.
In *Das Lesebuch des Günter Bruno Fuchs* bemerkt Fuchs: »Die Gedichtsammlung *Zigeunertrommel* (Mitteldeutscher Verlag, Halle/Saale) entstand 1953.« (S. 379)

S. 53 Aus NACH DER HAUSSUCHUNG
Erstausgabe: Günter Bruno Fuchs, *Nach der Haussuchung.* Gedichte mit fünf Abbildungen nach den Holzschnitten des Autors. Stierstadt 1957.

Erstdrucke einzelner Gedichte:
Nekrolog / Porträt eines Freundes. In: *Akzente*, 1957, S. 470–471.
Dämmerung. In: *Simplicissimus*, 29.6.1957, S. 410.
Spät. In: *Welt und Wort*, 1955, S. 221.
Der Irre ist gestorben. In: Colloquium, 1957, H. 8, S. 10.
Die Seiltänzerin erwartet ein Kind. In: Richard Salis/Günter Bruno Fuchs/Dietrich Kirsch, *Fenster und Weg*. Halle 1955, S. 29.
Unterwegs (nach Bethlehem). In: *Hortulus*, 1955, H. 4, S. 98.
Für ein Kind. In: *Akzente*, 1955, S. 331.
Legitimation. In: *Lyrische Blätter*, Nr. 10, 1957, S. 2.

S. 62 Aus BREVIER EINES DEGENSCHLUCKERS
Erstausgabe: Günter Bruno Fuchs, *Brevier eines Degenschluckers*. Mit vier Holzschnitten von G.B. Fuchs. München 1960.
Erstdrucke einzelner Gedichte:
Mobilmachung und Flucht (als *Mobilmachung*). In: *Expeditionen*. Hg. v. Wolfgang Weyrauch, München 1959.
Totenrede / Abzählreim / Hinterhof. In: *Alphabet 1960*. Hg. v. V.O. Stomps. Stierstadt 1960.
Betrunkner Wald / Einstiges Lied. In: *Streit-Zeit-Schrift*, H. 2, November 1958, S. 399.
Seltsamer Funkspruch. In: *Frankfurter Allgemeine Zeitung*, 31.7.1959.
Steckbriefe (1–4) / Untergang / Prospekt. In: *Junge Lyrik 1958*. Hg. v. Hans Bender. München 1958.
Musikant mit singender Säge (als *Zur singenden Säge*). In: *Simplicissimus*, 6.2.1960, S. 82.
Begegnung. In: *Simplicissimus*, 21.11.1959, S. 741.
Kurzer Aufenthalt in der Wüste / Abendgebet eines Zauberers. In: *Neue Deutsche Hefte*, 1959/60, S. 1006–1007.
Lied der Kanalpenner. In: *Simplicissimus*, 3.10.1959, S. 638.
Huldigung 1 (als *Abends 2*). In: *Geist und Zeit*, 1959, H. 6, S. 158.
Huldigung 2. In: *Geist und Zeit*, 1958, H. 3, S. 84.
Katzenmarkt / Freundlicher Tag / Ein Manifest. In: *Akzente*, 1959, S. 238–241.
Film mit Dick und Doof geht teilweise zurück auf *Der Tag nimmt uns huckepack*. In: *Neue Ornithologie*. Hg. v. Ekkehard Eickhoff. Stierstadt 1960.
Bemerkungen:

Faultier (aus *Zoo*) wurde nachgedruckt als *Faultier im Zoo*. In: Günter Bruno Fuchs, *Pennergesang*. München 1965, S. 64.
Huldigung 2 wurde nachgedruckt als *Freundesgruß*. In: *Das Lesebuch des Günter Bruno Fuchs*. München 1970, S. 99.
Begegnung wurde nachträglich mit der Widmung *für Walter Höllerer*, *Kurzer Aufenthalt in der Wüste* mit der Widmung *für Peter Hamm* versehen (In: *Das Lesebuch*... München 1979, S. 95/101).

S. 77 Aus TRINKERMEDITATIONEN
Erstausgabe: Günter Bruno Fuchs, *Trinkermeditationen*. Neuwied 1962.
Erstdrucke einzelner Gedichte:
Meditationen eines Trinkers (Vorstufe). In: Günter Bruno Fuchs, *Nach der Haussuchung*. Stierstadt 1957, S. 22–23.
Sag mal. In: *Eremitenpresse Kalender 1962*. Stierstadt 1961.
Steckbrief (Erstfassung als *Steckbriefe II*). In: *Hortulus*, 1957, H. 30, S. 166.
Madam, ich bin der Fischer (Erstfassung als *Der Fischer im Altersheim*). In: *Simplicissimus*, 6.5.1961, S. 292.
Der Lumpensammler (Erstfassung als *Regenstadt*). In: *Simplicissimus*, 26.3.1960, S. 204.
Bemerkung:
Druckanordnung und Orthographie folgen, soweit möglich, den Auszügen aus *Trinkermeditationen*, die Fuchs als *Gedichte und Zeilen* selbst zusammengestellt hat (In: *Das Lesebuch des Günter Bruno Fuchs*. München 1970, S. 117–129).

S. 94 Aus PENNERGESANG
Erstausgabe: Günter Bruno Fuchs, *Pennergesang*. Gedichte & Chansons. München 1965.
Erstdrucke einzelner Gedichte:
Der Sperling und andere Vögel. Erstausgabe: Günter Bruno Fuchs, *Der Sperling und andere Vögel*. Ein Gedicht mit 27 Bilderbogen von Johannes Vennekamp. Stierstadt 1964.
Gehabt euch wohl / Villons Herberge / Der alte Don Quichotte an Dulcinea / Stadtrundfahrt, letzte Station / Die Betrunkken früh. In: *Merkur*, 1964 S. 531–533. – Vorstufe zu *Gehabt Euch wohl* (als *Wiedersehen in der Dämmerung*) in: Simplicissimus, 25.10.1958, S. 690.

Das Haus / Der Rabe / Der Sturm / Leiterwagen / Märchenbuch / Schönwetter / Der Zauberer / Kinderzeichnung / Westhafen / Der Bernhardiner RWS / Delirium. Alle ohne Titel in: Günter Bruno Fuchs, *Trinkermeditationen.* Neuwied 1962.
Vor den Mauern (als *Ruine morgens*). In: *Simplicissimus,* 11.5.1957, S. 296.
Fibel / Die Einberufung wird abgelehnt. In: *Das Schönste,* Juli 1962, S. 49.
Die Geächteten. In: *Simplicissimus,* 21.12.1957, S. 806. – Variante (als *Polizeistunde*) in: *Simplicissimus,* 9.8.1958, S. 514.
Fahneneid / Ein Landstreicher hat Besuch / Peter Hille in Friedrichshagen / Polizist im Frühling / Nachtkneipe am Görlitzer Bahnhof. In: *Neue Rundschau,* 1965, S. 59–61.
Schnee und Trinker. In: *Simplicissimus,* 19.12.1964, S. 418.
Schützenkönigslied / Veteranenlied. In: *Akzente,* 1960, S. 568–569.
Geschichtenerzählen. Ohne Titel auf: *Streit-Zeit-Schrift,* H. 3–4, September 1959, Umschlag.
Hans im Glück (Erstfassung als *Gesang des Menschen Hans*). In: Günter Bruno Fuchs, *Drei Texte.* O.O., o.J. (vermutlich: Reutlingen, um 1956).
Kellerkind. In: Günter Bruno Fuchs, *Brevier eines Degenschluckers.* München 1960, S. 24–25.
Liturgie im Hinterhof (als *Liturgie aus dem Hinterhof*). In: *Simplicissimus,* 15.11.1958, S. 731.
Nationale Räuberposse. In: *Simplicissimus,* 5.6.1965, S. 189.
Berliner Haikus. In: *Alphabet 1962.* Hg. v. V.O. Stomps. Stierstadt 1962.
Reisezeit (als *Bericht von einer Reisezeit*). In: *Simplicissimus,* 28.8.1965, S. 278.
Behauptungen. Gekürzt in: *Simplicissimus,* 27.2.1965, S. 77. – Frühere Fassung (als *Blaue Litanei*) in: *Der Tagesspiegel,* Berlin, 15.9.1963. – Variante (als *Litanei*) in: *manuskripte,* H. 9, 1963, S. 1.
Herbst-Werbung (als *Herbst*). In: *Simplicissimus,* 7.1.1964, S. 371.
Lied des Mannes im Wasserwagen. In: *Neue Deutsche Hefte,* 1959/60, S. 1006.
Vennekampgedicht. In: *Lyrik aus dieser Zeit 1963/64.* Hg. v. Kurt Leonhard und Karl Schwedhelm. München–Esslingen 1963.

Stiller Monolog eines alten Mannes in der Volkshochschule. In: *Berlin zum Beispiel.* Hg. v. Hannes Schwenger. Berlin 1964.
Kurzhymne auf eine Zeichnung von Ali Schindehütte. In: *Centaur 1963/64.* Hg. v. Heinrich Raumschüssel. Göttingen 1964.
Leierkastenlied vom Pferdchen Krause. In: *Simplicissimus*, 11.1.1958, S. 18.
Tageslauf eines dicken Mannes. In: *Frankfurter Allgemeine Zeitung*, 1.3.1960.
Spätmeldung. In: *Alternative*, H. 32, 1963.
Geburtstag. In: *Akzente*, 1959, S. 240.
Beichte. In: *Simplicissimus*, 24.10.1964, S. 346.
Pennergesang. In: *Alphabet 1961.* Hg. v. V.O. Stomps. Stierstadt 1961.
Bemerkungen:
Fibel erschien auch als *Der Mann und seine Fibel* (In: *Simplicissimus*, 29.1.1966, S. 42). – *Unterwegs* trug im Manuskript zeitweise den Titel *Hebbel unterwegs.*
In *Das Lesebuch des Günter Bruno Fuchs* (München 1970) kommentiert Fuchs:
Die Zeile im Hille-Gedicht Hille, nu mal janz ehrlich, wer soll det entziffern? *spielt an auf Peter Hilles Eigenart, seine Texte kreuz und quer auf Ränder von Zeitungen zu schreiben, die er, zusammen mit Büchern und persönlichen Utensilien, in einem riesigen Wanderbeutel mit sich führte. Peter Hille: 1854–1905.*

Die Kursivzeile am Schluß des Gedichtes Tageslauf eines dicken Mannes *stammt aus »Des Knaben Wunderhorn«.*

Zu den Texten Aus Oskar Huths Kindheit *und* Briefstelle über Oskar: *hier ist der Berliner Instrumentenbauer, Orgelbauer und barocke Sprach- und Sprechkünstler Oskar Huth gemeint, u. a. Dichter des* Neuen Doppel-Saaleliedes, *erschienen in der Anthologie zeitgenössischer Nonsensverse »Die Meisengeige«.*

Der Dreizeiler Frost *als letzter »Berliner Haiku« erinnert an den Winter 1912, als der Dichter Georg Heym und sein Freund Ernst Balcke beim Schlittschuhlaufen in den Berliner Havelgewässern ertranken.* (S. 380–381)

S. 146 Singen Sie mal die Nationalhymne
Erstausgabe: Günter Bruno Fuchs, *Singen Sie mal die Nationalhymne.* Eremitenpresse Kalender 1967. Stierstadt 1966.

S. 154 BLÄTTER EINES HOF-POETEN
Erstausgabe: Günter Bruno Fuchs, *Blätter eines Hof-Poeten & andere Gedichte* mit vier Handschriften des Verfassers. München 1967.
Erstdrucke einzelner Gedichte:
Brief des Vaters an den klugen Briefkasten. In: *Luchterhands Loseblatt Lyrik 2.* Neuwied–Berlin 1966.
Alte Stätten. In: *Simplicissimus*, 3.6.1967, S. 189.
Dieser Herbst bringt manches Neue / Ein alter König schaut ins Familienalbum / Erlernter Beruf eines Vogels / Aus freundlichen Büchern / Jetzt im Frühjahr. In: *Akzente*, 1966, S. 545–548.
Anfrage des Gryphius. In: *Lyrik aus dieser Zeit 1967/68.* Hg. v. Wolfgang Weyrauch und Johannes Poethen. München–Esslingen 1967.
Vor dem abgerissenen Nachtfalter Potsdamer Straße. In: *Die kleine Weltlaterne.* Ausstellungskatalog Helmut Dieckmann. Berlin 1966.
Knurrendes Weib am Spielplatz / Einwurf während der Verhandlung / Gestern / Abrisskutscher zu seinem Pferd / Letzte Instanz. In: *Simplicissimus*, 11.3.1967, S. 89.
Zur Person. In: *Simplicissimus*, 6.5.1967, S. 152.
Polizisten-Steckbriefe. Erstausgabe (einer umfangreicheren Erstfassung): Günter Bruno Fuchs, *Polizisten-Steckbriefe.* Eremitenpresse Kalender 1966. Stierstadt 1965.
Über die Verwandtschaft zwischen Schnee- und Feldhasen. In: *Jahresring 65/66.* Stuttgart 1965.
Einige Fragen. Auf: *Den Freunden des Friedrich Middelhauve Verlags...* Grußkarte. Köln 1966.

S. 203 AUS HANDBUCH FÜR EINWOHNER
Erstausgabe: Günter Bruno Fuchs, *Handbuch für Einwohner.* Prosagedichte. München 1969.
Erstdrucke einzelner Gedichte:
Ansprache des autowaschenden Vaters... / Aus dem Konzertleben / Kasperletheater / Erholungszentren / Lebenslauf des Malers Robert Wolfgang Schnell / Johann Gutenberg / Neue Richtlinien. In: *Akzente*, 1968, S. 394–399.
Einweihung / Grundlose Störungen / Ordensverleihung / Alte Dienstvorschrift. In: *Kürbiskern*, 1968, S. 546–549.

Gedankenaustausch. In: *Luchterhands Loseblatt Lyrik 11.* Neuwied–Berlin 1968.
Gelöbnisse des neuen Bürgermeisters. Erstausgabe (einer umfangreicheren Erstfassung): Günter Bruno Fuchs, *Gelöbnisse deutscher Bürgermeister. Eine Ehrengabe nebst Wappengalerie.* Kalender 1968. Berlin 1967. – Erstdruck der Endfassung: *Tintenfisch 2.* Berlin 1969, S. 36–37.
Eine Auskunft (Vorstufe als *Sonntag*). In: *Frankfurter Allgemeine Zeitung,* 24.9.1960.
Raus mit der Sprache. In: *Frankfurter Rundschau,* Silvester 1968.
Zorn des Maklers. in: *Günter Anlauf.* Ausstellungskatalog. Belvedere, Schloß Charlottenburg. Berlin 1968.
Märchen zu je drei Zeilen. Erstausgabe: Günter Bruno Fuchs, *21 Märchen zu je drei Zeilen.* Berlin 1968.

S. 228 Aus Reiseplan für Westberliner
Erstausgabe: Günter Bruno Fuchs, *Reiseplan für Westberliner anläßlich einer Reise nach Moskau und zurück.* Handbuch für Einwohner No. 2. München 1973.
Erstdrucke einzelner Gedichte:
Ein Wiedersehen. In: *Luchterhands Loseblatt Lyrik 22.* Neuwied–Berlin 1970.
Reiseplan für Westberliner... Erstausgabe: *Reiseplan für Westberliner anläßlich einer Reise nach Moskau und zurück.* Berlin 1970.
Bemerkungen:
Im Anhang der Erstausgabe gibt Fuchs einen Kommentar:
Der erste Text des Handbuchs No. 2 wurde angeregt durch die Erinnerungen eines alten Clowns *vom Iwan Semjonowitsch Radunski, die 1956 im Berliner Henschelverlag herauskamen. Radunski würdigt vor allem jene Zeit, da er zusammen mit seinem Partner M.A. Staniewski auftrat als berühmtes Clownspaar* Bim und Bom, *das den »revolutionären Zirkus« vorwegnahm.* (S. 206)
Ein Wiedersehen wurde zusammen mit *Raus mit der Sprache* (aus dem *Handbuch für Einwohner*) zu dem Kurzhörspiel *Zweierlei Wiedersehen* ausgearbeitet (Produktion: Saarländischer Rundfunk, Ursendung: 5.6.1977, Regie: Hanns Dieter Hüsch).

S. 238 ERINNERUNG AN NAUMBURG
Erstausgabe: Günter Bruno Fuchs, *Gesammelte Fibelgeschichten und letzte Gedichte*. München 1978.
Erstdrucke einzelner Gedichte:
Laubsäcke / Friedrich / Etwa um 550 (als *Um 550*) / *Ballade vom Reisen*. In: *Sprache im technischen Zeitalter*, H. 62, 1977, S. 157/143/144/151.
Große Mauer / Grenzfragen (als *Königskunde*) / *Erinnerung an Naumburg / Charlottenburg*. In: *Akzente*, 1977, S. 111–113.
Ein Besuch ungefähr 1957. In: *Gratuliere. Wort- und Bildgeschenke zum fünfzigsten Geburtstag von Christa Reinig*. Gesammelt von Dieter Hülsmanns und Fridolin Reske. Düsseldorf 1976.
Bemerkung:
Erinnerung an Naumburg ist das Fragment eines Gedichtbandes, den Günter Bruno Fuchs nicht mehr veröffentlichen konnte. Teile des geplanten Buches hatte er jedoch noch vor seinem Tod beim Hanser Verlag als Leseprobe eingereicht. Die Veröffentlichung erfolgte dann postum, bildet jedoch keine Nachlaßpublikation im strengen Sinn. Deshalb steht das Fragment am Ende der Bücher mit Gedichten von Fuchs. Lediglich drei Gedichte (*Weltraumkugelschreiber / Ein Anfang / Ballade vom ehrlichen Wort*) werden anhand von Manuskripten aus dem Nachlaß in überarbeiteter Fassung wiedergegeben. *Ballade vom Reisen* ist das letzte Gedicht von Günter Bruno Fuchs, geschrieben für seine Tochter Anja zu Ostern 1977.

VERSTREUTE GEDICHTE

S. 265 LANDSCHAFT
Erstdruck: *Heute und Morgen*, 1951, S. 591.

S. 265 AN DIE KASERNENBAUARBEITER!
Erstdruck: *Freies Volk*, 15.11.1951.

S. 266 ODE AN MEINE DEUTSCHEN BRÜDER ZUM NEUEN JAHR
Erstdruck: *Freies Volk*, 5.1.1952.

S. 268 DIE LETZTE SINFONIE
Erstdruck: *Heute und Morgen*, 1952, S. 306–307.

S. 272 AM ZWINGER
Erstdruck: *Reutlinger Nachrichten*, 23.8.1952.

S. 272 DER NÄCHSTE
Erstdruck: *Reutlinger Nachrichten*, 15.10.1952.

S. 272 IN MEMORIAM WOLFGANG BORCHERT
Erstdruck: *Reutlinger Nachrichten*, 21.11.1952. – Der Erstdruck ist mit dem Zusatz versehen: »Vor fünf Jahren starb am 20. November der Dichter Wolfgang Borchert.«

S. 273 STERNTALER
Erstdruck: Günter Bruno Fuchs, *Sterntaler*. Reutlingen 1953. – Siebdruck in kleiner Auflage, Edition Atelier Victor.

S. 274 FRÜHJAHR 1953
Erstdruck: *Reutlinger Nachrichten*, 1.4.1953.

S. 274 DIE KINDER
Erstdruck: *Reutlinger Nachrichten*, 12.9.1953. – Der Erstdruck ist mit dem Zusatz versehen: »Zum Relief von Heinrich Pfingsten an der neuen Begerschule.«

S. 275 SONETT AN GUSTAV WERNER
Erstdruck: *Reutlinger General-Anzeiger*, 9.11.1953.

S. 275 HIRTEN ZUR WEIHNACHT
Erstdruck: *Reutlinger Nachrichten*, 24.12.1953.

S. 276 ZWISCHEN HERBST UND WINTER
Erstdruck: *Die Kommenden*, 10.12.1954

S. 277 PLÖTZLICH SIND DIE ZIMBELKÄNGE
Erstdruck: Günter Bruno Fuchs, *Zwei Gedichte* / Martin Gregor (-Dellin), *Kinderstück*. O.O., o.J. (vermutlich: Reutlingen 1954/55). – Faltblatt in kleiner Auflage, Privatdruck.

S. 277 WENN ES BALD TAG WÜRDE
Erstdruck: *Studio für Neue Musik*. Programmzettel. O.O., o.J. (vermutlich: Reutlingen 1955).

S. 278 Palm-Esel
Erstdruck: *Hortulus*, 1955, H. 1, S. 2.

S. 279 Märchen
Erstdruck: *telegramm 6*, Reutlingen, Ostern 1955.

S. 279 Minute für Wolfgang Borchert
Erstdruck: *Welt und Wort*, 1955, S. 221.

S. 280 Meine Stafette
Erstdruck: *Die andere Zeitung*, 18.8.1955.

S. 281 Liturgie
Erstdruck: *Novembergespräch 55*, o.O., o.J. (Weissenfels/Saale 1955). – Faltblatt in kleiner Auflage, Privatdruck.

S. 281 Arioso
Erstdruck: *telegramm 8*, Reutlingen o.J. (1955/56).

S. 282 Reiseantritt/Besuch
Erstdruck: Günter Bruno Fuchs, *Drei Texte*. O.O., o.J. (vermutlich: Reutlingen, um 1956).

S. 283 Notturno
Erstdruck: *Mitten im Strom*. Hg. v. Karl Greifenstein. Mannheim 1956, S. 46–47.

S. 285 Requiem für Bertolt Brecht
Erstdruck: *Neue Deutsche Literatur*, 1956, H. 10, S. 95.

S. 286 Kinderliturgie
Erstdruck: *Lyrische Blätter*, Nr. 5, November 1956, S. 5.

S. 286 Liturgie für Franz Marc
Erstdruck: *Zyklen – beispielsweise*. Hg. v. V.O. Stomps. Stierstadt 1957, S. 35–36.

S. 288 An einen Landstreicher
Erstdruck: *Simplicissimus*, 20.7.1957.

S. 289 ABSCHIED
Erstdruck: *Geist und Zeit*, 1958, H. 3, S. 84.

S. 290 BERLIN
Erstdruck (als *Berlin 1957*): *Panorama*, Juni 1957, S. 12. – Als Druckvorlage dient die Endfassung: *Simplicissimus*, 18.10.1958, S. 674.

S. 290 PARTISANENBERICHT
Erstdruck: *Expeditionen. Deutsche Lyrik seit 1945*. Hg. v. Wolfgang Weyrauch. München 1959, S. 111.

S. 291 HAFEN
Erstdruck: *Simplicissimus*, 24.1.1959, S. 56.

S. 291 KNEIPE
Erstdruck: *Simplicissimus*, 31.1.1959, S. 74.

S. 292 KINDERFEST
Erstdruck: *Simplicissimus*, 29.8.1959, S. 556.

S. 292 TOD IN DER CITY
Erstdruck: *Simplicissimus*, 9.4.1960, S. 227

S. 293 GUTEN ABEND, HERR GEFÄNGNISWÄRTER
Erstdruck (als *Notturno für einen Gefängniswärter*): *Komma*, H. 13, November 1956, S. 7. – Als Druckvorlage dient die überarbeitete Fassung in: *Lyrik aus dieser Zeit 1961*. München–Esslingen 1961, S. 105.

S. 293 LETZTE PARADE
Erstdruck: *Simplicissimus*, 29.4.1961, S. 286.

S. 294 SECHSZEILENGEDICHT
Erstdruck: *Neues bilderreiches Poetarium*, Nr. 1, Frankfurt 1963, o. p. – Als Nachwort gedruckt in: *Die Meisengeige. Zeitgenössische Nonsensverse gesammelt & hg. v. Günter Bruno Fuchs*. München 1964, S. 183. Der Druck erfolgt nach der letzten Fassung in: *Das Lesebuch des Günter Bruno Fuchs*. München 1970, S. 129.

S. 294 BERLIN – SONNTAGSLIED AUS DEM LETZTEN STOCK
Erstdruck: *Eine Sprache – viele Zungen*. Hg. v. Hans Scholz und Heinz Ohff. Gütersloh 1966, S. 101.

S. 295 ORIGINALGEDICHT AUF FÜNF RIXDORFER
Erstdruck: *Philographic*, Nr. 6, Olten, April/Mai 1967, o. p.

S. 296 VOLKSLIED
Erstdruck (als *Belehrung*): *Tagtäglich*. Hg. v. Joachim Fuhrmann. Reinbek 1976, S. 40. – Als Druckvorlage dient ein überarbeitetes Typoskript aus dem Nachlaß.

S. 297 OLYMPIADE
Ursendung: Sender Freies Berlin, 23.11.1976. – Erstdruck.

S. 298 BALLADE VOM MONDFAHRER MÜLLER
UND SEINER FRAU ABENDS
Ursendung: Sender Freies Berlin, 29.3.1977. – Erstdruck.

S. 301 TRAUMBUCH / KLASSENKINDER
Ursendung: Sender Freies Berlin, 5.4.1977. – Erstdrucke.

Olympiade, Ballade vom Mondfahrer Müller und seiner Frau abends, Traumbuch und *Klassenkinder* wurden im Rahmen der Gedichtsammlung *Landkarten* ausgestrahlt, zu der Fuchs eine Art Exposé verfaßt hat:
LANDKARTEN *oder Gedichte eines Fahrenden Schülers*
Landkarten sind hier gleichzeitig Übersichtskarten, Grundrisse der älteren und neueren Erdoberfläche. Solche Landkarten enthalten auch übersetzte Abbildungen mancher Städte und deren Bewohner.

Mit Hilfe des Gedichtes kann aus einer Landkarte plötzlich eine Ansichtskarte entstehen: die eines Menschen oder seines Verhaltens gegenüber anderen Menschen. Auch vermag ein Gedicht, aus einer geeigneten Landkarte das Konterfei ruhmreicher oder ruchloser Begebenheiten herzustellen.

Fahrende Schüler vergangener Jahrhunderte standen außerhalb dessen, was bis zur Stunde »gesellschaftliche Ordnung« genannt wird. Der Fahrende Schüler, einst Vagant geheißen, verdingte sich freiberuflich als Seiltänzer, Bärenführer, Puppenspieler, Feuerfresser, Schausteller, Geisterbeschwörer, Musikant.

Somit hat sein zeitgenössischer Kumpan ein verwandtes Amt inne, das er, frei von gesellschaftlicher Landesordnung, zu Lob, Laune oder Tadel freiberuflich ausübt.
Die meisten Gedichte der *Landkarten* sollten in dem geplanten Gedichtband *Erinnerung an Naumburg* erscheinen.

Gedichte aus dem Nachlass

S. 309 Für einen Freund, der auf Reisen geht / Baum der überhöhten Bilder / Seltsame Ortschaft / Nach Hause gehen
Erstdruck nach dem Manuskript, einer selbstgefertigten Broschüre von acht Seiten mit dem handschriftlichen Titelblatt: »Meinem Freunde Dietrich Kirsch in herzlicher Verbundenheit / von GB Fuchs / Reutlingen am 2. 8. 1954«. Als Anmerkung findet sich: »Die Gedichte sind im Sommer 1954 entstanden. Sie gehören zur Sammlung Flaschenpost 42 Nachrichten.« Die vollständige Sammlung ist nicht überliefert. Möglicherweise handelte es sich bei ihr um den ersten Versuch von Fuchs, Gedichte für eine Buchveröffentlichung zusammenzustellen.

S. 314 Diesmal würden wir's finden / Schäfer kommen noch selten
Erstdruck nach einem Manuskript für den Gedichtband *Fenster und Weg* (1955). – Die beiden Gedichte wurden nicht in das Buch aufgenommen.

S. 316 Bericht an die Bekümmerten / Sommermorgen in Auvers-sur-Oise
Erstdrucke nach Manuskripten aus den Jahren vor 1958.

S. 317 Vor Mitternacht
Erstdruck (als *Aus ›Müllkastenmond‹*): *Sprache im technischen Zeitalter*, H. 62, 1977, S. 129. – Der Erstdruck schließt mit dem Vermerk: »Für W. Höllerer am 16. 5. 58.« *Müllkastenmond* ist ein Fragment, das Fuchs um 1958 niederschrieb. Teile des Werks hat er bald separat veröffentlicht, *Lied der Kanalpenner* und *Der Sturm* stammen daraus. Als Druckvorlage für *Vor Mitternacht* dient das Manuskript einer überarbeiteten Fassung, die offenbar ebenfalls für eine separate Veröffentlichung fertiggestellt war.

S. 317 Männer in der Nachtkneipe
Erstdruck nach dem Manuskript, das Anfang der 60er Jahre geschrieben sein dürfte.

S. 318 Unterwegs / Nachspiel / Arbeit / Hinweis / Anerkennung / Leistung / Unterricht im Freien / Amtlich / Angezogen / Regen / Zeichensetzung
Erstdrucke nach Manuskripten aus den 70er Jahren, die etwa in dieser Reihenfolge entstanden. Einige Texte waren vermutlich für den geplanten Gedichtband *Erinnerung an Naumburg* bestimmt.

Kleine Prosa

S. 327 Aus Der Morgen
Erstausgabe: Günter Bruno Fuchs, *Der Morgen*. Metzingen 1954.
Erstdrucke einzelner Texte:
Der Türklopfer. In: *Die Glocke. Eine Monatsschrift junger Christen*, 1953, H. 9, S. 16.
Auf den Schlaf eines Kindes. In: *Reutlinger Nachrichten*, 11.4.1953.
Bemerkung:
Auf den Schlaf eines Kindes ist in einem Manuskript datiert auf 28. Dezember 1952 (abgedruckt in: G.B. Fuchs / Winand Victor, *Bis zur Türklinke reiche ich schon*. Bremen 1985, S. 38).

S. 332 Aus Brevier eines Degenschluckers
Erstausgabe: Günter Bruno Fuchs, *Brevier eines Degenschluckers*. München 1960.
Erstdrucke einzelner Texte:
Aus dem »Brevier eines Degenschluckers«. In: *Akzente*, 1958, S. 425–429.
Der Pensionär (als *Souvenir*). In: *Simplicissimus*, 26.7.1958, S. 474.
Fischlegende. In: *telegramm 2*. Reutlingen 1954. – Einzelveröffentlichung als Faltblatt.

Mondgeschichte. In: *Simplicissimus,* 6.10.1956, S. 638–639. – Die Korrekturen des letzten Drucks, in: G.B. Fuchs, *Polizeistunde.* Baden-Baden 1967, S. 94–95, wurden für die Werkausgabe mitberücksichtigt.
Geburt im Wohnwagen. In: *Geist und Zeit,* 1958, Nr. 5, S. 84–85.
Cagliostros letzter Zauberspruch an seine Freunde. In: *Neue Deutsche Hefte,* 1959/60, S. 1007.
Appell. In: *Lyrische Blätter,* Nr. 8, Mai 1957, S. 21.
Rezitativ des verwunschenen Kindes unter dem Titel *Krankes Kind* in: *Simplicissimus,* 15.2.1958, S. 105.
(Die) Straße des Eulenspiegel. In: *Geist und Zeit,* 1958, Nr. 5, S. 87–89.
Bemerkung:
Zu *Fischlegende* schreibt Fuchs in *Das Lesebuch des Günter Bruno Fuchs* (München 1970): »Die *Fischlegende* entstand 1954 aufgrund von Zeitungsmeldungen über die ersten Atombombenversuche im Ozean.« (S. 379)

S. 355 Zwischen Kopf und Kragen
Erstausgabe: Günter Bruno Fuchs, *Zwischen Kopf und Kragen. 32 wahre Geschichten und 13 Bilder.* Berlin 1967.
Erstdrucke einzelner Texte:
Neun wahre Geschichten (Geschichte aus dem Zoo / Geschichte vom ersten Flugversuch des Otto Lilienthal / Geschichte vom geisterhaften Auftauchen des Berufsberaters / Geschichte von der Ankunft des Großen Unordentlichen in einer ordentlichen Zeit / Geschichte vom Ritter aus der Gruft / Geschichte vom Brillenträger in der Kaserne / Geschichte vom Kind im Park / Geschichte mit der vorlesenden Katze / Geschichte aus der Großstadt). In: *Außerdem. Deutsche Literatur minus Gruppe 47 gleich wieviel?* Hg. v. Hans Dollinger. München–Bern–Wien 1967, S. 229–231.
Geschichte vom Ritter aus der Gruft (Erstfassung als *Aus der Gruft*). In: *Simplicissimus,* 27.2.1960, S. 143.
Geschichte von der Unterrichtsstunde, auch Helme betreffend. In: *Süddeutsche Zeitung,* 7.10.1967.
Geschichte von der Berufung auf diesen Abend (Erstfassung als *Unter Berufung*). In: *Simplicissimus,* 31.1.1959, S. 79.

S. 388 Aus Handbuch für Einwohner
Erstausgabe: Günter Bruno Fuchs, *Handbuch für Einwohner.* München 1969.
Erstdrucke einzelner Texte:
Eine Mutter von einundzwanzig Kindern / Ein Parkwächter / Ein Einbrecher / Ein Polizist. Erstausgabe: Günter Bruno Fuchs, *Abenteuerliche Geschichten ohne Abenteuer.* Berlin 1968.
Ein Pförtnerbericht / Ein Besuch beim Gouverneur / Eine Kriegserklärung. In: Otmar Alt. Ausstellungskatalog. Galerie Miniature. Berlin o. J. (1968/69).
Eine Dienstleistung / Ein neuer Arbeitsplatz / Ein Aufstieg. In: *Neue Deutsche Hefte,* 1969, S. 59–61.
Träumerei. In: *Tintenfisch 1.* Berlin 1968, S. 14–16.
Fibelgeschichten. Erstausgabe: Günter Bruno Fuchs, *Fibelgeschichten.* Berlin 1969.
Traum des unbehausten Zwergs (Erstfassung als *Fabel*). In: *Colloquium,* 1957, H. 8, S. 10.
Der arme Poet. Erstausgabe: Günter Bruno Fuchs, *Der arme Poet.* Berlin 1969.

S. 420 Neue Fibelgeschichten
Erstausgabe: Günter Bruno Fuchs, *Neue Fibelgeschichten.* Berlin 1971.
Erstdrucke einzelner Texte:
Ein Erlaß über die Ausübung des Diebstahls / Ein Abreißkalender sagt was / Ein Bär geht zum Bahnhof / Ein Schiff auf freier See / Ein Esel beschimpft eine Lehrerin / Eine Hecke rund um den Garten / Ein Denkmal wird geschmückt / Ein Versuch des Großonkels mit dem Neffen. In: *Neue Rundschau,* 1971, S. 253–258.
Ein Baumeister hat Hunger (Erstfassung als *Schloßrestaurant Willibert Israel*). In: *Berlin wie es schreibt & isst.* Hg. v. Marianne Steltzer. München o. J. (1966/67).
Ein Kaiser lebt weiter / Ein Clown in unserem Land / Ein Eingang und ein Ausgang / Ein Riese muß immer aufpassen. In: *Süddeutsche Zeitung,* 24.4.1971.

S. 440 Aus Reiseplan für Westberliner
Erstausgabe: Günter Bruno Fuchs, *Reiseplan für Westberliner anläßlich einer Reise nach Moskau und zurück.* Handbuch für Einwohner No. 2. München 1973.

Erstdrucke einzelner Texte:
An einen Maulwurf. In: *Süddeutsche Zeitung*, 5.2.1972.
Psalm zur Wiedereinführung von Pferden in Großstädten, Städten und Dörfern. In: *Tintenfisch* 5. Berlin 1972, S. 92.
Wilhelms Praktische Lehrsätze aufgrund des gelösten Rätsels zu Andernach. In: *Detectice Magazine der 13.* Hg. v. Hans Carl Artmann. Salzburg 1971.
Berlin (als *Berlin, Heinrich-Heine-Straße*). In: *Geständnisse. Heine im Bewußtsein heutiger Autoren.* Hg. v. Wilhelm Gössmann. Düsseldorf 1972.
Sauberkeit geht über alles / Aufsatz / Platzverweis. In: *Akzente*, 1973, S. 127–129.
Aus dem Leben eines Taugenichts. Erstausgabe: Günter Bruno Fuchs, *Aus dem Leben eines Taugenichts.* Bilder-Kalender 1972. Hamburg 1971.
Notizen des Abendkönigs (Vorfassung als *So wieherte die Eisenbahn. Aus dem Notizbuch des Abendkönigs*). In: *Deutsches Allgemeines Sonntagsblatt*, 26.12.1971.
Eisenbahngeschichte. In: *Reutlinger Drucke*, Nr. 7, März 1972.
Straße. In: *Akzente*, 1973, S. 130.
Bemerkung:
Traktat zum Aufbau einer Trabantenstadt hat Fuchs mit weiteren *Notizen des Abendkönigs* zu einer Hörspielfassung ausgearbeitet (*Der Aufbaustein.* Produktion: SDR/SFB, Ursendung: 24.2.1974, Regie: Günther Sauer).

S. 479 WANDERBÜHNE
Erstausgabe: Günter Bruno Fuchs, *Wanderbühne. Geschichten und Holzschnitte.* Weinheim–Basel 1976.
Erstdrucke einzelner Texte:
Traumreise zu gewinnen / Ankunft der Musikanten. In: *Akzente*, 1973, S. 128.
Schiffsreise / Ein Märchen / Ein schönes Leben / Ansprache des Direktors / Älterer Musikant / Antwort auf eine Umfrage. In: *Menschengeschichten. Drittes Jahrbuch der Kinderliteratur.* Hg. v. Hans-Joachim Gelberg. Weinheim–Basel 1975.
Etwas Neues / Der Hund und die Polizisten / Wartende Pferde. In: *Kunterbunt heißt unser Hund.* Hg. v. René Rilz. Bayreuth 1974.
Das Pferd und der Parkwächter. In: *Da kommt ein Mann mit großen*

Füßen. Hg. v. Renate Boldt und Uwe Wandrey. Reinbek 1973.
Aktenkundig / Glück / Affen / Der rothaarige Schüler / Unterricht.
In: *Tintenfisch 8.* Berlin 1975, S. 20–21.
Die Schondecke / Entdeckung der Bärenhöhle / Der Schrank. In:
Am Montag fängt die Woche an. Zweites Jahrbuch der Kinderliteratur. Hg. v. Hans-Joachim Gelberg. Weinheim–Basel 1973.
Eine Bekanntmachung plötzlich / Grenzfragen. In: *Tintenfisch 6.*
Berlin 1973, S. 82–83.
Geschenke / Frühjahr (als *Begegnung im Frühjahr*) */ Morgens.* In:
Das Einhorn sagt zum Zweihorn. Schriftsteller schreiben für Kinder. Hg. v. Gertraud Middelhauve und Gert Loschütz. Köln 1974.
Die Antwort des Schülers. In: *Quatsch.* Hg. v. Uwe Wandrey. Reinbek 1974.
Warenhausbesuch (als *Warenhausbesuch Nr. 2*). In: *Tintenfisch 7.*
Berlin 1974, S. 85.
Bemerkung:
Geschichten aus *Wanderbühne* hat Fuchs, zusammen mit einzelnen Gedichten aus *Erinnerung an Naumburg*, auch als Hörspiel ausgearbeitet (*Hausierergeschichte*. Produktion: WDR/SDR, Ursendung: 22.12.1976, Regie: Raoul Wolfgang Schnell).

VERSTREUTE PROSA

S. 529 BOTSCHAFT VOM STUMMEN BERGMANN
Erstdruck: *Freies Volk*, 19.1.1952.

S. 531 ... SÜSSE MOLLY MALONE
Erstdruck: *Freies Volk*, 26.1.1952.

S. 534 DIE SELTSAM STUMME NACHT
Erstdruck: Günter Bruno Fuchs, *Die seltsam stumme Nacht.* Mit einem Holzschnitt von Winand Victor. Reutlingen o.J. (1953). – Atelier Victor, Privatdruck in kleiner Auflage.

S. 538 IN EINER HALBEN STUNDE...
Ursendung: SDR, 20.2.1954. – Erstdruck.

Der Text wurde ohne Titel als Beitrag für die Sendereihe *Christen im Alltag* verfaßt und von Günter Bruno Fuchs selbst gesprochen.

S. 540 MEIN FREUND, DER KAISER
Ursendung: SWF, Landesstudio Tübingen, 26.10.1954. – Erstdruck.

S. 542 DER POSTKARTENVERKÄUFER
Erstdruck: Günter Bruno Fuchs, *und es kam niemand mehr*. O.O., o.J. (Reutlingen, Weihnachten 1953). – Privatdruck als Doppelpostkarte in kleiner Auflage.
Als Druckvorlage dient die überarbeitete Fassung in: *Simplicissimus*, 15.12.1956, S. 795.

S. 543 REDE AM GRAB EINES IRREN
Erstdruck: *Simplicissimus*, 26.1.1957, S. 50.
Als Druckvorlage dient die korrigierte Fassung in: *Die andere Zeitung*, 25.4.1957.

S. 546 ZWISCHENFALL
Erstdruck: *Akzente*, 1960, S. 566–567.
Ohne Titel aufgenommen in: Günter Bruno Fuchs, *Trinkermeditationen*. Neuwied 1962.

S. 548 GEHÖRT ES SICH ETWA
Erstdruck: *Prosa-Alphabet 63*. Hg. v. V.O. Stomps. Stierstadt 1963, o.p.

S. 549 ERSTA WEIHNACHTSFEIATACH
Erstdruck: *Kochbuch für Feiertage. Blütenlese von Bildern, Rezepten und Poesie.* Hg. v. V.O. Stomps. Stierstadt 1964, S. 128/130.
Ob das vorangestellte Rezept ebenfalls von Fuchs verfaßt wurde, ist ungewiß:
Winterlicher Lebkuchentopf
Pro Nase 2–6 Lebkuchen in frisches Schneewasser tunken, Lebkuchen herausnehmen, Schneewasser frieren lassen, Lebkuchen über Hindenburglicht auftauen, essen.

S. 550 EIN NEURUPPINER BILDERBOGEN
Erstdruck: *Dichter erzählen Kindern.* Hg. v. Gertraud Middelhauve. Köln 1966, S. 157–163.

S. 555 EIN DICKER MANN WANDERT
Erstausgabe: *Ein dicker Mann wandert.* Aufgeschrieben und in Bildern nacherzählt von Günter Bruno Fuchs. Köln 1967. – Als Druckvorlage dient die revidierte Textfassung in: *Kindergeschichten.* Ein Inter-Nationes-Buchkalender 1974. Köln 1973.

S. 557 EIN SONDERBARER MENSCH
Erstdruck: *Reutlinger Drucke*, Nr. 7, Dezember 1971, o.p.

S. 558 PROPHETEN ZU GAST
Erstdruck: *Akzente*, 1973, S. 129–130.

S. 560 EIGENHEITEN BESTIMMTER SOLDATEN
Erstdruck: *Tintenfisch 6.* Berlin 1973, S. 83.

S. 561 DER NACHTAFFE
Erstdruck: *Da kommt ein Mann mit großen Füßen.* Hg. v. Renate Boldt und Uwe Wandrey. Reinbek 1973, S. 135–136.

S. 561 DAS BUCKLIGE MÄNNLEIN
Erstdruck: *Märchen Sagen und Abenteuergeschichten auf alten Bilderbogen neu erzählt von Autoren unserer Zeit.* Hg. v. Jochen Jung. München 1974, S. 37–38.
Fuchs hat den Text noch 1976 zu dem Kurzhörspiel *Robert und Felix oder Neuer Bericht vom buckligen Männlein* umgearbeitet, das nach seinem Tod jedoch nicht mehr produziert wurde.

S. 565 DER MAIKÄFER / FRAU MÄNNCHENS GESCHICHTE
Erstdrucke: *Das Einhorn sagt zum Zweihorn.* Hg. v. Gertraud Middelhauve und Gert Loschütz. Köln 1974, S. 109.

S. 565 WARENHAUSBESUCH (NR. 1)
Erstdruck: *Tintenfisch 7.* Berlin 1974, S. 84.

S. 567 EMPFANG VOR DER WOHNUNGSTÜR
Erstdruck: *Tintenfisch 8.* Berlin 1975, S. 9.

Prosa aus dem Nachlass

S. 569 Die Fensterscheiben / Abner, der Jude / Van Goghs Tod
Erstdrucke nach Manuskripten aus den Jahren vor 1958.

S. 575 Rede des auferstandenen Nante
Erstdruck nach dem Manuskript, entstanden um 1960.

S. 577 Aus der Zeit der Stille / Ein Gruss des Hausmitbewohners / Schüler und Lehrer / Sonntagmorgen
Erstdrucke nach Manuskripten, die etwa 1974 bis 1976 niedergeschrieben wurden. In früherer Fassung wurden die Prosastücke vom Sender Freies Berlin bereits 1973 bis 1975 innerhalb von zwei Serien mit Texten der späteren *Wanderbühne* gesendet.

S. 582 Parkhaus und andere Räuberstücke
Erstdrucke nach dem Manuskript. Unter dem Titel *Parkhaus und andere Räuberstücke* plante Günter Bruno Fuchs kurz vor seinem Tod ein neues Buch kleine Prosa. Es sollte mit Graphik von ihm und seiner Tochter Anja ausgestattet werden. Über ein Exposé, bestehend aus Beispielen, ist der Plan nicht mehr hinausgekommen.

Alphabetisches Verzeichnis

Aufgenommen sind Gedichtanfänge und -überschriften, Überschriften der Prosatexte (*kursiv*) und Buchtitel (Kapitälchen)

Abendgebet eines Zauberers 69
Abendliche Begegnung 491
Abends kommen die Krähen zu mir 283
Abenteuerliche Geschichten ohne Abenteuer 388
Abgeordnet 240
Abner, der Jude 571
Abrißkutscher zu seinem Pferd 180
Abschied 289
Abzählreim 71
Ach bitte, Onkel oder Tante 66
Ach, sehn'se, das war so 104
Achtung wir senden den Lachmöwenschrei 63
Affen 515
Aktenkundig 496
Als der Überfall 290
Als ein armes Kind 273
Als er zu leuchten begann 21
Als ich die Korridor-Lampe anknipste 259
Als in den Parkanlagen 198
Als kleene / Kinder 183
Als Pappa aus dem Wald 111
Also, das / sollen wir Ihnen / glauben? 244
Alte Dienstvorschrift 217
Alte Fabel 412
Alte Stätten 161
Alter Mann bittet um eine milde Gabe 142
Älterer Musikant 521
Am Horizont verklang 279
Am Schloßtor 471
Am Tor unserer heimatlichen 80
Am Zwinger 272
Amtlich 320
An das Wohnungsamt Tiergarten 182
An den Zigeuner Lummja 31
An die Kasernenbauarbeiter! 265
An die wachenden Brüder 9
An einen Landstreicher 288
An einen Maulwurf 440
An einen Philanthropen 10

Andere Vögel / erscheinen nicht minder 95
Anderes / Laub 240
Anerkennung 319
Anfrage des Gryphius 172
Angezogen 321
Ankunft der Musikanten 517
Ansprache des autowaschenden Vaters an sein Kind das Drachensteigen möchte 203
Ansprache des Direktors 513
Ansprache des Küchenmeisters 74
Antwort auf eine Umfrage 522
Anzeige 166
Appell 348
Arbeit 318
Arioso 281
Auch zu wiederholen 200
Auf beiden Seiten 214
Auf Deinen Märkten 13
Auf dem / Trödelwagen 142
Auf den Schlaf eines Kindes 331
Auf den Tod Baroshs 46
Auf den Tod eines Hundes 12
Auf einen Sieger im Wettfahren 409
Auf meinem Namen sitzt die Laus 140
Auf meinem Stuhl sitzt 105
Auf unsren Lippen 281
Aufgemerkt, ihr Christen! 115
Aufruf 125
Aufruf 1953 13
Aufsatz 460
Aus Baroshs Erzählungen 38
Aus Brennholz für Kartoffelschalen 134
Aus dem Jahre 1525 411
Aus dem Konzertleben 208
Aus dem Leben eines Taugenichts 461
Aus dem Leben gegriffen 583
Aus dem Protokoll über den neuen Stadtteil 403
Aus den / freundlich dreinblickenden 111
Aus der Geschichte 168

Aus der Zeit der Stille 577
Aus einer / sumpfigen Wiese 322
Aus freundlichen Büchern 198
Aus meinen Gläsern säuft 134
Aus Oskar Huths Kindheit 138
Ausflug per Omnibus 177
Auskunft des Fachhändlers 241
Aussage 176
Äußerung der Eule während eines Interviews 405
Äußerung des Herrn Friedrich Sandboppel aus Berlin-Britz 88

Ballade vom ehrlichen Wort 259
Ballade vom Gehen 19
Ballade vom Mondfahrer Müller und seiner Frau abends 298
Ballade vom Reisen 263
Ballade vom Warten 20
Baum der überhöhten Bilder 310
Begegnung 65
Begegnung 482
Begegnungen sind vonnöten 405
Begreifen / Sie doch 320
Behauptungen 119
Behüte sie 11
Bei Ankunft des Gerichtsvollziehers 189
Bei Einbruch / der Dunkelheit 319
Beichte 138
Belehrung Nr. 1 466
Belehrung Nr. 2 468
Bemerkung des sowjetischen Clowns und Verdienten Volkskünstlers I. S. Radunski 228
Bemerkungen eines Schornsteinfegers 158
Bericht an die Bekümmerten 316
Bericht über den Wohnwagenverkauf 406
Berlin 290
Berlin. Sonntagslied aus dem letzten Stock 294
Berliner Haikus 114
Beschwerde 175
Besuch 282
Besuch 445
Betrachten Sie / schon sehr lange 318
Betrunkner Wald 63
Betteln und Hausieren verboten 143
Bevor der Zauberer 113
Bewegliche Feste 161
Bis zur Dämmerung 28
BLÄTTER EINES HOF-POETEN 154, 173
Blume ist so gut geraten 45

Botschaft vom stummen Bergmann 529
BREVIER EINES DEGENSCHLUCKERS 62, 332
Brief 244
Brief an Johannes Bobrowski 444
Brief des Vaters an den klugen Briefkasten 160
Briefstelle über Oskar 191
Bücherei und Bildung 470

Cagliostros letzter Zauberspruch an seine Freunde 347
Charlottenburg 257

Da drüben 186
Da kommt unsere kleine dicke Type! 78
Da saß ein Mann im Leiterwagen 109
Da steht der Soldat 97
Dämmerstunde im Automobilverkaufsladen 404
Dämmerung 55
Danke für die Blumen 116
Das asoziale / Element 127
Das bucklige Männlein 561
Das geduldige Warten 406
Das Haus ist fort 96
Das Kind ruft die Mäuse 71
Das Laub / der Bäume 240
Das Laub / geht 239
Das Laub / – in Schiffchen verwandelt 91
Das Pferd und der Parkwächter 494
Das schöne Kind aus Königswusterhausen 80
Das war die Stunde vor der Tür 53
Das ward den Maskenschnitzern 25
Dein Mund 72
Dein Werk am eitlen Pranger 275
Delirium 134
Dem Hausbesitzer vorzusprechen bei der Bewerbung um Wohnraum 140
Den linken Fuß setze ich vor 123
Denkmalspflege 184
Denn alle Hirten müssen 274
Der Appell / in den Kasernen 92
Der alte Don Quichotte an Dulcinea 107
Der arme Poet 413
Der Bengel da mit seine / Ohrn 177
Der Bernhardiner Robert Wolfgang Schnell 132
Der Chef / aller Tannenzapfen 111
Der erste hebt das rechte Hinterbein 67
Der Fensterputzer 64

Der Fortschritt / hat keine Lust 185
Der General nimmt den Abschied 169
Der große Besoffne geht um 85
Der große Mann / mit knallender Zigarre 140
Der Herausgeber / einer Anthologie 172
Der Himmel ist ein alter Schneemann 127
Der Hund und die Polizisten 496
Der Irre ist gestorben 56
Der Jüngling gerät an den Sprecher des Reisebüros 404
Der Kanal hat Dampfer 71
Der Kran / hat sich 129
Der kleine Dieb 409
Der kleine Kudu 66
Der Lehrer auf dem Balkon 487
Der Lehrer sagt: Die Blätter 124
Der Lumpensammler hat einen großen Hut 90
Der Maikäfer 565
Der Mann im Dreirad 209
Der Mann mit dem Hund im Regen 110
Der Mensch sagt / Kikiriki 184
Der Mond / als Pförtner 190
DER MORGEN 9, 327
Der Nachen, die letzte Reise 285
Der Nächste 272
Der Nachtaffe 561
Der Postkartenverkäufer 542
Der Präsident wurde einstimmig gewählt 156
Der Rabe, der im Schatten ruht 106
Der Regen arbeitet 70
Der Regen bindet die Erde 291
Der Regen hat sie ans Fenster gespült 54
Der Reigen wacht 274
Der Rotbemützte steuert 289
Der rothaarige Schüler 519
Der Rundgesang 492
Der Schrank 519
Der Sperling und andere Vögel 94
Der Sturm ist ein Teppichklopfer 106
Der Tag, die Mütze / tief ins Gesicht 81
Der Tag / hat seine Hunde 125
Der Tote mit dem / Spielkartengesicht 116
Der Trapezkünstler Heinrich B. 201
Der Trinker trifft den Schnee 102
Der Türklopfer 327
Der tutende Dampfer 97
Der Zauberer 113
Der Zigeuner singt 50

Der Zukunft entgegen 477
Des bin ich / eingedenk 148
Deutsche Ruhe / über alles 150
Die Abwehr von Katastrophen ist der gesamten Bewölkerung auferlegt 407
Die Anfrage 490
Die Antwort des Schülers 523
Die Bahnhofs-Glocke 280
Die Betrunkenen früh 139
Die Blinden / werden morgen dabei sein 13
Die Brücke fiel in den Fluß 57
Die Einberufung wird abgelehnt 100
Die Fensterscheiben 569
Die für morgen geplante / Verleumdung 92
Die gähnenden Ameisen 117
Die Geächteten 99
Die Haarfarbe 261
Die Häscher verfolgen den Mond 60
Die Häuser / sind alle aus Schatten 91
Die ham sich janz bestimmt 317
Die Kinder 274
Die Klabautermänner steigen 102
Die Kneipe / betet 136
Die Kohlenmänner / schwitzen 79
Die Krähe hat geschrien 28
Die Krähen / haben ein Pfandhaus 80
Die Krähen kommen zurück 291
Die Krähen, sagst du 36
Die Krähen steigen 42
Die Lehrerin 301
Die letzte Sinfonie 268
Die Milastraße 255
Die Obrigkeit / warf / ihr letztes Auge 89
Die Pfandhäuser Pastorenschränke 130
Die rote Eisentreppe ist einsam 310
Die Schaukelpferde 78
Die Schneezwerge / liegen auf den Dächern 85
Die Schondecke 504
Die Seiltänzerin erwartet ein Kind 57
Die seltsam stumme Nacht 534
Die städtische / Müllabfuhr 241
Die Steine machen sich mausig 98
Die vielen Augen 11
Die Werkzeuge zurücklassen 313
Die Wiege, die Sense 292
Die wild gewordenen Schwämme 116
Dies ist die erste Zeile 294
Diese / kleine Katze 72
Diese Grundschule / soll den Namen 203
Dieser Herbst bringt manches Neue 164

Dieses Foto / zeigt meine Eule und mich 188
Diesmal würden wir's finden 314
Drachensteigen 184
Drei Strophen Sonntagssouvenir 290
Du bist das Herz 10
Durch unser Haus 204

Edelmann 584
Eene / läuft jeden / Abend 181
Ei ei / da springt ein Affe 77
Eigenheiten bestimmter Soldaten 560
Eigentlich sollte mein Sohn 160
Ein Abreißkalender sagt was 422
Ein Affe am Abend 420
Ein Anfang 258
Ein Aufstieg 395
Ein Augenzeuge spricht 408
Ein alter König schaut ins Familienalbum 188
Ein älterer Herr zeichnet mit dem Stock Sandwegfiguren 408
Ein Bär geht zum Bahnhof 425
Ein Baumeister hat Hunger 423
Ein Besuch beim Gouverneur 396
Ein Besuch ungefähr 1957 255
Ein Bild 485
Ein Bild von Robert Wolfgang Schnell 194
Ein Boot / mieten 249
Ein Bürger / ist ein / Angehöriger 246
Ein Clown in unserem Land 428
Ein Denkmal wird geschmückt 436
Ein Dichter / saß an seinem / Dichtertisch 318
Ein dicker Mann wandert 555
Ein Einbrecher 389
Ein Eingang und ein Ausgang 431
Ein Erlaß über die Ausübung des Diebstahls in ferner Zeit 421
Ein Esel beschimpt eine Lehrerin 433
Ein Feiertag ist draußen 433
Ein Frackverleih in Nöten 408
Ein Gesetz zieht umher 434
Ein Gitter vor jedem Fenster 430
Ein Grünstreifen in der Mitte 426
Ein Gruß des Hausmitbewohners 578
Ein guter Bekannter 425
Ein Kaiser lebt weiter 424
Ein Karren trug die Melodei 49
Ein Kongreßbericht 394
Ein Landstreicher hat Besuch 105
Ein Maler aus Berlin 199
Ein Manifest 75

Ein Märchen 499
Ein Musiker, ein zweiter, ein dritter 438
Ein neuer Arbeitsplatz 393
Ein neues Gesetz 169
Ein Neuruppiner Bilderbogen 550
Ein Parkwächter 389
Ein Pförtnerbericht 391
Ein Polizist 390
Ein Polizist / hockt still 318
Ein Rekrut geht vorbei 403
Ein Riese muß immer aufpassen 439
Ein Schiff auf freier See 432
Ein schönes Leben 500
Ein Schuß ging los 286
Ein Schutzmittel und seine Anwendung 421
Ein sonderbarer Mensch 557
Ein Telegramm 504
Ein Verhör 410
Ein Verleih von Medaillen 429
Ein Versuch des Großonkels mit dem Neffen 437
Ein Wald voller Uhren 427
Ein Wiedersehen 229
Eine Antwort des Abendkönigs 438
Eine Auskunft 209
Eine Bekanntmachung plötzlich 511
Eine Blumenwiese 431
Eine Dienstleistung 392
Eine Hecke rund um den Garten 435
Eine Kriegserklärung 397
Eine / Million Dollar 243
Eine Mutter von einundzwanzig Kindern 388
Eine Reise 426
Eine Treppe tiefer 115
Eine Unsitte 423
Eine Windmühle 519
Eine Wolke / häufig den Regen 244
Einen / Flintenträger sehen 301
Einer sagte: O ja 20
Eines Laternenanzünders 115
Einige Fragen 198
Einladung 251
Einrichtung 247
Einstiges Lied 75
Einweihung 203
Einwurf während der Verhandlung 178
Eisenbahngeschichte 466
Elf Städte oder eines Herrn Baedekers Fortschritt ins Neue Jahrhundert 454
Empfang vor der Wohnungstür 567
Empfehlungsschreiben 447
Entdeckung der Bärenhöhle 505

Er besuchte / ein anerkanntes 82
Er hatte / die ganze Familie 260
Er kennt seine Westentasche 83
Er läutet am Korallenriff 60
Er schlich vorbei als ein Nachtgetier 272
Erholungszentren 215
ERINNERUNG AN NAUMBURG 238
Erinnerung an Naumburg 253
Erlebnis im Wald 472
Erlernter Beruf eines Vogels 197
Ersta Weihnachtsfeiatach 549
Erster Brief nach dem Einzug 404
Es begab sich / nach Jahr und Tag 93
Es bleibt dabei, / meine Seelöwen 100
Es gibt 119–122
Etwa um 550 252
Etwas Neues 490
Euch allen, meine Preßlufthämmer 115
Eulenspiegels Neujahrsrede vom Sokkel des Möllner Brunnens herab 200

Fahneneid 102
Faultier 65
Feierabend / macht die Sonne 209
FENSTER UND WEG 18
Fenster zum Gefängnis 183
Feststellung Frage und Antwort 123
Fett lacht der kugelige Mond 265
Feuer 469
Fibel 97
Fibelgeschichten 403
Film mit Dick und Doof 74
Fischlegende 341
Frau Männchens Geschichte 565
Frei / soll nichts 239
Freitagabend halbneun 134
Freundlicher Tag 73
Friedrich ist ein hilfsbereiter Schüler 248
Frost 117
Früh 18
Früh / am Neujahrstag 258
Früh erhebt sich 252
Frühjahr 517
Frühjahr 1953 274
Frühkonzert 258
Funkstreife 116
Für ein Kind 59
Für ein schöneres / Berlin 238
Für eine Mutter 18
Für einen Freund, der auf Reisen geht 309
Für Gisela 28

Ganz gelbe Löwenzahnblüten 18
Gartenstück 447
Gasse im Irrlichtgarten 281
Gebet für die Kinder 11
Geboren im stürzenden Kalk 108
Gebt eine Decke 44
Geburt im Wohnwagen 344
Geburtstag 137
Gedankenaustausch 205
Gedulde dich über diesen Winter 37
Gefährten 467
Geh nicht zum grünen Bergsee 38
Gehabt euch wohl 95
Gehört es sich etwa 548
Gelöbnisse eines neuen Bürgermeisters 206
Gerücht 102
Gesänge für die seiltanzende Jullka 36
Geschenke 514
Geschichte auf einen Mann im fünften Stock mit einem Abzählreim am Schluß 370
Geschichte aus dem Wartesaal 383
Geschichte aus dem Zoo 357
Geschichte aus der Arbeit eines Schriftenmalers beim Gartenbauamt 384
Geschichte aus der Großstadt 386
Geschichte aus einem Landkreis 360
Geschichte aus einer zeitgenössischen Postwurfsendung 372
Geschichte mit dem Arbeitsmonolog des Reviervorstehers Laume 362
Geschichte mit den Fragen des zudringlichen Fragestellers 378
Geschichte mit der Anfrage des Fleischers einer Bestellung wegen 378
Geschichte mit einem Instrument aus alter Zeit 382
Geschichte vom Briefentwurf des Abteilungsleiters an einen Untergebenen 380
Geschichte vom Brillenträger in der Kaserne 374
Geschichte vom ersten Flugversuch des Otto Lilienthal 370
Geschichte vom geisterhaften Auftauchen des Berufsberaters 366
Geschichte vom Handeln um des Eierhandels willen 368
Geschichte vom Kind im Park 372
Geschichte vom Ritter aus der Gruft 360
Geschichte von den unterschiedlichen Äußerungen zwischen Mann und Frau 366

Geschichte von der abgekürzten Reise des Clowns Posso Nillinsky 358
Geschichte von der An- und Abreise hochgestellter Personen 386
Geschichte von der Ankunft des Großen Unordentlichen in einer ordentlichen Zeit 364
Geschichte von der Ansprache anläßlich einiger Vorfälle in der Innenstadt 357
Geschichte von der Berufung auf diesen Abend 370
Geschichte von der Einweihung eines Denkmals 368
Geschichte von der Tagebuchnotiz eines Mannes in einträglicher Stellung 369
Geschichte von der Umwandlung eines bedrohlichen Augenblicks 376
Geschichte von der Unterrichtsstunde auch Helme betreffend 364
Geschichte von der Verteilung verschiedener Hinweise an verschiedene Diebe 362
Geschichte von der vorlesenden Katze 376
Geschichte von des Gärtners Traum 377
Geschichte von einem Kunstschmied samt Mißverständnis 380
Geschichtenerzählen 103
Gesellschaftskunde 250
Geständnis 465
Gestern 179
Gestern beehrte mich 114
Gestern im dicken Gestrüpp 36
Gestern sah ich / einen hohen 103
Gestern / stand ich 257
Gesucht wird 192, 193
Gesucht wird ein Regen 64
Gewiß / möchte niemand von / euch 297
Glöcknerlied 9
Glück 497
Glück / saß aufrecht 138
Glühwurm, Tannenreis und Krähe 48
Goldfische / wurden zuerst 251
Graues Brüderchen 46
Grenzfragen 253
Grenzfragen 515
Große Freude herrscht auf der Achterbahn 138
Große Mauer 251
Grundlose Störungen 204
Gruß 25
Gut geschlafen hat der Vogel 197
Gut, sie haben nicht alles zerschlagen 53

Gutachten Nr. 1 522
Gutachten Nr. 2 523
Guten Abend, / fröhliche Katzbalgerei 82
Guten Abend, Herr Gefängniswärter 293
Guten Tag, Straße! 126

Hafen 291
Hallesches Tor 142
Halt die geöffneten Hände zur Wand 96
Ham Sie vielleicht / etwas Vogelfutter? 174
HANDBUCH FÜR EINWOHNER 203, 388
Hände klatschen für euch 74
Handschellennacht 45
Hans im Glück 106
Hasen 475
Hat mir also / die Polizei aufs Auto 174
Hausaufgaben 469
Hausfrauen-Nachmittag 117
Heile heile Gäns'chen 86
Heiliger Ibis 68
Herbst-Werbung 123
Herd, Haus und Hof 83
Herein! / Der Hunger klopft im Flur 95
Herkunft und Zuversicht 478
Herren, / die nach Aussehen 82
Heute 514
Heute ist Herr Waldmeister Waldemar II. 91
Heute nacht / kommt der weiße Mondmann 89
Heute nehmen Sie teil am Bankett 74
Heute noch 42
Heute wirst du den Karren lenken 31
Hier braucht niemand zu suchen? 172
Hier hast du / einen Regentropfen 77
Hier ist der Himmel 69
Hier ist die Bude des Hafendichters! 135
Hier sehen Sie den Herbst! 123
Hilfe! / Tante Emma hext 89
Hinterhof 71
Hinterm Ofen sitzt ein Tier 90
Hinweis 319
Hirten zur Weihnacht 275
Hoch oben 215
Hochhaus 247
Holzfäller-Oase 33
Hören Sie bitte, der Wind 107
Hört den Lumpensammler! 77
Huldigung 72
Hurrah! Hurrah! Der Wind 79
Hymnus 468

I weiß, / so sauber 147
Ich bin der kleinste Mann 72
Ich bin der stellungslose 83
Ich bin Rhein. / Mein Herz / kann Latein 146
Ich fasse / zusammen 250
Ich gehe durch einen Wald 38
Ich gehe zur Litfaßsäule 240
Ich gelobe, / nicht nachzugeben 102
Ich habe dich gefunden 288
Ich habe gebetet 59
Ich heiße Eduard 350
Ich / muß Sie / um Ihre Personalien 320
Ich sah den Platz 40
Ich seh' einen Heuwagen 25
Ich stahl ein Pferd vom Platz 131
Ich taumelnder Kindskopf 93
Ich werde 206, 207
Ich wohne hinter den Schritten 59
Ihren Feierabend 114
Ihren Hut / vom Kleiderhaken 205
Ilja Schimpanski 62
Im Abteil 494
Im Auftrage / meiner Eulen 143
Im Bordell 82
Im Haus der Gladiatoren 317
Im Hufgeklapper betrunkener Marktpferde 90
Im Jahre 1947 253
Im Musikpavillon 208
Im Osten der Bauer 147
Im Pferdestall sitzt ein Irrer 62
Im Regen / spricht 322
Im Theater 486
Im Warenhaus 346
Im Wartesaal, wenn die Züge 56
Immer der Tagstern 278
Immer isset da drüben / so stille 186
In den Fachgeschäften für zoologische Artikel 241
In den Händen 275
In der Schule 467
In dieser Nacht 135
In einer halben Stunde... 538
In jeder / ausgefragten / Straße 199
In memoriam Wolfgang Borchert 272
Iwan Alexandrowitsch Gontscharow in Württemberg 441

Ja doch, ich war / in der Pfandleihe 216
Ja, ich / sehe 203
Jagd nach letzten Landstreichern 60
Jeder / Arbeitnehmer 142
Jeh mal / nach Hause 175

Jemand beschimpft einen Pinguin 67
Jemand / sagte zu mir 80
Jenau / übern Kohlenplatz 184
Jestern / kam eena klingeln 179
JETZT IM FRÜHJAHR 187
Jetzt im Frühjahr 201
Jetzt läuft das Ungeheuer 73
Jetzt zwee-/mal noch 180
Johann Gutenberg 219
Jullka, ich webe 34

Kalendergedichte für Stadt und Land und jedes Jahr 155
Kanalufer 115
Kasperletheater 210
Katzenmarkt 72
Kehr um 24
Kellerkind 108
Kinderbuch, reich illustriert 403
Kinderfest 292
Kinderliturgie 286
Kinderzeichnung 127
Klagelied 45
Klassenkinder 301
Kleine Trommel macht uns glücklich 44
Kleines Notturno 21
Kneipe 291
Kneipe, / mein dicker Lumpensammler 144
Kneipenandacht 136
Kneipentraum 116
Knurrendes Weib am Spielplatz 177
Kolportage 110
Kommandos / fackeln nicht lange 293
Krähen im Schnee 48
Kündigungsbrief des Dirigenten 189
Kurze Vorlesung 504
Kurzer Aufenthalt in der Wüste 69
Kurzhymne auf eine Zeichnung von Ali Schindehütte 130

Lagebericht 214
Lagerplatz 33
Landschaft (Krähen im Schnee) 48
Landschaft (Fett lacht) 265
Langsam erhebt sich die Theke 116
Laubsäcke 238
Lebenslauf des Malers Robert Wolfgang Schnell 216
Leeres Gehege des kleinen Kudu 66
Legende 27
Legende von den Mäusen 54
Legitimation 59

Leierkastenlied vom Pferdchen Krause 131
Leistung 320
Leiterwagen 109
Letzte Instanz 183
Letzte Parade 293
Liebesgedicht 469
Liebeslieder für Jullka 34
Lied der Kanalpenner 71
Lied des Mannes im Wasserwagen 126
Linke Hand, hier nichts da nichts 69
Liturgie 281
Liturgie für Franz Marc 286
Liturgie im Hinterhof 109
Löns / mir die Lieder 151
Lummjas Gesänge, den Pferden gewidmet 43

Madam, ich bin der Fischer 89
Mal langsam, wollte / dem elfjährijen Jungen 178
Manche Arbeit beginnt früh 508
Mann auf der Parkbank 174
Männer in der Nachtkneipe 317
Märchen 279
Märchen vom Leuchtkäfer 21
Märchen zu je drei Zeilen 222
Märchenbuch 111
Marktpferde 114
Märsche und Reiterkolonnen 65
Matuschka, alt bist du 49
Maus / hat mein richtijer Vater 186
Meen Mann sitzt unten inne Kneipe 294
Mein / bißchen Erinnrung 177
Mein Dünkel ist ein Straß-Band 36
Mein Freund, der Kaiser 540
Mein / Gott! rief der Soldat 208
Mein Mai / ist verkommen 148
Mein täglicher / Spaziergang 78
Mein Vater besaß einen Esel 167
Meine Amseln vielleicht 18
Meine Firma / hat alles hergegeben 217
Meine Herrschaften, ich versehe 68
Meine Katze / hat ein Versteck 251
Meine Stafette 280
Meine / Welt ist / rund 152
Memorandum 90
Mieterversammlung 245
Mindestens / siebzig Jahre 239
Ministersgattin im Hotel 116
Minute für Wolfgang Borchert 279
Mitteilungen an einen Freund 471
Mobilmachung und Flucht 62

Möchten uns / im Namen meiner Familie 182
Mond, weiße Krähe, gib die Hand 99
Mondfähre 410
Mondfahrer Müller hockt 298
Mondgeschichte 343
Monolog und Aufschrei des Kindes das hinaufsteigt ins vierte Stockwerk 216
Monologe des Reinicke Fuchs im September 165
Morgens (Der Baum hat ausgeschlafen) 521
Morgens (Jetzt wird es hell) 466
Morgens (Ziemlich voll) 179
Morgens / verdingt er sich 133
Morgens / trat mir die Sonne 137
Motorisierter Leichenwagen 116
Müllerballade 167
Muscheln aus der Truhe holen 55
Musikant mit singender Säge 68

Nach der Haussuchung 53
Nach der Haussuchung 53
Nach einem Zoobesuch 11
Nach Hause gehen 313
Nachspiel 318
Nachtfenster 96
Nachtkneipe am Görlitzer Bahnhof 141
Nachts die Bänke suchen 45
Nachts sind alle Frauen katz 81
Nachts überkam mich die Furcht 116
Nachts. Menschenleer die Straße 19
Nahezu / alle Mieter 245
Nationale Räuberposse 112
Nationalhymne
– der deutschen Autobahn 149
– der deutschen Hausfrau 149
– der deutschen Kirchenmaus 146
– der deutschen Toilettenfrau 148
– des deutschen Bauern westlicher Aufführung 147
– des deutschen Bundeskanzlers im Urlaub 150
– des deutschen Fallobstes 151
– des deutschen Försters 151
– des deutschen Fußballers in Ruhe 152
– des deutschen Maikäfers 148
– des eingeschneiten deutschen Kleinstädters 147
– des gesamtdeutschen Weihnachtsmannes 152
Nebel 260
Nebelhorn 242
Nehmt Kellen und Hämmer 265

Nein nein, der Herbst 124
Nein nein, / ich mag keine Bonbons 91
Nekrolog 53
NEUE FIBELGESCHICHTEN 420
Neue Firmen sind unser Stolz 117
Neue Richtlinien 220
Neuigkeit 472
Nicht genug, daß die Bäume 63
Nicht mit Hilfe / des Rohrs 219
Niederknien ins Gras 34
Noch / seh ich sie unter Laternen 139
Noch vor den Segenswünschen 309
Noch vor der Geburt 57
Notizen des Abendkönigs 465
Notturno 283
Nu sei / mal stille! 180
Nun besten Dank – / lebwohl 93
Nun spricht / unser Schnecklein 75

O grüner König 210
O Tannenbaum, o / Tannenbaum, beschissen 152
Ode an meine deutschen Brüder zum Neuen Jahr 266
Öffne endlich das Fenster 282
Ohne anzumelden die Revolte 43
Olympiade 297
Ordensverleihung 208
Originalgedicht auf Fünf Rixdorfer 295

Palm-Esel 278
Parade 97
Parkhaus und andere Räuberstücke 582
Parkhaus 583
Parterrefenster 181
Partisanenbericht 290
Paviane 67
PENNERGESANG 94
Pennergesang 144
Peter Hille in Friedrichshagen 125
Pinkelbude 114
Platzverweis 461
Plötzlich sind die Zimbelklänge 277
Polizist im Frühling 137
Polizisten / deren Gesichter 217
Polizisten-Steckbriefe 192
Porträt eines Freundes 60
Postkarte an die Freundin 409
Pranger 98
Prenzlauer Allee 190
Propheten zu Gast 558
Prospekt 73

Psalm zur Wiedereinführung von Pferden in Großstädten, Städten und Dörfern 446
Pudelnasse Ratte 114

Rat des Sozialamtes 168
Rätselecke 164
Räuberstücke 582
Raus mit der Sprache 211
Rechtsfragen des Alltags 162
Rede am Grab eines Irren 543
Rede des auferstandenen Nante 575
Regen 322
Reiseantritt 282
Reisebegleiter 479
REISEPLAN FÜR WESTBERLINER 228, 440
Reiseplan für Westberliner anläßlich einer Reise nach Moskau und zurück 231
Reisezeit 117
Requiem für Bertolt Brecht 285
Rezitativ des verwunschenen Kindes 349
Ritterlich 582
Ruht hier der Morgen aus? 272
Rundschreiben 126

Sag mal, / hast du 78
Sanierung der Stadtviertel 405
Sattelzeug 261
Sauberkeit geht über alles 460
Schäfer kommen noch selten 315
Schema zur Verunglimpfung der Reiselust 407
Schiffsreise 489
Schlaf in den Dächern 272
Schlafe gut 247
Schnee und Trinker 102
Schönes Automatengedicht 138
Schönwetter 111
Schritt aus Gedanken des Lotos 68
Schularbeiten 185
Schüler und Lehrer 578
Schützenkönigslied 103
Schwarzes Brett 127
Sechszeilengedicht 294
Seit du fortgegangen bist 138
Sekretär auf lautlosen / Rollen 247
Selbstmörder 97
Seltsame Ortschaft 312
Seltsamer Funkspruch 63
Seltsames Jahr, das / letzte 211
Sensenmänner / dengeln das Licht 316
Sie kommen aus einer Gegend 198

Sie liegen kusch bei kusch 67
Sie sieht mich an, sie blickt 117
Sie werden / mir zugeben müssen 189
Sieben Jahre / haben sich 106
Sieben Romantiker und zwei Kinder 194
SINGEN SIE MAL DIE NATIONALHYMNE 146
Slowakei 33
So heftet ihm die Nadel an 103
So lebt die Sonne 209
So, meine deutschen Brüder 266
Sofort / den Zuber her 149
Sommer / wars geworden 258
Sommermorgen in Auvers-sur-Oise 316
Sonett an Gustav Werner 275
Sonnenblumen 511
Sonntagmorgen 580
Sonntagsbefehl 506
Sonntagslied aus dem letzten Stock 294
Spät (Muscheln aus der Truhe) 55
Spät (Jetzt zwee-/mal noch) 180
Spätmeldung 135
Spaziergang 482
Spaziergänger 66
Sperlinge nachahmen 115
Spielen 445
Spree 114
Spreewald 256
Staatsangelegenheiten 505
Stadtrundfahrt, letzte Station 135
Staub unterwegs 286
Steckbrief 87
Steckbriefe 64
Sterntaler 273
Stiller Monolog eines alten Mannes in der Volkshochschule 130
Stimme aus dem Ordnungsamt 497
Straße 477
Straße des Eulenspiegel 352
Stummen Herzens / begab sich der Mond 110
Südwärts tändelt der Wind 40
...*süße Molly Malone* 531

Tadel Nr. 1 476
Tadel Nr. 2 476
Tafel 24
Tageslauf eines dicken Mannes 133
Tanzlied 44
Taubenvernichtung 115
Taumeltänze ruhen aus 39
Testament einer baufälligen Mietskaserne 115
Tick tack / macht der traurige 78

Tod des Tänzers 348
Tod in der City 292
Totenrede 62
Traktat zum Aufbau einer Trabantenstadt 474
Traum 174
Traum des unbehausten Zwergs 411
Traumbuch 301
Träumerei 399
Traumreise zu gewinnen 480
Traumreise zu verlieren 489
TRINKERMEDITATIONEN 77

Über das Erzählen sehr kurzer Geschichten 472
Über das Gatter der Eisenbahnsperre 282
Über die Verwandtschaft zwischen Schnee- und Feldhasen 195
Über ein Seil 228
Über welchen / Gipfeln 150
Übersetzungen 485
Unbekannte Diebe 125
Und als ihn eines Tages 81
Und wenn ich heil! / mal müde bin 149
Und wieder / springt 320
Undankbarer Kellner 67
Unmittelbar / dicht und direkt 256
Unruhe im Palast 468
Unser Land / gipfelt 87
Unsere Musik / ist die leidige Copie 75
Untergang 70
Unterricht 527
Unterricht im Freien 320
Unterwegs (Die Brücke fiel) 57
Unterwegs (Der Mann mit dem Hund) 110
Unterwegs (Betrachten Sie) 318
Unverfroren 583
Urlaub 249

Van Goghs Tod 574
Vennekampgedicht 128
Veranlagung 241
Verbürgt 244
Verlautbarung 476
Veteranenlied 104
Vielleicht freust du dich 137
Vier Tafeln an einem Obelisk in Nagasaki 25
Villons Herberge 99
Vögel, die heimlich 166
Vogelfrei ist der gefährliche Clown 87
Volkslied 296

Von allen Seiten / hörte ich 165
Von diese Tische weg 183
Vor Redaktionsschluß 410
Vor dem abgerissenen Nachtfalter Potsdamer Straße 175
Vor den Mauern treibt die Sonne Maskenball 96
Vor den Zeugnissen 124
Vor Mitternacht 317
Vormittags hält der Wagen 43
Vortrag 495

Wahlrede 246
Während / der letzten Wochen 191
Während ich im Abteil der Eisenbahn 263
WANDERBÜHNE 479
Wann warst du hier? 12
Warenhaus 115
Warenhausbesuch 525
Warenhausbesuch (Nr... 1) 565
Warnung vor Badeanstalten 116
Wartende Pferde 510
Warum sollte / die Polizei böse sein 123
Was denken sich nur solche Leute 65
Was einer vorzufinden verlangt für sein Eintrittsgeld 404
Was / hat der / mir zu sagen denn? 175
Was quatscht der von der Sonne 130
Was / seh ich / denn da von altersher? 112
Was war er denn? 97
Weil uns der Mond die Nase zeigt 293
Weit in den Wäldern 50
Weltraumkugelschreiber 243
Weltwunder 500
Wem gilt meine Warntafel 88
Wenn die Mietskasernen 79
Wenn du den Eingang Tor nennen willst 312
Wenn es bald Tag würde 277
Wenn ich / meine Krawatte 321
Wenn Ihr seht 9
Wenn selbst die Reeperbahn so leise wird 279
Wenn Sie / keine Arbeit finden 168
Wenzel schwingt die alte Mütze 33
Wer die Hauptstraße meidet 73
Wer hat im Treppenhaus gerufen 55
Wer sagt / rot ganz indianerrot 71
Wer / singt da? 296

Wer / vom Gipfel des / Matterhorns 319
Weshalb wartest du noch 39
Westhafen 129
Widmung an Johannes Bobrowski 156
Wie das den Fliegen wohltut 21
Wie denn, / erwachsene Kerle 115
Wie ein Gelegenheitsdieb 27
Wie geht es, wie / steht es? 229
Wie hieß doch / der Mann 253
Wieviel lieber / als in / jene 151
Wilhelms Praktische Lehrsätze aufgrund des gelösten Rätsels zu Andernach 448
Willkommen, mein Herr, da sind Sie also! 189
Windstille im Umkreis? 268
Wir bleiben. / In der Wohnküche 141
Wir, die / Laubsäcke 238
Wir Mitbewohner des Hauses 126
Wir schreiben / das Jahr 1914 168
Wir sind die unbekannten Jahre 99
Wir stehen nicht an, zuzugeben 90
Wir suchen dich am Fensterbrett 109
Wir treffen uns 231
Wölfe morgens 67
Wölfe sammeln sich und bellen 276
Wort zum Sonntag 527

Zeichensetzung 322
Zeige, mein / Bergfreund 242
Zeilen im Herbst 28
Ziemlich voll / die Augen mit Jelächter 179
Zigeunertriptychon in memoriam 48
ZIGEUNERTROMMEL 31
Zoo 65
Zoobesucher! / Füttert 81
Zorn des Maklers 217
Zu Unrecht vergessen 172
Zuerst / habick die Türklinke / anjefaßt 176
Zuerst / hat sie der alte bärtige 292
Zur gefl... Beachtung 82
Zur Person 186
Zwei Aussprüche 583
Zwei Männer setzen sich 83
Zwei Meter Feldweg nur 316
Zwischen / den gespreizten Säbelbeinen 83
Zwischen Herbst und Winter 276
ZWISCHEN KOPF UND KRAGEN 355
Zwischenfall 546

630

Inhaltsverzeichnis

Gedichte

Aus *Der Morgen*	9
Aus *Fenster und Weg*	18
Zigeunertrommel	31
Aus *Nach der Haussuchung*	53
Aus *Brevier eines Degenschluckers*	62
Aus *Trinkermeditationen*	77
Aus *Pennergesang*	94
Singen Sie mal die Nationalhymne	146
Blätter eines Hof-Poeten	154
Aus *Handbuch für Einwohner*	203
Aus *Reiseplan für Westberliner*	228
Erinnerung an Naumburg	238
Verstreute Gedichte	265
Gedichte aus dem Nachlaß	309

Kleine Prosa

Aus *Der Morgen*	327
Aus *Brevier eines Degenschluckers*	332
Zwischen Kopf und Kragen	355
Neue Fibelgeschichten	420
Aus *Reiseplan für Westberliner*	440
Wanderbühne	479
Verstreute Prosa	529
Prosa aus dem Nachlaß	569

Anhang

Nachwort	587
Anmerkungen	597
Alphabetisches Verzeichnis	620